Vorträge

über das

Recht des Bürgerlichen Gesetzbuchs.

Von

Dr. Ernst Eck,
Geh. Justizrat,
Professor der Rechte an der Universität Berlin.

Nach des Verfassers Tode durch Feststellung des Wortlautes fortgeführt
und mit Anmerkungen versehen

von

Dr. R. Leonhard,
Geh. Justizrat,
Professor der Rechte an der Universität Breslau.

Band III

(enthaltend Bürgerliches Gesetzbuch Buch V, Anhang I: Das internationale Privatrecht, Anhang II: Übergangsvorschriften und Sachregister).

Erste und zweite Auflage.

Berlin 1904.
J. Guttentag, Verlagsbuchhandlung,
G. m. b. H.

Vorwort zum dritten Bande.

Das Erbrecht Ecks als Teil seiner Vorträge erfreute sich eines so außerordentlichen Rufes, daß zunächst, ehe eine Wiederherstellung und Herausgabe des Ganzen geplant wurde, der Gedanke obwaltete, diesen Teil für sich allein zu veröffentlichen.

Die Gründe, aus denen er der Besprechung des Sachenrechts und des Familienrechts vorangestellt wurde, habe ich inzwischen von zuverlässiger Seite ermittelt. Es geschah dies auf einen besonderen Wunsch der Zuhörer, die diesen wichtigen Abschnitt möglichst bald kennen lernen wollten.

Auch bei dem dritten Bande muß wie bei dem vorigen der Herausgeber für die Unterstützung danken, die ihm Herr Oberlandesgerichtsrat Ebert bei der Durchsicht der Druckbogen und durch Hinweise auf wichtige Gerichtsurteile, sowie Herr Assessor Dr. Gaertner bei der Prüfung der Handschriften gewährt haben.

Um die Ergänzung der Nachschrift aus dem Vorbereitungshefte hat sich in diesem Bande vornehmlich der Sohn des verewigten Verfassers, Herr Assessor Dr. Eck, verdient gemacht.

Breslau, im Juni 1904.

R. Leonhard.

Inhaltsverzeichnis.

Buch V.

Erbrecht.

Kapitel I.

Erbfolge im allgemeinen.

Kapitel II.

Die Rechtsstellung des Erben.

Kapitel III.

Das Testament.

Kapitel IV.

Erbunwürdigkeit.

Kapitel V.

Pflichtteilsrecht.

Kapitel VI.

Erbschaftskauf.

Erster Anhang.

Zweiter Anhang.

Nachträge und Berichtigungen.

Band III zu Seite 43.

Soeben erschien: Praktische Streifzüge auf dem Gebiete der Erbenhaftung von Hermann Meyer, Geh. Justizrat, Oberlandesgerichtsrat in Breslau. Berlin. Franz Vahlen 1904.

Band III zu Seite 45

(für den Teil der Auflage, der nicht mehr korrigiert werden konnte):

„Gegen den Text sprechen die §§ 1991 und 1979".

Band	1,	Seite	178	Zeile 15:	statt § 197 lies § **167**.
„	1,	„	263	Zeile 6:	statt Dici lies **Diei**.
„	2,	„	91	Zeile 17:	statt § 817 lies § **897**.
„	2,	„	212	Zeile 5:	statt faciendo lies **patiendo**.
„	2,	„	245	Anm. 2:	statt Einführungsgesetz lies **Ausführungsgesetz**.
„	2,	„	543	Zeile 1:	statt §§ 1743—1748 lies §§ 1793—**1836**.
„	2,	„	560	Zeile 22:	statt § 1813 lies 1913.
„	3,	„	109	Zeile 6:	statt § 20 lies § **19**.
„	3,	„	261	Zeile 36:	statt Reichstag lies Reichs**kanzler**.
„	3,	„	296	Zeile 22:	statt Art. 917 lies Art. **217**.

Buch V. Erbrecht.

(Strohal, Das deutsche Erbrecht. Zweite Auflage, Berlin 1901. Dritte Auflage (bis § 60), Berlin 1903. Boehm, Das Erbrecht des B.G.B. Hannover 1896, zweite Auflage 1900.)[1]

Kapitel I. Erbfolge im allgemeinen.

1. Grundregeln.

§ 1.

Die Erbfolge ist auch nach B.G.B. Universalsukzession (Gesamtnachfolge). Denn nach § 1922 geht der Nachlaß, das Vermögen des Erblassers als Ganzes auf den oder die Erben über. Dieser Übergang aber vollzieht sich nicht wie nach römischem Recht erst durch Antretung, sondern wie nach preußischem Recht schon mit dem Erbfall d. h. mit dem Tode des Erblassers[2] „der Tote erbt den Lebendigen". Das B.G.B. benennt diesen Übergang zwar in § 1942 mit dem gemeinrechtlichen Ausdruck: „Anfall" der Erbschaft, doch gerade wie das Pr. A.L.R. nur in dem Sinne, daß dem Erben die Möglichkeit der Wiederausschlagung, der Abstimmung binnen sechs Wochen oder bis zur Annahme verbleibt. Aber die Wirkung des Anfalls ist nicht bloße Delation, sondern bereits Erwerb, Sukzession.

---

[1] Vgl. hierzu namentlich noch den Kommentar von Georg Frommhold, Heymanns Verlag 1900, sowie die bekannten Lehrbücher und Kommentare des B.G.B., ferner Paul Meyer, Das Erbrecht des B.G.B. f. d. D. R. Marburg, Elwert 1904, Lieferung 1—4 (Lieferung 1—3 in zweiter Ausgabe). Daselbst § 8 S. 24 ff. eingehende Literaturangaben; ebenso bei Strohal a. a. O. S. 8.

[2] Der Satz viventis nulla est hereditas zeigt sich unter anderm auch darin, daß keine Feststellungsklage auf ein Erbrecht in den Nachlaß eines Lebenden möglich ist. Entsch. d. R.G. Bd. 49 S. 372 Nr. 91.

Und zwar verbindet sich mit dem Erbfall der Erwerb nicht bloß grundsätzlich, sondern ausnahmslos: Nach B.G.B. kann die Erbschaft keinen Augenblick erblos sein. Denn:

a) wenn der zunächst Erbe gewordene ausschlägt, gilt nach § 1953 der Anfall an ihn als nicht erfolgt und nunmehr als Erbe rückwärts schon seit dem Erbfall derjenige, welcher beim Nichtvorhandensein des Ausschlagenden von vornherein schon beim Erbfall berufen gewesen wäre.

b) Wenn der Testamentserbe unter einer Suspensivbedingung oder einem dies a quo berufen ist, tritt bis zur Erfüllung derselben der Intestaterbe (gesetzliche Erbe) als Vorerbe ein; der Testamentserbe wird nur Nacherbe (§ 2105) (entgegengesetzt Preuß. Recht). Die umgekehrte Folgeordnung tritt bei Einsetzung eines Erben mit Resolutivbedingung oder dies ad quem ohne Bestimmung eines Nacherben ein: Die Testamentserben werden Vorerben, die Intestaterben gelten als zu Nacherben eingesetzt. Endlich

c) in Ermangelung eines Testaments- oder Intestaterben ist der Fiskus notwendiger Erbe jedes Erblassers §§ 1936—1942 Abs. 2 (keine Ausschlagung) — also ist eine hereditas jacens unmöglich. Jeder Erbe ist heres necessarius nur mit dem jus abstinendi, durch dessen Ausübung dann der Hintermann mit rückwirkender Kraft Erbe wird, sogar dann, wenn dieser Hintermann inzwischen gestorben sein sollte. Dann gilt eben sein Erbrecht als auf seinen Erben transmittiert (§ 1953) im Widerspruche mit dem römischen Rechte (§ 6 J. de legit. adgnat. succ. 3, 2), in Übereinstimmung mit dem preußischen.

Beispiel: Der Erblasser hinterläßt einen Sohn als Erben, außerdem einen Bruder und einen Vetter. Nach dem Erblasser stirbt der Bruder und dann schlägt der Sohn aus. Wer wird Erbe? Nicht der Vetter, sondern es wird gehalten, als wäre der Bruder Erbe geworden. Statt seiner erbt des Bruders Erbe z. B. seine Frau.

Eine wissenschaftliche Konstruktion ist hier nur in der Art möglich, daß beim Erbfall nicht bloß der nächste Erbe, sondern auch alle folgenden berufen sind, der nächste mit einer Resolutivbedingung, falls er ausschlägt, jeder andere unter der Suspensivbedingung, falls alle seine Vordermänner ausschlagen. Wenn die Resolutivbedingung defiziert, dann fallen auch alle Suspensivbedingungen aus.[1])

---

[1]) Die hier erwähnten Bedingungen können aber nicht als eigentliche, sondern nur als conditiones juris in Frage kommen.

Als Voraussetzung der Erbfolge gilt auch nach B.G.B. außer dem Tod des Erblassers das Vorhandensein des Erben zur Zeit des Erbfalls (§ 1923), wobei aber genügt, daß der Erbe erzeugt ist.

Beim Vorhandensein des nasciturus bleibt dann die Rechtslage unentschieden. Wird ein lebendes Kind geboren, so ist es schon Erbe gewesen seit dem Erbfall; bei Totgeburt ist sein Hintermann Erbe gewesen. Also auch hier besteht keine hereditas jacens, sondern nur Ungewißheit über die Person des Erben.

Dagegen wird die Einsetzung eines erst nach dem Erbfall Erzeugten (nondum conceptus) nur durch Konversion aufrecht erhalten: als Berufung desselben zum Nacherben und ebenso die Einsetzung einer juristischen Person, die erst nach dem Erbfall entsteht (§ 2101). Nur die Stiftung gilt nach § 84 als vorher entstanden, wird also nicht Nacherbin, sondern unmittelbar Erbin.

Die Konsequenz, aus der Unfähigkeit des Nacherzeugten gesetzlicher Erbe zu werden, kann freilich hart sein. Z. B. der Erblasser hinterläßt als einzigen Verwandten einen Bruder. Dieser erzeugt nach dem Anfall der Erbschaft einen Sohn, schlägt aber dann die Erbschaft aus. Hier fällt sie nicht dem Sohn des Bruders, also dem Neffen des Erblassers an, weil er nacherzeugt ist, vielmehr ist der Fiskus berufen.

Die Gründe der Erbfolge sind auch nach B.G.B.:

a) Gesetz (§§ 1924–1936),

b) einseitiger letzter Wille (Testament) oder Verfügung von Todes wegen (§§ 1937, 2064 ff.).

c) Erbvertrag (§§ 1941, 2274 ff.).

Dabei ist das Gesetz abweichend von der römischen und preußischen Auffassung als Regel vorangestellt (Wer will sanft und selig sterben, lasse sein Gut seinen rechten Erben), die Verfügung von Todes wegen folgt als Ausnahme. Das Intestaterbrecht ist nicht mehr ein subsidiäres Testament, sondern die normale Gestaltung der Erbfolge.

Der Satz nemo pro parte testatus ist gestrichen, so daß die verschiedenen Berufungsgründe auch neben einander Platz greifen können. Die Folge zeigt sich:

a) wenn nur ein Erbe eingesetzt und auf einen Bruchteil beschränkt ist, dann gilt für den Rest grundsätzlich gesetzliche Erbfolge (§ 2088) ebenso wenn mehrere Erben auf Bruchteile eingesetzt sind, die das Ganze nicht erschöpfen und nur wenn die Absicht war, die gesetzliche Erbfolge auszuschließen, kommt es nach § 2094 zur Anwachsung.

Beispiel: Der Testator hat zu Erben seine beiden Freunde A. und B. berufen. B. fällt weg. Dann fällt die Erbschaft zu $^1/_2$ an seine gesetzlichen Erben.

b) Mehrere Testamente, die sich inhaltlich nicht widersprechen, gelten neben einander (§ 1951 Abs. 2 Satz 2, § 2258).

Eine Mehrheit von Erben ist zugelassen und zwar:

a) können sie neben einander Miterben werden, dann ist der Nachlaß gemeinschaftliches Vermögen zwar mit Anteilen der Miterben, aber nicht mehr wie im römischen Rechte an den einzelnen Stücken (§§ 2032 ff.),

b) sie können auch nach einander Erben werden, Vor- und Nacherbe (§§ 2100 ff.) eine Fortbildung des römischen Universalfideikommisses, so daß auch der Satz: semel heres semper heres beseitigt ist.

Natürlich ist die Freiheit der letztwilligen Verfügung durch das Pflichtteilsrecht (sog. materielles Noterbrecht) beschränkt §§ 2303 ff. (zu Gunsten von) Abkömmlingen, Eltern, Ehegatten. Diese haben zwar nicht ein Recht darauf, Erbe zu werden, aber sie können vom Wert ihres gesetzlichen Erbteils die Hälfte fordern.

Endlich sind neben der Erbfolge letztwillige Zuwendungen einzelner Vorteile auf Kosten der Erbschaft möglich durch Vermächtnis. Auch solche Singularverfügungen durch letzten Willen heißen „Testament" (§ 1939). Sie können auch durch Erbvertrag getroffen werden, nach § 1941 selbst ohne Erbeinsetzung; besser würde es dann heißen: „Vermächtnisvertrag". Ja solche Zuwendungen sind auch durch das B.G.B. selbst bestimmt. So § 1932 der eheliche Voraus, § 1969 der Unterhalt von Familienangehörigen während 30 Tage. Doch sind auch hier die Berechtigten immer nur forderungsberechtigt gegenüber dem Belasteten; nie mehr folgen sie dem Erblasser unmittelbar nach.

Wie das Vermächtnis wird auch die Auflage behandelt, §§ 1940, 1941.

Kurz alle am Nachlasse beteiligten Anwärter außer dem Erben sind wie Gläubiger nur forderungsberechtigt.

Eine Hauptabweichung vom bisherigen Recht ist hiernach der Begriff des Testamentes als einer einseitigen Verfügung von Todes wegen.

Sein Inhalt kann sogar eine bloße Ausschließung sein (z. B. mein Vetter August erhält nichts) im Widerspruch mit der alten Regel: exheredatio est res inter extraneos inepta. Folglich ist jeder Nachzettel ein eigenes Testament. Während die Hinterlassung mehrerer Testamente nach gemeinem Recht unmöglich und nach preußischem Recht selten war, wird sie nach B.G.B. alltäglich werden.

2. Gesetzliche Erbfolge. (§§ 1924—1936.)

§ 2.

R. Wilke, Gutachten aus dem Anwaltstande. 1898. S. 975—989.

Ernst Heymann, Die Grundzüge des gesetzlichen Verwandtenerbrechts, Jena 1896 (nach der Reichstagsvorlage).[1])

Gesetzliche Erben sind:

1. die Blutsverwandten des Erblassers ohne Beschränkung auf Erbgrenzen (§ 1929). (Die Reichstagskommissionsvorlage ließ hinter 5 Parentelen eine solche Beschränkung eintreten).
2. Der überlebende Ehegatte (§ 1931).
3. Der Fiskus (§ 1936).

Zu den Verwandten gehören auch uneheliche Kinder doch nur im Verhältnis zur Mutter und zu den mütterlichen Verwandten (§ 1705). Dagegen nicht im Verhältnis zum Vater (§ 1589 Abs. 2 abweichend vom preußischen Recht). Eine Ausnahme gilt für Kinder aus einer Putativehe auch dem Vater und den väterlichen Verwandten gegenüber (§ 1699). Adoptivkinder und ihre Abkömmlinge kommen nur dem Adoptanten, nicht auch dessen Verwandten gegenüber in Betracht (§ 1757) und ohne Gegenseitigkeit des Verhältnisses §§ 1759, 1763.

Die Folgeordnung bestimmt sich nicht mit Rücksicht auf die Gradesnähe; dies wäre undurchführbar, weil dabei der natürliche Bau der Familie zerrissen wird, sondern wie im altdeutschen Recht[2]) und

---

[1]) Vgl. des Herausgebers Abhandlung (Vortrag am 6. März 1901 in der Wiener juristischen Gesellschaft) in Grünhuts Zeitschr. Bd. 29 S. 229 ff.: „Der Einfluß des österreichischen bürgerlichen Gesetzbuches auf die neue deutsche Erbfolgeordnung“ und hierzu Ehrenzweig, Die österreichische Erbfolgeordnung, Wien 1903. Weitere Literatur in Meyers Lehrbuch: Das Erbrecht S. 96 Anm. 1.

[2]) Daß hierbei weniger altdeutsche Anschauungen, als vielmehr moderne ob-

im österreichischen und Zürcher Gesetzbuch nach der natürlichen Gliederung der Familie (Abschichtung) in Parentelen oder Ordnungen.

Gesamtbild der Parentelenordnung des früheren deutschen Rechts.

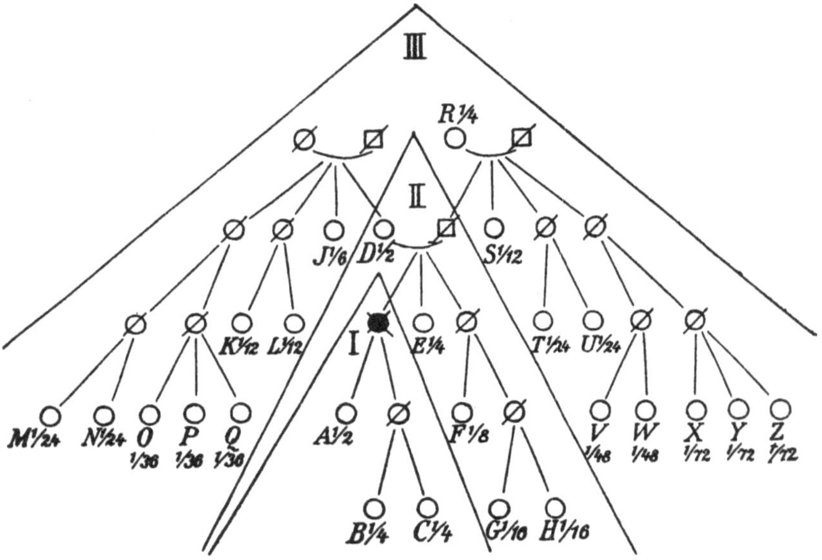

Parentel ist die gesamte Nachkommenschaft eines Hauptes.

Die erste Ordnung bilden nach § 1924 die eigenen Abkömmlinge des Erblassers; er ist Familienhaupt; die zweite Ordnung nach § 1925 seine Eltern und deren Abkömmlinge (also die Geschwister des Erblassers und deren Kinder (Neffen, Nichten) u. s. w. — zwei Parentelenhäupter; die dritte nach § 1926 die Großeltern und deren Abkömmlinge (4 Parentelenhäupter), Onkel und Tante des Erblassers und deren Kinder u. s. w.

Hierbei bestehen zwei Linien: eine mit den väterlichen Großeltern, eine mit den mütterlichen Großeltern u. s. w. (§§ 1926—1929).

So lange Mitglieder einer näheren Parentel vorhanden sind, wird niemand aus einer ferneren gerufen (§ 1930).

---

walteten, hat der Herausgeber in seinem oben angeführten Vortrage (Anm. 1) darzulegen gesucht.

Hiernach schließt z. B. unter Seitenverwandten der Neffe F. oder Großneffe G. H. den Onkel J. aus. Denn der Vorzug gebührt nicht dem Onkel, obwohl er dem Grade nach so nahe wie der Neffe (dritte Grad) und näher wie der Großneffe ist, sondern dem, welcher die näheren Stammeltern mit dem Erblasser gemeinsam hat.

Innerhalb jeder Ordnung aber schließt ein lebendes Mitglied stets seine eigenen Abkömmlinge aus (z. B. ein Sohn die von ihm erzeugten Enkel). So § 1924 Abs. 2 wiederholt in § 1925 Abs. 3 2c. Dagegen treten an Stelle eines nicht mehr lebenden Mitgliedes seine Abkömmlinge ein (Repräsentations- oder Eintrittsrecht) (§ 1924 Abs. 3) und die Teilung erfolgt folgerecht stets in stirpes (z. B. Kinder) zu gleichen Teilen (§ 1924 Abs. 4).

Erste Ordnung nach B.G.B.

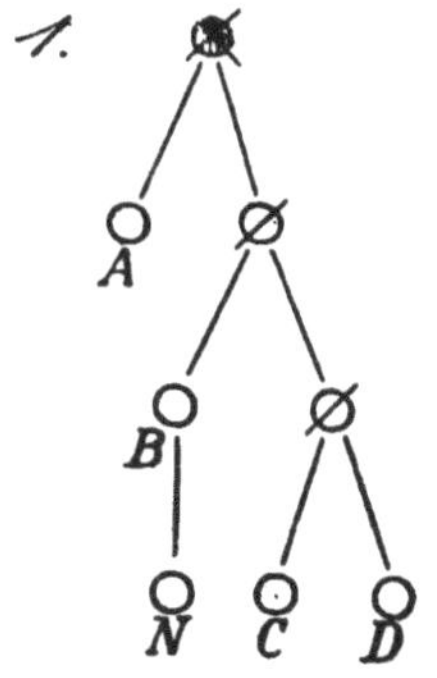

§ 1924. A 1/2, B 1/4, C D je 1/8.

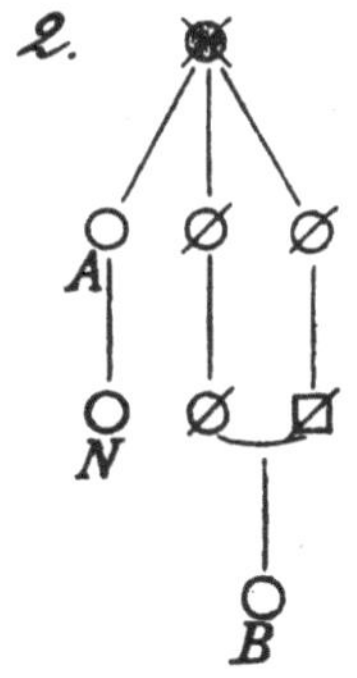

§§ 1924, 1927. A 1/3, B 1/3 + 1/3.

Zweite Ordnung nach B.G.B.

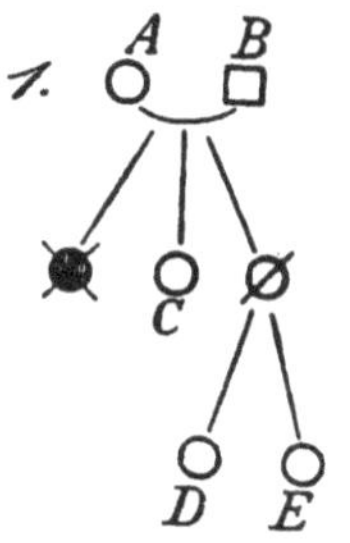

§ 1925 Abs. 1 u. 2.

A B je 1/2.

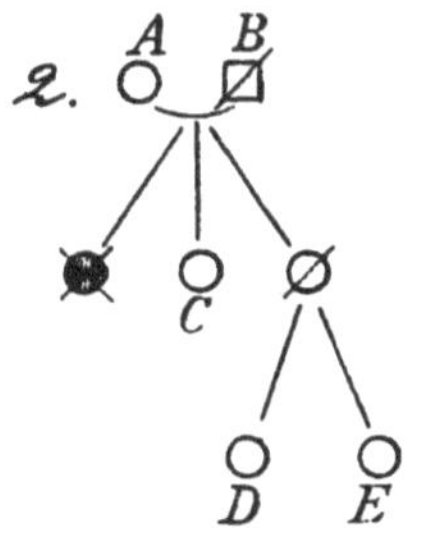

§ 1925 Abs. 1 u. 3 S. 1.

A 1/2, C 1/4, D E je 1/8.

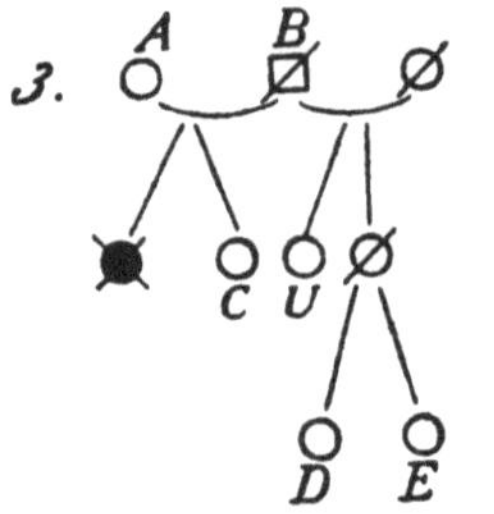

§ 1925 Abs. 1 u. 3 S. 1.
A $^{1}/_{2}$, CU je $^{1}/_{6}$, DE je $^{1}/_{12}$.

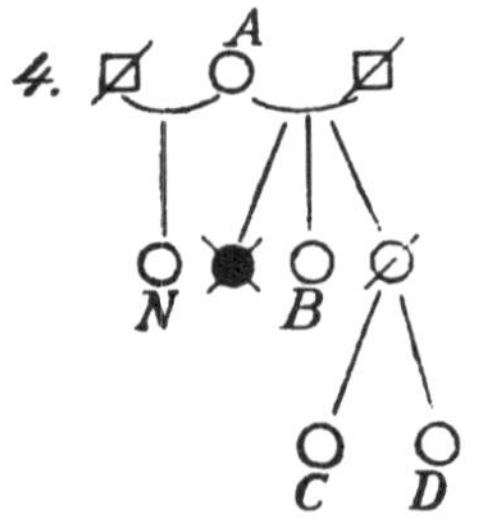

§ 1925 Abs. 1 u. 3 S. 1.
A $^{1}/_{2}$, B $^{1}/_{4}$, CD je $^{1}/_{8}$.

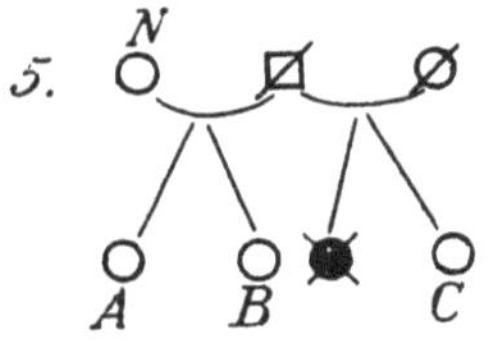

§ 1925 Abs. 1 u. 3 S. 1.
AB je $^{1}/_{6}$, C $^{1}/_{2}+^{1}/_{6}$.

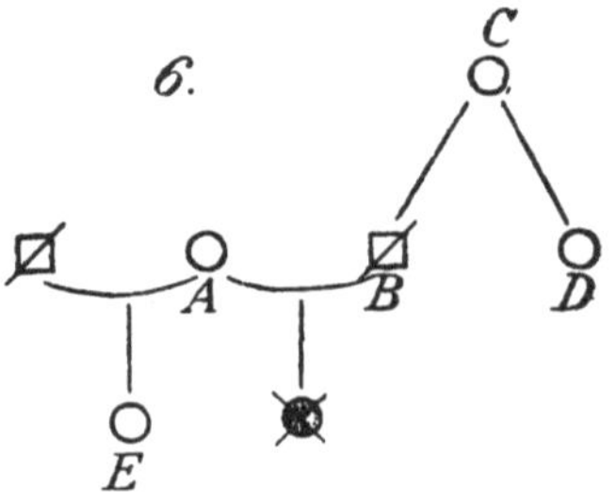

§ 1925 Abs. 1 u. 3 S. 2.
A $^{1}/_{1}$.

Dritte Ordnung nach B.G.B.

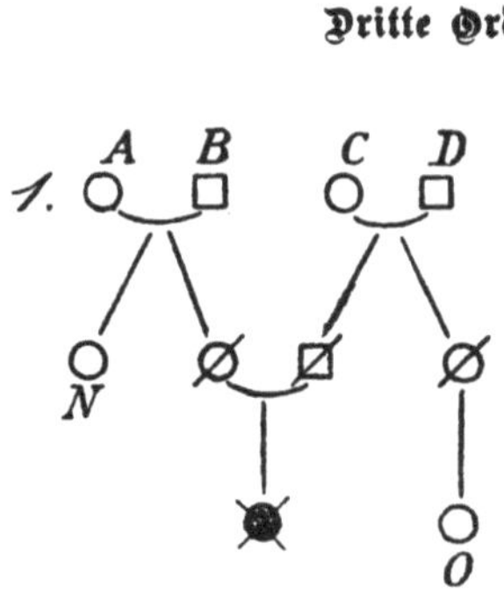

§ 1926 Abs. 1 u. 2.
A B C D je $^{1}/_{4}$.

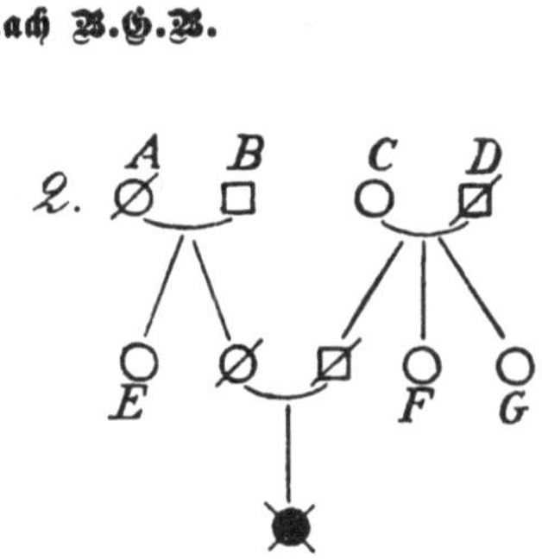

§ 1926 Abs. 1 u. 3 S. 1 Abs. 5.
B E C je $^{1}/_{4}$, F G je $^{1}/_{8}$.

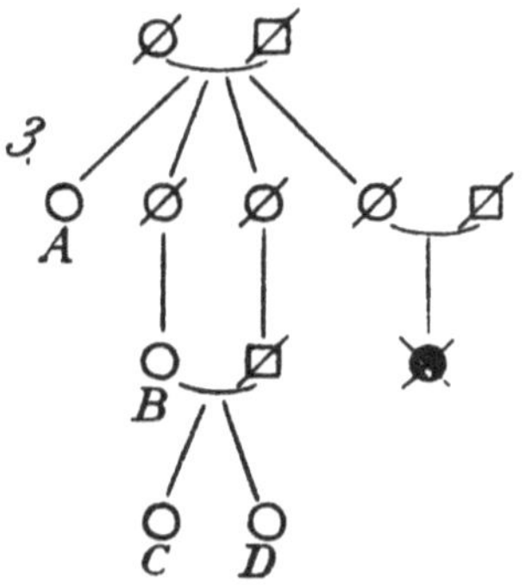

§ 1926 Abs. 1 u. 3 S. 1 Abs. 4 u 5.
A B je 1/3, C D je 1/6.

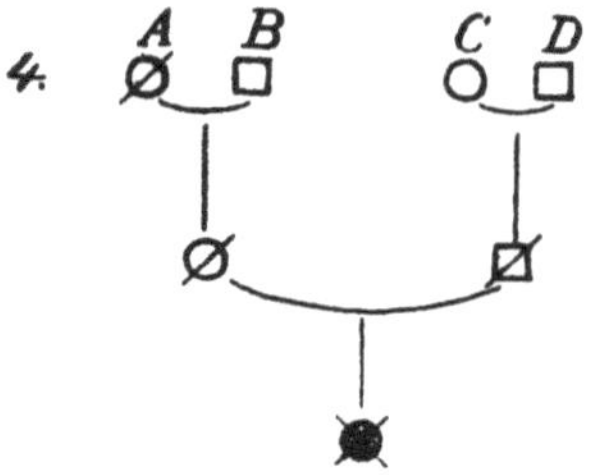

§ 1926 Abs. 2 u. 3 S. 2.
B 1/2, C D je 1/4.

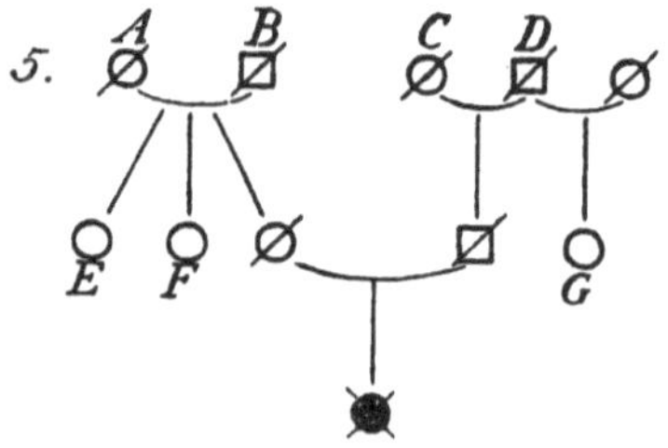

§ 1926 Abs. 1 u. 3 S. 1 und 2 Abs. 5.
E F je 1/4, G 1/2.

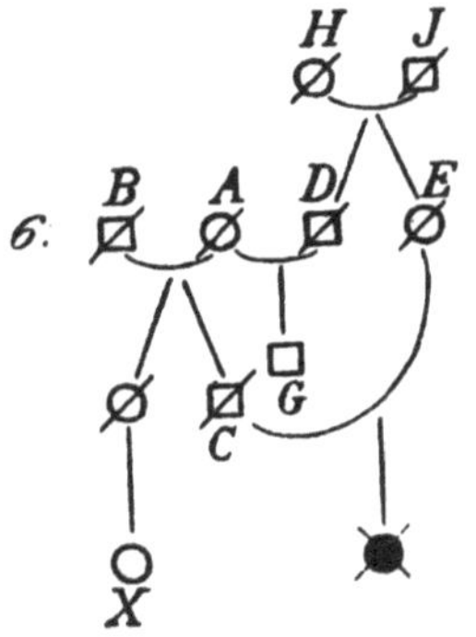

§ 1926 Abs. 1 u. 5 § 1927.
G 1/2 + 1/8, X 1/4 + 1/8.

Enkel erhalten zusammen die Portion ihres parens; Abkömmlinge, die mehreren Stämmen angehören, erhalten in jedem derselben ihre Portion (§ 1927). Jeder gilt als besonderer Erbteil.

Beispiel: O. I. Nr. 1 und 2. (S. 7.) Im Beispiele 2 kann B. ein Drittel nehmen, das andere ausschlagen (1927 a. E., anders § 1950).

Dies ist wichtig, wenn z. B. auf einem eine Kollationspflicht ex persona parentis ruht, die mehr beträgt als das Erbteil wert ist. (Aber auch, wenn B. beide annimmt und ein Erbteil durch Anrechnung eines conferendum erschöpft wird, so braucht er vom anderen nichts zuzusetzen (§ 1935).

Die zweite Ordnung hat zwei Parentelenhäupter, deren jedes mit seinen Abkömmlingen einen Stamm bildet, wobei aber die Abkömmlinge des einen zugleich die des anderen sein können [1]).

Wenn nur Vater und Mutter leben, so erben sie allein und zu gleichen Teilen, § 1925 Abs. 2 (Schoßfall, ähnlich wie im Pr. A.L.R.). Wenn aber eins der Elternteile (Parentelenhaupt) nicht mehr lebt, treten dessen Abkömmlinge an seine Stelle. Dies Eintrittsrecht gilt auch für halbbürtige Geschwister (Vollblut nimmt mit beiden Händen Erbe, Halbblut mit einer) und auch für uneheliche Kinder (§ 1925 Abs. 3).

Für die dritte Ordnung ist wieder folgerecht, daß wenn **die** Großeltern leben, sie allein erben (§ 1926).

Wenn **die** Großeltern, d. h. alle vier leben, so schließen sie ihre Abkömmlinge aus und erben allein, zu gleichen Teilen: jede Linie erhält $^1/_2$ und jeder Großelternteil ist $^1/_4$ (§ 1926 Abs. 2, S. 9 Fig. 1).

Wenn ein Großeltern*teil* nicht mehr lebt, so treten an seine Stelle seine Abkömmlinge (§ 1926 Abs. 3 S. 9, Fig. 2). Die beiden Viertel der vorverstorbenen Großeltern fallen auf ihre Abkömmlinge hinunter und wenn ein Großeltern*paar* nicht mehr lebt und auch keine Abkömmlinge von ihnen leben, dann erben die anderen Großeltern oder ihre Abkömmlinge allein (§ 1926 Abs. 4).

Wenn ein Großeltern*teil* verstorben ist, ohne Abkömmlinge zu hinterlassen, so bildet zufolge der Scheidung von Vater- und Mutterlinie jedes Großelternpaar eine Einheit, und beim Ausfallen eines Großelternteils fällt der Erbteil desselben an den mit ihm verbundenen anderen Stamm und in zweiter Linie an dessen Abkömmlinge, Abs. 3 Seite 2.

Hier werden also die Bruchteile zunächst nach Linien gebildet und sodann nach Stämmen. Für alle drei Ordnungen gilt § 1927 (gleichzeitiges Erbrecht in verschiedenen Stimmen), vgl. Erste Ordnung Fig. 2 S. 7.

In den entfernteren Ordnungen würde die fortgesetzte Repartition zur Zersplitterung der Erbschaft in Minimalquoten (Pulverisierung) führen. Um dies zu vermeiden, empfiehlt sich hier innerhalb einer jeden Parentel eine Bevorzugung der Gradesnähe.

So im B.G.B. von der vierten Ordnung an (§ 1928).

---

[1]) Beispiele siehe auf S. 7 u. 8.

Vierte Ordnung nach B.G.B.

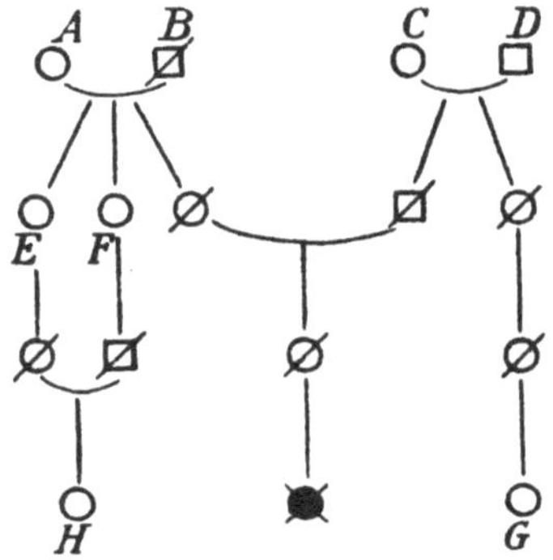

§ 1928 Abs. 1, 2 u. 3. ACD je 1/3; wenn diese vorverstorben sind, EF je 1/2, wenn auch die letzteren es sind, G 1/2 und H 1/2.

Hier findet sich keine Unterscheidung von Linien, keine von Stämmen und kein Eintrittsrecht, dafür entscheidet die Gradesnähe. Urgroßeltern schließen z. B. die Abkömmlinge anderer vorverstorbener Urgroßeltern, und wenn nur Abkömmlinge von Urgroßeltern vorhanden sind (z. B. ein Bruder des Großvaters und ein Vetter des Vaters), so schließt nach § 1928 Abs. 3 der nähere Grad den entfernteren aus. Dies ist die Linealgradualordnung. Gleich Nahe teilen nach Köpfen. Ebenso weiter in der fünften Ordnung und den ferneren (§ 1929).

Schließlich sind noch einige Einzelfragen, die verschiedene Ordnungen oder alle betreffen, zu erwähnen:

1. Das Eintrittsrecht (Repräsentationsrecht) der Abkömmlinge ist vom Gesetz (§ 1924 Abs. 3) an die Bedingung geknüpft, daß ihr parens nicht mehr lebt; also ist es nicht erforderlich, daß er, wenn er noch lebte, selbst den jetzigen Erblasser beerbt haben würde, und daß er von seinen Abkömmlingen beerbt worden ist. Darin liegt das Prinzip: entferntere Abkömmlinge beerben ihren Großvater aus eigenem, nicht aus abgeleitetem Recht (= röm. und preuß. Recht). Beispiel O. I. 1 S. 7.

2. § 1924 Abs. 3 sagt nur, daß der entferntere Abkömmling an Stelle eines nicht mehr Lebenden eintritt, und weiter, daß nach Abs. 2 der Lebende seine Abkömmlinge ausschließt. Wenn der nähere Abkömmling B. zwar lebt, aber nicht zur Erbfolge gelangt, weil er a) ausschlägt, oder b) für erbunwürdig erklärt wird, oder c) durch

Testament des Erblassers ausgeschlossen ist, so soll dennoch an seine Stelle der entferntere eintreten. Diese Bestimmung ist zwar nirgends allgemein ausgesprochen, aber daraus zu schließen, daß in jedem der drei Fälle der nicht zur Erbfolge gelangende als nicht vorhanden gilt. § 1953 (Ausschlagung), § 2344 (Erbunwürdigkeit), §§ 1938, 2309, 2320 (Ausschließung).

Nur beim Erbverzicht von Abkömmlingen und Seitenverwandten besteht eine Ausnahme insofern, als derselbe im Zweifel auch für die Abkömmlinge des Verzichtenden gilt (§ 2349). Aber davon abgesehen, ist aus den drei Einzelbestimmungen die Regel zu erschließen: Dem Nichtleben eines Verwandten steht das Nichterben desselben gleich, oder: „der nicht Erbende gilt erbrechtlich als nicht vorhanden". Fit repraesentatio etiam vivi parentis. (Anders mit Unrecht Heymann S. 54 für den durch Testament Ausgeschlossenen.)[1]

3. Für den Fall, daß ein zum Erben Berufener nach dem Erbfall wieder wegfällt (durch Ausschlagung, Erbunwürdigkeitserklärung und der nasciturus durch Totgeburt), ist vorher schon betont, daß der Anfall an ihn als nicht erfolgt gilt und die Erbschaft demjenigen anfällt, der berufen sein würde, wenn der Weggefallene beim Erbfall nicht gelebt hätte. Also ist ein sukzessiver Erbschaftsanfall möglich. Es bleibt zu bestimmen, an wen. Sind noch in derselben Ordnung Personen vorhanden, die nur der Weggefallene ausschloß, dann werden nunmehr diese Erben. Successio graduum. (So O. I. Fig. 1 S. 7: B. schlägt aus, dann N. — Fig. 2: A. schlägt aus, dann N.)

Sind solche nicht vorhanden, dann steigern sich die Anteile der Mitberufenen, die durch den Weggefallenen beschränkt waren. Im römischen Rechte war dies nicht eine sukzessive Delation, sondern Anwachsung. Das B.G.B. braucht diesen Ausdruck bei gesetzlicher Erbfolge nicht; nur bei testamentarischer; vielmehr spricht es von Erhöhung des Erbteils (§ 1935), weil hier nichts anderes vorliegt, als sukzessiver Anfall des Erbteils. Die Römer sprachen hier von Akkreszenz, weil der Erwerb hier anders als bei sukzessiver Delation ipso iure stattfand; aber im B.G.B. geschieht er stets ipso iure, daher lag kein Grund vor, hier andere Begriffe anzuwenden.

---

[1]) Dieser Punkt ist keineswegs zweifellos. Ecks Ansicht entspricht wohl im Zweifel dem Ausschließungszwecke, vgl. aber auch die von Heymann a. a. O. berücksichtigte Vorgeschichte des Gesetzbuchinhalts.

Auch hier gilt nach § 1935 jeder der beiden vereinigten Erbteile als besonderer, doch nur in Ansehung der Vermächtnisse, der Auflagen und der Kollationspflicht, also kann nicht der eine ausgeschlagen, der andere angenommen werden.

Wenn endlich in derselben Ordnung weder ein Hintermann des Weggefallenen, noch ein neben diesem Mitberufener vorhanden ist, dann wird die folgende Ordnung gerufen (successio ordinum). O. II. Fig. 6 S. 8. A. und E. schlagen aus, dann erben C. und D. je $^1/_2$.[1])

4. Die Kritik im allgemeinen kann nur anerkennend sein. Ein klares, folgerichtig durchgeführtes und praktisch gerechtes Prinzip liegt vor. Es löst die Aufgabe, den ersteren möglichst in der natürlichen Richtung von oben nach unten abwärtsfließen zu lassen; von den Eltern auf die Kinder oder Enkel; wenn Kinder nicht da sind, muß der Erbstrom freilich aufwärts gestaut werden, aber doch nur um eine Stufe, bis zu den Eltern des Erblassers, von diesen wieder abwärts, event. wird er gestaut bis zu den Großeltern, aber immer hält er sich innerhalb derer, die mit dem Erblasser den nächsten gemeinsamen Stammvater haben.

Ganz ohne Mängel ist diese Ordnung auch nicht.

a) Die Abschwächung des Prinzips von der vierten Ordnung an geht sehr weit. Auch

b) die Zurückdrängung der Aszendenten kann bedenklich werden. Wenn jemand einen bedürftigen väterlichen Großvater hat, den er ernährt, stirbt und halbbürtige Schwestern von Mutterseite hinterläßt, so erben diese allein, ohne daß sie die Alimentationspflicht trifft. Doch liegt die Ursache dieser Härte gegen alimentationspflichtige Verwandte mehr darin, daß die Alimentationspflicht unvererblich ist.[2]) Auch kann

c) die Rückziehung bei der Feststellung der gesetzlichen Erben kann, wenn der Berufungsfall erst nach dem Tode eintritt, dahin führen, daß die Erbschaft aus dem Verwandtenkreise herauskommt.

---

[1]) Eck setzt hier wohl voraus, daß die in der Figur nicht dargestellte Gattin des C bereits verstorben ist.

[2]) Vgl. oben Bd. II S. 480.

Erbrecht des Ehegatten nach B.G.B.

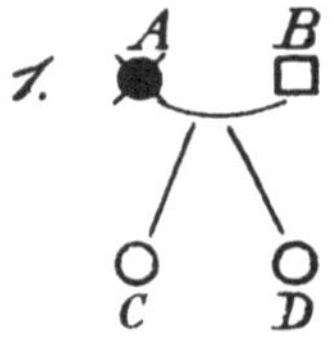

§ 1931 Abs. 1 S. 1.
B 1/4, C D je 3/8.

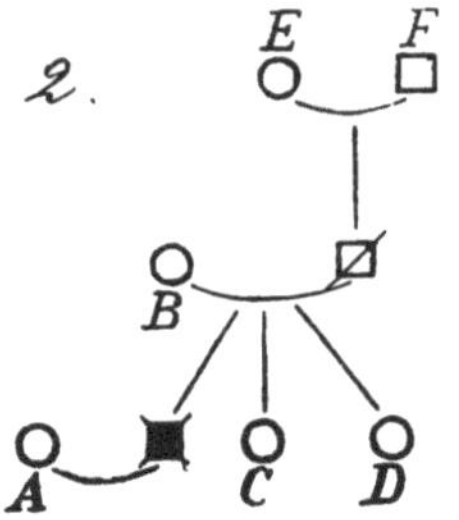

§ 1931 Abs. 1 S. 1. A 1/2, B 1/4, C D je 1/8; wenn B C D vorverstorben sind: A 1/2 E F je 1/4.

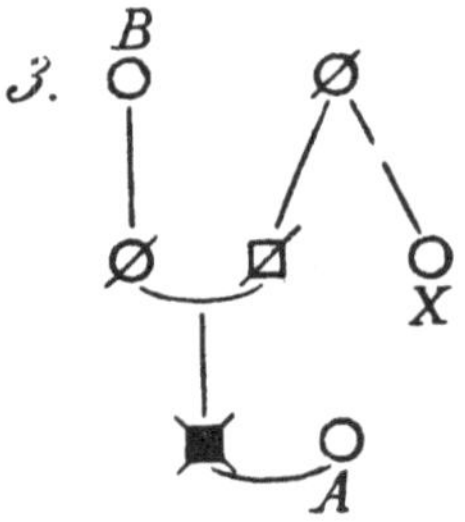

§ 1931 Abs. 1 S. 2.
A 1/2 + 1/4. B 1/4.

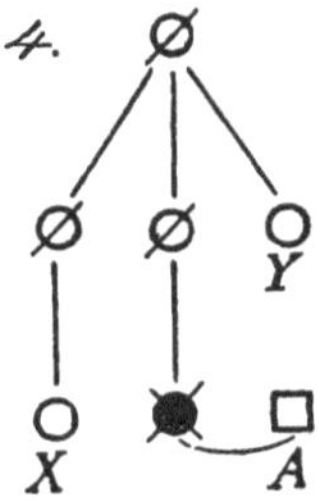

§ 1931 Abs. 2. A 1/1.

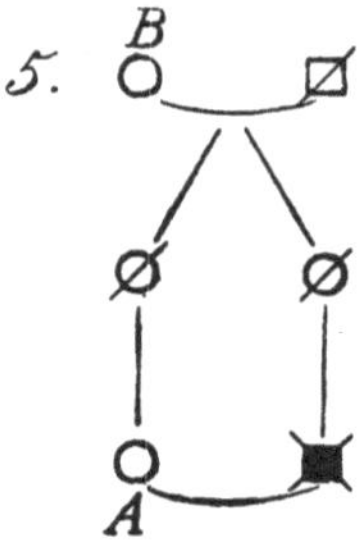

§ 1934. A 1/2 + 1/4, B 1/4.

Neben den erbberechtigten Verwandten hat der überlebende Ehegatte ein wahres Erbrecht, nicht bloß einen Nießbrauch, was den meisten Testamenten entsprechen würde, nämlich (§ 1931):

a) neben Verwandten der ersten Ordnung erhält er 1/4, d. i. sein Erbteil ist im Verhältnis zu den Kindesteilen um so stärker, je mehr Kinder da sind;

b) neben Verwandten der zweiten Ordnung erhält er ½, ebenso auch neben Großeltern nur ½. Wenn jedoch neben den Großeltern noch Abkömmlinge anderer Großeltern stehen, erhält der Gatte außer der Hälfte auch noch den Anteil dieser Abkömmlinge. Z. B. ich hinterlasse 1. einen Großvater, 2. einen Onkel, 3. eine Ehefrau, dann erhält diese ½ + ¼ = ¾, und der Großvater ¼; vgl. Beispiel 3 S. 14;

c) wenn nur andere Verwandte (z. B. Vetter, Onkel) da sind, erhält der Ehegatte die ganze Erbschaft (§ 1934), vgl. Beispiel 4 und eine doppelte Portion in Beispiel 5. Möglich ist nämlich die Komplikation, daß der Ehegatte zugleich Verwandter des Erblassers ist, dann erhält er neben dem Gattenerbteil auch den Verwandtenerbteil (§ 1934).[1])

Außerdem erhält nach § 1932 in Anknüpfung an ältere Landesrechte der Ehegatte auch noch die Haushaltungsgegenstände und die Hochzeitsgeschenke als **Voraus**, was bei einer luxuriösen Einrichtung besonders wichtig ist (= Pr. A.L. §§ 628—630 II. 1), jedoch nur gegenüber Verwandten der zweiten Ordnung und Großeltern (ferneren Verwandten gegenüber erhält er ja das Ganze), nicht gegenüber Kindern.

Das Gattenerbrecht, sowie das Recht auf den Voraus fällt nach § 1933 bei begründeter Scheidungsklage des Erblassers weg.

3. Fiskus.

§ 3.

Hinter allen Verwandten und dem Ehegatten ist im § 1936 als Erbe der Landesfiskus berufen und zwar nach Maßgabe der Staatsangehörigkeit des Erblassers. Bei mehrfacher Staatsangehörigkeit teilen sich die Landesfisci, also „nach Köpfen", sofern man beim Fiskus von einem „Kopf" reden will.

Bei Deutschen, die keinem Bundesstaat angehören, erbt der Reichsfiskus.[2])

---

[1]) Daß die Gewährung des Erbrechts des Gatten über den Pflichtteil hinaus kein zwingendes Recht enthält, ist selbstverständlich und vom Reichsgericht (Entsch. Bd. 49 Nr. 12 S. 49) noch besonders anerkannt.

[2]) Diese Vorschrift enthält zugleich die Anerkennung des Reichsfiskus als eines besonderen rechtsfähigen Wesens. Entsch. R.G. Bd. 54 Nr. 56 S. 201.

Die Wirkung ist, daß der Fiskus wahrer gesetzlicher Erbe wird, mit gewissen Besonderheiten: Er kann nicht ausschlagen, § 1942 Abs. 2. Wilke sagt, er könne sich damit nicht befreunden, ähnlich Strohal, doch ohne Grund. Der Fiskus entsagt nach den preußischen Erfahrungen nie, es ist auch im Interesse der Gläubiger nicht wünschenswert, sonst müßte ein Zugriff aller eintreten.[1]) Nur in einem Sinn gehört Fiskus nicht zu den gesetzlichen Erben (§ 2104). Es wird ein Testator, der die gesetzlichen Erben als Nacherben beruft, garnicht wollen, daß der Fiskus sein Erbe werde, sonst hätte er es gesagt![2])

Aber das Erbrecht des Fiskus ist dadurch beschränkt, daß nach E.G. Art. 138, 139 die Landesgesetze unberührt bleiben, die an Stelle des Fiskus eine Körperschaft oder Anstalt des öffentlichen Rechts zu Erben machen oder auf den Nachlaß einer verpflegten oder unterstützten Person einem andern als dem Fiskus, z. B. dem Pfleger ein Erbrecht gewähren.[3])

---

[1]) Das fiskalische Erbrecht ist also unter Umständen mehr für die Erbschaftsinteressenten eine Wohltat, als für die Staatskasse. Es zeigt sich darin eine antifiskalische Wohlfahrtspolitik.

[2]) Vgl. Strohal 3. Aufl. § 11 III S. 57. Eck meint wohl, daß im Zweifel der Erblasser eine Zuwendung lieber dem Vorerben beläßt, als der Staatskasse, weil jeder Mensch, den er bedacht hat, seinem Herzen im Zweifel näher steht als diese.

[3]) Eine Beschränkung der entfernteren Verwandten zu Gunsten des Fiskus wurde bei der Herstellung des B.G.B. angeregt, aber schließlich nicht angenommen. Anders jetzt der Schweizer Civilgesetzentwurf. Vgl. H. F. Hitzig, Die Grenzen des Erbrechts (Vortrag, Sonderabdruck der Züricher Zeitung 1904).

Kapitel II. Die Rechtsstellung des Erben.[1])

1. Annahme und Ausschlagung der Erbschaft. (§§ 1942—1966.)

§ 5.

„Das B.G.B. hat diese Lehre ganz anders gestaltet, als das röm. Recht. Denn nach letzterem kommt nach der Delation alles auf die Entscheidung des Delaten an, ob er die Erbschaft annimmt oder ausschlägt [§ 7 Inst. de her. qual. 2, 19].

Eine gesetzliche Frist für die Annahme der Erbschaft besteht nicht. Nur der Nachlaßgläubiger kann den Delaten in iure interrogare, an heres sit (l. 2 D. d. interr. 11, 1). Aber auch dann kann er sein spatium deliberandi erhalten (l. 1 § 1 D. de iure del. 28,8) seit Justinian bis zu 9 Monaten.

Schweigt er auf dieses noch, so galt es im klassischen Recht als ausschlagend, bei Justinian als antretend. — Diese Regelung ist besonders unbefriedigend für Substituten und nachfolgende Intestaterben."[2])

Demgegenüber behandelt das B.G.B. Annahme und Ausschlagung der Erbschaft im engsten Anschluß an das preußische Recht.[3])

Nach Eintritt des Erbfalls hat der Erbe nach § 1942 die Wahl zwischen der Annahme — richtiger würde man sagen: dem Behalten — der Erbschaft, dem Erbebleiben und der Ausschlagung oder genauer Wiederausschlagung.

---

[1]) Literatur vgl. bei Lehmann (Enneccerus-Lehmann) II § 278, Cosack Lehrbuch II § 380 Abs. 1 4. Aufl. S. 718 und bei Landsberg, das R. des bürg. Gesetzb., 1904, II. S. 1137 Anm. 2.

[2]) Vorbereitungsheft.

[3]) Diese unbedingte Anlehnung des B.G.B. an den germanistischen Grundsatz des preußischen und französischen Rechts wird neuerdings vom Reichsgericht in auffälliger Weise bestritten. Entsch. Bd. 54 Nr. 77 S. 292 ff., vgl. auch oben Bd. II S. 426 Anm. 2. Das neue Reichsrecht wird daselbst in einem mehr romanistischen Sinne gedeutet, der Erwerb vor der wirklichen „oder fingierten" Annahme für einen vorläufigen formellen Erfolg erklärt. Es geschieht das, um die Ausschlagung der Anfechtung der Gläubiger zu entziehen. M. E. könnte man aber zu dem letzteren Ergebnisse durch einschränkende Auslegung aus dem Ausschlagungszwecke gelangen, ohne dem Grundsatze: „der Tote erbt den Lebendigen", so, wie a. a. O. geschehen, zu nahe zu treten.

Die Frist für die Entscheidung beträgt nach § 1944 sechs Wochen, a die scientiae: ausnahmsweise sechs Monate. Diese Frist, welche der preußisch-rechtlichen Überlegungsfrist entspricht, hat im B.G.B. keinen besonderen Namen, wird aber passend Ausschlagungsfrist genannt, weil nur binnen dieser Zeit die Ausschlagung erfolgen kann.

Für die Annahme der Erbschaft ist keine Form vorgeschrieben. Also kann die Annahme auch durch konkludente Handlungen (pro herede gestio) erfolgen. „Doch hat der Erbe ein Interesse, nicht ohne Not vor Ablauf der Frist anzunehmen, weil mit der Annahme nach § 1958 sofort die dreimonatliche Frist zu laufen beginnt, während dem die Gläubiger ihm Ruhe lassen müssen.[1]" Nach § 1943 gilt die Annahme sogar auch bei Nichterklärung innerhalb der Ausschlagungsfrist als geschehen.[2]) Also kann der Erbe, der die Erbschaft behalten will, einfach schweigen. Die Wirkung der Annahme ist stets Endgültigkeit seiner Erbenqualität.

Dagegen bedarf die Ausschlagung nach § 1945 einer Form: sie muß gegenüber dem Nachlaßgerichte in öffentlich beglaubigter Form erklärt werden (Näheres § 129 B.G.B., § 167 Abs. 2 F.G.G.). Der Grund für diese auch im preußischen Recht vorgeschriebene Form ist, daß nach § 1953 die Wirkung der Ausschlagung in einem neuen oder sukzessiven Erbschaftsanfall besteht. Darum soll auch das Nachlaßgericht dem nunmehr Berufenen die Ausschlagung mitteilen. „Das Schweigen hat daher nach B.G.B. eine andere Folge als nach römischem Rechte."[3])

§ 1947 bestimmt, daß die Hinzufügung einer Bedingung oder Zeitbestimmung die Annahme wie die Ausschlagung nichtig macht. Ferner schreibt § 1948 Abs. 1 vor, daß der Erbe als eingesetzter, sei es Testaments-, sei es Vertragserbe, ausschlagen und doch als gesetzlicher Erbe bei sofortigem oder späterem Anfall annehmen kann, abweichend vom Pr. L.R. I, 9 § 401, wonach die Ausschlagungserklärung, die aus einem Grunde abgegeben wird, auch für den anderen wirkt. „Ebenso kann der Erbe, wenn er sowohl durch Testament, wie durch Vertrag berufen ist, aus dem einen Grunde ausschlagen und aus dem

---

[1]) Vorbereitungsheft.

[2]) Für den Lauf der Ausschlagungsfrist ist insbesondere dadurch ein fester Ausgangspunkt gewonnen, daß für letztwillige Verfügungen eine Verkündung vorgeschrieben ist, vgl. Entsch. des RG. Bd. 48 Nr. 25 S. 100.

[3]) Vorbereitungsheft.

anderen annehmen." [1]) Er verliert also durch die Ausschlagung aus dem einen Berufungsgrunde noch nicht die Rechte aus einem andern. Dies würde zur Folge haben, daß der Erbe, der eine überschuldete Erbschaft nicht haben will, die Ausschlagungserklärung mehrere Male abgeben muß. Dem beugt aber § 1949 Abs. 2 vor, wonach sich die Wirkung der Ausschlagung im Zweifel auf alle Berufungsgründe erstreckt, die dem Erben zur Zeit der Erklärung bekannt sind,[2]) „und zwar auch dann, wenn für einen derselben die Ausschlagungsfrist noch nicht läuft".[3]) Dagegen kann der Erbe (entsprechend dem röm. Recht) nicht die ihm angefallene Erbschaft zum Teil annehmen und zum Teil ausschlagen bei Vermeidung der Nichtigkeit (§ 1950). Wenn er aus ein und demselben Grunde auf mehrere Erbteile berufen ist, so gilt die Annahme oder Ausschlagung des einen Teils auch für die andern Erbteile (§ 1951 Abs. 2). Wenn er aber aus verschiedenen Gründen (z. B. aus Testament und Gesetz) auf mehrere Erbteile berufen ist, dann kann er nach § 1951 Abs. 1 sich über den einen Erbteil anders erklären, als über den zweiten. Ratio legis ist, daß bei solchen Erbteilen auch eine verschiedene Belastung des einen und andern Erbteils möglich ist „und also z. B. der Erbe in der Lage sein soll, den einen überschwerten Erbteil allein auszuschlagen".[4])

Das Recht zur Ausschlagung ist nach § 1952 auch vererblich, und von mehreren Erbeserben kann jeder pro sua parte ausschlagen. Die Ausschlagung muß wiederum binnen der Frist von 6 Wochen und in öffentlich beglaubigter Form erklärt werden.

Besonders geregelt ist die Anfechtung von Annahme und Ausschlagung (§§ 1954 ff.). Sie ist zulässig aus den allgemeinen Anfechtungsgründen: Irrtum, Drohung, Betrug (§§ 119, 120, 123). Die Frist dafür beträgt 6 Wochen; näheres über Beginn und Lauf der Frist enthält § 1954 Abs. 2, 3. Das Mittel der Anfechtung ist wieder eine beglaubigte Erklärung gegenüber dem Nachlaßgericht (§ 1955).

---

[1]) Vorbereitungsheft.

[2]) Es läuft dies auf eine Willensauslegung hinaus, die in der Regel zutreffen wird.

[3]) Vorbereitungsheft.

[4]) So das Vorbereitungsheft. Es kommt m. E. wohl weniger darauf an, ob verschiedene Belastungen der Erbteile vorliegen, als darauf, ob der Erbe bei seiner Erklärung in der Lage war, diese Verschiedenheit zu kennen.

Nach § 1957 gilt Anfechtung der Annahme gleich Ausschlagung; also ist sie dem Hintermann des Anfechtenden mitzuteilen (§ 1953 Abs. 3). Aber auch umgekehrt gilt die Anfechtung der Ausschlagung als Annahme; diese ist ebenfalls mitzuteilen und zwar dem infolge der Ausschlagung Berufenen (§ 1957 Abs. 2).

In einem Fall des Irrtums gilt die Annahme als garnicht erfolgt, nämlich beim Irrtum des Erben über den Berufungsgrund (§ 1949 Abs. 1). So bestimmt, weil man zweifeln könnte, ob überhaupt Irrtum über den Inhalt der Erklärung „in diesem Falle anzunehmen ist“.[1])

Wenn die Annahme oder Ausschlagung sich auf einen bestimmten Berufungsgrund bezog und dieser Grund rechtlich nicht besteht, so ist die Erklärung schon nach allgemeinen Grundsätzen nichtig wegen ihrer inhaltlichen Beschränktheit auf einen nicht gegebenen Fall; z. B. der Bruder des Erblassers erklärt: „Ich nehme die Erbschaft kraft meiner Berufung als *gesetzlicher Erbe* an“; es liegt aber Testament vor, dann kann er noch die testamentarische Erbschaft annehmen oder ausschlagen.[2])

Aber § 1949 geht weiter: Wenn der Erbe über den Berufungsgrund im Irrtum war, gilt die Annahme **allemal** als nicht erfolgt, also auch dann, wenn sie *allgemein* und ohne Beschränkung auf einen bestimmten Grund erklärt war (z. B. wenn der Bruder, der irrig kraft Gesetzes berufen zu sein glaubte, schlechthin erklärt hat: ich nehme die Erbschaft an). Die — gerechtfertigte — ratio legis ist, daß der andere Berufungsgrund andere Lasten mit sich bringen kann und deshalb Freiheit der Entschließung gewahrt bleiben muß.[3])

Nicht das gleiche bestimmt § 1949 für die *Ausschlagung*. Ist diese also allgemein erklärt, so ist sie nicht schon darum nichtig, weil der Erbe über den Berufungsgrund im Irrtum war, sondern der gewollte negative Effekt tritt ein (z. B. der Bruder, der allgemein sagt: „ich will die Erbschaft des Verstorbenen nicht“, wollte sie los sein; dieser Effekt ist stets derselbe und darum tritt er trotz Irrtums ein).

---

[1]) Ergänzung einer Lücke des Textes.

[2]) Eck vertritt mit Recht die Ansicht, daß der Irrtum, der die Entstehung des Erklärungsaktes oder Erklärungsinhalts verhindert, den Tatbestand des Geschäftes ausschließt und nicht bloß einen Anfechtungsgrund bildet, vgl. des Herausgebers allgemeinen Teil S. 475 ff.

[3]) M. E. fällt dieser Fall unter den Gesichtspunkt der mehrdeutigen Erklärungen.

Aber auch hier bleibt es doch möglich, daß er seine Ausschlagung nach allgemeinen Regeln über Irrtum (§ 119) anfechten kann. Denn hier liegt doch vor oder kann wenigstens vorliegen ein Irrtum über den Inhalt der Erklärung — z. B. der Bruder schlägt, wie er meint, die gesetzliche Erbschaft zu $^1/_4$ aus, in Wahrheit die testamentarische auf $^1/_1$ — dann ist Anfechtung zulässig.

Bis zur Entscheidung des Erben über Annahme oder Ausschlagung besteht ein Provisorium: eine resolutiv bedingte Erbenqualität. Daher wird der Erbe wegen der Möglichkeit ihrer Wiederaufhebung in manchen Beziehungen wie ein Verwalter fremden Vermögens behandelt. Es besteht eine Trennung der beiden Vermögensmassen.

I. § 1958 bestimmt, daß Ansprüche, die sich gegen den Nachlaß richten, während der Ausschlagungsfrist nicht gegen den Erben gerichtlich geltend gemacht werden können. Dieser Satz soll offenbar ausdrücken, daß der Erbe während dieser Frist eine aufschiebende Einrede hat; so daß der Kläger nicht ex officio, sondern nur dann abgewiesen werden soll, wenn der Erbe die Erfüllung des Anspruches mit Berufung auf die noch laufende Ausschlagungsfrist ablehnt. Allerdings fällt das B.G.B. bei dieser Auffassung aus seinem Sprachgebrauch heraus. Denn regelmäßig sagt es bei Gewährung von Einreden: „der Schuldner kann verweigern", hier dagegen heißt es: „Der Gläubiger kann einen Nachlaßanspruch gegen den Erben nicht gerichtlich geltend machen". Indessen entscheidet der für die Annahme einer Einrede parallel laufende § 239 Abs. 5 C.P.O.: Danach ist der Erbe vor Annahme der Erbschaft zur Fortsetzung des durch den Tod des Erblassers unterbrochenen Rechtsstreits „nicht verpflichtet". Ähnlich erklärt auch § 778 C.P.O. die Zwangsvollstreckung in den Nachlaß wegen eines Anspruches gegen den Erben vor Annahme der Erbschaft für „nicht zulässig".

In beiden Fällen handelt es sich unzweifelhaft um eine aufschiebende Einrede, obschon der regelmäßige Sprachgebrauch nicht gewahrt ist.

Übrigens kann der Gläubiger, der ungeduldig ist, sich ein Surrogat schaffen, indem er gemäß §§ 1960, 1961 einen Nachlaßpfleger vom Gerichte erwirkt und gegen diesen den Nachlaßanspruch verfolgt oder gegen den etwa bestellten Testamentsvollstrecker vorgeht (§ 2213 Abs. 2).

II. Sodann macht die Führung erbschaftlicher Geschäfte während des Provisoriums den Erben, der nachher ausschlägt, dem neuen Erben gegenüber in gleicher Weise berechtigt und verpflichtet, wie einen Geschäftsführer ohne Auftrag (§ 1959 Abs. 1), jedoch mit zwei Einschränkungen. Auch nach der Ausschlagung bleiben wirksam:

a) eine Verfügung des einstweiligen Erben über einen Nachlaßgegenstand, die nicht ohne Nachteil für den Nachlaß aufzuschieben war;

b) ein Rechtsgeschäft, das ein Dritter dem Erben gegenüber vornehmen mußte und das er vor der Ausschlagung des einstweiligen Erben vorgenommen hat.

III. Nach § 1960 hat das Nachlaßgericht zur Sicherung des Nachlasses Maßregeln zu treffen, nötigenfalls einen Nachlaßpfleger zu bestellen für den, der künftig Erbe wird, jedoch nur, soweit ein Bedürfnis dazu besteht — eine Abweichung von der gerichtlichen Nachlaßverwaltung.

IV. § 1963 regelt den Fall, daß beim Tode des Erblassers die Geburt eines Erben, eines postumus, suus oder alienus zu erwarten ist. Dann kann die schwangere Witwe, wenn sie sich selbst nicht zu erhalten vermag, bis zur Entbindung standesgemäßen Unterhalt aus dem Nachlaß verlangen, nicht bloß aus den Einkünften, und zwar, wenn ihr Kind nur zu einem Bruchteil berufen ist, aus dem entsprechenden Erbteil. Dabei kann es, wie schon im römischen Recht, fraglich werden, welcher Bruchteil für das zu erwartende Kind als Erbteil anzunehmen ist. Das römische Recht und nach ihm das sächsische BG. rechnen eine Drillingsgeburt als möglich und bestimmen danach den Bruchteil. Dagegen schreibt das B.G.B. im § 1963 vor, bei der Bemessung des Erbteils sei anzunehmen, daß nur ein Kind geboren wird. Wird das Kind totgeboren, so liegt für einen Ersatzanspruch gegen die Mutter kein Grund vor. Anders natürlich bei betrüglicher Vorspiegelung der Schwangerschaft, oder wenn das Kind aus einer Zeugung herrührt, die ihm kein Erbrecht gibt.

V. Die §§ 1964—1966 enthalten noch Besonderheiten für den Fiskus.

Er wird nach § 1936 als Erbe aktiv und passiv erst dann behandelt, wenn das Nachlaßgericht festgestellt hat, daß ein anderer Erbe nicht vorhanden ist. Der Fiskus soll nicht mit Umgehung des Gerichtes zugreifen, aber auch nicht vorher belangt werden können. Zu dieser Feststellung ist eine öffentliche Aufforderung zur Anmeldung der Erbrechte zu erlassen (§ 1965). Die Art der Bekanntmachung und die Frist richtet sich nach den Regeln des Aufgebotsverfahrens (C.Pr.O. §§ 948—950). Ein Ausschlußurteil ergeht nicht; doch wird ein angemeldetes Erbrecht nicht berücksichtigt, wenn nicht binnen 3 Monaten dem Nachlaßgericht bewiesen wird, entweder, daß das Erbrecht besteht, oder daß es gegen den Fiskus eingeklagt ist. Die Wirkung der Feststellung ist nach § 1964 Abs. 2 nur die Vermutung, daß der Fiskus Erbe sei. Also bleibt dem wahren Erben sein Anspruch bis zum Ablauf der dreißigjährigen Verjährung; ein wenig zufriedenstellender Satz.

Der Fiskus ist als Erbe von der Inventarpflicht befreit, hat aber den Nachlaßgläubigern über den Bestand des Nachlasses Auskunft zu erteilen (§ 2011).

2. Die Schuldenhaftung des Erben.

§ 6.

Literatur: 1. H. Claussen, Die Haftung des Erben, Erlanger Doktordissert. 1896.

2. Bingner, Sächs. Archiv V S. 593 ff.

3. Richard Wilke, Die Haftung des Erben nach dem B.G. in den Veröffentlichungen des Berliner Anwaltvereins. Heft 9. Berlin 1898.

4. Wendt veröffentlicht im Archiv für civilistische Praxis Bd. 86 S. 353 ff. eine vortreffliche Abhandlung.[1])

Die Universalsukzession des Erben bewirkt auch nach dem B.G.B. eine Verschmelzung des Nachlasses mit dem eignen Vermögen des Erben, jene römische confusio bonorum. Diese Folge ist zwar im B.G.B. nirgends direkt ausgesprochen, aber indirekt anerkannt dadurch, daß Rechte und Verbindlichkeiten zwischen Erblasser und Erben durch die Erbfolge erlöschen und nur ausnahmsweise Wiederaufhebung dieses Erlöschens eintritt (§§ 1976, 1991 Abs. 2, 2143), insbesondere im Falle der Nachlaßverwaltung und des Nachlaßkonkurses.

Darum kann auch der Erbe über die Nachlaßstücke frei verfügen; denn sie sind sein Vermögen, und es ist weiter auch den eigenen Gläubigern des Erben der Zugriff auf den Nachlaß ebenso gestattet,

---

[1]) Weitere Literatur siehe Lehmann in Lehmann-Enneccerus, 2. Aufl. S. 682 § 278 Anm. 2; Strohal, 2. Aufl. S. 392 § 70 Anm., Landsberg, das R. des B.G.B. II. S. 1150 Anm. 2.

wie auf sein eigenes Vermögen. Daraus folgt weiter, daß der Erbe auch für die Nachlaßschulden haftet. So auch § 1967: „für alle Nachlaßverbindlichkeiten“. Und zwar rechnet das B.G.B. dazu außer den Schulden des Erblassers auch die sonstigen Verpflichtungen, die den Erben als solchen treffen und die in §§ 1967—1969 aufgezählt sind. (Verbindlichkeiten aus Pflichtteilsrechten, Vermächtnissen und Auflagen, für die Kosten der Beerdigung, der Inventarerrichtung u. dgl.) Dementsprechend hat denn auch der Ausdruck „Nachlaßgläubiger“ eine weitere Bedeutung, als wir sie ihm bisher beizulegen gewohnt waren. Er umfaßt auch die Inhaber der Forderungen, die erst infolge des Erbfalls entstanden sind (z. B. § 2009). Nur bestehen für diese mancherlei Besonderheiten.

Aber es fragt sich nun: In welchem Maße haftet der Erbe grundsätzlich? unbeschränkt oder nur mit einer oder der anderen Beschränkung, sei dies eine quantitative, wie sie Justinian an das beneficium inventarii geknüpft hat; nur in der Höhe des Werts der Nachlaßaktiva (pro viribus hereditatis, sei es sogar eine gegenständliche, nur mit den Stücken des Nachlasses (cum viribus hereditatis)? Das B.G.B. antwortet darauf nicht direkt, und als Gierke dies am Entwurf II rügte, erwiderte Küntzel (Gruchot 40 S. 671), eine Antwort auf diese Frage würde doktrinär gewesen sein. Demnach soll dieselbe von der Wissenschaft entschieden werden; in dieser besteht aber schon jetzt Streit.[1])

Die Denkschrift behauptete, der Entwurf habe zunächst nur eine Haftung mit dem Nachlaß im Auge;[2]) ebenso lehrte Gareis, der Nachlaß sei ein vom Vermögen des Erben getrenntes Vermögen wie

---

[1]) M. E. hat der Gesetzgeber sich diese Frage nicht aufgeworfen, also sie nicht beantworten wollen. Daraus könnte man die Folge ziehen, daß die althergebrachte Haftung für Nachlaßschulden nicht in höherem Maße beschränkt worden ist, als ganz klar feststeht. Dies spricht für Ecks Ansicht. Dagegen spricht aber der Umstand, daß nach B.G.B. die Haftungsschranke in mehreren Formen eintritt, bei denen die Erbmasse aus dem Vermögen des Erben als Haftungsgegenstand ausgeschieden wird. Bei diesen Formen tritt eine Haftung cum viribus heriditatis ein, in den übrigen Fällen eine Haftung pro viribus hereditatis. Ein solcher Dualismus findet sich schon im code civil Art. 802.

[2]) S. 384. Ganz unzweideutig ist die Ausdrucksweise der Denkschrift nicht und darum nicht zwingend. Wer seine Haftung ohne Weiteres beschränken kann, haftet freilich in Wahrheit nicht unbeschränkt. Die Bedingung si voluero ist bei Rechtsvorteilen selbstverständlich und darum keine wahre Bedingung. Dagegen verlangt das Gesetz zur Beschränkung der Haftbarkeit mehr als eine bloße Willenserklärung

im altdeutschen Recht und im sächsischen B.G.B.[1]) Das letzte ist keinesfalls richtig. Dem widerspricht jene Verschmelzung des Nachlasses mit dem eigenen Vermögen (die confucio bonorum) und das Exekutionsrecht des Gläubigers des Erben auch den Nachlaßstücken gegenüber.

Man muß aber weitergehen und sagen: der Haftung des Erben für die Nachlaßverbindlichkeiten ist überhaupt keine Beschränkung immanent. (Die Denkschrift sagt mit der Behauptung des Gegenteils etwas unhaltbares.) Vielmehr hat jede Beschränkung der Haftung, die nach dem B.G.B. gilt, noch weitere Voraussetzungen als die bloße Erbenqualität. Darum sagt z. B. § 1975: „Die Haftung des Erben für die Nachlaßverbindlichkeiten beschränkt sich auf den Nachlaß, wenn eine Nachlaßpflegschaft zum Zwecke der Befriedigung der Gläubiger angeordnet oder der Nachlaßkonkurs eröffnet ist" und ebenso fügt jede andere Bestimmung, die eine Beschränkung der Erbenhaftung aufstellt, auch eine Bedingung bei (§ 2014). Damit stimmt auch überein, daß nach der Civilprozeßordnung Nachlaßschulden gegen den Erben ohne Beschränkung auf den Nachlaß eingeklagt werden können und der beklagte Erbe nur, wenn er einen Vorbehalt in das Urteil hat aufnehmen lassen (§§ 780, 781), eine Beschränkung seiner Haftung in der Zwangsvollstreckung durch Einwendungen geltend machen kann.[2])

Also ist die Haftung des Erben allgemein und von Rechts wegen nicht beschränkt, sondern der Erbe haftet persönlich und mit dem gesamten Vermögen, das aus seinem eigenen und dem Nachlaß besteht. So auch Bingner, Wendt, während Strohal[3]) eine einfache Formulierung für unmöglich hält.[4])

---

[1]) Ein Rückgriff auf die alten Zeiten, in denen Verkehr und Kredit wenig entwickelt waren, würde dann anzunehmen sein, wenn er ganz ausdrücklich angeordnet worden wäre. Allerdings kommt das B.G.B. aus völlig eigenartigen Gründen zu einer Annäherung an jene Urzustände, aber nur in den Fällen der Preisgabe der Erbschaftsmasse.

[2]) Über den auf eine Willenserklärung gerichteten Urteilsspruch bei beschränkter Erbenhaftung vgl. Entsch. d. R.G. Bd. 49 Nr. 107 S. 418.

[3]) Strohals bekannte Formulierung (2. A. S. 412) nennt die Haftung „auf den Nachlaß beschränkbar". Allein jedes Beschränkbare ist vor der Beschränkung unbeschränkt und nachher beschränkt.

[4]) Eine Übersicht über die Vertreter der verschiedenen Ansicht gibt Lehmann (Enneccerus-Lehmann) II. S. 682. Nimmt man an, daß die Verf. des B.G.B. von den Anschauungen des bisher geltenden Rechts ausgegangen sind, so kann die Entscheidung der Frage nicht zweifelhaft sein.

Aber freilich gewährt das B.G.B. daneben eine Mehrzahl von Mitteln und Wegen, durch die eine Beschränkung der Erbenhaftung herbeigeführt werden kann. Während das gemeine Recht nur zwei Mittel: Errichtung des Inventars und Erwirkung des Nachlaßkonkurses kennt, und das preußische Recht noch als drittes das Aufgebot der Nachlaßgläubiger nach dem Gesetz vom 28. März 1879 hinzugefügt hat, führt das B.G.B. neben diesen[1]) drei Mitteln weiter ein:

4. eine gerichtliche Nachlaßverwaltung,

5. für den Fall, daß eine solche oder ein Konkurs wegen Mangels an Masse untunlich ist, die Einrede der beschränkten Haftung (§§ 1990 ff.) mit Herausgabe des Nachlasses[2]) und endlich

6. provisorisch für die ersten drei Monate nach der Erbschaftsannahme und die Dauer des Aufgebotsverfahrens eine aufschiebende Einrede, eine Wartefrist für die Gläubiger, eine Schonzeit für den Erben.[3])

Von diesen sechs Rechtsbehelfen dienen aber drei nicht bloß dem Schutze des Erben, sondern auch den Interessen der Gläubiger, nämlich das Inventar, die gerichtliche Nachlaßverwaltung und der Nachlaßkonkurs; darum können diese nicht bloß vom Erben, sondern auch von den Gläubigern betrieben werden.[4]) Gerade hierin war das bisherige Recht zurückgeblieben; denn der Nachlaßkonkurs ist auf den Fall einer Überschuldung des Nachlasses beschränkt und das bloße Privatinventar bietet den Gläubigern keine Garantie für seine Vollständigkeit. Darum ist die gerichtliche Nachlaßverwaltung eine wichtige Fortbildung des bisherigen Rechts. Aber freilich führt andererseits diese Fülle von Rechts-

[1]) Eck behauptet damit nicht etwa, daß die Inventarrichtung noch ein solches Mittel ist. Dagegen das unten Ausgeführte. (S. 29 oben.)

[2]) Die drei Fälle, in denen der Erbe sein eigenes Vermögen von Haftung dadurch befreit, daß er die ererbte Masse ausscheidet (Nachlaßverwaltung, Nachlaßkonkurs, Herausgabe der zum Konkurse unzulänglichen Masse) sind offenbar Nachbildungen des abandon, den der code civil 802 dem Benefizialerben wahlweise neben einer beschränkten Haftung pro viribus hereditatis gewährt. Anders der Fall des Aufgebots s. unten.

[3]) Hier wird die Haftung nicht beschränkt, sondern nur verzögert.

[4]) Das Recht der Gläubiger auf Nachlaßverwaltung bietet ihnen einen Ersatz dafür, daß der Erbe nicht ohne Weiteres einem gesetzlichen Antriebe zur Inventarisation unterliegt. Freilich setzt auch dieses Recht voraus, daß sie sich regen (vigilantibus scriptum est). Unachtsamen Gläubigern wird weniger geholfen als bisher. Das entspricht ganz einer Zeit, in der die Schuldhaft aufgehoben worden ist.

behelfen, deren jeder seine eigne Voraussetzungen und Wirkungen hat, zu einer Verwicklung der theoretischen Darstellung und der praktischen Handhabung. Diese Verwicklung wird noch dadurch gesteigert, daß durch Pflichtverletzung (Versäumnis) des Erben gegenüber einem Rechtsbehelf (z. B. durch Versäumnis der Inventarfrist), die Wirkung des anderen Rechtsbehelfs, nämlich der Möglichkeit, seine Haftung zu beschränken wieder gekreuzt und aufgehoben wird und also z. B. trotz der Nachlaßverwaltung wieder unbeschränkte Haftung eintreten kann.[1]) So ist also jeder einzelne Rechtsbehelf eigentlich in seiner Bedeutung nur dann recht zu verstehen, wenn man auch die andern kennt.

3. Inventarerrichtung. (§§ 1993—2013.)

§ 7.

Der Erbe hat zunächst aus § 1993 das Recht, ein Verzeichnis des Nachlasses beim Nachlaßgericht einzureichen.[2]) Eine Pflicht dazu besteht für ihn nicht mehr, wie im bisherigen Recht von Gesetzeswegen,[3]) sondern entsteht nur dadurch, daß ein Nachlaßgläubiger ihm vom Nachlaßgericht eine Frist dazu stecken läßt. Dabei braucht der Antragsteller nach § 1994 Abs. 2 seine Forderung nur glaubhaft zu machen; und wenn sich später herausstellt, daß seine Forderung in Wahrheit nicht bestand, so bleibt die Fristbestimmung dennoch wirksam.

Das ist sehr wichtig, weil die übrigen Gläubiger verlangen können, daß die von dem einen erwirkte Frist bereits ihre Folgen äußert, selbst wenn der eine sich als Nicht-Gläubiger herausstellt.

Die richterliche Frist soll nach § 1995 1—3 Monate betragen; kann aber verlängert werden. Sie läuft (anders als in Preußen) auch gegen Geschäftsunfähige, wenn sie einen gesetzlichen Vertreter haben,[4]) wird aber stets unwirksam nach § 2000 durch Nachlaßverwaltung und Nachlaßkonkurs, weil natürlich hierbei dem Erben die Erb-

---

[1]) Eck setzt hier wohl voraus, daß die Nachlaßverwaltung aufgehoben und hierauf eine Inventarfrist gestellt und versäumt worden ist.

[2]) Dadurch stellt er die Tatsache fest, daß er sogleich den Nachlaß-Bestand geprüft hat. Sonstige Vorteile werden weiter unten im Texte Erwähnung finden.

[3]) Vgl. oben S. 26 Anm. 4.

[4]) Dafür ist den in elterlicher Gewalt Befindlichen und den Bevormundeten ein neues Vorzugsrecht in § 1999 eingeräumt. Das Nachlaßgericht soll dem Vormundschaftsgerichte von der Bestimmung der Inventarfrist Mitteilung machen. Entsch. d. R.G. Bd. 54 Nr. 44 S. 156.

schaft aus der Hand genommen wird. Auch kann sie nicht einem Nachlaßpfleger oder Nachlaßverwalter bestimmt werden (§ 2012).

Die Aufnahme des Inventars darf nicht mehr privatim erfolgen, sondern nach § 2002 muß der Erbe eine zuständige Behörde oder einen zuständigen Beamten oder Notar hinzuziehen, natürlich im Interesse der Gläubiger. Statt das Verzeichnis selbst aufzunehmen, darf er die Aufnahme nach § 2003 durch das Nachlaßgericht bewirken lassen, das die Aufnahme wieder übertragen kann. So kann er sich dieser Lasten für seine Person entschlagen.

Ist schon ein Inventar eingereicht (z. B. von einem Miterben oder von dem Testamentsvollstrecker), so kann der Erbe nach § 2004 erklären, daß es als von ihm eingereicht gelten solle.

Enthalten soll nun das Inventar nach § 2001 die beim Eintritte des Erbfalls vorhandenen Nachlaßgegenstände und Nachlaßverbindlichkeiten, auch eine Beschreibung der Gegenstände und eine Angabe ihres Wertes (also eine Abschätzung). Strohal[1]) rügt, daß nicht auch die Veränderungen des Nachlaßbestandes seit dem Erbfall aufzuzeichnen seien.[2])

Diese Veränderungen werden für die Gläubiger doch nur wichtig in dem Falle, wo der Erbe nur beschränkt haftet, also bei Nachlaßverwaltung und -Konkurs; für diese Fälle aber ist dem Erben eine Pflicht zur Rechnungslegung schon anderweit auferlegt durch §§ 1978 bis 1991).

Zur Bestärkung des Inventars kann jeder Gläubiger vom Erben nach § 2006 den Offenbarungseid verlangen, nicht erst bei begründetem Verdacht (§§ 259, 260) und nicht erst kraft richterlicher Verurteilung, sondern ohne weiteres. Strohal[3]) moniert hier wieder, daß die Norm des Offenbarungseides sich nur auf die beim Eintritt des Erbfalls vorhandenen Nachlaßgegenstände beziehe. Allein, bei der Rechnungslegung über spätere Veränderungen kann vom Erbe ein neuer Eid nach § 260 B.G.B.[4]) verlangt werden.

Die Einsicht des Inventars ist nach § 2010 jedem Interessenten, also namentlich den Nachlaßgläubigern, zu gestatten. Die Wirkung des Inventars besteht jetzt nicht mehr darin, daß es die Schulden-

---

[1]) 3. Aufl. § 73 S. 414 ff., besonders 414 Anm. 1.

[2]) Motive V S. 618.

[3]) 2. Aufl. S. 430 Anm. 36.

[4]) Diese Vorschrift ist übrigens auch von Strohal a. a. O. berücksichtigt.

haftung der Erben auf den Nachlaßbestand beschränkt; solchen Satz sucht man im B.G.B. vergebens. Daher kann auch von einer „Rechtswohltat des Inventars“ oder vom „Benefizialerbrecht“ nicht mehr die Rede sein.

Vielmehr ist über die Wirkung des Inventars im § 2009 nur soviel gesagt, daß, wenn es rechtzeitig errichtet ist, im Verhältnis zwischen dem Erben und den Nachlaßgläubigern vermutet wird, es seien zur Zeit des Erbfalls weitere Gegenstände als die angeführten nicht vorhanden gewesen.[1]) Andererseits hat die Verletzung der Inventarpflicht mancherlei Folgen. So bewirkt nach § 1994 die Versäumnis der Inventarfrist eine unbeschränkte Haftung des Erben gegenüber allen Gläubigern.

Ferner kann der Erbe dann auch nicht mehr die Nachlaßverwaltung beantragen, um sich dadurch eine Beschränkung seiner Haftung zu verschaffen (§ 2013, einer der schwierigsten Paragraphen).

Ja, nach § 2005 hat auch schon eine absichtliche Unvollständigkeit des Inventars oder eine absichtliche Aufführung einer nicht bestehenden Nachlaßverbindlichkeit die Folge, daß der Erbe allen Gläubigern unbeschränkt haftet. Dagegen bewirkt die Verweigerung des Eides nach § 2006 Abs. 3 eine nur relative Unbeschränktheit der Erbenhaftung, d. h. nur gegenüber dem Gläubiger, der die Frist erwirkt hatte. Diese Verschiedenheit wird von Strohal mit Recht getadelt.[2]) Wilke gibt dafür die Erklärung, daß die Eidesleistung eine stärkere Zumutung als die Inventarerrichtung ist. Darum ist ein minder starkes Präjudiz an ihre Nichterfüllung geknüpft.

In diesen an die Verletzung der Inventarpflicht geknüpften Nachteilen tritt zu Tage, daß die Inventarerrichtung weniger im Interesse des Erben gestattet ist, um seine Haftung zu beschränken, als im Interesse der Gläubiger dem Erben auferlegt werden kann, damit diese übersehen können, was der Nachlaß enthält und welche Maßregeln sie gut tun zu ergreifen, insbesondere, ob sie Konkurs beantragen sollen oder nicht.

Wenn sie erwirken, daß die Errichtung des Inventars vor Ablauf von drei Monaten seit Annahme der Erbschaft geschieht, kommt ihnen

[1]) Das ist immerhin auch eine Wohltat für den Erben, wenn auch nur eine kleine.

[2]) Vgl. jetzt Strohal, 2. Aufl. S. 430 Nr. 5.

außerdem noch zugute, daß mit Einreichung des Inventars nach § 2014 die aufschiebende Einrede des Erben aus der dreimonatlichen Wartefrist soviel früher erlischt. Aber angesichts dieser Vorteile für die Gläubiger fragt man doch, ob denn für den Erben selber die Wirksamkeit des Inventars wirklich mit jener Beweisvermutung erschöpft, also für das materielle Recht ohne Bedeutung sei, und weiter, was denn auch nur diese Beweisvermutung ihm nütze. Freilich, in den Fällen, wo Nachlaßverwaltung oder Nachlaßkonkurs eintritt, kommt der Erbe gar nicht in die Lage, den Gläubigern gegenüber beweisen zu müssen, wie viel oder wenig der Nachlaß enthielt, denn in diesen Fällen haben die Gläubiger gar nicht beim Erben persönlich, sondern von dem Nachlaßverwalter oder Konkursverwalter ihre Befriedigung zu suchen. Für diese Fälle also hat die auf das Inventar begründete Beweisvermutung für den Erben keinen Wert. Aber es gibt andere Fälle, wo das Inventar als Beweismittel für den Erben höchst wichtig wird, weil in denselben seine Haftung insoweit wegfällt, als der Nachlaß nicht zureicht, und zum Beweise dafür, daß er nicht zureicht, natürlich das Inventar das beste Mittel bildet. Dies sind folgende Fälle:

a) § 1990: Wenn Nachlaßverwaltung und Nachlaßkonkurs wegen Mangels einer den Kosten entsprechenden Masse nicht tunlich ist, kann der Erbe die Befriedigung eines Nachlaßgläubigers insoweit verweigern, als der Nachlaß nicht ausreicht. Er muß nur das Vorhandene herausgeben. Das ist eine Einrede der beschränkten Haftung.[1]) Aber zum Beweise dient das Inventar.

b) § 1973: Wenn im Aufgebotsverfahren ein Nachlaßgläubiger ausgeschlossen ist, kann der Erbe ihm die Befriedigung insoweit verweigern, als der Nachlaß durch die Befriedigung der nicht ausgeschlossenen Gläubiger erschöpft ist. Er braucht nur den vorhandenen Überschuß herauszugeben. Auch dies ist eine Einrede der beschränkten Haftung.[2]) Auch hier wird der Beweis für das Erschöpftsein des Nachlasses durch das Nachlaßinventar erbracht.

Nach § 1974 steht auch ohne Aufgebot ein Gläubiger, der erst später als fünf Jahre nach dem Erbfall seine Forderung geltend macht,

---

[1]) Es läßt sich auch als ein beneficium dationis in solutum auffassen. Schuldtilgung durch Herausgabe der Masse an das Gericht.

[2]) Sog. „Erschöpfungseinrede". Landsberg, das R. des B.G.B. II. S. 1160 § 300.

einem ausgeschlossenen gleich (mit Ausnahmen). Also auch einem solchen gegenüber hat der Erbe die Einrede der beschränkten Haftung und als Beweismittel das Inventar.

Sodann kann auch außerhalb dieser zwei Fälle beschränkter Haftung das Inventar als Beweismittel dem Erben von Nutzen sein: so bei der Erbteilung, ferner im Verhältnis vom Vorerben und Nacherben, wenn dieser Auskunft verlangt (§ 2127) oder wenn der Erbschaftsbesitzer mit hereditatis petitio belangt wird und unterliegt (§ 2027).

Endlich aber gewährt das Inventar dem Erben nicht bloß Beweisvorteile, sondern auch materielle Rechtsfolgen, denn wenn ihm auch das Inventar an sich noch nicht eine Beschränkung seiner Haftung verschafft, so wahrt es ihm doch die Beschränkbarkeit derselben; er behält das Recht jederzeit die Nachlaßverwaltung zu beantragen (§ 2013) per argumentum a contrario. Wenn der Erbe unbeschränkt haftet, dann ist er nicht berechtigt, die Anordnung einer Nachlaßverwaltung zu beantragen. Also nur dann nicht, sonst kann er sie immer beantragen; und hat er ein Inventar errichtet, so bleibt ihm diese Möglichkeit dauernd.

Weiter aber schützt das Inventar den Erben gegen die Gefahr, daß ihm noch eine Inventarfrist gesteckt wird, die er versäumen könnte.[1])

Desgleichen schützt er den Erben gegen den Vorwurf der Fahrlässigkeit, die ihn nach § 1980 zum Schadensersatz an den Gläubiger verpflichtet (wenn er z. B. die Überschuldung des Nachlasses nicht erkannt und darum nicht Eröffnung des Konkurses beantragt hat).

Nach alledem sind die Wirkungen der Inventarerrichtung auch zu Gunsten des Erben immer noch sehr erhebliche, nur bestehen sie eben nicht so direkt, wie bisher, in einer Beschränkung der Haftung der Erben. Aber dafür ist auch die Verpflichtung des Erben zur Inventarisierung nicht mehr ohne weiteres durch das Gesetz begründet, sondern erst dann vorhanden, wenn der Richter ihn dazu aufgefordert hat. Dadurch werden Erscheinungen vermieden, wie sie noch im preußischen Privatrecht möglich waren. Nach diesem konnten die Gläubiger erst sechs Monate lang warten, und dann, weil die Inventarfrist ver-

---

[1]) Eck denkt hierbei an einen auch von Strohal betonten Vorteil der Inventareinreichung bei Gericht. (2. Aufl. S. 414.)

strichen war, den Erben als nunmehr unbeschränkt haftend in Anspruch nehmen.

Strohal[1]) findet es trotz der richterlichen Aufforderung zu hart, daß der die Inventarfrist versäumende Erbe unbeschränkt hafte, denn er habe vielleicht geglaubt, gar nicht der Erbe zu sein. Allein dieser Vorwurf ist doch wohl unhaltbar; denn infolge der richterlichen Aufforderung mußte der Erbe doch sehen, daß es mindestens zweifelhaft sei, ob er nicht vielleicht doch die Erbeseigenschaft habe.[2])

Wollte er die Erbschaft nicht, dann hätte er ausschlagen sollen, wollte er sie aber annehmen, dann konnte er das Inventar durch das Gericht aufnehmen lassen.

Man kann nun freilich den Wert eines Inventars bezweifeln, das nicht sofort beim Erbfall, sondern erst nach Monaten oder Jahren errichtet wird. Indessen einmal ist es doch auch bei einem sofort aufgenommenen Inventar möglich, daß manches Nachlaßaktivum weggelassen oder durch einen kühnen Griff vom Erben beseitigt wird. Sodann aber ist die Sicherheit für die Vollständigkeit des Inventars nach B.G.B. insofern größer, als auch eine obrigkeitliche Person bei der Aufnahme zugezogen werden muß. Endlich haben es die Gläubiger ganz in der Hand, dem Erben schleunigst eine Inventarfrist stecken zu lassen, und sie handeln nachlässig, wenn sie es nicht tun. Ja, der Erbe wird sich auch durch sein eignes Interesse angetrieben fühlen, ein Inventar zu errichten, also ist eher ein Wettlauf zwischen Erben und Gläubiger in der Inventarerrichtung zu erwarten, indem der erstere aus freien Stücken anfangen wird, zu inventarisieren und die Gläubiger ihnen dann noch eine Frist stecken lassen, binnen deren er fertig werden muß.

Nur freilich — sagt Wilke mit Recht —, möge sich der Erbe nicht allzu sehr mit der Vollendung des Inventars beeilen, sonst verkürze er damit die Wartefrist der Gläubiger und seine aufschiebenden Einreden (§ 2014).

---

[1]) Vgl. 2. Aufl. S. 40 ff.

[2]) Bei Versäumung der Inventarfrist gibt übrigens das B.G.B. eine Rechtshilfe in § 1996, von der das R.G. (Bd. 54 Nr. 44 S. 152) dahingestellt läßt, ob sie als eine Wiedereinsetzung in den vorigen Stand angesehen werden könne, die aber jedenfalls als eine Ausnahme von der grundsätzlichen Verwerfung dieses außerordentlichen Rechtsmittels anzusehen ist.

4. Ausschließung von Gläubigern durch Aufgebot.
(B.G.B. §§ 1970—1974; C.P.O. §§ 989—1001.)

§ 7.

Das Aufgebot der Nachlaßgläubiger ist im wesentlichen geregelt nach dem Muster des preußischen Gesetzes vom 28. März 1879, betreffend die Zwangsvollstreckung gegen Benefizialerben und das Aufgebot der Nachlaßgläubiger.

Übereinstimmend mit diesem Gesetz bezweckt das Aufgebot im Interesse des Erben nicht bloß, wie Strohal und Wendt sagen, die unbekannten Gläubiger zu ermitteln, sondern auch festzustellen, welche Gläubiger vom Erben Befriedigung verlangen,[1]) damit der Erbe beurteilen kann, ob der Nachlaß zureicht oder nicht, ob er also den Nachlaßkonkurs herbeiführen oder gar die Erbschaft ausschlagen muß. Darum kann nach § 1970 der Erbe ohne weiteres das Aufgebot beantragen, vorausgesetzt nur (C.P.O. § 991), daß er nicht bereits wegen Versäumnis der Inventarfrist unbeschränkt haftet. Dann kann er seine Haftung auch nicht mehr durch Aufgebot beschränken (vgl. § 2013 und die dort citierten §§ 1973, 1974).

Weiter richtet sich darum das Aufgebot, wie nach preußischem Recht, nicht bloß an die unbekannten Gläubiger, sondern vor allem an die bekannten. Der Erbe muß sogar nach § 992 seinem Aufgebotsantrag ein Verzeichnis der ihm bekannten Gläubiger mit Angabe ihres Wohnortes beifügen, und den so angezeigten Gläubigern ist nach § 994 Abs. 2 C.P.O. das Aufgebot von Amts wegen zuzustellen.[2])

Nur gewisse Klassen von Gläubigern werden nach den §§ 1971, 1972 durch Aufgebot nicht oder doch nicht in vollem Umfange ihrer Forderungen betroffen, nämlich

a) die Realgläubiger (auch die Bevorrechtigten genannt), soweit sie nur aus dem Gegenstande ihres Rechtes Befriedigung suchen;

b) die Pflichtteilsberechtigten, Vermächtnisnehmer und Auflageberechtigten.

---

[1]) Ein solches Verlangen wird der Erbe wohl bei den ihm bekannten Gläubigern vermuten dürfen. Eck denkt wohl weit mehr an Personen, von denen es zweifelhaft ist, ob sie Gläubiger sind oder nicht.

[2]) Der Druck, der so auch auf bekannte Gläubiger ausgeübt wird, hat wohl weniger den Zweck zu erforschen, ob sie befriedigt sein wollen, als jeden späteren Zweifel darüber, ob sie dem Erben bekannt waren, auszuweichen.

Ihre Exemtion von dem Anmeldungszwang ist eine große Begünstigung. Zur Begründung heißt es in der Denkschrift,[1]) daß der Erbe sie meist ohnehin aus dem Testament kennen werde, und auch wenn sie erst später bekannt würden (etwa durch eine nachträglich aufgefundene letztwillige Verfügung), ihre Ausschließung unbillig sein würde. Allein dieser Grund ist offenbar unzureichend, denn es kann ja auch bei anderen Gläubigern zutreffen, daß der Erbe sie bereits kennt.[2])

Die Frist beim Aufgebot soll höchstens 6 Monate betragen (C.P.O. § 994) und als Rechtsnachteil wird denen, die sich nicht melden (wie schon in Preußen), nicht völliger Ausschluß angedroht, sondern nur die Beschränkung, daß sie vom Erben nicht weiter Befriedigung verlangen können, als aus dem Überschuß, der nach Befriedigung der nicht Ausgeschlossenen etwa verbleiben werde.[3]) Übereinstimmend mit diesem Präjudiz bestimmt denn auch das B.G.B. die Wirkung des Ausschlußurteils im § 1973. Der Erbe kann nämlich, sobald der Nachlaß durch die Befriedigung der nicht ausgeschlossenen Gläubiger erschöpft ist, den Ausgeschlossenen die Befriedigung verweigern eben mit jener schon oben gestreiften Einrede der beschränkten Haftung, und zwar auch dann, wenn er das Vorhandensein der Forderungen des ausgeschlossenen Gläubigers von vornherein gekannt hat. Ja, der Erbe darf sogar Pflichtteilsberechtigte und Vermächtnisnehmer (auch unangemeldete) vor einem ausgeschlossenen Gläubiger befriedigen, solange dieser seine Forderung noch nicht geltend gemacht hatte (§ 1973), eine neue Begünstigung der Pflichtteilsberechtigten wie Vermächtnisnehmer und zugleich neue Härte für den ausgeschlossenen Gläubiger, die an das römische „ius civile vigilantibus scriptum est“ [4]) erinnert.

Die Reichstagsvorlage ging freilich noch weiter, indem sie auch die Bestimmung wegstrich, daß, wenn der ausgeschlossene Gläubiger seine Forderung bereits geltend gemacht hatte, dann die Befriedigung der Pflichtteilsberechtigten und Vermächtnisnehmer nicht vor ihm ge-

---

[1]) S. 394.

[2]) Man kann in der Vermeidung eines Zwanges gegen diese Gläubiger eine Pietätsrücksicht auf den Willen des Erblassers erblicken.

[3]) Dieser wird natürlich pro viribus hereditatis berechnet, nicht als Rest dessen, was bei einer Haftung cum viribus hereditatis übrig bleibt. — Diese Beschränkung der Ausgeschlossenen kann nicht als Zweck des Aufgebots angesehen werden; denn der Erbe kann sie nicht erwarten. Die Gefahr ihres Eintritts ist vielmehr nur das Mittel, das die Gläubiger zur Anmeldung treiben soll.

[4]) Dig. XLII, 8. fr. 24.

schehen kann. Aber zum Trost für den Ausgeschlossenen bestimmt K.O. § 222 für den Fall eines Nachlaßkonkurses und entsprechend des Anfechtungsgesetzes, daß die bereits erfolgte Befriedigung eines Pflichtteilsberechtigten oder Vermächtnisnehmers, die vor der eines ausgeschlossenen Gläubigers stattgefunden hat, vom Konkursverwalter wieder angefochten werden kann, ebenso wie eine unentgeltliche Verfügung des Erben. Vom Erben selber aber kann der ausgeschlossene Gläubiger nach § 1973 Abs. 2 nicht mehr verlangen, als daß er ihm einen Überschuß zum Zwecke der Befriedigung im Wege der Zwangsvollstreckung nach den Vorschriften über die Herausgabe einer ungerechtfertigten Bereicherung herausgebe, d. h. die noch vorhandenen Sachen in natura; er kann aber auch statt dessen, wenn er auf eine Versteigerung spekuliert, ihren Wert zahlen (§ 1973 Abs. 2 S. 3)[1]). Also hier gilt auch keine Reihenfolge der Gläubiger mehr, sondern die Prävention entscheidet wie einst bei Justinian. Wer von den ausgeschlossenen Gläubigern zuerst kommt, der mahlt zuerst.

Natürlich braucht der Erbe es nicht zum Prozeß oder zur Zwangsvollstreckung kommen zu lassen, sondern er kann auch in Güte den Überschuß herausgeben. Im Fall eines Prozesses aber wird der Erbe nach § 780 C.P.O. zunächst in das Urteil den Vorbehalt aufnehmen lassen müssen, daß er nur mit dem Überschusse des Nachlasses haftet, und bei der Zwangsvollstreckung wird er dann zu beweisen haben, was ihm als Überschuß verblieben sei. Gibt er diesen ab, oder wird er ihm weggenommen, so sucht der Gläubiger daraus seine Befriedigung. Bleibt ein Rest, so muß er dem Erben zurückgegeben werden.

Die entscheidenden Worte des § 1973 Abs. 2 bedeuten also nicht, wie im Partikularrecht ein Abandon-, sondern ein Exekutionssystem, bei dem der Haftende sich nur einen vorhandenen Überschuß abnehmen zu lassen braucht. Indessen hat nach § 1973 Abs. 2 Satz 3 schon die rechtskräftige Verurteilung des Erben für den betreibenden Gläubiger den Erfolg, daß sie ihm den anderen Gläubigern gegenüber den Vorrang sichert. Es gilt also nicht eine Prävention des Indiehandbekommens, sondern eine Prävention des rechtskräftigen Urteils.

Dieselben Vorteile, wie durch Aufgebot, erlangt der Erbe auch ohne gerichtliches Verfahren nach § 1974 einem solchen Gläubiger gegenüber, dessen Forderung erst später als fünf Jahre nach dem Erb-

[1]) Soll er nicht auch mit erworbenen Surrogaten der Erbschaftsstücke haften? Eck wollte dies wohl schwerlich bestreiten. Es entspricht den Grundsätzen der Bereicherungsansprüche. Hier wird wieder der Unterschied der Haftung pro viribus und cum viribus hereditatis praktisch.

fall geltend gemacht wird, ausgenommen, wenn der Erbe sie vorher kannte. Nur diejenigen Gläubiger, die nach § 1971 von der Pflicht zur Anmeldung im Aufgebotsverfahren befreit sind, werden auch durch Ablauf der fünf Jahre nicht betroffen (§ 1974 Abs. 3). Es wird also ein fünf Jahre lang schweigender Gläubiger einfach einem ausgeschlossenen gleichgestellt, und zwar auch ein Pflichtteilsberechtigter oder Vermächtnisnehmer. Das kann sehr hart sein, z. B. wenn ein Gläubiger vom Tode seines Schuldners fünf Jahre lang nichts erfahren hat, oder die Forderung erst fünf Jahre nach dem Eintritt des Erbfalls fällig geworden ist.

Nur für den Fall der Verschollenheit ist besonders bestimmt, daß die fünfjährige Frist nicht allemal mit dem Erbfall, sondern nicht vor Erlaß der Todeserklärung erfolgen soll, weil sie sonst im Augenblick, wo der Erbe erst für tot erklärt wird, schon verstrichen sein könnte. Demnach ist es für den Gläubiger empfehlenswert, sich beim Tode seines Schuldners auch ohne Aufgebot beim Erben und im Falle eines Aufgebots auch beim Nachlaßgericht zu melden, damit der Erbe nur von ihm weiß und der Gefahr vorgebeugt wird, daß durch Ablauf der fünfjährigen Frist der Gläubiger in die Stellung eines Ausgeschlossenen hinabsinkt. Auch in diesen Vorschriften liegt der Gedanke ius civile vigilantibus scriptum est.

Die Reichstagsvorlage ging soweit, den ausgeschlossenen Gläubigern auch den Antrag auf Konkurseröffnung zu versagen, ja sogar die Teilnahme am Konkurse (Denkschrift §§ 205b, 205i). Indessen letzteres hat die Konkursordnung nicht in sich aufgenommen (§ 226 Abs. 1) und das erstere wenigstens dahin abgeschwächt (§ 219), daß der ausgeschlossene Gläubiger die Konkurseröffnung dann beantragen kann, wenn der Erbe selber in Konkurs geraten ist.

Nach alledem führt das Aufgebot zu einer relativen Beschränkung der Haftung des Erben: den ausgeschlossenen gegenüber haftet er nur auf den Überschuß. Wenn er nun aber, während das Aufgebotsverfahren ihm diese relative Beschränkung seiner Haftung gesichert hat, daneben aus einem anderen Grunde, namentlich wegen Versäumung der Inventarfrist, unbeschränkt haftbar wird, so schließt dies nach § 2013 Abs. 1 S. 1 die Möglichkeit aus, im Aufgebotsverfahren eine Beschränkung der Haftung auf den Überschuß zu erwirken und die §§ 1973 und 1974 finden keine Anwendung.

Dagegen (so fährt § 2013 Abs. 2 fort), kann umgekehrt der Erbe sich auf eine durch Ausschlußurteil oder Zeitablauf bereits eingetretene Beschränkung der Haftung allerdings berufen, wenn später der Fall der Inventarversäumnis oder der Unvollständigkeit des Inventars (§ 1994 Abs. 1 S. 2, § 2005) eintritt.

Wenn also durch Versäumnis der Inventarfrist die Haftung bereits eine unbeschränkte geworden war, so kann durch das Aufgabeverfahren keine Beschränkung mehr eingeführt werden. Wenn aber umgekehrt der Erbe bereits durch Ausschlußurteil oder Zeitablauf eine Beschränkung seiner Haftung gegenüber den ausgeschlossenen Gläubigern erzielt hatte, so kann eine spätere Versäumung der Inventarfrist oder Unvollständigkeit des Inventars ihn nicht mehr um den bereits erreichten Vorteil bringen.[1])

5. Aufschiebende Einreden.

§ 8.

Mit der Annahme der Erbschaft, also spätestens sechs Wochen a die scientiae, erlischt die aufschiebende Einrede der noch laufenden Ausschlagungsfrist aus § 1958.

Aber in demselben Augenblicke erwächst dem Erben eine andere und neue: Damit er sich nämlich überlegen könne, ob er selbst die Befriedigung der Gläubiger bewirken oder ob er dazu Nachlaßverwaltung oder Nachlaßkonkurs beantragen (d. h. ob er beschränkt oder unbeschränkt haften will), darf er nach § 2014 die Berichtigung einer Nachlaßverbindlichkeit noch drei Monate lang verweigern, nur nicht mehr nach Errichtung des Inventars, weil er ja dann über die Lage der Erbschaft im Klaren sein muß.

Wenn er es aber für nötig hält, neben der Inventarerrichtung noch ein Aufgebotsverfahren zu erwirken, so verlängert sich seine Schonfrist (d. h. die Dauer der aufschiebenden Einreden) nach § 2015, sobald nur binnen einem Jahr der Antrag auf ein Aufgebot gestellt und zugelassen worden ist, auf die Zeit bis zur Beendigung des Aufgebotsverfahrens.

Diese Schonfristen haben auch nicht „bloß die Nachlaßgläubiger inne zu halten, sondern ebenso nach § 783 C.P.O. die persönlichen Gläubiger des Erben, wenn sie aus Nachlaßstücken Befriedigung suchen".[2])

---

[1]) Diese beschränkte Haftung beruht überhaupt nicht auf dem bloßen Willen des Erben, wie in den drei Fällen einer Preisgabe der Masse. Nicht das Aufgebot, sondern die Säumniß der Gläubiger beschränkt hier ihre Kraft.

[2]) Vorbereitungsheft.

Nur wenn der Erbe unbeschränkt haftet, fallen nach § 2016 Abs. 1 diese beiden Arten von Schonzeiten (die dreimonatige Frist und auch die Frist bis zum Ablauf des Aufgebotsverfahrens) wieder fort und bei dem Naßlaßpfleger beginnen die Fristen schon mit der Bestellung (§ 2017).

Natürlich scheint diese dilatorische Behandlung der Gläubiger höchst drückend zu sein. Doch ist dagegen zweierlei zu betonen: Einmal galten diese Bestimmungen wesentlich schon nach dem preußischen Gesetz vom 28. März 1879; ja sie waren sogar zum Teil strenger, weil alle Zwangsvollstreckungsmaßregeln sistiert wurden. Sodann aber ist die Wirkung dieser Einreden aus § 2014 und § 2015 bei Licht besehen eine sehr abgeschwächte, denn diese Einrede aus § 2014 verzögert nur die Berichtigung der Schuld, also nicht die Klage des Gläubigers gegen den Erben, ebenso wenig die Verurteilung, ja nicht einmal Arrestmaßregeln, sondern wie § 305 C.P.O. ausdrücklich sagt, kann ein Erbe trotz dieser Einrede unter dem Vorbehalt der beschränkten Haftung verurteilt werden.

§ 782 C.P.O. läßt sogar die Zwangsvollstreckung zu durch solche Maßregeln, welche zur Vollziehung eines Arrestes zulässig sind. Gegenüber solchen Gläubigern, die schon vor dem Erbfall ein Vorrecht auf abgesonderte Befriedigung erworben haben, gilt die Wartefrist überhaupt nicht (§ 2016 Abs. 2).

So ist die Schonzeit für den Erben durchaus keine Zeit absoluter Ruhe, sondern nur die eigentliche Erfüllung der Nachlaßverbindlichkeiten soll ihm nicht abgepreßt werden. Aber der Gläubiger braucht mit nichten sich mit einer Vertröstung auf die dreimonatige Frist und auf die Zeit bis zum Ablauf des Aufgebotsverfahrens zufrieden zu geben; er kann klagen und eine Verurteilung erzielen.

6. Nachlaßverwaltung und Nachlaßkonkurs.

§ 9.

a) Die Nachlaßverwaltung.

Die Nachlaßverwaltung und der Nachlaßkonkurs sind im B.G.B. § 1975 zusammengestellt als die beiden Mittel, welche die Haftung des Erben noch mehr beschränken als das Aufgebot, nämlich nicht bloß relativ, d. h. den ausgeschlossenen Gläubigern gegenüber, sondern absolut, d. h. allen gegenüber, und somit eigentlich an Stelle des bisherigen **beneficium inventarii** getreten sind, und die ferner beide die Haftung gegenständlich in der Art beschränken, daß der Erbe ihnen nur noch mit den Nachlaßstücken haftet (cum viribus hereditatis). Nur freilich haben sie diese beiden Wirkungen nicht immer, wie Garcis behauptet, sondern in einem Falle ausnahmsweise nicht; denn § 1975 ist nach § 2013 unanwendbar, wenn der Erbe unbeschränkt haftet! — Beides — Regel und Ausnahme — spiegelt sich in C.P.O. § 784 Abs. 1 a. E. Danach ist im Fall des Nachlaßkonkurses und der Nachlaßverwaltung die Zwangsvollstreckung in das eigene Vermögen des Erben zu sistieren, es sei denn, daß er für die Nachlaßverbindlichkeiten unbeschränkt haftet.

Diese Beschränkung der Nachlaßgläubiger auf die Nachlaßstücke hat aber auch eine ihnen günstige Kehrseite darin, daß aus den Nachlaßstücken auch sie allein befriedigt werden, und zwar ohne Konkurrenz der persönlichen Gläubiger des Erben. Zu diesem Zwecke wird durch Nachlaßverwaltung und Nachlaßkonkurs die bereits eingetretene confusio bonorum rückwärts aufgelöst und in eine separatio bonorum verwandelt.

Im einzelnen gelten für beide Institute gemeinsam folgende Sätze:

1. Durch Anordnung der einen wie der andern Maßregel verliert der Erbe die Befugnis, den Nachlaß zu verwalten und darüber zu verfügen (§ 1984 Abs. 1). Auch tritt Unwirksamkeit seiner Rechtshandlungen gegenüber den Konkursgläubigern und nach C.P.O. § 241 Abs. 2 Unterbrechung des Verfahrens ein. Dementsprechend sind auch zu Gunsten der eigenen Gläubiger des Erben Zwangsvollstreckungsmaßregeln in den Nachlaß nicht mehr zulässig (§ 1984 Abs. 2) und die bereits geschehenen werden wieder aufgehoben (C.P.O. § 784 Abs. 2).

2. Alle durch Vereinigung der Vermögensmassen erloschenen Rechtsverhältnisse gelten nunmehr als nicht erloschen (§ 1976).

3. Kompensationen, die bereits vollzogen sind von einem Nachlaßgläubiger gegen eine eigene Forderung des Erben oder von einem eigenen Gläubiger des Erben gegen eine Nachlaßforderung, gelten als nicht erfolgt (§ 1977).

4. Da der Nachlaß nun an erster Stelle für die Nachlaßgläubiger bestimmt ist, so steht nach § 1978 der Erbe den Nachlaßgläubigern gegenüber in Bezug auf seine bisherige Verwaltung des Nachlasses bis zur Annahme der Erbschaft wie ein Geschäftsführer ohne Auftrag und von der Annahme an wie ein Beauftragter. Nur, wenn er eine Nachlaßverbindlichkeit berichtigt hat, weil er annehmen durfte, daß der Nachlaß ausreiche, müssen nach § 1979 die Nachlaßgläubiger

dies gelten lassen. Wenn aber umgekehrt der Erbe von der Überschuldung des Nachlasses Kenntnis hatte oder hätte haben müssen und er doch nicht Konkurs beantragt hat, so haftet er nach § 1980 den Gläubigern persönlich auf Schadensersatz.

Das alles ist der Nachlaßverwaltung und dem Nachlaßkonkurse gemeinsam. Es bleiben die Besonderheiten beider Institute zu erörtern:

Die Nachlaßverwaltung ist eine Abart der Nachlaßpflegschaft (§ 1975). Aber die sonstige Nachlaßpflegschaft ist (wie im früheren Recht) Sache des Vormundschaftsgerichts und tritt nur bei Ungewißheit des Erben und besonders zu dessen Sicherung ein. Dagegen bezweckt die Nachlaßverwaltung Befriedigung der Gläubiger (§ 1975), und darum hat der Nachlaßverwalter viel weiter gehende Befugnisse als ein anderer Nachlaßpfleger, wogegen der Erbe seiner Macht und Pflicht enthoben wird. In der Literatur wird der Nachlaßverwalter oft mit dem Konkursverwalter verglichen, doch nicht mit vollem Recht; denn jener ist weit selbständiger als dieser, denn er ist alleiniges Organ für die Verwaltung, während an der Konkursverwaltung die Gläubiger beteiligt sind.

Im einzelnen bestimmt das B.G.B. folgendes:

1. Die Nachlaßverwaltung wird wie der Nachlaßkonkurs nie von Amts wegen, sondern nur auf Antrag eröffnet, im Gegensatz zur österreichischen Verlassenschaftsabhandlung, wobei der Erbe von vornherein verdrängt wird, und dem ähnlich gestalteten württembergischen Recht. Den Antrag auf Nachlaßverwaltung kann der Erbe nach § 1981 ohne weiteres stellen, außer, wenn er bereits unbeschränkt für die Nachlaßschulden haftet (§ 2013 Abs. 1 Satz 1 a. E.).

Aber auch ein Nachlaßgläubiger kann nach § 1981 Abs. 2 gerichtliche Nachlaßverwaltung beantragen, jedoch nicht ohne weiteres, was für den Erben sehr hart wäre, sondern nur, wenn anzunehmen ist, daß die Nachlaßgläubiger sonst durch das Verhalten oder die Vermögenslage des Erben gefährdet werden (z. B. durch Verschwendung oder Überschuldung) und nur binnen zwei Jahren seit Annahme der Erbschaft. In diesem § 1981 Abs. 2 steckt das bisherige Absonderungs- oder Trennungsrecht (beneficium separationis) mit einer Fortbildung. Bisher gab die K.O. § 43 den Nachlaßgläubigern ein Separationsrecht nur im Konkurse des Erben und nur nach Maßgabe der Landesrechte; von letzteren gewähren es §§ 500 ff. Abs. I, 16 A.L.R. sehr beschränkt, nämlich nur, wenn die Gläubiger innerhalb eines Jahres nach dem Tode des Erblassers ihre Forderungen ausgeklagt haben. Das gemeine Recht gab es freilich auch außerhalb des Konkurses, doch nur in der Art, daß das Gericht dem Erben aufgibt, die Massen zu trennen. Dagegen gewährt in viel weiterem Umfange jetzt § 1981 Abs. 2 das Absonderungsrecht, wenn schon nicht unter diesem Namen, indem die Gläubiger die Nachlaßverwaltung eben auf Grund jeder Gefährdung herbeiführen können (Wilke S. 16), z. B. wenn der Erbe Nachlaßmittel zu persönlichen Zwecken verbraucht, sie zum Besten von Vermächtnissen und zum Nachteil anderer Nachlaßgläubiger verwendet oder gar mit seinem eigenen Vermögen in Konkurs gerät, und wenn der Nachlaß überschuldet ist, sogar den Konkurs zu erwirken im Stande sind (§§ 215, 217 K.O.). Infolgedessen ist der ehemalige § 43 K.O. gestrichen.

Die erfolgte Anordnung der Nachlaßverwaltung hat das Gericht zu veröffentlichen (§ 1983). Über die Wirkung der Nachlaßverwaltung ist schon bemerkt, daß der Nachlaßverwalter an Stelle des Erben, wie § 1985 sagt: den Nachlaß zu verwalten und die Nachlaßverbindlichkeiten zu berichtigen hat. Daher können auch Ansprüche an den Nachlaß fortan nur gegen den Nachlaßverwalter geltend gemacht werden (§ 1984 Abs. 1 Satz 3). Er ist aber, wie § 1985 Abs. 2 mit bemerkenswerter Kürze erklärt, „auch" den Nachlaßgläubigern verantwortlich. Wem er weiter verantwortlich sei, ist nirgends gesagt; doch liegt in dem Worte: „auch", daß er dem Erben schon nach der Natur der Sache verantwortlich ist. Weitere Bestimmungen über die Stellung des Nachlaßverwalters sind merkwürdigerweise im B.G.B. nicht enthalten — eine Regelung, die Wendt darum mit Recht als höchst lakonisch bezeichnet. Indessen besagt viel die im § 1985 Abs. 2 enthaltene Verweisung auf die Vorschriften des § 1978 Abs. 2 und der §§ 1979 und 1980. Die in diesen Paragraphen dem Erben vorgeschriebenen Vorsichtsmaßregeln muß also auch der Nachlaßverwalter beobachten; er hat danach bei Überschuldung des Nachlasses Konkurs zu beantragen, wenn unbekannte Gläubiger zu vermuten sind, ein Aufgebot herbeizuführen, ein Inventar, wo es fehlt, zu errichten. Dafür hat er andererseits das Recht, am Nachlaß Besitz zu ergreifen und Nachlaßstücke, soweit nötig, zu versilbern, sowie die aufschiebenden Einreden des Erben. Das alles hätte freilich etwas deutlicher gesagt werden können.

Erst wenn die Zulänglichkeit des Nachlasses festgestellt ist durch Aufgebot und Inventar, darf der Nachlaßverwalter, was § 1985 Abs. 1 sehr harmlos an die Spitze stellt, die Nachlaßverbindlichkeiten berichtigen; und nach § 1986 erst, wenn dies geschehen, resp. für die noch nicht erfüllbare Sicherheit bestellt ist, den Nachlaß dem Erben ausantworten. Für seine Amtsführung erhält er Vergütung (§ 1987).

Das Ende der Nachlaßverwaltung tritt ein durch Eröffnung des Nachlaßkonkurses und durch Aufhebung von seiten des Gerichts (§ 1988) sowie, was § 1988 nicht erwähnt, auch durch Ausantwortung des Überschusses an den Erben, indem hiermit der Zweck der Nachlaßverwaltung erledigt ist.

Fraglich bleibt, wie der Erbe nach Beendigung der Nachlaßverwaltung für die unberechtigt gebliebenen Schulden zu haften habe. Merkwürdigerweise antwortet darauf das B.G.B. nicht direkt. Also ist seine Haftung zu bestimmen nach den unabhängig von der Nachlaßverwaltung geltenden Regeln, namentlich soweit nach ihnen die Voraussetzungen beschränkter Haftung vorliegen, dementsprechend, also z. B. ausgeschlossenen Gläubigern gegenüber nur auf den Überschuß, nicht ausgeschlossenen gegenüber (was freilich nicht leicht vorkommen wird) wohl nach Analogie von § 1990; wenn aber vielmehr unbeschränkte Haftung des Erben begründet ist (z. B. durch Inventarversäumung),[1]) dann muß der Erbe auch nach der Nachlaßverwaltung unbeschränkt haften. Also ein absolutes Mittel, um die Haftung des Erben zu beschränken, ist auch die Nachlaßverwaltung nicht.

b) Der Nachlaßkonkurs.

Der Nachlaßkonkurs wird im B.G.B. selbst immer nur gestreift, dagegen in der K.O. ist er in 21 Paragraphen eingehend normiert, während die frühere K.O. ihm nur fünf Paragraphen (§§ 202—206) widmete.[2]) Ausführlich ist da u. a. im § 217 der neuen K.O. das Antragsrecht geregelt. Dies haben bei Überschuldung des Nachlasses der Testamentsvollstrecker und jeder Nachlaßgläubiger doch nur zwei Jahre lang (§ 220) und wie § 219 hinzufügt, der Ausgeschlossene nur dann, wenn über das eigene Vermögen des Erben selbst Konkurs eröffnet ist. Dann werden im § 224 K.O. eine Anzahl Schulden als Masseschulden bezeichnet. Im § 225 ist bestimmt, daß der Erbe im Nachlaßkonkurs auch selbst als Gläubiger auftreten könne und im § 226 die Rangordnung der Forderungen gegen das frühere Recht dadurch geändert, daß eine Reihe von Forderungen post omnes ge-

[1]) Vgl. oben S. 27 Anm. 1.

[2]) Vgl. hierzu Entsch. des O.L.G.R. Hamburg v. 12. Nov. 1902 (Entscheid. in Angel. der freiw. Gerichtsbarkeit Bd. III S. 179): Die Bestellung eines Nachlaßpflegers für den unbekannten Erben ist zulässig, auch wenn über den Nachlaß der Konkurs eröffnet ist.

stellt sind, so die Pflichtteilsberechtigten und Vermächtnisnehmer. Die ersteren aber noch vor den letzteren.[1])

Materiell bestimmt dann noch B.G.B. § 1989, daß nach Beendigung des Nachlaßkonkurses durch Verteilung der Masse oder Zwangsvergleich der Erbe für die Nachlaßschulden ebenso wie den im Aufgebotsverfahren ausgeschlossenen Gläubigern nur noch mit dem Überschuß haftet.

Mit der Nachlaßverwaltung und dem Nachlaßkonkurs sind die beiden Hauptwege bezeichnet, auf denen der Erbe zu einer beschränkten Haftung gelangen kann. Freilich war bei Überschuldung des Nachlasses schon im früheren Recht der Konkurs der zu beschreitende Weg; indessen für den Fall, daß der Nachlaß nicht erkennbar überschuldet, doch auch nicht liquide und nicht glatt zu regulieren, ist das frühere Recht dahin geändert, daß die Beschränkung der Erbenhaftung nicht mehr durch Inventar zu erzielen ist, sondern nur noch durch Herbeiführung einer gerichtlichen Nachlaßverwaltung. Das ist nicht unbillig, denn durch diese Nachlaßverwaltung werden Gläubiger und Erbe gleichmäßig gesichert und dem Erben wird es erspart, wenn Überschuldung zu Tage kommt, selbst den Nachlaßkonkurs zu beantragen, was ja leicht einen gehässigen Anschein gewinnt. Freilich hat die Nachlaßverwaltung ihre Unbequemlichkeiten für den Erben, viel mehr als das alte beneficium inventarii. Dem Erben wird die Erbschaft aus der Hand genommen, und die Nachlaßverwaltung verursacht erhebliche Kosten (Wendt S. 361). Aber dafür vermeidet der Erbe Mühe und Verantwortung, und wenn weder einerseits die Zulänglichkeit des Nachlasses, noch andererseits seine Überschuldung klar ist, bietet die Nachlaßverwaltung den zweckmäßigsten Weg zur Regelung.[2])

7. Einrede der beschränkten Haftung.

§ 10.

Es bleibt die Möglichkeit, daß wegen Mangels an Masse Nachlaßverwaltung und Nachlaßkonkurs nicht tunlich sind, oder vom Gericht

---

[1]) Es entspricht dies dem Übergewicht der Noterbrechte über den Willen des Verstorbenen.

[2]) Alles in allem ist die Nachlaßverwaltung eine Art von Konkurs ohne Überschuldung, d. h. ohne nachweisliche Überschuldung. Sie hat ihrer Kosten wegen nur einen Zweck bei befürchteter Überschuldung. Bei völliger Ungewißheit der Überschuldung empfiehlt sich das Gläubigeraufgebot. Wenn die Nichtüberschuldung sicher feststeht, mag sich der Erbe mit den aufschiebenden Einreden begnügen (vgl. unten S. 45 zu Nr. 3).

wieder aufgehoben werden. Hier bedarf es noch einer subsidiären Gewährung beschränkter Haftung unmittelbar durch das Gesetz.

Das gewähren die §§ 1990 und 1991. Der Erbe kann die Befriedigung eines Nachlaßgläubigers insoweit verweigern, als der Nachlaß nicht ausreicht. Er muß nur den Nachlaß im Wege der Zwangsvollstreckung herausgeben.[1])

Genaueres ist schon oben beim Aufgebotsverfahren erörtert worden: der Erbe muß sich im Urteil die beschränkte Haftung vorbehalten lassen und kann die Gläubiger in der Exekution auf die Nachlaßgegenstände verweisen. Unter den Gläubigern gilt Prävention. Bei der Berechnung des Nachlasses gelten nach § 1991 Abs. 2 auch hier wie bei der Nachlaßverwaltung die durch confusio erloschenen Rechtsverhältnisse als fortbestehend.

Natürlich aber muß der Erbe beweisen, daß der Nachlaß so gering ist, was einige Schwierigkeiten bereiten kann. Der Beweis wird am einfachsten gesichert, wenn der Erbe den Antrag auf Nachlaßverwaltung oder Konkurs stellt und sich abweisen läßt. Nur die eine Maßgabe muß der Erbe nach § 1991 Abs. 4 beobachten, daß er Pflichtteilsansprüche, Vermächtnisse und Auflagen nach den Regeln des Konkurses befriedigt, also post omnes, d. h. erst hinter den vom Erblasser herrührenden Schulden und die Vermächtnisse auch erst hinter den Pflichtteilen (K.O. § 226 Nr. 4, 5).[2])

Man bezeichnet in der Literatur dieses Recht des Erben, bei Geringfügigkeit der Masse die Befriedigung eines Gläubigers insoweit zu verweigern, als der Nachlaß nicht ausreicht, technisch als Einrede der beschränkten Haftung, d. h. der auf den vorhandenen oder noch vorhandenen Nachlaß beschränkten Haftung.

Die gleiche Einrede gilt außerdem noch in zwei anderen Fällen, nämlich

1. nach §§ 1973 und 1974 gegenüber den durch Aufgebot ausgeschlossenen Gläubigern und denen, die wegen Zeitablaufes von fünf Jahren den Ausgeschlossenen gleichstehen (s. oben S. 33 ff.).

2. Nach § 1992 gegenüber Vermächtnisnehmern und Auflageberechtigten; diesen haftet der Erbe sogar, ohne daß Nachlaßverwal-

---

[1]) Auch dies ist die Abart eines Konkurses für den besonderen Fall der Unzulänglichkeit des Nachlasses.

[2]) Im Vorbereitungshefte findet sich noch Folgendes: „Ein Nachlaßgläubiger kann dies Recht des Erben auch nicht dadurch vereiteln, daß er nach dem Erbfall im Wege der Zwangsvollstreckung sich ein Pfandrecht oder eine Hypothek verschafft; daraus kann er kein dingliches Recht ableiten."

tung und -Konkurs wegen Mangel an Masse untunlich wären ohne weiteres nur auf den vorhandenen Nachlaß.

Solchen Forderungen gegenüber hat der Erbe nach § 1992 Satz 2 sogar das Recht, den gegenwärtigen Wert zur Abfindnng der Vermächtnisnehmer zu zahlen und dadurch den Vorteil einer möglichen Wertsteigerung für sich selbst zu sichern.

Faßt man die Ergebnisse wie Wilke[1]) praktisch zusammen, so ist zu sagen: der Erbe wird sich fragen müssen, ob der Nachlaß zureicht oder nicht zureicht oder ob dies zweifelhaft ist.

1. Wenn der Nachlaß nicht zureicht, tut der Erbe am Besten, auszuschlagen; sonst hat er Last ohne Nutzen.

2. Wenn der Nachlaß zureichend erscheint, dann erfolgt am besten Annahme der Erbschaft und Errichtung des Inventars bis zum Ablauf der durch §§ 2014 f. gewährten dreimonatigen Schonzeit nach der Annahme. Sobald unbekannte Gläubiger vorhanden sein können, auch ein Aufgebot. Damit ist eine sichere Grundlage für weitere Schritte gewonnen. Ergibt sich nun doch Überschuldung, dann ist Konkurs zu beantragen. Wenn nicht, kann der Erbe aus den liquiden Mitteln bezahlen. Melden sich später noch Gläubiger, die ausgeschlossen waren, so haftet er nur auf den Überschuß.

3. Bei zweifelhafter Lage des Nachlasses empfiehlt sich Nachlaßverwaltung.

4. Wenn der Nachlaß zu geringfügig dazu ist, tut der Erbe gut, sich nur den Beweis dafür zu sichern. Dann kann er ruhig abwarten und alles über sich ergehen lassen. Nachlaßschulden darf er nach Prävention bezahlen,[2]) nur Pflichtteile und Vermächtnisse darf er erst post omnes berichtigen, und wenn er verklagt wird, muß er Sorge tragen, den Vorbehalt der beschränkten Haftung ins Urteil aufnehmen zu lassen, C.P.O. § 780.

Andererseits können die Gläubiger, wenn der Erbe nicht sofort nach dem Erbfall annimmt, Bestellung eines Nachlaßpflegers (§ 1981) betreiben und gegen diesen ihre Ansprüche richten. Nimmt aber der Erbe an, so tun sie gut, ihm sofort eine Inventarfrist stecken zu lassen, oder, wenn ihre Befriedigung gefährdet ist, Nachlaßverwaltung zu beantragen.

Macht der Erbe kein Inventar trotz richterlicher Aufforderung, so haftet er nun unbeschränkt. Reicht er ein Inventar ein, so können die Gläubiger daraus ersehen, ob etwa Überschuldung besteht, und

[1]) Haftung des Erben. 1898.

[2]) Darin liegt eine große Härte gegen die säumigen Gläubiger.

die Gläubiger daraus ersehen, ob etwa Überschuldung besteht, und was an Nachlaßaktivis vorhanden ist; außerdem treiben sie durch ihr Andringen den Erben zur Erwirkung des Aufgebots, weil er dann bis zum Ende des Aufgebotsverfahrens die aufschiebenden Einreden aus § 2015 behält. Sodann gilt:

a) Ergibt das Inventar Überschuldung, so werden die Gläubiger entweder schleunigst Zwangsvollstreckung in bestimmte Stücke betreiben oder Konkurs beantragen.

b) Ergibt sich keine Überschuldung, der Erbe zahlt aber doch nicht, so werden die Gläubiger entweder wieder Zwangsvollstreckung betreiben oder gerichtliche Nachlaßverwaltung beantragen, denn nun sind sie gefährdet. Jedenfalls aber müssen sie sich hüten, zwei Jahre zu warten, weil sie mit deren Ablauf das Absonderungsrecht verlieren, oder gar fünf Jahre zu warten, weil sie sonst wie ausgeschlossene Gläubiger stehen.

Blickt man zurück, so lichtet sich doch das Dickicht der Gesetzesvorschriften und es bietet sich ein ziemlich klares Bild. Die Rechtsbehelfe sind sehr mannigfach, aber eben darum für alle Bedürfnisse ausreichend. Freilich wird der Laie sich in diesen Abschnitten nicht zurechtfinden. Aber Gemeinverständlichkeit ist schließlich nicht die höchste Aufgabe des Gesetzes, sondern diese besteht in der Gerechtigkeit und Zweckmäßigkeit; und wenn diese beiden nicht anders zu verwirklichen sind, als mit Hülfe[1]) des Juristen, so ist dieser Preis wahrlich kein zu teurer.

8. **Erbschaftsanspruch.** (§§ 2018—2031.)

§ 11.

Literatur: R. Leonhard, Der Erbschaftsbesitz, 1899 (wandelt vielfach eigene Wege).

Die Lehre vom Erbschaftsanspruch ist im Preußischen Landrecht, wie Koch mit einem berühmten Wort gesagt hat, „ein leeres Blatt". Seine Verfasser meinten — wie A.L.R. I 15 § 3 erkennen läßt —, daß die Regeln über die Eigentumsklage auch für die Erbschaftsklage ausreichten.

Indessen ist ihre Übertragung auf die Erbschaftsklagen oft mißlich, und deswegen ist das B.G.B. im wesentlichen zu den Sätzen des römischen Rechts zurückgekehrt.

---

[1]) Zu ergänzen ist hier: „einer den Text vervollständigenden Gedankenarbeit".

1. Der Erbe als Nachfolger in alle Rechte des Erblassers hat natürlich all die Ansprüche, die aus diesen Rechten in Anfechtung der einzelnen Nachlaßgegenstände entspringen, wie § 2029 zum Überflusse ausdrücklich anerkennt, also alle Klagen, die man im römischen Recht die Singularklagen zu nennen pflegt, so aus Forderungen, den obligatorischen Anspruch und aus Sachenrechten den dinglichen, aber auch aus dem Besitz des Erblassers den possessorischen Anspruch; denn der Besitz geht nicht mehr, wie im röm. Recht, mit dem Tode des Besitzers unter, sondern auf die Erben über (§ 857). Im preuß. Recht war diese Frage mindestens zweifelhaft. Das B.G.B. bedeutet hierin gegenüber den früheren Rechten einen erheblichen Fortschritt; denn in dem Falle, daß der Erblasser an einer Sache nur Besitz und kein anderes Recht hatte, und unmittelbar nach seinem Tode irgend jemand, z. B. seine Wirtschafterin oder ein Dienstbote, ehe der Erbe diese Sache ergriffen hat, sie an sich nimmt, unter dem Vorgeben, der Verstorbene habe sie dem Okkupanten geschenkt, ist dem Erben im Gegensatz zum röm. Recht ohne weiteres die Besitzklage gegeben.

Aber neben diesen Klagen hat der Erbe entsprechend der römischen hereditatis petitio eine Universalklage, einen Gesamtanspruch auf die Erbschaft als ganzes gegen jeden, welcher sie als Erbprätendent ganz oder teilweise erlangt hat (§ 2018): den Erbschaftsanspruch.

Der Grundgedanke ist dabei, daß hier ein Vermögensinbegriff (universitas) verfolgt wird, der auch beim Wechsel seiner einzelnen Stücke identisch bleibt und, daß derjenige, der diesen Inbegriff ohne Recht als Universalsukzessor in Besitz genommen hat, auch auf die universitas haften muß (l. 10 § 2, l. 20 § 6, l. 22 D. de her. pet. 5, 3).

In der zweiten Kommission war man zweifelhaft, ob ein solcher Erbschaftsanspruch noch nötig sei. Man hob hervor, daß nach § 254 der revidierten C.P.O. jeder, der eine Forderung auf Herausgabe einer Gesamtheit habe, eine Gesamtklage erheben und die bestimmte Angabe der einzelnen Leistungen sich vorbehalten könne, bis der Beklagte ihm Rechnung gelegt habe. Man meinte also, die hereditatis petitio sei in diesem allgemeinen Gebilde aufgegangen. Allein die Mehrheit der Kommission erkannte richtig, daß gewisse andere wünschenswerte Sätze für den Erbschaftsstreit nur bei Anerkennung eines Anspruches aus einem einheitlichen Gesamtrecht zu gewinnen seien. So vor allem zu Gunsten des klagenden Erben das Surrogationsprinzip (§ 2019 Abs. 1): res succedit in locum pretii et pretium in locum rei, oder allgemeiner: surrogatum sapit naturam eius, cui surrogatur; ferner zu Gunsten des beklagten gutgläubigen Erbschaftsbesitzers der Satz, daß er nur auf die aus der Erbschaft im ganzen ihm erwachsene Bereicherung hafte (§ 2021) und daß er seine Aufwendungen auch dann abziehen kann, wenn er sie nicht für einzelne Sachen gemacht hat, sondern für die Erbschaft im ganzen (§ 2022 Abs. 2 und 3).

Also hat der klagende Erbe auch ein Recht auf Auskunft (§ 2027) und im Konkurse des Erbschaftsbesitzers das Aussonderungsrecht auf die Erbschaft als Ganzes u. a. m. Aus diesen Erwägungen ist der grundlegende § 2018 hervorgegangen.

Darnach ist aktiv legitimiert der Erbe und passiv derjenige Erbschaftsbesitzer (qui pro herede possidet), d. h. auf Grund eines ihm nicht zustehenden Erbrechts, also als Erbprätendent (pro herede) etwas aus der Erbschaft erlangt hat (aliquid possidet), sei es die ganze Erbschaft oder Stücke aus ihr (l. 9—11. D. h. t.) — technisch: der „Erbschaftsbesitzer".

Zur Passivlegitimation genügt auch das Erlangt haben. Der Kläger braucht also nicht wie bei der Eigentumsklage den gegenwärtigen Besitz des Beklagten darzutun, sondern nur Erlangung desselben, und der Besitzer muß auch nach § 2027 Auskunft geben über den Bestand der Erbschaft und den Verbleib der Erbschaftsgegenstände. Immer aber muß, wie im römischen Recht, die Erlangung von Erbschaftsaktivis durch Erbschaftsanmaßung des Beklagten titulo universali erfolgt sein, nicht titulo singulari, z. B. weil der Beklagte die Erbschaftssachen als Geschenke erhalten zu haben behauptet, oder weil er als Nachlaßschuldner die Erbenqualität des Klägers leugnet und darum Zahlung verweigert. In solchen Fällen ist die Gesamtklage nicht angebracht, sondern nur bei einem Streite von zwei Erbprätendenten, von denen der Beklagte als Erbprätendent aliquid possidet.[1])

Gleichgestellt ist dem Erbschaftsbesitzer in der Passivlegitimation wie im preußischen und römischen Recht durch § 2030 derjenige, der durch Vertrag von ihm die Erbschaft erworben hat, also namentlich der Erbschaftskäufer. Wichtig ist hierbei, daß der Erbschaftsbesitzer,

[1]) Bestritten ist, ob blos Eigenbesitzer haften (vgl. einerseits des Herausgebers Erbschaftsbesitz S. 19 und dagegen Strohal 2. Aufl. S. 550.) Man wird wohl zu unterscheiden haben, ob der Besitzer als Erbschaftsprätendent einen Fremdbesitz des Erblassers an sich genommen hat oder ob er, ohne Erbe sein zu wollen, aus der Nachlaßmasse ein Stück ergriffen hat, um es (z. B. leihweise) zu besitzen und dem Erben herauszugeben. Nur auf den ersteren Fall kann man den Erbschaftsanspruch ausdehnen. Auf den letzteren ist er keinesfalls berechnet.

wenn er unterliegt, keinen Lösungsanspruch gegen den Erben auf das hat, was er auf den Erwerb redlich verwendet hat, vielmehr muß er die Erbschaft ohne weiteres herausgeben und sich an seinen Auktor halten.

Auffällig ist, worüber Strohal und Küntzel lebhaft gestritten haben, daß dem possessor pro herede nicht wie im römischen Recht der possessor pro possessore gleichgestellt ist, d. h. derjenige, der ohne sich auf einen Rechtstitel zu berufen, tatsächlich Nachlaßbestandteile in Besitz genommen hat, nach dem Grundsatz: j'y suis, j'y reste, oder possideo quia possideo (l. 11 § 1. l. 12 D. h. t.), z. B. der Ehegatte des Erblassers oder ein Krankenpfleger oder eine Wirtschafterin, wenn sie den Nachlaß ganz oder teilweise an sich genommen haben und die Herausgabepflicht bestreiten, ohne darum ein Erbrecht zu prätendieren. In solchen Fällen weiß der Erbe meist nicht, wie viel der Okkupant genommen hat. Deshalb scheint zunächst eine Gesamtklage mit der Verpflichtung des Okkupanten zur Auskunftserteilung nötig.

In der Kommission wurde die Frage allerdings von manchen bejaht. So auch Strohal, der hier eine Lücke im Gesetz findet. Aber hiergegen siegte der Gedanke, daß die Anwendung der Gesamtklage gegen jeden tatsächlichen Okkupanten zu weit führen würde; die Ausdehnung der Besitzklage im B.G.B. genüge, um die Gesamtklage gegen den possessor pro possessore überflüssig zu machen. Denn jeder Zugriff eines Nichterben auf Sachen, die der Erblasser auch nur besaß, ohne weiteres Recht daran zu haben, sei ja bereits eine Besitzverletzung, bei der die Klagen wegen Eigenmacht aus § 861 gelten, freilich nur ein Jahr lang, und die Klage aus älterem Besitz (§ 1007) sogar 30 Jahre lang, endlich die Klage auf Herausgabe einer ungerechtfertigten Bereicherung (§ 812) (condictio possessionis).

Dafür gab man das Recht auf Auskunftserteilung durch besondere Vorschriften (§ 2027 Abs. 2 und § 2028), nicht bloß gegen Okkupanten einer Nachlaßsache (§ 2027 Abs. 2), sondern sogar gegen jedes Mitglied der häuslichen Gemeinschaft mit dem Erblasser (§ 2028).[1])

Danach kann also jetzt die hereditatis petitio nicht mehr in einem Falle Anwendung finden, für den sie bisher die Praxis des

[1]) „Für ein solches ist der ruhende Nachlaß verführerisch". Vorbereitungsheft. Über den Verbleib der Nachlaßgegenstände hat also jeder Hausgenosse, gleichgiltig, ob er Erbe oder Nacherbe ist, Auskunft zu geben. So das Urteil des O.L.G. Jena vom 26. Januar 1901. Entsch. in Angelegenheiten der freiwill. Gerichtsbarkeit und des Grundbuchrechts, zusammengestellt im Reichsjustizamt Bd. II S. 79.

preußischen Obertribunals (§ 487 I. 9) und des Reichsgerichts (Bd. 28 S. 354 ff.) zugelassen hat, nämlich wenn ein Nachlaßpfleger oder Testamentsvollstrecker, die doch beide kein Erbrecht prätendieren, vom Erben auf Herausgabe des Nachlasses belangt wird.

Wenn also der für den unbekannten Erben bestimmte Nachlaßpfleger nur einen Teil der Erbschaft an den Erben herausgibt und nun auf Herausgabe des Ganzen belangt wird, so behauptet der Nachlaßpfleger dabei nicht, ein Erbrecht zu haben und ist er nicht passiv legitimiert. Hier muß der Erbe vielmehr mit der Klage aus dem besonderen Rechtsverhältnis, in dem er zu dem Besitzer steht, vorgehen, also mit der Auftragsklage gegen den Testamentsvollstrecker[1]) oder mit der Klage aus der Geschäftsführung ohne Auftrag gegen den Nachlaßpfleger.

Ist die Okkupation aber in eigennütziger Absicht erfolgt, dann hat der Erbe einen Deliktanspruch. Diese Ansprüche sind zum Teil sogar vorteilhafter als der Erbschaftsanspruch. Daher entsteht — so darf man trotz Strohal sagen — durch dessen Nichtgewährung gegen den possessor pro possessore keine Lücke.

Ziel und Wirkung des Erbschaftsanspruchs bestimmen sich nach den römischen, zuerst durch das Senatusconsultum Inventianum vorgezeichneten Regeln: Es ist Herausgabe des vom Beklagten aus der Erbschaft Erlangten (§ 2018). Als aus der Erbschaft erlangt gilt auch das mit Mitteln der Erbschaft durch Rechtsgeschäfte Erworbenen (§ 2019 Abs. 1) — omne lucrum ei extorquendum est — eine Anwendung des Surrogationsprinzips, das sich durch das ganze B.G.B. hindurchzieht.[2])

Dieser Satz wird besonders wichtig für die Aussonderung im Konkurse des Erbschaftsbesitzers, indem hier die mit Erbschaftsgeldern angeschafften Sachen vom Aussonderungsrecht mit ergriffen werden.

Dem Erbschaftsanspruch unterliegen in gleicher Weise Sachen, die mit Erbschaftsmitteln erworben sind — auch wenn sie wertvoller sind, als diese — bei Forderungen, die aus einer Anlegung von Erschaftsgeldern erworben sind, z. B. Hypothekenforderungen, die hohe Zinsen bringen. Doch braucht der Dritt-Schuldner einer solchen Forderung

[1]) Über die Möglichkeit einer solchen Klage siehe unten die Lehre von dem Testamentsvollstrecker.

[2]) „Das Surrogationsprinzip findet sich ferner in § 1370, Vorbehaltsgut, § 1381, eingebrachtes, §§ 1473, 2041, 2111, 2374. Es wurde im gemeinen Recht als allgemein giltige Regel gelehrt, aber von der wissenschaftlichen Forschung verworfen." Vorbereitungsheft.

nach § 2019 Abs. 2 deren Zugehörigkeit zur Erbschaft erst nach erlangter Kenntnis gegen sich gelten zu lassen; er darf also den Erbschaftsbesitzer als seinen Gläubiger behandeln.

Ebenso sind die dritten Personen, die Erbschaftssachen vom Erbschaftsbesitzer redlich erworben haben, dem Erben nicht unbedingt haftbar, sondern durch die allgemeinen Regeln über den Erwerb im guten Glauben geschützt.

Außer der Substanz hat der Erbschaftsbesitzer nach § 2020 auch die gezogenen Nutzungen herauszugeben, selbst wenn er an Früchten das Eigentum erworben hat. Das stimmt mit dem römischen Recht überein, ist aber strenger als die Regel des preußischen Landrechts, welche dem redlichen Besitzer die fructus exstantes überließ.

Eine ähnliche Begünstigung des redlichen Besitzers gilt nach § 993 auch bei Einzelklagen, dagegen nicht bei Erbschaftsklagen, bei denen omne lucrum possessori extorquendum est, d. h. dem Erbschaftsbesitzer aller Gewinn aus den Händen gewunden werden soll.

Andrerseits haftet der Beklagte nach § 2021 (und dadurch schwindet der Anschein von Härte) soweit er zur Herausgabe außer Stande ist, nur nach den Regeln über ungerechtfertigte Bereicherung, also nur: quatenus locupletior est. Dennoch ist der Beklagte, soweit er Sachen bona fide verschlechtert, verbraucht, verloren, ja vielleicht verspekuliert hat, von der Ersatzpflicht frei. Er braucht vielmehr nur die Bereicherung herauszugeben, etwa die Forderungen an seine insolventen Schuldner zu zedieren. Es liegt eben keine culpa vor, denn — auch nach B.G.B. gilt der Satz: quasi suam rem neglexit. Nur von dem Eintritte der Rechtshängigkeit an ist er dem Erben für verschuldete Verschlechterung verantwortlich. Diese Sätze sind wegen ihres Gegensatzes zum Preußischen Recht besonders zu betonen. Dieses enthält in § 219 A.L.R. I., 7 der gegen Dernburgs Ansicht auch auf Erbschaftsklagen anwendbar ist, den verhängnisvollen Satz, daß für die Verschlechterung der Qualität, die sich während der Besitzzeit ereignet habe, der Erbschaftsbesitzer nur insofern hafte, als sie durch sein grobes Versehen entstanden seien.

Dies konnte außerordentlich hart werden, wie jener Fall aus den Entscheidungen des Obertribunals beweist: Ein Gutsbesitzer verstirbt ohne Testament, sein nächster Verwandter, ein Neffe, tritt die Erbschaft ab intestato an und übernimmt das Landgut. Dieser, ein sonderbarer Kauz, läßt eine Allee von wundervollen Kastanienbäumen niederhauen und dafür ein Torfmoor herstellen und deterioriert das Landgut durch diese und ähnliche Devastationen bedeutend. Ein Dritter erhebt nun

4*

als wahrer Erbe gegen ihn die hereditatis petitio. Hier muß der Neffe nach Pr. A.L.R. für die Verschlechterungen haften, da sie durch sein grobes Versehen entstanden sind.

Außerdem hat der Beklagte nach § 2022 auch ein Retentionsrecht wegen aller Verwendungen und Aufwendungen, — „wegen aller", das ist ganz wörtlich zu nehmen — also auch wegen der nicht notwendigen, ja nicht einmal nützlichen, und ferner auch wegen der nicht auf eine einzelne Sache gemachten, sondern für die Erbschaft als Ganzes geschehenen Aufwendungen. Also in beiden Punkten steht der verklagte Erbschaftsbesitzer sehr viel günstiger als der Beklagte bei der Eigentumsklage, doch können die Verwendungen auf die herauszugebende Bereicherung angerechnet werden; diese wird eben durch jene gemindert, auch wenn sie noch so töricht sind. Z. B. würde in dem obenerwähnten Falle aus der Praxis des Obertribunals der Neffe die Kosten für das Umhauen der Nußbäume und die Herstellung des Torfmoores als Aufwendungen von der Erbschaft abziehen können. Dagegen hat der Beklagte wie bei der Vindikation (§§ 1000 ff.) einen Anspruch auf Ersatz seiner Aufwendungen nur dann, wenn der Erbe den Gegenstand seines Anspruchs wiedererlangt.

„Natürlich bleibt es möglich, daß gewisse Aufwendungen, z. B. § 2022 Abs. 3 Zahlung von Nachlaßverbindlichkeiten, nach allgemeinen Regeln dem Besitzer nicht bloß ein Zurückbehaltungsrecht, sondern einen Anspruch auf Ersatz gewähren."[1])

Eine Verschärfung der Haftung des Erbschaftsbesitzers tritt endlich noch in zwei Fällen ein.

1. Nach § 2023 wird er von Eintritt der Rechtshängigkeit an, mit der er doch sein Erbrecht als zweifelhaft anerkennen muß, unter die Zucht des Prozesses gestellt: Er haftet wie ein Vindikationsbeklagter wegen jeden Verschuldens, für Verschlechterung oder Untergang der Sache, auch für Versäumung für Nutzungen auf Schadensersatz. Zugleich behält er von da ab für Verwendungen den Ersatzanspruch nur soweit als sie notwendig waren.

2. Wenn der Erbschaftsbesitzer nicht in gutem Glauben war, — und das ist er nach § 932 schon, wenn er aus grober Fahrlässigkeit das fremde Recht verkannte, — so haftet er schon von dem Zeitpunkte seiner mala fides ab, wie sonst nach Eintritt der Rechtshängigkeit (§ 2024). Er steht dann so, als ob der Erbschaftsanspruch mit Ein-

---

[1]) Vorbereitungsheft.

tritt der mala fides rechtshängig gewesen wäre. Wenn er einen Nachlaßgegenstand aus strafbarer Handlung oder eigenmächtiger Besitzergreifung erlangt, z. B. eine Nachlaßforderung einkassiert hatte, so haftet er nach den Regeln über unerlaubte Handlungen. Danach — und das ist die Pointe dieses Satzes — hat er für Verwendungen keinen Ersatzanspruch (§ 1000).

Solche Eigenmacht liegt nun strenggenommen nach den Regeln über Besitz schon dann vor, wenn jener in gutem Glauben an sein Erbrecht eine Erbschaftssache an sich genommen hat. Soll auch ein solcher der strengen Haftung unterliegen? Dem beugt § 2025 Satz 2 vor: Es tritt jene Haftung nur dann ein, wenn der Erbe schon vorher an der Sache tatsächlich Besitz ergriffen hatte, also nicht bei lediglich ererbtem Besitz ohne Ergreifung.

Abgeschnitten ist zweckmäßigerweise dem beklagten Besitzer durch § 2026 die Einrede der Ersitzung natürlich, so lange nicht der Erbschaftsanspruch selber verjährt ist; sonst könnten bei der Leichtigkeit der Ersitzung, die ja keinen justus titulus mehr erfordert, die wichtigsten Nachlaßsachen dem Erbrecht entzogen werden. Hier ist also wieder eine wichtige Konsequenz des Gesamtrechts gezogen, das dem klagenden Erben durch Eintreten der Ersitzung von Erbschaftssachen nicht verkümmert werden kann. Nun fragt es sich, ob nicht der Erbe, statt des für den Beklagten in manchen Beziehungen günstigen Gesamtanspruches auch die Singularklage wählen könne, um dem Beklagten den Anspruch auf Ersatz von unnützen Verwendungen abzuschneiden (wie in dem obenerwähnten Falle aus der Praxis des Obertribunals), oder um ihn wegen einer culpa haftbar zu machen, für die er gegenüber einer Erbrechtsklage nicht zu haften braucht. Das römische Recht hat diese Frage bekanntlich verneint; es zwingt den Erben zur Anstellung der hereditatis petitio dadurch, daß er dem Beklagten die exceptio praejudicii gewährt. Der Beklagte kann sich eben verbitten, daß der Erbe, statt den Streit um das Erbrecht in seiner Totalität zum Ausdruck zu bringen, ihm jede einzelne Sache mit der Singularklage streitig macht, sodaß er innumerabilibus judiciis vexari potest.[1])

Etwas anders und einfacher hilft ihm auch das B.G.B. § 2029. Das Recht des Erbschaftsanspruchs gilt auch für die Singularansprüche. Also gegenüber den Singularklagen des Erben kann der Beklagte die-

---

1) Dig. 5, 3. fr. 5. § 2.

selben Rechtssätze, wie gegenüber der hereditatis petitio in Anspruch nehmen.

Wichtig ist die Fassung des § 2029. Nach dieser wird der Beklagte nicht erst auf eine Einrede verwiesen, wie im Entwurf I, sondern eine Änderung des materiellen Rechts bewirkt. Nötigenfalls muß der Beklagte behaupten und beweisen, daß er Erbschaftsbesitzer sei, um diesen Vorteil zu genießen.

Endlich ist ein der Erbschaftsklage analoger Anspruch durch § 2031 auch demjenigen gegeben, dessen Tod zu Unrecht angenommen worden ist, sei es infolge Todeserklärung, sei es ohne solche (z. B. zufolge unrichtigen Totenscheins). Der Zurückkehrende, dessen Erbschaft vergeben ist, kann eine hereditatis petitio utilis erheben, also einen allgemeinen Erbschaftsanspruch. Weiter sagt das B.G.B. nichts, doch kann passiv legitimiert auch dabei, wie gegenüber der hereditatis petitio directa, nur ein Erbprätendent sein, nicht, wie Strohal[1]) sagt, etwa auch derjenige, der selbst als der zu unrecht für tot Erklärte aufgetreten ist; denn dieser hat sich nicht als Erbe aufgespielt, non pro herede possidet.

9. Rechtsverhältnis von Miterben unter einander.

(§§ 2032—2049.)

§ 12.

Auch diese Lehre war (ebenso wie die eben erledigte) im Entwurf I ganz romanistisch gestaltet. Die Geteiltheit der Erbschaft war soweit durchgeführt, als irgend möglich, vor allem der Satz: nomina sunt ipso iure divisa. Die Erbschaft spaltete sich also durch Entwurf I in lauter selbständige Teilforderungen und -schulden und an den Rechten hatte jeder Erbe seine pars pro indiviso mit freier Verfügung darüber. Was Svarez drastisch vom römischen Recht sagt, mußte auch vom Entwurf I gelten: der Erbschaftsgläubiger oder Schuldner mochte danach jedem Miterben besonders nachlaufen, statt wie bisher dem einzelnen Erblasser. Der Gläubiger, der 100 Mark zu fordern hatte, mußte, wenn 10 Erben da waren, von jedem der 10 Erben seine 10 M. einfordern, und umgekehrt der Schuldner, der am ersten des Quartals

---

[1]) Vgl. hierzu Strohal 2. Aufl. S. 546, S. 548. Anm. 6 S. 567.

dem Erblasser Hypothekenzinsen zu bringen hatte, etwa 2000 M., konnte nun alle 10 Erben aufsuchen.[1])

Auf den allgemeinen Einspruch der Kritik ist die Lehre stark germanisiert worden, nach dem Prinzip der gesamten Hand, der Gemeinschaft ohne selbständige Teilrechte der Einzelnen, so daß sie jetzt im wesentlichen dem preußischen Recht entspricht.[2]) Nur ist der Hauptübelstand des preußischen Rechts: die übermäßige Abhängigkeit des einzelnen Erben von der Mitwirkung der übrigen, möglichst ermäßigt, und was die preußische Praxis schon immer angestrebt hat, ihm eine relative Selbständigkeit zu geben — wenn auch nicht annähernd diejenige des römischen Rechts — ist ihm gewährt worden.

Bis zur Auseinandersetzung ist der Nachlaß gemeinschaftliches Vermögen der Miterben (§ 2032). Dabei hat zwar nach § 2033 jeder einen Anteil am Ganzen und dementsprechend auch einen Anteil an den einzelnen Nachlaßgegenständen, aber dieser Anteil an den einzelnen Gegenständen ist gebunden, und der Verfügung der Miterben entzogen (wie im preußischen Recht). Zwar obligatorisch kann natürlich, ohne daß das B.G.B. das erst auszusprechen brauchte, wie schon in Preußen, jeder Miterbe über seinen Anteil an den Erbschaftssachen Geschäfte schließen, ja sogar — was freilich schon bestritten ist — ihn auch dinglich, unter der Bedingung, daß ihm bei der Auseinandersetzung der betreffende Gegenstand zufällt, z. B. mit einem Pfandrechte belasten. Aber solche Bedingung ist ja bei vielen dinglichen Verfügungen, z. B. der Auflassung unmöglich. Nur ausnahmsweise kann der Erbe in dieser Art verfahren und mit sofortiger dinglicher Wirkung können über einzelne Nachlaßgegenstände nur die Miterben gemeinsam verfügen (§ 2040 Abs. 1). (Dem preußischen Rechte entsprechend.[3])

---

[1]) Dafür gewährte wiederum das römische Recht den Vorteil einer sich sofort vollziehenden unsichtbaren Auseinandersetzung unter den Erben, ferner die Möglichkeit, jeden Forderungsanteil als Miterbe einzutreiben, ohne dabei von den andern vielleicht abwesenden Erben abzuhängen (s. S. 57), endlich den Schutz des einzelnen Erben, der mit den andern geteilt hat, ohne eine unbekannte Forderung zu berücksichtigen, dagegen, daß der Gläubiger ihn allein in Anspruch nimmt, ohne daß er vielleicht tatsächlich in der Lage ist, seinen Rückgriff gegen die andern durchzuführen. Diese Vorzüge des römischen Rechts hat das B.G.B., wie der folgende Text ergibt, allerdings wenigstens zum Teile mit dem von ihm angenommenen germanistischen Grundsatze zu vereinigen gewußt.

[2]) Es entspricht dies auch überhaupt der Politik, die das B.G.B. allen Gemeinschaften gegenüber verfolgt: Schutz der Gesamtwirtschaft gegen die Schicksale der Einzelnen, s. oben Bd. II S. 557 ff.

[3]) § 151 A.L.R. I, 17.

Das hier zu Grunde liegende Prinzip, daß nicht aus der Person eines Einzelnen über ein Nachlaßobjekt verfügt werden könne, wird weiter ausgeführt in Absatz 2: Auch Aufrechnung ist gegen eine Nachforderung nicht gestattet, mit Gegenforderungen an einen Miterben, ebenfalls damit nicht aus der Person eines einzelnen über einen Nachlaßgegenstand, d. h. die Nachlaßforderung verfügt werden könne.

Ebenso schließt § 859 Abs. 2 C.P.O. die Pfändung des Miterbenanteils an den einzelnen Nachlaßgegenständen aus.

Diese Teilrechte, die der Miterbe an den Nachlaßgegenständen hat, sind auch nicht einmal von seinen Gläubigern verfolgbar.

Demgemäß sind auch zur Verwaltung des Nachlasses die Miterben nur gemeinsam befugt (§ 2038). Damit indessen nicht ein Miterbe durch sein eigensinniges Veto die Verwaltung lahm legen könne, ist hinzugefügt, daß jeder Miterbe verpflichtet ist, zu Maßregeln der ordentlichen Verwaltung mitzuwirken, ja noch mehr, daß die zur Erhaltung notwendigen Maßregeln sogar von einem Miterben allein getroffen werden können.

Außerdem gelten nach § 2038 Abs. 2 gewisse Regeln, die für die Gemeinschaft überhaupt aufgestellt sind (§§ 743—748) auch hier; namentlich § 743, das Recht des Miterben auch Anteil an den Früchten (doch ist die Teilung nach § 2038 bis zur Auseinandersetzung aufgeschoben), ferner § 745, die Vorschrift, daß Stimmenmehrheit über die ordnungsmäßige Verwaltung entscheidet. Hierdurch ist im Gegensatze zum preußischen Rechte immerhin eine gewisse Selbständigkeit des einzelnen Erben erzielt worden.

Eine weitere Konsequenz aus der Gemeinschaftlichkeit des Erbvermögens zieht § 2039 dahin, daß der Schuldner einer Nachlaßforderung nur an alle Miterben zusammen leisten kann. Damit nicht durch die Weigerung eines Miterben, die Leistungen in Empfang zu nehmen, die Übrigen geschädigt werden, ist mildernd hinzugefügt, daß jeder einzelne Miterbe vom Schuldner Leistung an Alle fordern kann, ja auch Hinterlegung für Alle und wenn die Hinterlegung nicht angeht, Ablieferung an einen gerichtlich zu bestellenden Verwalter.

Endlich gilt auch für das gemeinschaftliche Nachlaßvermögen nach § 2041 das Surrogationsprinzip.

So sind die Gesamtrechte und die Sonderrechte möglichst mit einander versöhnt und die aus der Gebundenheit der Miterben entspringende Hilfslosigkeit des einzelnen gemildert.

Trotzdem ist es dem einzelnen Miterben nicht verwehrt, sein Anteilsrecht am Ganzen vor der Auseinandersetzung zu veräußern und verwerten (z. B. wenn er schnell Gelder flüssig machen muß).

Darum — was sich unmittelbar daran reiht — können auch seine Gläubiger den Zugriff auf den Anteil am Ganzen nehmen. Gerade in dieser Möglichkeit liegt der Hauptwert des römischen Systems das jeden Miterben von vornherein möglichst auf eigenen Füßen stellt, die nomina für ipso iure divisa erklärt und auch bei dinglichen Rechten jedem die Verfügung über seine pars indivisa gestattete, so daß der Miterbe mit unglaublicher Leichtigkeit seine Erbschaftsaktiva versilbern, der Gläubiger seinen Anteil sogar an den einzelnen Stücken pfänden kann. Darum gewährte ja sogar das preußische Recht den Miterben dieses Recht auf Veräußerung des Anteils am Ganzen (§§ 4, 115 I 17) und die Praxis nahm darüber hinaus bekanntlich auch eine Pfändbarkeit zwar nicht des Miterbrechts, aber doch des Forderungsrechts auf Auseinandersetzung an (Eccius IV § 271 Anm. 17), das schließlich doch dem Anteil des einzelnen Miterben am Ganzen gleichkommt. Diese Verfügungsbefugnis ist im B.G.B. nicht preisgegeben.

Zwar bei anderen Gemeinschaften zur gesamten Hand ist in der Tat jene Veräußerungsbefugnis ausgeschlossen, so bei der Gesellschaft (§ 719) und bei der allgemeinen Gütergemeinschaft (§§ 1442, 1471). Allein bei diesen Verhältnissen ist das gerechtfertigt, weil sie durch freien Willen begründet und auf die Dauer angelegt sind. Dagegen bei der Miterbengemeinschaft, in die man ohne seinen Willen gerät, würde solcher Ausschluß jeder Verfügungsbefugnis dem einzelnen Miterben jede Versilberung seines Anteils leicht auf unbestimmte Zeit ganz verwerfen. Er könnte, wie einst in Preußen, als Miterbe Millionär sein[1]) und dabei verhungern. Deswegen ist das B.G.B. ebenso wie das preußische Recht von dem Grundsatze der gesamten Hand abgewichen und darf nach § 2033 der Miterbe über seinen Anteil am Nachlasse verfügen; nur ist gerichtliche oder notarielle Beurkundung erforderlich. Er kann also nicht bloß obligatorisch die Abtretung seines Anteils versprechen, sondern sein Miterbenrecht selbst übertragen durch Verkauf (§ 2371), Schenkung, auch wohl Verpfändung. Denn da nach § 1274 die Bestellung des Pfandrechts an einem Rechte nach den für die Übertragung dieses Rechts geltenden Vorschriften er=

[1]) Das Vorbereitungsheft führt für die bevorzugte Lage des Alleinerben gegenüber dem Miterben das Dichterwort an: „Der Starke ist am mächtigsten allein“.

folgt, der Miterbe aber seinen Anteil in gerichtlicher oder notarieller Form übertragen kann, so kann er in dieser Form auch ein Pfandrecht daran bestellen. Die Verpfändbarkeit geht über das preußische Recht hinaus, das sie wegen Unmöglichkeit der Besitzübertragung vereint. Insofern also erzielt das B.G.B. in der Freiheit der Miterben einen Fortschritt. Entsprechend gestaltet § 859 Abs. 2 C.P.O. auch die Pfändung des Anteils eines Miterben am Nachlaß.

Mit dieser immerhin ziemlich weitgreifenden Verfügungsbefugnis des Miterben scheint freilich die Gefahr heraufbeschworen, daß ein Miterbe durch Veräußerung seines Anteils einen fremden, den übrigen höchst unbequemen Teilhaber an seine Stelle setzt. Dem beugt einigermaßen ein Vorkaufsrecht vor, das ebenso wie im preußischen Recht den übrigen Miterben nach §§ 2034—37 zusteht. Dieses Vorkaufsrecht ist nach § 2035 auch gegen den dritten Käufer wirksam, wenn auch der Anteil schon übertragen ist. Die Miterben können also kraft ihres Näherrechtes den Käufer aus dem Anteil verdrängen und diesen wieder in ihre engere Gemeinschaft zurückziehen.

Aber eine andere Frage schließt sich sofort an. Wenn der Teilerbe seinen Anteil durch gerichtlichen oder notariellen Vertrag veräußern kann mit der Wirkung, daß sein Miterbenrecht übergeht, so kann dies doch wohl der Alleinerbe ebenfalls oder erst recht. Aber nach der Vorschrift des B.G.B. ist diese Frage zu verneinen. Bei dem Alleinerben würde eine Übertragung des Erbrechts durch bloßen Vertrag doch in sich schließen, daß auch die Rechte an allen einzelnen Nachlaßgegenständen ohne weiteres auf den Erwerber übergingen, also Eigentum ohne Auflassung, bezw. Übergabe, Forderungen ohne Cessionserklärung. Das würde aber zu weit gehen. Dagegen tritt beim Miterben diese Konsequenz nicht ein, weil er durch Veräußerung seines Anteils noch nicht zugleich über die einzelnen Nachlaßgegenstände verfügt (sondern nur über die Erbenmitgliedschaft in ihrer Totalität), darum ist auf seiner Seite eine Auflassung, Übergabe u. s. w. nicht in Frage, ja nicht einmal möglich, während der Alleinerbe zur Veräußerung sie allerdings vollziehen muß. Strohal[1]) nennt dies einen offenbaren Widerspruch. Küntzel (S. 828) sagt darauf, es liege bloß ein kleiner[2]) Schönheitsfehler vor, den die Kommission mit vollem Bewußtsein hat passieren lassen. In der Tat bedeutet nur diese kleine Disharmonie, daß der Alleinerbe, weil seine Verfügung sich weiter erstreckt, als die des Miterben, nämlich

[1]) Vgl. jetzt 2. Aufl. S. 343, auch Wendt, Archiv f. d. civ. Pr. Bd. 89, S. 420 ff.

[2]) M. E. ein recht erheblicher, namentlich wenn alle Miterben ohne Anteile demselben Erwerber veräußern.

auch auf die einzelnen Nachlaßgegenstände, auch einen weitläufigeren modus transferendi et acquirendi beobachten muß als der Teilerbe, der eben nur seine Mitgliedschaft veräußert.

Darnach kann freilich ein dritter, der von zwei, je zu 1/2 berufenen Miterben, je die Hälfte des Nachlasses kauft, durch Vertrag ohne Auflassung u. s. w. Eigentümer eines Nachlaßgrundstückes werden (weil sich in seiner Person sukzessiv die beiden Hälften vereinigen). Dagegen der Dritte, der vom Alleinerben die Erbschaft kauft, muß zur Erreichung des gleichen Zieles Auflassung u. s. w. vornehmen. Das ist theoretisch nicht elegant, aber praktisch (wie Künzel mit Recht sagt) unschädlich.[1])

Das Miterbenverhältnis gestaltet sich nun um durch Auseinandersetzung. Nach röm. Recht war eine solche freilich nur dann nötig, wenn nicht schon ipso iure die Teilung durchgeführt war. Jeder Miterbe konnte sie fordern. Der Weg dazu war entweder die actio familiae herciscundae (Dig. X, 2) oder der Vertrag der Miterben; die Art der Auseinandersetzung in iudicio bestimmte der Richter nach freiem Ermessen. Der Richter konnte:

1. die Sache reell teilen und jedem ein Stück adjuzieren; oder

2. an der ungeteilten Sache auf einen die Anteile der übrigen übertragen (adiudicatio) und dafür diesen zur Abfindung der übrigen verteilen (condemnatio); oder

3. Versteigerung, sei es unter den Miterben, sei es an Dritte (extranei), anordnen.

Stets hatte das Urteil konstitutive Kraft!

Dieselben Auseinandersetzungsformen kann auch die Partei vereinbaren. Ausführung: Tradition und Zession. Immer lag hier Art Tausch oder Kauf vor, ein derivativer Erwerb für den, welcher Anteile eines andern erhielt als Rechtsnachfolger dieses letzteren. Eviktion galt hier, wie beim Verkauf.

Das B.G.B. kennt statt des iudicium familiae herciscundae ein Verfahren der freiwilligen Gerichtsbarkeit. Nach seinen Vorschriften muß die Auseinandersetzung ebenso wie nach preußischem Recht stets stattfinden. Nach dem Entwurf I brauchte sie nicht notwendig einzutreten gleich dem röm. Recht, wo sie namentlich

[1]) Ein Grund, der allenfalls für das B.G.B. spricht, ist, daß die Befreiung der Miterben von den gesetzlichen Veräußerungsformen nur ein notwendiges Übel ist, um ihnen am Anteile und nicht an den einzelnen Stücken ein Verfügungsrecht zuzuwenden. Bei dem Alleinerben aber lag kein Bedürfnis zur Annahme dieses Übels vor.

dann erforderlich war, wenn der Nachlaß nicht bloß aus Forderungen bestand, die eben schon ipso iure divisa waren.

Jeder Miterbe kann die Auseinandersetzung fordern (§ 2042), und zwar jederzeit, jedoch mit Ausnahme von drei Fällen, in denen das Recht auf Auseinandersetzung hinausgeschoben ist:

1. Wenn die Geburt eines Miterben oder die Entscheidung über eine Legitimation, Adoption oder Genehmigung einer letztwillig errichteten Stiftung noch aussteht, bis zur Hebung der Unbestimmtheit über die Erbteile (§ 2043).

2. Wenn der Erblasser die Auseinandersetzung in Bezug auf den ganzen Nachlaß oder einzelne Stücke letztwillig hinausschiebt oder von Einhaltung einer Kündigungsfrist abhängig macht, jedoch nicht ad calendas Graecas, sondern bis zum Ablauf von längstens 30 Jahren (§ 2044 Abs. 1), ferner nach derselben Bestimmung, die mehrere Paragraphen aus der Gemeinschaftslehre anführt, wenn die Auseinandersetzung vertragsmäßig ausgeschlossen oder von Einhaltung einer Kündigungsfrist abhängig gemacht worden ist, jedoch nur bis zum Eintritt eines wichtigen Grundes (§ 749 Abs. 2).[1]) Die gleiche Wirkung hat der Eintritt eines wichtigen Grundes, wenn der Erblasser die Auseinandersetzung letztwillig verboten hat.

3. Wenn das Aufgebot der Nachlaßgläubiger schwebt, bis zur Beendigung dieses Verfahrens, oder wenn ein Miterbe die Nachlaßgläubiger öffentlich zur Meldung nach § 2061 aufgefordert hatte, bis zum Ablauf der Anmeldefrist.

Der Weg der Auseinandersetzung ist auch nach neuem Recht ein gerichtliches Verfahren (F.G.G. §§ 86—98). Für die Art und Weise der Auseinandersetzung gibt das B.G.B. genauere Regeln, als das röm. Recht, und zwar im ganzen dieselben wie bei der Gemeinschaft überhaupt (§ 2042 Abs. 2, §§ 749—758).

Nach § 2046 ist die erste Aufgabe, die Nachlaßverbindlichkeiten aus dem Nachlaß zu berichtigen, oder, wenn sie noch nicht fällig sind, sicher zu stellen. Dazu ist der Nachlaß, soweit nötig, in Geld umzusetzen (§ 2046 Abs. 3). Wenn eine Nachlaßverbindlichkeit nur einem Miterben obliegt (z. B. ein Vermächtnis), so ist die Berichtigung aus dessen Anteil zu bewirken (§ 2046 Abs. 2).

Auf Erfüllung dieser Schuldentilgungspflicht wirken die Vorschriften über die Haftung der Miterben für Nachlaßschulden nach der

---

[1]) Ist das Aufhebungsrecht nur auf Zeit ausgeschlossen, so gilt dies nur bis zum Tode. § 750 (Vorbereitungsheft).

Auseinandersetzung, indem sie die Miterben antreiben, die Auseinandersetzung nicht eher zu bewirken, bevor die Nachlaßschulden berichtigt sind. Nach Bezahlung der Schulden ist der Überschuß zu teilen nach Verhältnis der Erbquoten (§ 2047).

Nach § 2048 sind Anordnungen, die der Erblasser über die Auseinandersetzung letztwillig getroffen hat, verbindlich, auch wenn sie dahin gehen, daß das billige Ermessen eines Dritten entscheiden soll, der dann gewissermaßen als Teilungsrichter auftritt.

§ 2049 ist auf Verlangen der Agrarier hinzugefügt worden: Wenn ein Miterbe berechtigt sein soll, ein Landgut zu übernehmen, so soll im Zweifel nur der Ertragswert zu Grunde gelegt werden, nicht der Kaufswert, ebenso auch beim Pflichtteil (§ 2312).

Indessen enthält glücklicherweise § 2049 doch nur eine Auslegungsregel, die bloß „im Zweifel" gelten will. Wenn also z. B. der Ertragswert eines Ritterguts 100 000 M. ist, aber die Hypothekenschulden 120 000 M. betragen, wird man wohl sagen müssen, daß die Regel des § 2312 keine Anwendung findet; sonst bekäme der bedrohte Miterbe außer dem Gut noch 20 000 M. heraus, wenn er das Landgut mit den Hypothekenschulden übernimmt. In solchem Falle ist die Auslegungsregel m. E. unanwendbar. Übrigens behält Art. 137 E.G. den Landesgesetzen weitere Vorschriften über die Feststellung des Ertragswertes vor.[1])

Strohal[2]) rügt noch, daß im Falle der Eviktion einer einem Miterben zugeteilten Sache nach § 2042 und § 757 jeder der übrigen Miterben nach seiner Erbquote Gewähr zu leisten hat, d. h. wie ein Verkäufer auf Schadensersatz wegen Nichterfüllung haftet und somit, wie im römischen Recht, dem bei der Eviktion unterlegenen Adjudikaten das ersetzen muß, was dieser ohne die Eviktion haben würde. Strohal meint, das könne außerordentlich hart werden, wenn die evinzierte Sache inzwischen im Werte gestiegen sei und womöglich die den andern Erben verbliebenen Sachen im Werte gefallen seien.[3]) Das muß man freilich unbedenklich zugeben. Aber ein solches einzelnes Beispiel mit Wertverschiebungen auf beiden Seiten beweist nicht, daß der Satz überhaupt unbillig ist. Er gilt ja auch im gemeinen Recht, obwohl Strohal das bestreitet, im preußischen und im französischen Recht, ohne daß man von schlimmen Ergebnissen gehört hätte.

---

[1]) Über diese vgl. Fischer-Henle zu Art. 137.

[2]) 2. Aufl. § 65 S. 363 ff.

[3]) Derartige Dinge können bei jedem Tauschgeschäfte eintreten, ohne daß man deshalb die Eviktionshaftung bei dem Tausche zu beschränken geneigt sein wird.

10. **Ausgleichungspflicht.** (§§ 2050—2057.)[1]

§ 13.

Die Grundlage der reichsrechtlichen Regelung bildet nicht das gemeine, sondern das preußische Recht (von dem nur in einem Punkte abgewichen ist.)

Daher ist die Grundidee keine andere als die Wiederherstellung der Gleichheit unter mehreren Abkömmlingen, deren einer eine Zuwendung gewisser Art vom Erblasser vorausempfangen hat, während es doch nicht dessen Absicht war, den Empfänger vor den andern Abkömmlingen endgültig zu bevorzugen. Gewisse Zuwendungen werden auf den künftigen Erbteil gleichsam als Abschlagszahlungen vorausgegeben, Abschagszahlungen, die der Erblasser lieber mit warmer Hand hat geben wollen, als mit kalter. Daher müssen die so bedachten Abkömmlinge sie den miterbenden Abkömmlingen zur Ausgleichung bringen oder kürzer konferieren; und zwar grundsätzlich als g e s e t z - l i c h e Erben § 2050 Abs. 1, aber nach § 2052 als e i n g e s e t z t e Erben im Zweifel dann, wenn ihre Erbteile lediglich die gesetzlichen sind oder doch zu einander sich so verhalten, wie die gesetzlichen.[2]) Die Fassung des § 2052 begreift aber nicht bloß die testamentarische „Einsetzung", sondern auch beim Erbvertrag wird der zum Erben Berufene als „eingesetzt" bezeichnet, sodaß auch im Falle eines Erb-Vertrages eine Kollation möglich ist.

B e i s p i e l e zu §§ 2050—2053.[3])

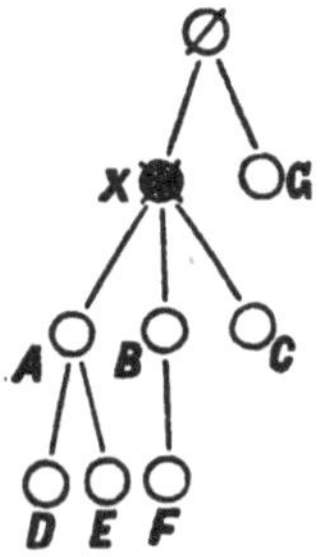

1. A B C sind je zu $^{1}/_{3}$ g e s e t z l i c h e Erben des X oder je $^{1}/_{3}$ als Erben von X e i n g e s e t z t. Im ersteren Falle sind alle drei gegen einander ausgleichungspflichtig, jedoch nicht, wenn etwa A zu $^{1}/_{2}$, B und C je zu $^{1}/_{4}$ eingesetzt sind, § 2052.

2. A B C und G sind je zu $^{1}/_{4}$ als Erben von X eingesetzt. Auch hier sind A B C und im Zweifel gegeneinander ausgleichungspflichtig, jedoch nicht, wenn etwa A zu $^{3}/_{8}$, B zu $^{1}/_{4}$, C zu $^{1}/_{4}$, G zu $^{1}/_{8}$ eingesetzt sind.

[1]) Vgl. Strohal, das deutsche Erbrecht § 13 S. 61 ff. Magnus, Die Ausgleichungspflicht nach dem B.G.B. Breslau 1901. Neuere Literatur bei Landsberg, Das R. des B.G.B. II S. 1186.

[2]) Nur in diesem Falle nimmt das B.G.B. den Wunsch des Testators an, die Ausgleichungsgrundsätze schweigend aufrecht zu erhalten. Wo er dagegen selbst ungleich teilt, da vermutet es einen Ausgleichungswillen in seiner Seele nicht.

[3]) Vgl. zu diesen Beispielen und den folgenden Strohal 3. Aufl. S. 61 ff., Küntzel, Gruchots Beiträge Bd. 41 S. 615 ff., 808 ff., 453 Anm. 1 Nr. 2.

Immer aber ist diese Kollationspflicht doch nur dispositives Recht und wir werden daraus Folgerungen ziehen, die im B.G.B. nicht ausgesprochen sind und die Befugnis des Erblassers betreffen, Abänderungen zu bestimmen.

Gegenstände der Ausgleichungspflicht (conferenda) sind:

a) die Ausstattung (§ 2050 Abs. 1). Der Begriff ist im § 1624 bestimmt als dasjenige, was einem Kinde mit Rücksicht auf seine Verheiratung oder auf die Erlangung einer selbständigen Lebensstellung zur Begründung oder zur Erhaltung der Wirtschaft oder der Lebensstellung von dem Vater oder der Mutter zugewendet wird. Die Ausstattung ist also eine kapitalistische Zuwendung, die vom Empfänger nicht konsumiert, sondern als Grundlage seiner selbständigen Wirtschaftsführung verwendet werden soll. Dieselbe ist schlechthin zu konferieren, ausgenommen, wenn der Erblasser *bei der Zuwendung* ein anderes angeordnet hat. Allein nicht bloß bei der Zuwendung kann er ein anderes anordnen, sondern auch letztwillig kann er die Kollationspflicht erlassen, aber nur soweit dadurch nicht ein Pflichtteilsrecht anderer gekränkt wird. Darauf wird beim Pflichtteilsrechte zurückzukommen sein. (§ 2316 Abs. 3.)

b) Zuschüsse, die zu dem Zwecke gegeben worden sind, als Einkünfte verwendet zu werden, sowie Aufwendungen für die Vorbildung zu einem Berufe (außerkapitalistische Zuwendungen). Doch ist für diese nicht schlechtweg eine Kollationspflicht statuiert; sie sind bloß insoweit der Ausgleichung unterworfen, als sie über das Maß hinausgingen, das den Vermögensverhältnissen des Erblassers entsprach. Auffallend ist, daß die Klausel am Ende des ersten Absatzes: „soweit nicht der Erblasser bei der Zuwendung ein anderes angeordnet hat" in Absatz 2 nicht wiederkehrt. Daß der Erblasser für die Zuschüsse zu den Einkünften und die Aufwendungen zur Ausbildung eines Sohnes die Kollationspflicht nicht sollte erlassen können, wäre erstaunlich. Die Erklärung für die fehlende Wiederholung der Klausel ergibt sich indessen aus der Redaktionsgeschichte. In einem Antrage zum Entwurf II waren nämlich die jetzigen Absätze 1 und 2 nicht von einander getrennt, sondern letzterer bildete den zweiten Satz des ersteren. Danach war die Schlußklausel des ersten Satzes mit auf die im zweiten Satz enthaltenen außerkapitalistischen Zuwendungen zu übertragen. Die Redaktionskommission fand es aber stilistisch schöner, aus dem zweiten Satz einen eigenen Absatz zu machen, vergaß jedoch dabei die Schlußklausel des ersten Satzes zu wiederholen.[1])

[1]) Protokolle Bd. 5 S. 889.

Es erscheint somit gerechtfertigt, den Absatz 2 dahin einzuengen, daß die Kollationspflicht auch bei den außerkapitalistischen Zuwendungen entfällt, wenn der Erblasser bei der Zuwendung ein anderes angeordnet hat.

Vorgemerkt sei, daß diese stilistische Verbesserung der Redaktionskommission noch eine andere unangenehme Streitfrage nach sich gezogen hat. Der bereits erwähnte § 2316 Abs. 3 aus dem Pflichtteilsrechte bestimmt: „Eine Zuwendung der im § 2050 Abs. 1 bezeichneten Art kann der Erblasser nicht zum Nachteil eines Pflichtteilsberechtigten von der Berücksichtigung ausschließen". Diese Vorschrift bestand schon, bevor die jetzigen Absätze 1 und 2 getrennt waren, nahm also beide in Bezug. Durch die nachträgliche Auseinanderreißung wurde aber die Verweisung zu eng. Es besteht daher ein Streit darüber, ob die Verweisung, die nur auf Abs. 1 lautet, auch auf den jetzigen Abs. 2 ausgedehnt werden dürfe. Diese Frage wird zu bejahen sein, kann aber hier nicht ex professo behandelt werden.[1])

c) Andere Zuwendungen unter Lebenden sind nur dann zur Ausgleichung zu bringen, wenn umgekehrt die Ausgleichung vorbedungen war (§ 2050 Abs. 3).

Über diese Vorausempfänge muß der Ausgleichungspflichtige den Miterben Auskunft erteilen und eventuell den Offenbarungseid leisten (§ 2057) (z. B. wenn das jüngste von mehreren miterbenden Geschwistern bei der Heirat der ältesten Schwester ein Kind war und daher bei der Erbteilung über deren Ausstattung nichts weiß). Die Hauptfrage, inwiefern ein Abkömmling auch solche Zuwendungen konferieren müsse, die nicht ihm, aber doch einem Mitgliede seines Stammes gemacht sind, entscheidet das B.G.B. übereinstimmend mit dem preußischen Rechte. Zunächst müssen Enkel, die an Stelle ihres parens erben, den Vorausempfang ihres parens konferieren, auch wenn sie den parens nicht beerbt haben. Es ist eben die Idee der Stammeinheit maßgebend: Die Zuwendung ist an den Stamm gefallen, und deshalb muß der Enkel sie sich anrechnen lassen, auch wenn er keinerlei Bereicherung daraus gezogen hat. Zugleich beruht jene Bestimmung auf dem Gedanken, daß ja andernfalls ein (schlauer) parens, der Zuwendungen erhalten hat, durch Ausschlagung seines väterlichen Erbteils, seinen Stamm die unverkürzte Erbportion verschaffen könnte.

---

[1]) Die Streitfrage ist ein Anwendungsfall der ganz allgemeinen Erörterung über die Befugnis, unzweideutige Worte in Gesetzen oder Willenserklärungen aus den Vorverhandlungen zu berichtigen.

Freilich kann jetzt ein parens, der eine hohe Ausstattung vergeudet hat, dadurch seine Kinder um ihr Großelternerbteil bringen. Indessen, das hat man eben in den Kauf nehmen wollen.

Beispiel[1]: A. ist nach Empfang einer Ausstattung von X. weggefallen, sei es vor, sei es nach dem Erbfall, und an seiner Stelle sind D. und E. neben B. und C. gesetzliche Erben des X. geworden. Hier sind D. und E. wegen der Ausstattung des A., auch wenn sie diesen nicht beerbt haben, gegenüber B. und C. ausgleichungspflichtig nach § 2051 Abs. 1.

Aber das B.G.B. geht in Übereinstimmung mit dem preußischen Recht noch einen Schritt weiter, wie eine genaue Auslegung von § 2051 Abs. 1 ergibt. Auch, wenn an die Stelle eines Abkömmlings nicht dessen Abkömmling als Subdeszendent tritt, sondern ein anderer Stammgenosse, z. B. der Bruder des weggefallenen Abkömmlings, muß er den Vorempfang des Weggefallenen konferieren, übereinstimmend mit A.L.R. II. 2, § 364. Ratio legis ist hier wieder die Stammeseinheit.

Beispiel (oben S. 62): Auch wenn nach dem Tode des A. der D. eine Ausstattung von X. erhalten hat, dann aber, sei es vor, sei es nach dem Erbfalle, weggefallen und an seiner Stelle E. neben B. und C. gesetzlicher Erbe des X. geworden ist, so ist E., mag er den D. beerbt haben oder nicht, wegen der Ausstattung des D. gegenüber B. und C. ausgleichungspflichtig nach § 2051 Abs. 1. (Strohal vermißt die Rechtfertigung für diesen Übergang der Ausgleichungspflicht auf E., wenn D. schon vor dem Erbfall weggefallen ist. Aber sie liegt in der Einheit des Erbstamms, als dessen Mitglied D. die Ausstattung erhalten hat. Dazu kommt, daß durch den Wegfall des D. zugleich der eventuelle Erbteil des E. erhöht worden ist, und daß regelmäßig E. auch Erbe seines Bruders D. geworden sein wird.)

Die getroffene Entscheidung ergibt sich aus den Worten: „so ist wegen der ihm gemachten Zuwendungen der an seine Stelle tretende Abkömmling zur Ausgleichung verpflichtet", nicht „sein", sondern „der an seine Stelle tretende Abkömmling": d. h. nicht der Abkömmling des Weggefallenen, sondern derjenige des Erblassers als des Stammhauptes, der nicht notwendig auch zu den Weggefallenen im Verhältnis eines Abkömmlings zu stehen braucht, sondern auch dessen Seitenverwandter, z. B. sein Bruder sein kann.

---

[1]) Vgl. hierzu und zu den folgenden Beispielen die Abbildung auf S. 62.

Endlich tut das B.G.B. den letzten Schritt im § 2051 Abs. 2: Wenn der Erblasser für den wegfallenden Abkömmling einen Ersatzerben (Substituten) eingesetzt hat, soll auch dieser Substitut im Zweifel nicht mehr erhalten, als der Abkömmling unter Berücksichtigung der Ausgleichungspflicht erhalten haben würde.

Beispiel (oben S. 62): C. hat eine Ausstattung von X. empfangen und ist dann weggefallen. Für ihn hatte X. den G. als Ersatzerben eingesetzt, neben welchem A. und B., sei es gesetzliche, sei es Testamentserben sind. Hier hat G. im Zweifel nicht mehr zu erhalten, als C. unter Berücksichtigung seiner Ausgleichungspflicht erhalten hätte (§ 2051 Abs. 2).

Grund der Bestimmung ist, daß es bei der Berufung der Ersatzerben wohl die Absicht des Erblassers war, nur die Portion des Weggefallenen weiter zu geben.

Alle diese Sätze sind Konsequenzen aus der Stammeinheit. Dagegen ist sie nicht soweit durchgeführt, daß ein entfernterer Abkömmling auch das zu konferieren hätte, was er vor dem Wegfall seines parens, durch den er mit dem Erblasser verbunden ist, vorausempfangen hat, erst recht nicht ein Kind, das was sein Kind vom Großvater empfangen. Eine solche Folgerung wird in § 2053 Abs. 1 ausgeschlossen. Hierfür entscheidet der Gedanke, daß wenn z. B. der Großvater seinen Enkeln eine Zuwendung macht, während deren Vater noch lebt, dieselbe nicht als Abschlagszahlung auf ihr künftiges Erbteil gemeint sein kann, weil sie ja voraussichtlich gar nicht seine Erben werden. Ein gleiches gilt auch im preußischen Recht (§ 363 II 2).

Beispiel (oben S. 62): A. ist, nach dem D. und E. Ausstattungen von X. erhalten hatten, weggefallen; D. E. B. C. sind gesetzliche Erben des X. Hier sind D. und E. wegen ihrer Ausstattungen nicht ausgleichungspflichtig, wenn nicht der Erblasser bei der Zuwendung anders bestimmt hatte (§ 2053 Abs. 1).

Ebensowenig hat der einem Abkömmling substituierte Abkömmling dasjenige zu konferieren, was er selbst voraus empfangen hatte; es war ihm eben nur die Portion des instituierten Abkömmlings durch Substition zugewendet worden.

Beispiel (oben S. 62): D. und E. haben Ausstattungen von X. erhalten. A. B. C. sind als Erben eingesetzt und an Stelle eines jeden als Ersatzerben seine Abkömmlinge; A. fällt weg und D. E. B. C. werden Erben. Auch hier sind D. und E. wegen ihrer Ausstattungen nicht ausgleichungspflichtig, wenn nicht der Erblasser bei der Zuwendung anders bestimmt hatte (§ 2053 Abs. 1).

Wenn zugleich an Stelle des C. der G. als Ersatzerbe eingesetzt und nach dem Wegfall des C. an dessen Stelle Erbe geworden ist, so ist wegen einer vom Erblasser dem G. gemachten Zuwendung eine Ausgleichungspflicht des letzteren nicht erst durch § 2053 Abs. 1, sondern ohnehin dadurch ausgeschlossen, daß die Zuwendung keinem Abkömmling gemacht ist. (Ebenso, wie es scheint, Fischer-Henle zu § 2053 Anm. 2.)

Endlich ist auch derjenige nicht kollationspflichtig, der erst nach dem Vorausempfang in die Kindesstellung einrückt, z. B. ein uneheliches Kind, das vom Vater ausgestattet und dann legitimiert worden ist.

Beispiel (oben S. 62): C. ist als uneheliches Kind von X. ausgestattet und dann legitimiert worden (§§ 1719, 1736); A. B. C. sind Erben des X. Hier ist C. nicht ausgleichungspflichtig nach § 2053 Abs. 2.

Vollzogen wird die Ausgleichung nun nach § 2055 nicht wie im römischen Recht durch reale Einwerfung in den Nachlaß (Realkollation) sondern, wie im preußischen Recht, durch Anrechnung bei der Auseinandersetzung. Zunächst wird also zu dem Nachlaß, soweit die Abkömmlinge ihn unter einander zu teilen haben, der Wert der conferenda hinzugerechnet und dann jedem auf sein Teil sein Vorausempfang angerechnet (§ 2055).

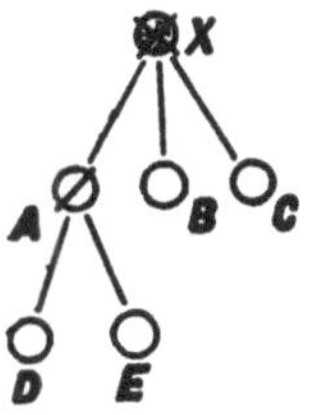

Beispiel 1: Nachlaß 90000. A. hat eine Ausstattung von 20000 von X. voraus empfangen. Gesetzliche Erben des X. sind B. und C. je zu $^1/_3$, D. und E. zu je $^1/_6$.

Nach Hinzurechnung der von D. und E. zur Ausgleichung zu bringenden Ausstattung des A. zum Nachlasse sind zu verteilen 90000 + 20000 = 110000. Davon entfallen auf die gesetzlichen Erbteile von B. und C. je $\frac{110000}{3} = 36666^2/_3$, von D. und E. je $\frac{110000}{6} = 18333^1/_3$, worauf jedem der beiden letzteren von der Ausstattung des A. $\frac{20000}{2} = 10000$ angerechnet werden, so daß ihm noch zukommen $8333^1/_3$.

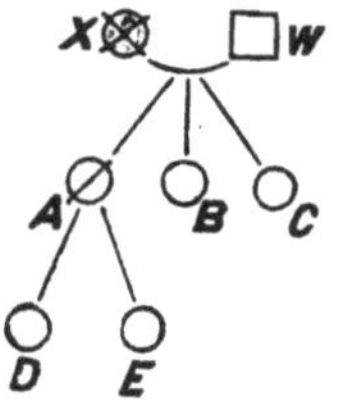

Beispiel 2. Nachlaß 90 000. A. hat eine Ausstattung von 20 000 voraus empfangen. Gesetzliche Erben des X. sind W. B und C. je zu $1/4$, D. und E. je zu $1/8$. Nach Hinzurechnung der Ausstattung des A. zum Nachlasse sind zu verteilen 90 000 + 20 000 = 110 000. Davon erhalten als gesetzliche Erbteile

W $\frac{90\,000}{4} = 22\,500$

B $\frac{90\,000 - 22\,500 + 20\,000}{3} = 29\,166^2/_3,$

C $\frac{90\,000 - 22\,500 + 20\,000}{3} = 29\,166^2/_3,$

D $\frac{90\,000 - 22\,500 + 20\,000}{6} = 14\,583^1/_3,$ wovon 10 000 durch Anrechnung,

E $\frac{90\,000 - 22\,500 + 20\,000}{6} = 14\,583^1/_3,$ wovon 10 000 durch Anrechnung,

Summe 110 000.

Ebenso, wie im Beispiel 2, ist zu entscheiden (§ 2052), wenn B. C. D. E. zu denselben Bruchteilen erben, aber neben ihnen nicht die Ehefrau W. gesetzliche Miterbin, wohl aber ein Fremder kraft Testamentes Miterbe zu $1/4$ wird.

Das Resultat ist dasselbe, wie bei dem Ausgleichungsverfahren des A.L.R. 2, das in § 303 II mit anderen Ausdrücken beschrieben wird. Nach diesem soll zunächst ein jeder der Kollationsberechtigten eben soviel aus dem Nachlasse vorwegnehmen, als der Kollationspflichtige voraus erhalten hat und der Rest unter den Miterben nach Verhältnis ihrer Erbquoten geteilt werden.

Die Ausdrücke des A.L.R. sind sogar anschaulicher, als die des B.G.B. Insbesondere kann der im letzteren gewählte Ausdruck „hinzurechnen" nicht als unbedenklich gelten und zu gar unbeabsichtigten Konsequenzen führen. Denn, was dem Nachlaß zugerechnet wird, müßte, streng genommen, einen Nachlaßbestandteil bilden, also nicht bloß in das Inventar aufgenommen, sondern auch versteuert werden, ja sogar den Erbschaftsgläubigern haften.

Allein diese Konsequenzen sind vom B.G.B. offenbar nicht gewollt und deshalb abzulehnen. Derartige Mißdeutungen waren bei der Ausdrucksweise des A.L.R. vermieden. Gleichwohl wurden die landrechtlichen Ausdrücke bei der Redaktion des Entwurfs I geändert, weil sie nur für eine bei der Auseinandersetzung zu bewirkende Ausgleichung passen und nach Entwurf I solche Auseinandersetzung nicht immer nötig war. Nun ist sie aber nach B.G.B. stets erforderlich, so daß der Grund jener Änderung weggefallen ist.

Eine Folge der Vollziehung der Kollation durch bloße Anrechnung ist, daß der Ausgleichungspflichtige niemals etwas herauszuzahlen hat, auch wenn sein conferendum mehr beträgt als ihm bei der Erbteilung zukommt (§ 2056).

Beispiel: Es erben zwei Töchter A. und B. Die Tochter A. hat 125 voraus empfangen. Teilungsmasse 75 + 125 = 200, also für jede Tochter 100. Dennoch behält die A. 125, B. bekommt 75. Im römischen Recht würden A. und B. 100 erhalten.

Der Zeitpunkt, der über den Wert des conferendum entscheidet, ist im römischen Recht der des Erbfalls, weil dieses nur die Kollation der gegenwärtigen Bereicherung kannte. Im B.G.B. dagegen ist die Kollation des Empfangenen statuiert, mithin der Moment des Empfanges maßgebend (§ 2055 Abs. 2), das gleiche galt im preußischen Recht; diese Regelung ist auch wohl gerechter, denn der Erblasser hat dem Empfänger gleichsam eine Anzahlung auf den künftigen Erbteil geleistet; dieselbe muß also bei der Ausgleichung nach dem Wert zur Zeit ihrer Leistung berechnet werden.

Demnach kann auch die Empfangskollation unter Umständen fort wirken, wenn nämlich eine voraus empfangene Sache später im Wert gesunken ist. Insbesondere ist dies von Strohal gerügt worden.[1])

Ein Gutsbesitzer gibt z. B. einer Tochter bei der Heirat als Ausstattung die ideelle Hälfte seines Landguts, um darauf mit dem Schwiegersohn zu wirtschaften. Das Landgut sinkt hierauf im Wert um 50 %, und demnächst stirbt der Vater. Bei der Erbteilung mit den Miterben ist nun die zu konferierende ideelle Hälfte zum Wert zur Zeit der Heirat und die andere Hälfte, die den Nachlaß bildet, nach dem jetzigen, um 50 % geringeren Wert anzusetzen. In solchem

---

[1]) Vgl. Erbrecht 1. Aufl. S. 84 Anm. 7, Anders 3. Aufl. S. 71 Anm. 3. Entscheidend war wohl der Gedanke, daß ein Wertverlust ein Schicksalsschlag ist, der unter allen Umständen irgend jemanden trifft und dessen Härte deshalb natürlicherweise von dem zunächst Berührten ertragen werden muß. Nach römischer Auffassung übernahmen die Eltern im Zweifel solche Verluste ihrer Kinder.

Fall wirkt die Empfangskollation besonders schlimm, weil dieses Konferendum auch den Pflichtteil mindert (§ 2316).

Indessen der Empfänger hätte eben nach Möglichkeit die Sache nicht behalten sollen. Wollte man aber den Zeitpunkt des Erbfalls entscheiden lassen, so würde dies wieder andere unbillige Konsequenzen ergeben.

Endlich ist die Frage, ob die Kollationspflicht bloß bei der Auseinandersetzung oder auch außerhalb derselben geltend gemacht werden könne, nach dem Wortlaut des § 2050: „bei der Auseinandersetzung" [1]) in ersterem Sinne zu entscheiden.

Das gleiche galt auch im preußischen Recht, welches den Ausdruck, daß der Kollationsberechtigte aus der Masse „vorwegnehmen" könne, eben deshalb gewählt hat, um auszudrücken, daß nur bei der Teilung der Anspruch geltend zu machen sei. Nach B.G.B. muß eine Teilung ja stets stattfinden. Ist dabei die Ausgleichung versäumt, so läßt sie sich nicht nachholen. Denkbar ist höchstens ein Anspruch wegen Irrtums aus der ungerechtfertigten Bereicherung.

Wenn durch Wegfall eines gesetzlichen Erben der Erbteil eines andern sich erhöht und einer der Erbteile mit Ausgleichungsfrist beschwert ist, die seinen Wert übersteigt, so werden die beiden vereinigten Erbteile nicht als ein ganzes behandelt, so daß die Ausgleichungspflicht auf den andern Teil übergeht, sondern sie werden als getrennt behandelt (§ 1935). Das gleiche gilt, wenn durch Einsetzung mehrere zusammen auf einen Erbteil berufen sind und zufolge Wegfalls des einen Eingesetzten sein Teil dem andern anwächst (§ 2095).

11. Stellung der Miterben zu den Nachlaßgläubigern.
(§§ 2058—2063.)

§ 14.

Literatur: Wilke, Haftung der Erben (geht schnell über die Stellung der Miterben zu den Nachlaßgläubigern hinweg).

Wendt, Archiv f. civ. Praxis Bd. 86 S. 353 (behandelt das Thema ausführlich).[2])

[1]) Diese Worte waren im Entwurf I noch nicht enthalten, weil es nach diesem möglicherweise nicht zur Auseinandersetzung kam. Sie sind erst im Entwurf II eingeschoben worden, nachdem die Notwendigkeit der Auseinandersetzung daselbst statuiert worden war, als man die römische Art der Geteiltheit ipso iure verwarf (s. oben S. 55).

[2]) Vgl. auch noch Eccius in Gruchots Beiträgen, 6. Folge Bd. 3 (Bd. 43) S. 801 ff. Strohal, Erbrecht 2. Aufl. S. 512 ff. (sehr eingehend) und die oben S. 17 Anm. 1 Genannten.

Die Stellung der Miterben gegenüber den Nachlaßgläubigern ist vom B.G.B. nur in sechs Paragraphen behandelt, die an Undurchsichtigkeit und Schwierigkeit reichlich so viel, wie sechzig andere leisten, so daß es nötig sein wird, weiter auszuholen.

Im röm. Recht regelte sich das Verhältnis der Miterben zu den Nachlaßgläubigern sehr einfach durch den Grundsatz: nomina sunt ipso iure divisa. Diese Regelung war für die Miterben höchst bequem, für die Gläubiger freilich nicht; sie mußten aufpassen und sich bereiten, ihre Interessen wahrzunehmen.

Nach preußischem Recht bestand vor der Auseinandersetzung nur eine gemeinschaftliche Haftung; nach der Teilung aber konnte unter gewissen Voraussetzungen sogar Solidarhaftung der Miterben eintreten. Der Entwurf I folgte auch hier dem gemeinen Recht und ließ also die Nachlaßschulden unter mehrere Miterben sich ipso iure teilen. Indessen hat auf den dagegen erhobenen Einspruch schon der Entwurf II diese Regel fallen lassen. Die Denkschrift zur Reichstagsvorlage erklärte sodann, die gemeinschaftliche Haftung der Miterben nach preußischem Recht habe sich nicht bewährt und solle daher durch die Gesamtschuld schon vor der Teilung ersetzt werden.

Dementsprechend bestimmt dann auch das B.G.B. sogleich in dem an die Spitze gestellten § 2058 mit aller wünschenswerten Deutlichkeit, daß die Miterben für die gemeinschaftlichen Nachlaßverbindlichkeiten als Gesamtschuldner haften. Dabei soll zunächst das Wort „gemeinschaftliche" Verbindlichkeiten diejenigen Nachlaßverbindlichkeiten ausschließen, welche nicht allen Miterben, sondern nur einzelnen obliegen, wie dies bei Vermächtnissen und Auflagen zutreffen kann, wenn nur ein Erbe mit ihnen belastet ist. Von diesen abgesehen, sollen nun die wirklich gemeinschaftlichen Verbindlichkeiten nicht bloß gemeinschaftlich in dem Sinne sein, wie es die Erbschaftsrechte sind, d. h. alle Miterben zusammen angehen, sondern sie sollten jeden einzelnen Miterben als Gesamtschuldner haftbar machen. Durch diesen Satz wollte man die Miterben antreiben, schon vor der Teilung die Berichtigung der Nachlaßschulden zu bewirken. In der Tat klingt die mit der Gesamtschuld ihnen gemachte Androhung sehr streng. Denn nach dieser ganz allgemein lautenden Regel des § 2058 könnte jeder Nachlaßgläubiger nach seiner Wahl alle Miterben zusammen oder jeden einzelnen auf die ganze Leistung in Anspruch nehmen, mit andern Worten: jeder Miterbe würde darnach von vornherein so haften, als wäre er Alleinerbe und, soweit ihm nicht eine Beschränkung zur Seite stände, auch nicht bloß mit dem Nachlasse, sondern sogar mit seinem persönlichen

Vermögen. Allein der Jurist erkennt zu seiner Beruhigung bald, daß der § 2058 mehr einen Schreckschuß bildet als einen Treffer, daß seine gefährlichsten Spitzen demnächst abgebrochen werden; denn in der Tat wird die Regel des § 2058 durch so weitgehende Ausnahmen durchbrochen, daß sie praktisch nicht viel weiter greift, als das frühere preußische Recht. Das ergibt sich, wenn man das Stadium vor der Auseinandersetzung und das Stadium nach derselben nach einander näher betrachtet.

1. Vor der Auseinandersetzung kann jeder Nachlaßgläubiger

a) natürlich zunächst — wie nach preußischem Recht — gegen alle Miterben zusammen vorgehen. Das bestätigt zum Überfluß ausdrücklich § 2059 Abs. 2, und wenn er gegen alle Miterben [1]) ein vollstreckbares Urteil erzielt hat, kann er auch den Zugriff auf den (ungeteilten) Nachlaß und dessen einzelne Gegenstände nehmen (C.P.O. § 747).

Sodann kann weitergehend als nach preußischem Recht der Nachlaßgläubiger

b) auch gegen jeden einzelnen Miterben die volle Forderung einklagen und nach Verurteilung des einzelnen auch dessen Anteil am Nachlaß pfänden (C.P.O. § 859 Abs. 2). Das scheint hart; indessen wenn dann der Gläubiger aus dem Erbteil des einzelnen Befriedigung erzielt, kann ja der davon betroffene Miterbe von den übrigen bei der Teilung Ersatz verlangen.

Außerdem aber ergreift solche Pfändung des Erbteils die einzelnen Nachlaßgegenstände nicht, und der Erbteil als Ganzes ist natürlich ein schwer verwertbares Pfandobjekt. Darum wird eine Pfändung des Erbteils selten sein. Deshalb und auch weil der Nachlaß unzureichend sein kann, wird die Frage wichtig, ob

c) der Nachlaßgläubiger nicht auch das Privatvermögen eines verurteilten Miterben angreifen kann. Aber hier schiebt § 2059 Abs. 1 einen Riegel vor:

Bis zur Teilung kann nach Satz 1 der einzelne Miterbe die Bezahlung aus seinem eigenen Vermögen, das er außer seinem Anteile am Nachlasse hat, ganz verweigern, d. h. also, er kann den Gläubiger in der Zwangsvollstreckung durch Einreden auf den Anteil am Nachlaß verweisen. Ja sogar dann, wenn ein Miterbe für eine Nachlaßschuld unbeschränkt, d. h. über die (ihm zugefallenen)

[1]) Freilich, wenn eine Nachlaßverwaltung angeordnet ist, genügt das Urteil gegen den Nachlaßverwalter (Vorbereitungsheft).

Nachlaßmittel hinaus haftet, verliert er jenes Einrede- und Verweisungsrecht nicht etwa nach Satz 2 etwa völlig, sondern nur in Ansehung des Bruchteils der Schuld, der seinem Erbteil entspricht, also auf eine Nachlaßschuld von 1000 M. braucht selbst der unbeschränkt haftende Fünftelserbe nur 200 M. aus seinem Vermögen zu zahlen; für die übrigen 800 M. kann er wieder den Gläubiger auf den Anteil am Nachlaß verweisen. Hiernach versagt also die Gesamtschuld der Miterben vor der Teilung gerade in der Richtung auf das Privatvermögen (des einzelnen Miterben), wo sie besonders wichtig geworden wäre, weil das Privatvermögen leichter zugänglich und flüssig zu machen ist, als der Anteil an dem ungeteilten Nachlaß als Ganzem. Darum erteilt schließlich der schon zitierte § 2059 Abs. 2 dem Nachlaßgläubiger den Wink, daß er nur von den sämtlichen Miterben Befriedigung aus dem ungeteilten Nachlaß verlangen möge. Das wird der Gläubiger wohl meist tun. Allein das kann er eben auch ohne Gesamtschuld, bei bloßer Gemeinschaftlichkeit! Einstweilen also liefert die Gesamtschuldenhaftung, die § 2058 statuiert hatte, für die Gläubiger keinen besonderen Gewinn.

Anders jedoch, und dem Gläubiger günstiger versteht Wendt (Arch. f. civ. Pr. Bd. 86 S. 428 ff.) den § 2059. Er meint: Wenn der einzelne Miterbe die Zahlung aus seinem eigenen Vermögen verweigern dürfte und doch seinen Anteil am Nachlaß einstweilen nicht flüssig machen könnte, weil er über keine einzelne Sache verfügen darf, so würde er ja vor der Teilung gar nicht zu zahlen brauchen. Das könne aber das Gesetz nicht gewollt haben, wenn es von Gesamtschuld sprach. Nach Wendt bedeuten somit die Worte des § 2059: „er kann Zahlung aus seinem eigenen Vermögen verweigern" nur so viel, daß der Miterbe bloß in derjenigen Werthöhe Zahlung (aus seinem Privatvermögen) verweigern kann, die durch seinen Anteil am Nachlaß nicht gedeckt ist, daß er dagegen, soweit der Anteil am Nachlaß Wert hat, auch schon aus seinem Privatvermögen zahlen muß. Wendt fügt hinzu, dazu werde es freilich nötig sein, den Wert seines Nachlaßanteils auszurechnen, bis zu dessen Höhe eben der Miterbe aus seinem Privatvermögen Zahlung vorschießen müsse. Diese benigna interpretatio sei jedoch unerläßlich.

Allein sie entspricht nicht den Worten des Gesetzes. Denn dieses bestimmt ausdrücklich, daß der Miterbe die Berichtigung aus dem Vermögen, das er außer seinem Anteil am Nachlasse hat, verweigern kann. Das ist aber etwas ganz anderes, als daß er aus seinem Vermögen zahlen und abwarten muß, ob ihm schließlich bei der Teilung des Nachlasses ebensoviel zufällt. Außerdem ist Wendts Interpretation benigna zwar für den Gläubiger, aber ganz und gar nicht für den einzelnen Miterben, vielmehr gegen ihn asperrima. Denn sie würde dahin führen, daß der Miterbe, weil er eben seinen Nachlaßanteil nicht flüssig machen kann, einstweilen sein eigenes Vermögen angreifen oder sogar zusetzen müßte, um eine Nachlaßschuld zu bezahlen, und erst bei der Teilung wieder Ersatz zu erhalten. Er müßte aus der einen Tasche etwas herausnehmen in der Hoffnung, daß ihm später bei der Teilung des Nachlasses ebensoviel in die andere hineinfallen werde. Dies wollte das B.G.B. im § 2059 gerade vermeiden. Darum muß es trotz Wendt dabei verbleiben, daß der Nachlaßgläubiger von dem Miterben vor der Teilung auf dessen Nachlaßanteil verwiesen werden kann; vermag der Gläubiger ihn ebensowenig flüssig zu machen, wie der Miterbe selber es gekonnt hätte, dann muß der Gläubiger eben bis zur Teilung warten.[1])

2. Dagegen tritt mit der Teilung nach § 2060 die Gesamtschuld des § 2058 mehr hervor, wie sie ja auch nach preußischem Rechte nur von da ab eintreten konnte. Denn durch die Teilung ohne vorherige Berichtigung der Nachlaßschulden haben ja die Miterben den § 2046 verletzt, der ihnen diese Berichtigung zur Pflicht machte.[2]) Folglich haftet nun in der Tat jeder Miterbe für jede Nachlaßschuld, zu ihrem vollen Betrage,[3]) wie ein Alleinerbe. Also der Fünftelserbe für die ganze Nachlaßschuld von 1000 Mark. Womit, mit welchen Gegenständen er dabei haftet, ob beschränkt, d. h. mit dem, was ihm aus dem Nachlaß zugefallen ist, oder unbeschränkt, d. h. auch mit eigenem Vermögen, das bestimmt sich nach denselben Regeln, wie beim Alleinerben. Hat er z. B. trotz Aufforderung kein Inventar gemacht, dann haftet er auch mit eigenem Vermögen; hat er aber einen Grund der Beschränkung, dann nur nach Maßgabe desselben. So z. B. können, wenn die Überschuldung (des Nachlasses nach der Teilung) zu Tage tritt, die Miterben auch jetzt noch Nachlaßkonkurs beantragen (Konk.O. § 216).

Dann haftet der Miterbe dem Gläubiger, während der Konkurs schwebt, nur mit dem Anteil an der Masse (nicht auch mit dem eigenen

[1]) Vgl. hierzu auch Strohal 2. Aufl. § 88 S. 515 ff., namentlich über die prozessualen Behelfe des Miterben S. 516 ff.

[2]) Dies ist sehr hart, wenn die Miterben die Forderung nicht kannten, ein Teil von ihnen später unauffindbar ist und der allein auffindbare die ganze Last der Schuld auf seinen Anteil nehmen muß, der dadurch vielleicht völlig aufgezehrt wird.

[3]) Treffend bemerkt Strohal 2. Aufl. S. 520: „Die Strenge der mit der Teilung des Nachlasses zur Geltung kommenden gesamtschuldnerischen Haftung soll die Miterben von der Vornahme voreiliger Teilung zurückhalten“.

Vermögen) oder wenn der Konkurs (mangels Masse) abgelehnt ist, nur mit der ihm aus der Erbschaft zugeflossenen Bereicherung (§ 1990). Nach dem Aufgebote haftet er den ausgeschlossenen Gläubigern nur mit dem Rest. Jedoch ist der Hauptweg zu einer Beschränkung der Haftung, der Antrag auf Nachlaßverwaltung, den Miterben nach § 2062 jetzt nach der Teilung verschlossen. Es kann also der Nachlaßgläubiger sich nun in der Tat den reichsten Miterben aussuchen und von ihm Befriedigung für die ganze Forderung verlangen. Das wird besonders fühlbar, wenn bei der Teilung einer (der Miterben) die Tilgung einer Nachlaßschuld übernommen hatte; wenn z. B. beim Tode eines Kaufmanns dessen ältester Sohn sich gegen die andern miterbenden Geschwister zur Tilgung der Passiven gegen Übernahme des Geschäfts verpflichtet, demnächst aber die Aktiva bei Seite schafft, so können die Geschwister in die Lage geraten, von den Nachlaßgläubigern auf den vollen Betrag ihrer Forderungen in Anspruch genommen zu werden. Indessen kann auch nach der Teilung die Gesamtschuldenhaftung den Miterben unter Umständen hart werden: besonders, wenn Schulden erst nach der Teilung aufgetaucht oder doch geltend gemacht sind, die also auch vorsichtige Miterben nicht vor der Teilung berichtigen konnten. Deswegen machen die §§ 2060 und 2061 Ausnahmen (von der Gesamtschuldenhaftung nach der Teilung), nach denen an Stelle der Gesamtschuldenhaftung eine bloß anteilmäßige (Haftung) tritt, sodaß jeder Miterbe für die Nachlaßschuld nur zu dem Bruchteil zu haften hat, der seinem Erbteil entspricht (der Fünftelerbe bei einer Nachlaßschuld von 1000 Mark nur auf 200 Mark). § 2060 zählt drei Ausnahmen auf; die vierte und praktisch wichtigste enthält § 2061.

Zu diesem Teile haftet er hiernach:

a) Gläubigern, die im Aufgebotsverfahren ausgeschlossen sind (§ 2060 Ziff. 1, C.P.O. § 997).

Dies gilt auch gegenüber solchen, die Ansprüche aus Pflichtteilen und Vermächtnissen haben, und auch gegenüber solchen, denen ein Miterbe bereits unbeschränkt haftet, d. h. auch mit seinem eigenen Vermögen. Darum kann auch ein so unbeschränkt haftender Miterbe noch das Aufgebot (mit Androhung dieses erwähnten Rechtsnachteils) beantragen (§ 997 Abs. 2); (er kann also auch, wenn er unbeschränkt haftet, an Stelle der Gesamtschuldenhaftung Teilhaftung setzen). Strohal fragt hier: Soll die bloße Teilhaftung zufolge Ausschlußurteils auch gegenüber solchen ausgeschlossenen Gläubigern gelten, die dem Miterben schon vor der Teilung bekannt waren? Mit Recht antwortet Küntzel: „Gewiß!“ [1]) Alle (Gläubiger), die sich nicht gemeldet haben, werden von dem Rechtsnachteil betroffen. Das Aufgebotsverfahren soll für die Miterben sicher feststellen, welchen Gläubigern gegenüber ihre Gesamtschuld besteht und welche sie also vor der Teilung zu befriedigen haben. Wer sich nicht meldet (weil er sich bewußt ist, den Miterben bekannt zu sein), de se queri debet: er muß dann mit Teilhaftung der Miterben vorlieb nehmen.[2])

b) Den im Aufgebotsverfahren Ausgeschlossenen stellt Nr. 2 auch hier diejenigen Nachlaßgläubiger gleich, die ihre Forderungen erst fünf Jahre nach dem Erbfall geltend machen. Diese Zögerung zieht eben eine Art Ausschließung ipsa lege nach sich, die Beschränkung auf Teilhaftung der Miterben. Anders nur, wenn vor Ablauf der fünf Jahre die Forderung dem Miterben bekannt war oder im Aufgebotsverfahren angemeldet ist. (Dann trifft den Gläubiger nicht der Vorwurf zu langer Versäumnis.)[3]) Außerdem berührt diese Ausschließung nicht die im Aufgebot eximierten Realgläubiger des § 1971. Auch hier hebt Strohal wieder die Möglichkeit hervor, daß die durch fünf Jahre geheim gebliebene Forderung nachher, aber doch noch vor der Teilung den Miterben bekannt wird. Können dann — fragt er — die Miterben doch noch rasch teilen mit der Wirkung, sich bloße Teilhaftung zu verschaffen? Antwort: gewiß! Warum hat der Gläubiger sich nicht gemeldet?[4]) Wenn der Gläubiger fünf Jahre mit der Geltendmachung gewartet hat, so steht er eben einem Ausgeschlossenen gleich, und ist seine Forderung erst nach dem fünften Jahre den Miterben bekannt geworden, dann haben sie nicht Ursache, dieselbe an einen durch Ausschlußurteil Präkludierten zu berichtigen.

c) Auch dann, wenn der Nachlaßkonkurs eröffnet und durch Verteilung der Masse oder Zwangsvergleich beendigt ist, haften die Miterben nur anteilmäßig (§ 2061 Ziff. 3); also besonders für die

---

[1]) Strohal, 2. Aufl. S. 522 tritt jetzt Küntzel bei und bemerkt: „Trotzdem wird die Frage aufgeworfen werden können, ob eine andere Behandlung der Billigkeit nicht besser entsprochen hätte“. Eck war wohl anderer Meinung.

[2]) Dem Gesetzgeber schwebten wohl die Fälle vor, in denen der Gläubiger dem Miterben bekannt, seine Forderung aber zweifelhaft ist. Da nun die Grenzlinie zwischen diesen Fällen und den bekannten zweifellosen Forderungen sich praktisch kaum sicher feststellen läßt, so rüttelt das Gesetzbuch alle Gläubiger aus dem Zustande der Untätigkeit auf.

[3]) Aber doch nur deshalb, weil das Gesetz hier nachsichtiger ist, als bei dem wirklichen Aufgebote.

[4]) Auch hier sondert Strohal in der zweiten Auflage S. 523 Anm. 7 das Gesetz von dem Gebote der Billigkeit.

Vergleichssumme jeder nur zu dem Bruchteil, der seinem Erbteil entspricht.

Über diesen Paragraph sind Strohal und Küntzel wieder hart aneinander geraten. Strohal fragt nämlich, ob das auch dann gelten solle, wenn die Miterben den Nachlaßkonkurs erst nach der Teilung herbeigeführt haben. Dann könnten sie ja dadurch ihre mit der Teilung bereits in Kraft getretene Gesamthaftung nachträglich in eine bloße Teilhaftung umwandeln. Doch ist dies wohl in der Tat nicht richtig.[1]) § 2061 Ziff. 3 setzt vielmehr voraus, daß der Nachlaßkonkurs schon vor der Teilung eröffnet war. Küntzel S. 841 behauptet übrigens, daß die Beschränkung auf den Fall eines vor der Teilung eröffneten Konkurses in Nr. 3 sprachlich zutreffend ausgedrückt sei. Schwerlich!

Mir scheint aber übrigens der ganze Fall, den die Nr. 3 betrifft, daß, nachdem der Nachlaßkonkurs durch Verteilung der Masse oder Zwangsvergleich beendet ist, die Miterben zur Teilung des Nachlasses schreiten, nicht praktisch häufig zu sein. In der Regel ist doch dann gar nichts zu teilen, weil nichts vorhanden ist.

Der an zweiter Stelle genannte Fall, daß ein Zwangsvergleich stattgefunden hat und die Masse den Miterben zur Bezahlung der Vergleichssumme ausgeantwortet ist, könnte vielleicht praktisch werden. In der Regel aber wird die vorhandene Masse auch hier eben bloß zur Bezahlung der Konkursgläubiger hinreichen und wieder nichts zu teilen sein. Endlich

d) wird jedem Miterben ein Weg eröffnet, um nach der Teilung statt der Gesamtschuld nur anteilmäßige Haftung eintreten zu lassen durch § 2061. Es ist der aus dem preußischen Recht bekannte Weg einer außergerichtlichen Aufforderung, die jeder Miterbe an die Gläubiger erlassen kann, daß sie sich binnen sechs Monaten melden mögen, sei es bei dem die Aufforderung erlassenden Miterben, sei es beim Nachlaßgericht. Als Formalität für die Aufforderung bestimmt Abs. 2 zwei Zeitungsinserate (im Deutschen Reichsanzeiger und in dem für die Bekanntmachungen des Nachlaßgerichtes bestimmten Blatt). Die Wirkung aber ist nach Abs. 1, daß nach Ablauf der Frist jeder Miterbe nur anteilmäßig haftet, soweit nicht die Anmeldung erfolgt

---

[1]) Strohal hat in diesem Punkte in der zweiten Auflage S. 524 § 89 Anm. 8 seine frühere Ansicht aufgegeben (vgl. daselbst Literatur). Er bemerkt: „Daß den Miterben hier die bereits eingetretene gesamtschuldnerische Haftung nach der Beendigung des Konkurses wieder abgenommen werden soll, wird nicht anzunehmen sein. Die Vorschrift des § 2060 Nr. 3 muß also in dieser Beziehung einschränkend ausgelegt werden".

ist oder die Forderung zur Zeit der Teilung dem Miterben ohnehin bekannt war. Der Unterschied dieses Weges vom Aufgebotsverfahren ist mannigfach: das Aufgebotsverfahren richtet sich an alle (Nachlaß)gläubiger, unbekannt wie bekannt, und bezweckt, die Ausgeschlossenen zu Gunsten der sich Meldenden und des Erben auf den Rest der Erbmasse zu beschränken (gegenständliche Beschränkung der Haftungsobjekte). Die öffentliche Aufforderung dagegen trifft die bekannten Gläubiger nicht und bezweckt nur gegenüber den Unbekannten, die sich nicht melden, die Miterben aus Gesamtschuldnern zu Teilschuldnern zu machen (statt Gesamtschuldhaftung quantitative Beschränkung). Eben darum steht das Recht auf Aufgebot denen, die bereits unbeschränkt auch mit ihrem Privatvermögen haften, nicht zu. Die öffentliche Aufforderung dagegen steht jedem Miterben zu.[1])

Blickt man zurück auf alle Ausnahmen von der Haftung der Miterben als Gesamtschuldner nach B.G.B., so ist diese Haftung nicht viel ausgedehnter und gefährlicher als die, welche wir schon in Preußen (als mögliche Folge der Nachlaßteilung) hatten.

Für die Zeit vor der Teilung ist sie zwar — abweichend vom preußischen Recht — vorhanden, doch von geringer praktischer Bedeutung. Für die Zeit nach der Teilung kann ihr jeder Miterbe sehr einfach dadurch vorbeugen, daß er an die unbekannten Gläubiger die öffentliche Aufforderung richtet, sich zu melden und dann erst nach Bezahlung der gemeldeten oder ihm sonst bekannten Schulden die Teilung geschehen läßt. Also um den Preis zweier Zeitungsinserate ist die Gesamthaftung in Teilhaftung zu verwandeln und erst recht durch Aufgebot und Präklusion der nicht gemeldeten Gläubiger. Diesen haftet der Miterbe nur anteilmäßig (§ 2060 Nr. 1) und auch nur mit den Nachlaßgegenständen, die ihm übrig sind (§ 1973).

Aber noch weitere Erleichterungen gewährt den Miterben § 2063. Darnach kommt die Errichtung des Inventars durch einen Miterben auch den übrigen zu statten, sofern nicht für einen aus besonderen Gründen unbeschränkte Haftung (z. B. bei früherer Fristversäumnis oder Weigerung des Offenbarungseides) eingetreten ist.

Wenn ein Miterbe zugleich Nachlaßgläubiger ist, so müßte streng genommen ein anderer Miterbe, der den Nachlaßgläubigern unbe-

[1]) Dieses Aufgebot wird allen Miterben zu empfehlen sein, die mit andern, schwer zu belangenden (etwa im Auslande lebenden) Miterben zusammentreffen; denn die Gefahr später auftauchender Gläubiger ist niemals völlig ausgeschlossen. Ist dann der Rückgriff gegen die Miterben undurchführbar, so trifft den allein in Anspruch genommenen Miterben ein empfindlicher Schaden.

schränkt auch mit seinem eigenen Vermögen haftet, auch jenem coheres creditor gegenüber unbeschränkt haften.

Aber dies ist schon von der preußischen Praxis als unbillig empfunden und verneint worden, wenn dies auch nach dem Gesetzestexte nicht zu begründen war (Eccius § 270 Anm. 76).

Auch § 2063 Abs. 2 gewährt jedem Miterben gegen einen coheres creditor beschränkte Haftung, d. h. er läßt ihn einem solchen gegenüber nur mit den Mitteln des Nachlasses haften. Der Gedanke dieses Grundsatzes ist: der coheres creditor könnte ja selbst ein Inventar errichten und brauchte nicht einen Aufschluß durch die anderen abzuwarten. Z. B. A. und B. sind Erben zu je $^1/_2$. Als Gläubiger tritt nur X. auf, der 500 zu fordern hat und den Erben eine Inventarfrist stecken läßt. Da nun der Nachlaß 1000 beträgt, so schlägt A. dem B. vor, den X. aus den Nachlaßmitteln zu befriedigen und die Inventarisierung zu ersparen. B. stimmt zu; X. wird mit 500 befriedigt, die übrigen 500 teilen A. und B., sodaß jeder 250 bekommt. Nun erhebt B. selbst eine Forderung gegen den Nachlaß auf 1000. Dafür haftet jeder in Höhe von $^1/_2 = 500$ und da sie das Inventar versäumt hatten, unbeschränkt, also auch mit seinem eigenen Vermögen. Streng genommen könnte B. verlangen, A. möge die empfangenen 250 herausgeben und die übrigen 250 aus eigenen Mitteln zuschießen. Dagegen erklärt sich aber § 2063.

Strohal erhebt nun noch zwei Bedenken gegen die Regelung der Miterbenhaftung im B.G.B.

1. Bei den weitgreifenden Folgen der Nachlaßteilung ist es sehr wichtig, ob eine Teilung stattgefunden hat oder nicht. Es kann aber zweifelhaft sein, ob dies geschehen ist.[1]) Es ist möglich, daß z. B. Miterben sich zwar wegen der meisten Sachen auseinandergesetzt, aber etwa einzelne mit Pfandrechten überlastete Stücke ungeteilt gelassen haben, um die Gläubiger immer noch auf den (ungeteilt gebliebenen Nachlaß) verweisen zu können. Hierbei ist zu sagen: daß es lediglich quaestio facti ist, ob Teilung stattgefunden hat oder nicht, und zwar ist diese Frage, wie Küntzel mitteilt, in den mehr als 100 Jahren, seit Erlaß des A.L.R. nur zweimal höchst richterlich entschieden worden. Die Teilung einzelner Nachlaßstücke bedeutet aber, daß die Teilung überhaupt noch nicht stattgefunden hat.[2])

---

[1]) Die Beweislast, daß die Teilung erfolgt sei, legt Strohal 2. Aufl. S. 526. V. mit Recht bald dem Miterben, bald dem Gläubiger auf, je nachdem sie zum Besten jenes oder dieses hervorgekehrt wird.

[2]) Strohal 2. Aufl. S. 527 hebt hierzu hervor, daß andererseits auch nicht die Teilung aller Stücke vorausgesetzt werde. „Es kommt somit darauf an, ob eine

2. Wenn ein Gläubiger infolge Aufgebots ausgeschlossen ist, oder fünf Jahre nach dem Erbfall seine Forderung nicht geltend gemacht hat, aber Teilung des völlig zureichenden Nachlasses noch nicht erfolgt ist, so kann jener Nachlaßgläubiger immer noch nach § 2058 gegen die einzelnen Miterben z. B. gegen einen Fünftelserben als Gesamtschuldner auf den vollen Betrag der Forderung, z. B. 1000 klagen. Wenn aber, noch ehe das Urteil ergeht, die Miterben die Teilung vollzogen haben, um ihre Gesamthaftung in Teilhaftung zu verwandeln, so kann dann der beklagte Miterbe nach § 2060 Nr. 1 verlangen, nur auf den Bruchteil der Forderung verurteilt zu werden, der seinem Erbteil entspricht, also nur auf $^{1000}/_{5}$ = 200. Wenn der Gläubiger aber so lange mit seiner Geltendmachung gezögert hat, so kann er sich nicht beschweren, daß eine Teilung eintritt und damit auch nur Teilhaftung der Miterben, daß er also nunmehr — um mit Svarez zu reden — den einzelnen Miterben nachlaufen muß. Dafür bringt ihm ja die Teilung andererseits den Vorteil, daß der verurteilte Miterbe ihn nun nicht mehr nach § 2059 auf seinen Anteil am Nachlaß verweisen kann, sondern in der Höhe der Teilsumme, zu der er verurteilt wird, sich auch den Zugriff auf die einzelnen Gegenstände, die ihm aus dem Nachlaß zugefallen sind, gefallen lassen muß, ja, sofern kein Grund zu einer beschränkten Haftung vorliegt, auch auf sein eigenes Vermögen.

Nach alledem ist jedem Nachlaßgläubiger, der mehreren Miterben gegenübersteht, wie Wilke hervorhebt, praktisch anzuraten, daß er zwei Schritte tut, nämlich

1. Erwirkung einer Inventarfrist für jeden einzelnen Miterben. Er kann das mit einem Gesamtantrage tun. Wird dann kein Inventar eingereicht, so haftet ihm jeder Miterbe und auch unbeschränkt mit seinem eigenen Vermögen.

Wird von einem Miterben ein Inventar eingereicht, so kommt das doch denjenigen nicht zugute, die etwa schon vorher die Beschränkung ihrer Haftung verwirkt hatten. Es kann also auch trotz Einreichung des Inventars durch einen Miterben ein anderer Miterbe die beschränkte Haftung schon vorher verwirkt haben (durch Fristversäumnis) oder nachher verwirken, indem er den Offenbarungseid verweigert (§ 2006 Abs. 3). Dann haftet dieser andere unbeschränkt (§ 2063).

im Wesentlichen den ganzen Nachlaß umfassende Teilung stattgefunden hat, oder ob es dazu noch nicht gekommen ist." Die Rechtsordnung läßt hier an Rechtssicherheit viel vermissen.

2. Es wird der Gläubiger ferner gut tun, gegen sämtliche Miterben eine Klage zu erheben. Dadurch erlangt er einen Titel zur Vollstreckung in den ungeteilten Nachlaß und kann diese Vollstreckung betreiben, sobald als sie gegen Alleinerben zulässig wäre. Dies war auch in Preußen bis jetzt das gewöhnliche Verfahren. Zugleich aber tut er gut, seine Klage auch auf Verurteilung jedes einzelnen Miterben zur vollen Leistung zu richten. Denn dann hat er zur Beitreibung derselben schon vor der Teilung auch den Zugriff auf den Anteil jedes einzelnen (Miterben) am Nachlaß, und nach der Teilung, wenn diese geschehen sein sollte ohne seine Befriedigung einen Vollstreckungstitel gegen das Vermögen des einzelnen Miterben. In der Regel wird der Einzelne dann als Gesamtschuldner auf den vollen Betrag als Gesamtschuldner haften.

Freilich kann aber auch seine Haftung aus einem besonderen Grunde wie die des Alleinerben auf die ihm bei der Teilung zugefallenen Nachlaßgegenstände oder auf die Bereicherung beschränkt sein, (z. B. wenn der Nachlaß so gering war, daß eine Nachlaßverwaltung oder ein Nachlaßkonkurs nicht lohnte), oder sie kann auf bloße Teilhaftung herabgesetzt sein (z. B. infolge Beendigung des Nachlaßkonkurses durch Zwangsvergleich).

Abgesehen von diesen besonderen Fällen erlangt der Gläubiger durch seine Klagenkumulation auch den doppelten Vollstreckungstitel in den ungeteilten Nachlaß und in das Vermögen des einzelnen Miterben für die Zeit nach der Teilung. Aber meist werden die Miterben es gar nicht soweit kommen lassen, daß er den einzelnen nachlaufen muß (es wäre ja ihr eigener Schaden), sondern schon vor der Teilung den Gläubiger befriedigen.

In Summa steht also ein betriebsamer Nachlaßgläubiger (creditor vigilans) mehreren Miterben gegenüber nicht schlechter als einem Alleinerben gegenüber; die Wartefristen, die dem Alleinerben zugute kommen, z. B. aus § 2014 (3 Monate), dann die Inventarfrist und schließlich, wenn er das Aufgebot beantragt hat, die Aufgebotsfrist, können natürlich auch die Miterben für sich in Anspruch nehmen. Aber soweit diese dem Gläubiger nicht entgegenstehen, wird er seine Forderung von den Miterben schon aus dem ungeteilten Nachlaß beitreiben können, oder nach der Teilung von jedem einzelnen Miterben und zwar zum vollen Betrag und aus dessen ganzem Vermögen.

12. **Erbschein.** (§§ 2353—2370.) [1])

§ 15.

Der Erbschein ist im B.G.B. fast anhangsweise behandelt; es empfiehlt sich indessen, ihn im Anschluß an die Rechtsstellung der Erben zu betrachten. Die Materie ist nach dem Muster nicht des römischen Rechts, sondern des preußischen Gesetzes vom 12. März 1869, betr. die Ausstellung gerichtlicher Erbbescheinigungen geregelt. Dabei wurde dieser etwas weitläufige Ausdruck durch den kürzeren „Erbschein" ersetzt.

Der Erbschein ist ein Zeugnis, welches das Nachlaßgericht dem Erben über sein Erbrecht ausstellt, und wenn er nur Teilerbe ist, über die Größe seines Erbteils (§ 2353). Die sachliche Zuständigkeit bestimmt G.F.G. §§ 72 und 73 dahin, daß das Amtsgericht, — die örtliche, daß das Gericht des Wohnsitzes, den Erblasser bei seinem Tode hatte, dazu berufen ist.[2]) Er kann aber nicht bloß wie nach preußischem Recht dem gesetzlichen Erben, sondern (was schon vorher in Hamburg Rechtens war) auch dem Testaments- und dem Vertragserben ausgestellt werden (wie der Wortlaut des § 2353: „Das Nachlaßgericht hat „dem Erben" ... ein Zeugnis ... zu erteilen" ergibt.)[3]) Bei den Worten desselben § 2353: „das Nachlaßgericht hat dem Erben auf Antrag einen Erbschein auszustellen", denkt der Leser zunächst auf seinen, des Erben, Antrag. Das ist nicht gemeint, sondern auf Antrag eines Berechtigten, und berechtigt kann nach der C.P.O. § 792 auch ein Gläubiger sein, der z. B. ein ererbtes Grundstück zur Zwangsvollstreckung bringen will,[4]) oder auch ein Testamentsvollstrecker.[5])

---

[1]) Den Hinweis auf die Entscheidungen in Sachen der freiwilligen Gerichtsbarkeit verdankt der Herausgeber hier, wie überhaupt in diesem Bande, der Güte des Herrn Oberlandesgerichtsrat Ebert in Breslau.

[2]) Die zur Begründung des Antrags eingereichten Urkunden bleiben bei den Erbschaftsakten. Entsch. des O.L.G. Kolmar vom 4. Febr. 1903 (Entsch. in Angelegenheiten der freiwill. Gerichtsbarkeit Bd. III S. 227).

[3]) Daraus folgt aber nicht etwa, daß in Zukunft der Erbschaftsschuldner von dem Testamentserben noch neben der Vorlegung des Testaments auch noch diejenige eines Erbscheins verlangen kann. Dagegen Entsch. des R.G. Bd. 54 Nr. 89 S. 344.

[4]) Auch der durch Kauf des Anteils eines Miterben in dessen Erbrecht eingesetzte Erwerber kann die Ausstellung eines Erbscheins für sich beantragen. Entscheid. des O.L.G. Kolmar vom 11. Febr. 1903 (Entscheid. in Angelegenheiten der freiwill. Gerichtsbarkeit Bd. III S. 229).

[5]) Entsch. des K.G. vom 17. Juni 1901 (Entscheid. in Angelegenheiten der freiwill. Gerichtsbarkeit Bd. II S. 163): Zum Antrage auf Erteilung eines Erbscheins ist auch der Testamentsvollstrecker befugt. Entsch. des K.G. vom 1. Dez. 1901 (Entscheid in Angelegenheiten der freiwill. Gerichtsbarkeit B. III S. 181):

Die Angaben, die der gesetzliche Erbe zu machen hat, bestimmt § 2354 im einzelnen.[1]) Die erforderlichen Angaben des Testaments- und Vertragserben enthält § 2355.

Einige Angaben sind nach § 2356 durch öffentliche Urkunden zu beweisen, andere durch eidesstattliche Versicherung.

Das Nachlaßgericht hat aber außerdem nach § 2358 von Amts wegen die erforderlichen Ermittelungen anzustellen und kann auch ein Aufgebot andrer erbberechtigten Personen erlassen, wie das schon in Preußen galt.

Nur nach Feststellung der maßgebenden Tatsachen ist nach § 2359 der Erbschein zu erteilen und wenn ein Rechtsstreit über das Erbrecht schwebt, soll das Nachlaßgericht zunächst den Gegner hören. (§ 2360.) Da das Testament nicht mehr in einer öffentlichen Urkunde zu bestehen braucht, muß über die Gültigkeit desselben derjenige gehört werden, der im Fall der Unwirksamkeit Erbe sein würde.[2])

Mehreren Erben kann auch ein gemeinschaftlicher Erbschein erteilt werden (§ 2357) (zur Kostenersparnis).[3]) Ist hinter dem Erben ein Nacherbe eingesetzt oder ein Testamentsvollstrecker bestimmt, so ist auch dies in den Erbschein aufzunehmen (§§ 2363, 2364), damit jeder Dritte wisse, wie weit die Verfügung des Erben über den Nachlaß beschränkt ist.[4])

Ist ein Erbschein unrichtig, so ist er vom Gericht einzuziehen[5]) oder, wenn der Einziehung Schwierigkeiten entgegenstehen, durch Beschluß für kraftlos zu erklären (§ 2361).

Der Testamentsvollstrecker muß angeben, für wen er die Erbschaft begehrt und ob dieser die Erbschaft angenommen hat.

[1]) „Nr. 1, 2, 4 und auch 5 leuchten als gerechtfertigt ein. Aber 3 und Abs. 2 gehen weiter." Vorbereitungsheft.

[2]) Dem Nachlaßrichter steht unbedingt die Nachprüfung der Gültigkeit des Testaments zu. Entsch. des K.G. vom 7. Okt. 1901 (Entsch. in Angel. der freiwill. Gerichtsbarkeit Bd. II S. 217). Vgl. ferner Entsch. des KG. vom 16. Juni 1901 (Entsch. in Angelegenh. der freiwill. Gerichtsbarkeit Bd. III S. 117): Das Nachlaßgericht muß sich darüber schlüssig werden, ob ein vorhandenes Testament die gesetzliche Erbfolge des Antragstellers ausschließe oder nicht. A. M. Planck zu § 2359.

[3]) Nach der Entsch. des K.G. vom 24. Juni 1901 (Entsch. in Angelegenh. der freiwill. Gerichtsbarkeit Bd. II S. 161) kann vor Geburt der Leibesfrucht eine Bescheinigung über die Größe der Erbteile nicht gegeben werden, insoweit diese durch Zutritt weiterer Erben berührt werden kann.

[4]) Nach der Entsch. des KG. vom 6. Jan. 1901 (Entsch. in Angelegenh. der freiwill. Gerichtsbarkeit Bd. III S. 6) ist in dem für den Vorerben ausgestellten Erbschein auch die Person des Nacherben anzugeben.

[5]) Gemäß der Entsch. des O.L.G. Jena v. 27. Febr. 1901 (Entsch. in Angel. der

Der wirkliche Erbe hat gegen den Besitzer des unrichtigen Erbscheins ein Recht auf Ablieferung des Scheins an das Nachlaßgericht und auf Erteilung von Auskunft über den Bestand der Erbschaft und den Verbleib von Erbschaftsgegenständen (§ 2362).

Den Hauptpunkt bildet die Wirkung des Erbscheins, welche im B.G.B. genauer als im preußischen Recht bestimmt ist, das summarisch über diesen Punkt hinweggeht. Diese Wirkung ist eine doppelte.

1. Nach § 2365 besteht sie einerseits in der Vermutung, daß dem im Erbschein als Erbe bezeichneten auch wirklich das Erbrecht zustehe und daß er nicht durch andere Anordnungen beschränkt sei, als der Schein ergibt. Diese Wirkung des Erbscheines ist beinahe mit denselben Worten geregelt, wie bei der Eintragung im Grundbuch (§§ 891—893). Die Vermutung gilt für und gegen jeden (inter omnes), m. a. W. nicht bloß zugunsten des Erben gegenüber dritten Personen und auch Behörden — bei denen er etwa eine Eintragung erwirken will — sondern auch umgekehrt, gegen den Erben zugunsten dritter Personen (z. B. des Nachlaßgläubigers, zwecks Nachweises der Passivlegitimation im Prozeß gegen den Erben). Im preußischen Recht war diese Frage gar nicht geregelt.

Gegen die Vermutung bleibt der Gegenbeweis offen und es kann ihn jeder führen, nicht bloß der wirkliche Erbe, sondern auch jeder interessierte Dritte, wenn ihn etwa der durch den Erbschein legitimierte Nichterbe auf eine Leistung in Anspruch nimmt.

„Dagegen beweist der Schein nicht auch die Zugehörigkeit der Sachen, die sich tatsächlich in der Erbschaft befinden, zu dieser letzteren".[1])

2. Die andere Seite der Wirkung des Erbscheins stimmt mit der im preußischen Gesetz statuierten im wesentlichen überein. Durch einen unrichtigen Erbschein werden die Rechte des wirklichen Erben nämlich grundsätzlich nicht aufgehoben und dessen Verfügungen über Nachlaßgegenstände bleiben also wirksam.

Aber zugunsten dritter, die mit dem Scheinerben Rechtsgeschäfte über Nachlaßgegenstände geschlossen haben, gilt dem wahren Erben gegenüber nach § 2366 nicht bloß die Vermutung, sondern wie im

---

freiwill. Gerichtsbarkeit Bd. II S. 63) berechtigen Zweifel an der Richtigkeit des Erbrechts nicht zur Einziehung des Scheins, sondern haben nur die in § 2361 angeordneten Ermittelungen zur Folge. Vgl. ferner Entsch. des O.L.G. München vom 22. Nov. 1901 (Entsch. in Angelegenh. der freiwill. Gerichtsbarkeit Bd. III S. 8): Zu dem Antrag auf Einziehung ist jeder berechtigt, dessen Recht infolge des öffentlichen Glaubens des Erbscheins durch dessen Unrichtigkeit gefährdet wird.

[1]) Vorbereitungsheft.

preußischen Recht sogar eine Fiktion, die Richtigkeit des Erbscheins ausgenommen, wenn der dritte weiß, daß der Erbschein unrichtig ist, oder daß das Nachlaßgericht seine Rückgabe verlangt hat. Guter Glaube wird hier nur durch Wissen ausgeschlossen, nicht schon durch „kennen müssen", durch Irrtum aus grober Fahrlässigkeit.[1])

Im einzelnen führen die §§ 2366 und 2367 eine Reihe von Modalitäten solcher Rechtsgeschäfte auf: wenn der dritte vom Scheinerben einen Gegenstand aus der Erbschaft erworben hat (z. B. als Käufer) oder ein Recht daran (z. B. als Pfandnehmer) oder Befreiung von einem zur Erbschaft gehörenden Recht (Pfandrecht) oder an den Scheinerben auf Grund eines Erbschaftsrechts eine Leistung bewirkt (Nachlaßschuld bezahlt) oder mit ihm über ein Nachlaßrecht durch ein sonstiges Geschäft (Vergleich) verfügt hat; — immer soll er durch sein Vertrauen auf den Erbschein geschützt werden. Wenn dagegen der Scheinerbe unentgeltlich zugunsten dritter verfügt hat, z. B. durch Schenkung aus dem Nachlasse, so haftet gleich dem § 6 Abs. 2 des preußischen Gesetzes nach § 816 Abs. 1 Nr. 2 der Empfänger trotz guten Glaubens in der Höhe seiner ungerechtfertigten Bereicherung.

In einem Falle kommt nach § 2370 auch ohne Erbschein dritten Personen für ihre Rechtsgeschäfte mit einem vermeintlichen Erben der gleiche Schutz zu gute, wie auf Grund eines Erbscheins, nämlich, wenn ein für tot erklärter den in der Todeserklärung angegebenen Todeszeitpunkt überlebt hat oder umgekehrt schon vorher gestorben ist und sich ein dritter mit demjenigen im Rechtsgeschäfte über den Nachlaß eingelassen hat, der bei Richtigkeit der Todeserklärung Erbe sein würde. Dann nützt die Todeserklärung für den dritten ebensoviel, wie ein Erbschein eines vermeintlichen Erben.

Dem Erbschein analog behandelt § 2368 auch das einem Testamentsvollstrecker ausgestellte Zeugnis über seine Ernennung. Also auch für den Testamentsvollstrecker besteht die Vermutung, daß er die im Zeugnis bescheinigte Verfügungsberechtigung wirklich habe und dritte Personen, die sich mit ihm in Verhandlungen einlassen, werden im Vertrauen auf das Zeugnis geschützt.

Endlich übernimmt § 2369 aus dem preußischen Recht den sogenannten „gegenständlich beschränkten Erbschein", wenn für einen Erbschein inbetreff der Erbschaft im Ganzen kein deutsches Gericht zu-

---

[1]) Eck erwähnte hierzu eine abweichende Ansicht von Otto Fischer. Fischer-Henles Handausgabe 6. Aufl, Nr. 4 zu § 2366 stimmt jedoch mit Ecks Ansicht überein.

gängig ist, aber einzelne Gegenstände im Inlande zur Erbschaft gehören (z. B. wenn ein verstorbener Russe ein Grundstück in Deutschland hatte), dann kann für diese Gegenstände ein Erbschein verlangt werden (z. B. von einem Gläubiger jenes Russen, der eine Zwangshypothek auf dessen deutsches Grundstück eintragen lassen will).

Kapitel III. Das Testament.

1. Allgemeine Grundsätze. (§§ 2064—2086.)

§ 16.

Nach gemeinem Recht ist das Testament eine letztwillige Verfügung mit Erbeseinsetzung und im Testament die Erbeseinsetzung das Fundament aller übrigen Verfügungen. Wird sie hinfällig, so stürzen die übrigen nach. Der Einheit der Erbschaft entspricht Einheit des Testaments. Dagegen nach B.G.B. ist Testament **jede** letztwillige Verfügung d. h. jede einseitige Verfügung von Todes wegen, auch wenn sie z. B. nur ein Vermächtnis enthält, oder nur eine Auflage oder nur Ausschließung einer Person von der (gesetzlichen) Erbfolge oder vom Pflichtteil (§§ 1937—1940). Daneben heißt „Testament" auch ein Komplex solcher Verfügungen (§ 2085). Deshalb stehen auch nach § 2085 alle testamentarischen Verfügungen im Range gleich, so daß die Unwirksamkeit der einen keineswegs von selbst auch eine andere mitergreift. Die Einheit der Erbschaft ist nicht soweit durchgeführt, wie bei den Römern. Eben darum ist auch die Erbeseinsetzung nicht mehr wie im römischen das Recht Fundament aller übrigen Verfügungen, sondern diese können auch ohne jene fortbestehen, auch wenn jene unwirksam wird.

Nur dann, wenn anzunehmen ist, daß der Erblasser ohne die unwirksame Verfügung auch eine bestimmte andere nicht getroffen hätte, wird die letztere mit unwirksam (§ 2085). Ein gleiches galt schon in Preußen. Z. B. jemand verordnet: Da mein Sohn verstorben ist, so bestimme ich: „Erbe soll zwar seine Witwe sein, aber da ich ihr keinen Pflichtteil schulde, soll sie 10 000 M. an eine Wohltätigkeits-Anstalt zahlen."[1])

---

[1]) Daß diese Auflage mit der Erbeinsetzung hinfallen muß, ist nach §§ 2192, 2161 m. E. keineswegs sicher.

Das Testament muß nun gleich dem römischen Recht auch nach B.G.B. vom Erblasser persönlich errichtet werden, nicht von einem Stellvertreter (§ 2064) auch nicht einem gesetzlichen,[1]) und der Erblasser muß darin auch seinen eigenen Willen aussprechen, d. h. es darf nicht die Entscheidung über die Person des Bedachten und der Gegenstand der Zuwendung Andern übertragen (§ 2065). Der Erblasser soll nicht zu Gunsten eines Dritten abdanken, der als sein Vertrauensmann über den Nachlaß zu bestimmen haben soll[2].) Ausnahmen kommen nur in Nebenpunkten vor, bei Vermächtnissen (§§ 2154—2156) und Auflagen (§§ 2192—2193). (Hier kann auch das billige Ermessen eines Dritten zur Ergänzung der erblasserischen Verfügungen eintreten).

Für eine Reihe von Anordnungen, welche Zweifel erwecken, gibt das B.G.B. Auslegungsregeln (§§ 2066—2077 und §§ 2084 bis 2086[3]),) so über die Ausdrücke „gesetzliche Erben", „Verwandte", „Kinder", „die Armen".

Bemerkenswert ist die Auslegungsregel des § 2071, die eine schon im röm. Recht aufgeworfene und anläßlich eines berühmten Falles in der Praxis des Kammergerichts[4]) behandelte Streitfrage übereinstimmend mit § 546 I 12 A.L.R. entscheidet: bei der Einsetzung einer Klasse von Personen, die zum Erblasser in einem Dienste oder Geschäftsverhältnisse stehen, soll für die Bestimmung der Person im Zweifel der Zeitpunkt des Erbfalls maßgebend sein. Es prävaliert also die Dienststellung, nicht die Person.

Jener Fall aus der preußischen Rechtsgeschichte war folgender: Prinzessin Amalie, die Schwester Friedrichs des Großen, hatte letzt-

---

[1]) Es soll weniger den sachlich feststehenden Bedürfnissen des Testators dienen, als vielmehr seinen ungewissen höchstpersönlichen Neigungen.

[2]) Wer selbst nicht weiß, was er will, hat kein ernstliches Bedürfnis letztwillig zu verfügen. Auch könnte ein Dritter, dem er die Ausübung des Verfügungsrechts anvertraut, sehr leicht hinterlistiger Weise den Gegenstand der Verfügung sich selbst in die Hände spielen.

[3]) Vgl. hierzu Dernburg „Die Auslegung der Testamente", Deutsche Juristenzeitung, IX, 1904, Nr. 1, S. 1 ff. Dernburg erklärt sich auf S. 6 im Widerstreite gegen einen Beschluß des K.G. v. 10. Nov. 1902 (Rechtspr. d. O.L.G. VI, S. 72) gegen das zu strenge Haften am ausdrücklichen Erklärungsinhalte.

[4]) Statt ihrer gilt die Gemeindekasse als bedacht. § 2072. Das Reichsgericht bemerkt hierzu Bd. 52 Nr. 76 S. 283: „Es würde den Erben keinen ersichtlichen Nutzen gewährt haben, wenn ihnen der dauernd der fremden Nutzung unterworfene Stamm zum Eigentum vorbehalten worden wäre".

willig verfügt: „Jeder meiner beiden Kavaliere erhält „eine goldene Dose mit Brillanten". Nun waren die beiden Kavaliere, welche die Prinzessin bei der Testamentserrichtung gehabt, eine Reihe von Jahren darauf außer Dienst getreten und durch zwei andere ersetzt worden. Beim Tode der Prinzessin erhob sich nun ein Streit zwischen diesen beiden Kavalieren und jenen, welche die Stellung zur Zeit der Testamentserrichtung gehabt. Die gerichtliche Entscheidung erging zu Gunsten der ersteren und würde auch nach B.G.B. ebenso zu treffen sein. Darüber, ob das Überwiegen der Stellung über die Person innerlich gerechtfertigt ist, läßt sich freilich streiten.[1])

Über bedingte Zuwendungen bestimmt

a) § 2074, daß der unter einer aufschiebenden Bedingung Bedachte den Eintritt der Bedingung erleben muß, wenigstens im Zweifel, nicht wie nach römischem Recht schlechterdings (z. B. wenn der Erbe wieder heiratet, ein Lotterielos gewinnt). Anders das preußische Recht.

b) In den Fällen, wo jemand unter der Suspensionsbedingung bedacht ist, daß er dauernd etwas unterläßt oder tut, was in seiner Willkür liegt, also unter einer Potestativbedingung kann bei allem Gehorsam gegen den Willen des Erblassers die Bedingung erst mit dem Tode des Bedachten in Erfüllung gehen und also die Erfüllung den Erwerb nicht mehr bewirken (z. B. der Erblasser hat bestimmt, mein Neffe soll Erbe sein, wenn er nicht wieder Hazard spielt, sich nicht wieder betrinkt usw.).

Das römische Recht hilft sich hier bekanntlich wenigstens bei der negativen Potestativbedingung, der conditio non faciendi (z. B. wenn er nicht wieder heiratet), mit der cautio Muciana, D. 35, 1, de cond. et dem., fr. 7 pr. 73. Das B.G.B. wählt in § 2075 den Weg der Konversion: Diese Suspensivbedingung wird umgedeutet in eine Resolutivbedingung entgegengesetzten Inhalts (§ 2075). Der Bedachte erhält also die Zuwendung pure, muß sie aber, wenn er kontraveniert, herausgeben. Es erfolgt Wiederauflösung des Erwerbes bei dem Tun dessen, das er unterlassen sollte, und beim Unterlassen dessen, was er tun sollte, und zwar nicht bloß beim negativen, sondern auch bei affirmativen Bedingungen (z. B. wenn er jährlich an meinem Todestage mein Grab schmückt). Der praktische Unterschied dieser Regelung vom römischen Recht liegt darin, daß der Kontravenient die Früchte der Zwischenzeit behält, da im Falle der

[1]) Wo das Gegenteil klar ist, kann m. E. die Auslegungsregel nicht gelten. In der Regel soll eine derartige Verfügung für die durch den Tod verlorene Stelle entschädigen.

Kontravention sich die Resolutivbedingung zwar erfüllt, diese aber im Zweifel keine rückwirkende Kraft hat.

c) § 2076 regelt einen im gemeinen Recht bestrittenen Fall. Eine Bedingung, die den Vorteil eines Dritten bezweckt, gilt als erfüllt, wenn der Dritte seine Mitwirkung verweigert, z. B. der Erblasser bestimmt: A. soll Erbe sein, wenn er die Nichte des B. heiratet. Da diese Bedingung den Vorteil der Nichte bezweckt, so würde, wenn sie dem Bedachten einen Korb gibt, wenigstens im Zweifel die Bedingung als eingetreten gelten, der Bedachte also die Zuwendung pure bekommen.[1])

Bestimmter und genauer als im gemeinen Recht, wo viel Streit besteht, ist auch noch die wichtige Lehre von der Anfechtbarkeit letztwilliger Verfügungen geregelt (§§ 2078—2083). Diese Anfechtung findet statt:

1. Nach § 2078 Abs. 1 wegen wesentlichen Irrtums oder, wie Dernburg sagt, wegen eines „Geschäftsirrtums", d. h. bei letztwilliger Erklärung ohne den entsprechenden Willen (nach gemeinem Recht tritt sogar Nichtigkeit ein). Die Erfordernisse der Anfechtbarkeit werden, wie beim Irrtum überhaupt, bestimmt. Sie kann erfolgen, wenn und soweit der Erblasser zwar die Erklärung wollte, aber nicht ihren Inhalt, also nur über den Inhalt seiner Erklärung irrte (error in iudicando), z. B. er unterschrieb, ohne den unterschriebenen Text zu lesen, oder auch wenn er die Erklärung, die er abgab, nicht abgeben wollte (error in faciendo), z. B. sich selbst verschrieb, einen andern Namen oder anderes Zahlzeichen, als beabsichtigt, schrieb. Vorausgesetzt ist beide Male, daß er bei Kenntnis der Sachlage diese Erklärung nicht abgegeben haben würde. Der Irrtum muß also auch subjektiv erheblich sein.

Das im allgemeinen Teil aufgestellte weitere Erfordernis objektiver Erheblichkeit des Irrtums: „wenn anzunehmen ist, daß der Verfügende bei Kenntnis der Sachlage und bei verständiger Würdigung der Falles die Erklärung nicht abgegeben haben würde" (§ 119) ist hier gestrichen. Der Erblasser mag in Gottes Namen auch ohne „verständige Erwägung" der Umstände seine Verfügung treffen. Hier muß schon subjektive Erheblichkeit des Irrtums ausreichen (§ 2078 Abs. 2).[2])

[1]) Man sollte meinen, daß das gleiche dann, wenn der Vorteil des bedingt Berechtigten bezweckt ist, erst recht gelten müsse. M. E. wird es dann durch Auslegung in der Regel anzunehmen sein. Die Rücksicht auf den Vorteil des Dritten begründet die betroffene Gesetzesbestimmung weit weniger, als sie vielmehr Zweifel an ihre Angemessenheit erweckt.

[2]) Neben dem Wunsche des Verfügenden liegen schutzwidrige Interessen an-

2. Die Anfechtung findet auch statt nach § 2078 Abs. 2 wegen **gewisser** Fehler nur im Beweggrunde, nämlich wenn der Erblasser zu seiner Verfügung bestimmt war, entweder

a) durch die irrige Annahme oder Erwartung des Eintritts oder Nichteintritts eines Umstandes, oder

b) durch widerrechtliche Drohung (§ 2078 Abs. 2).

Diese Berücksichtigung irriger Annahme und Erwartungen geht weit hinaus über das, was bei Rechtsgeschäften unter Lebenden gilt. Denn diese macht einen Irrtum im Beweggrund nur dann anfechtbar, wenn er durch arglistige Täuschung erzeugt war (§ 123), aber auch im römischen Recht sind Ansätze vorhanden, bei den letztwilligen Verfügungen eben die Anfechtung in weiterem Umfange zu gewähren. Anfechtbarkeit liegt hiernach vor, wenn jemand z. B. bestimmt: Da von meinen beiden Brüdern A. und B., denen ich als gesetzlicher Erbe je $1/2$ hinterlassen wollte, A. gestorben ist, so wende ich nun dem B. $3/4$ und meinem Freunde X. $1/4$ zu und A. lebt. Anders, wenn der Erblasser seinen Sohn in der Verfügung beschränkt mit der Begründung, „weil mein Sohn leider ganz unter dem Pantoffel seiner putzsüchtigen Frau steht", während dies nicht der Fall ist.[1])

In einem Falle gilt nach § 2079 sogar eine Vermutung für die bestimmende Kraft eines Irrtums im Beweggrunde, nämlich bei der Übergehung eines Pflichtteilsberechtigten, dessen Vorhandensein der Erblasser nicht kannte oder der er erst nach dem Testament geboren oder pflichtteilsberechtigt geworden ist (z. B. durch Adoption).

Ein auf diese Weise übergangener Pflichtteilsberechtigter soll eben — das ist die praktische Pointe — nicht bloß, was er ohnehin verlangen könnte, den Pflichtteil bekommen, sondern durch Anfechtung des Testamentes seinen vollen gesetzlichen Erbteil.[2]) Er soll besser stehen, als ein Pflichtteilsberechtigter, den der Erblasser mit Bewußtsein übergangen hat. Im Justinianischen Recht ist dies Anfechtungsrecht

---

derer nicht vor. So wenigstens, wenn der Irrtum entdeckt wird, ehe die letztwillige Verfügung ausgeführt ist. Im andern Falle müssen die durch die Anfechtung Enttäuschten sich mit den allgemeinen Vorschriften zum Schutze des redlichen Dritten begnügen.

[1]) Bei diesem dem Vorbereitungsheft entnommenen Beispiele ist es nicht ganz zweifellos, ob Ecks Meinung richtig wiedergegeben ist. M. E. dient der zweite Fall als Gegensatz zum ersten, weil bei ihm nicht vermutet wird, auch nicht sicher ist, daß der angegebene falsche Beweggrund der letztwilligen Bestimmung für sich allein den Ausschlag gegeben hat.

[2]) Man könnte darin einen letzten leisen Nachklang des römischen formellen Noterbrechts finden.

noch nicht anerkannt worden, wohl aber von der Praxis und auch vom preußischen Recht. Doch stellt das B.G.B. eine richtige Fortbildung der höchst kasuistischen und unleidlichen sonderrechtlichen Bestimmungen des A.L.R. II, 2 §§ 450 ff. dar.

Anfechtungsberechtigt ist derjenige Nachlaßbeteiligte, und nur dieser, dem die Aufhebung der letztwilligen Verfügung unmittelbar zu statten kommt (§ 2080), sei es, daß die Zuwendung, die infolge Irrtums einem andern gemacht worden, mit der Anfechtung an den Anfechtungsberechtigten fällt (z. B. der Pflichtteilsberechtigte wurde für tot gehalten), sei es, daß er von einer ihm vom Erblasser auferlegten Last befreit wird.

Nicht anfechtungsberechtigt ist, wer erst künftig bei Wegfall des unmittelbar Benachteiligten Vorteil haben würde.

In § 2080 Abs. 2 wird dies weiter zugespitzt. Betrifft der Irrtum nur die Person desjenigen, welcher durch die Verfügung zurückgesetzt wurde, so kann kein anderer als er anfechten, selbst dann nicht, wenn er den Erbfall nicht erlebt und den Nachteil nun ein anderer erleidet. Der Testator hat z. B. als nächsten Verwandten einen Bruder und dessen Sohn, einen Neffen. Der Bruder ist in einem ersten Testament zum Erben ernannt. Dann macht der Erblasser ein zweites und sagt: „Weil mein Bruder einen Hochverrat begangen hat, widerrufe ich mein Testament und setze X. ein.“ Nun kommt die Unschuld des Bruders zu Tage, er stirbt aber demnächst und gleich darauf der Testator. Hier ist eine Anfechtung durch den Neffen nicht zulässig.

Die Form der Anfechtung ist in den Hauptfällen, wenn sie gegen eine Verfügung über die Erbfolge oder den Testamentsvollstrecker oder eine Auflage gerichtet ist, Erklärung gegenüber dem Nachlaßgericht, das sie dem Gegner, d. h. dem durch die angefochtene Verfügung Begünstigten mitteilen soll (§ 2081 Abs. 1—3).

In allen andern Fällen erfolgt die Anfechtungserklärung nach allgemeinen Regeln, d. h. gegenüber dem Anfechtungsgegner. Die Frist der Anfechtung ist eine — ziemlich kurze — Präklusivfrist von einem Jahr seit Kenntnis des Anfechtungsgrundes. Doch bestehen gewisse Milderungen wie bei der Verjährung auch hier (so daß das Jahr nicht ununterbrochen läuft). Dafür ist die Anfechtung allemal auch ohne diese Kenntnis ausgeschlossen, wenn seit dem Erbfall 30 Jahre verstrichen sind (§ 2082).

Die Wirkung der Anfechtung ist zwar nicht bestimmt, sie muß nach den allgemeinen Regeln bestehen im Nichtigwerden der angefochtenen

Verfügung, doch (wie die Worte des § 2078: „soweit der Erblasser im Irrtum war" ergeben) immer nur insoweit, als es dem Anfechtungsgrund entspricht.[1])

Ein Erblasser hat z. B. verfügt: meinem Freunde A. habe ich in Aussicht gestellt, daß er alsdann mein Erbe sein werde, wenn er meine Kousine geheiratet haben wird. Da dies inzwischen erfolgt, setze ich ihn — meinem Versprechen getreu — hiermit zum Erben ein. A. hatte jedoch die Kousine noch nicht geheiratet, sondern in Wahrheit nur entführt und lebt mit ihr in wilder Ehe, dann kann die pure ausgesprochene Einsetzung des A. von demjenigen, dem die Aufhebung zu gute kommen würde, etwa einem Bruder oder Neffen des Erblassers, angefochten werden, doch nur soweit, als es dem Anfechtungsgrunde entspricht, d. h. A. wird durch die Anfechtung nicht pure beseitigt, sondern es wird die vom Erblasser infolge Irrtums weggelassene Bedingung neu hinzugefügt; die institutio pura verwandelt sich in die institutio condicionalis. (Alles ist aus dem einen Worte „soweit" abzuleiten).

In den §§ 2084—2086 folgen noch einige Auslegungsregeln, so: wenn der Inhalt letztwilligen Verfügungen verschiedene Auslegungen zuläßt, verdient im Zweifel diejenige den Vorzug, bei welcher die Verfügung Erfolg haben kann (§ 2084), wenn einer letztwilligen Verfügung der Vorbehalt einer Ergänzung beigefügt, die Ergänzung aber unterblieben ist, ist die Verfügung doch wirksam, falls nicht angenommen werden muß, daß die Wirksamkeit von der Ergänzung abhängig sein sollte.[2])

2. Erbeinsetzung. (§§ 2087—2099.)

§ 17.

Für das Dasein einer Erbeseinsetzung entschied bei den Römern das im Testament gebrauchte Wort: heres esto oder heredem esse iubeo. Darum ist auch heres ex certa re Erbe detracta rei mentione.

Dagegen im gemeinen Recht und so auch nach B.G.B. § 2087 entscheidet nicht der Gebrauch eines bestimmten Wortes „Erbe", sondern der Gegenstand der Zuwendung.

Ist dieser das Vermögen oder ein Bruchteil des Vermögens, also m. a. W. eine universitas, die Erbschaft als Ganzes, so ist der Be-

---

[1]) Vgl. Strohal: Die Anfechtung letztwilliger Verfügungen im Deutschen Entwurf 1892, S. 38 ff. Erbrecht 3. Aufl. S. 298 ff.

[2]) Anerkennungen des favor testamentarum.

dachte stets als Erbe anzusehen, selbst wenn der Erblasser verkehrter Weise das Wort: „vermachen" oder dergl. gebraucht haben sollte. (§ 2087 Abs. 1 ist eine Dispositivvorschrift).

Im umgekehrten Falle, wenn der Erblasser nur einzelne Gegenstände zuwendet, soll der Bedachte im Zweifel nicht Erbe sein (wie der römische heres ex certa re), sondern Vermächtnisnehmer (§ 2087 Abs. 2.) Doch ist diese Vorschrift nur Auslegungsregel. Es kann also unter Umständen auch die entgegengesetzte Auslegung geboten sein, d. h. der zugewendete einzelne Gegenstand doch die Erbschaft oder einen Bruchteil derselben bezeichnen; und dann ist die Zuwendung als Erbeinsetzung zu deuten.[1]) Z. B. der Erblasser bestimmt: „Mein ganzes Vermögen besteht in meinem Grundstück und dieses Grundstück wende ich A. zu." Dann hat er A. auf das ganze Vermögen einsetzen wollen. Das kann praktisch sehr wichtig werden, wenn neben dem so zugewendeten Gegenstand noch andere Vermögensstücke vorhanden sind, z. B. der Erblasser bestimmt: mein ganzes Vermögen besteht in einem Grundstück, Erben desselben sollen werden A. zu $^2/_3$ und B. zu $^1/_3$. Daneben hinterläßt der Erblasser aber andere Aktiva und Schulden. Da nun der Erblasser das Grundstück mit seinem Vermögen identifiziert hat und dasselbe mit den Bruchteilen erschöpfen wollte, so wird A. Erbe zu $^2/_3$ und B. zu $^1/_3$.

Der Erblasser kann neben der testamentarischen Erbfolge auch für die gesetzliche Raum lassen, dadurch daß er die Erbeinsetzung auf einen Bruchteil beschränkt, (z. B. er bestimmt: „A. soll mein Erbe sein zu $^1/_4$"), oder daß er mehrere Erben nebeneinder auf Bruchteile beschränkt, die zusammen das ganze nicht erschöpfen (z. B. er bestimmt: „A. soll mein Erbe sein zu $^2/_4$ und B. zu $^1/_4$"): dann tritt für die freigelassene Quote die gesetzliche Erbfolge ein (§ 2088). Hat er aber die eingesetzten alle ausschließlich zu Erben machen wollen, und dabei doch durch seine Bruchteile das ganze nicht erschöpft, so werden wie im römischen und preußischen Recht die Anteile der einzelnen verhältnismäßig erhöht (§ 2089). Es ist hier absichtlich nicht das Wort „Anwachsung" gebraucht. Er bestimmt z. B.: „Meine gesetzlichen Erben erhalten nichts; nur A. und B. sollen Erben zu $^1/_4$ sein"; dann wird der Anteil eines jeden auf $^1/_2$ erhöht.[2]) Wenn umgekehrt die vom Erblasser festgesetzten Bruchteile das Ganze überschreiten, werden sie verhältnismäßig herabgesetzt (§ 2092).

[1]) Die Zuweisung der einzelnen Sache an einen Erben kann auch bedeuten, daß er diese bei der Erbauseinandersetzung auf seinen Anteil erhalten solle.

[2]) Siehe über dieses Wort den weiter unten folgenden Text.

In Ermangelung einer Bruchteilsbestimmung sind die Eingesetzten zu gleichen Teilen, nach Kopfteilen (ex aequis partibus) berufen (§ 2091). Möglich auch, daß mehrere Erben neben einander eingesetzt sind, aber nur die einen auf Bruchteile (cum partibus), die andern ohne Bruchteile (sine partibus). Dann ist zu entscheiden:

a) Lassen die festgesetzten Bruchteile einen Rest frei, so bekommen die heredes sine partibus den freien Rest (§ 2092). Z. B. berufen sind A. auf $1/2$, B. auf $1/4$, C. — dann erhält C $1/4$.

b) Wenn aber die Bruchteile der einzelnen Erben cum partibus das Ganze bereits erschöpfen oder überschreiten, so wird im Gegensatz zum römischen und übereinstimmend mit dem preußischen Rechte der heres sine parte dem auf den niedrigsten Bruchteil eingesetzten gleichgestellt (§ 2092 Abs. 2). Z. B. berufen sind: A. zu $2/3$, B. zu $1/3$ und C. —, dann erhält C. $1/3$ und es werden reduziert A. auf $2/4$, B. auf $1/4$, C. auf $1/4$.

Auch die Verbindung mehrerer auf einen gemeinschaftlichen Erbteil ist möglich. Dann wird dieser Erbteil ebenso behandelt, wie die mehreren zugewandte Erbschaft (§ 2093) entsprechend dem römischen Recht bei re conjuncti. Dagegen ist eine bloße Verbindung mehrerer, die nur in der Wortfassung besteht — conjunctio verbis facta unerheblich.

Auch eine Anwachsung kennt das B.G.B. (§ 2094), aber in viel engeren Grenzen als nach gemeinem Recht, zunächst nicht bei der gesetzlichen Erbfolge. Hier tritt bei Wegfall eines gesetzlich Mitberufenen, wie das B.G.B. es eben ausdrückt, nur eine Erhöhung der Erbteile der Übrigen ein (§ 1935), nicht wie nach gemeinem Recht, Akkreszenz. Aber auch im Verhältnis mehrerer Eingesetzter zu einander tritt die Anwachsung nicht mehr kraft Rechtsnotwendigkeit ein, — wie im römischen Recht, wo nach dem Satz: nemo pro parte testatus decedere potest jedes Testament den Nachlaß erschöpfend umfassen muß — sondern nur nach Maßgabe des Willens des Erblassers (§ 2094). M. a. W. das Anwachsungsrecht unter Testamentserben beruht auf einem vom Gesetz angenommenen Substitutionswillen des Erblassers; darum eben kann bei gesetzlicher Erbfolge, bei welcher ein darauf gerichteter Wille undenkbar ist, von Anwachsung nicht die Rede sein.

Die Anwachsung greift Platz nur dann, wenn die Einsetzung mehrerer so geschehen ist, daß sie die gesetzliche Erbfolge ausschließt (also die Einsetzung erschöpfend sein sollte), z. B. es ist verfügt: „Meine Intestaterben erhalten nichts, A., B. und C. sind meine Erben zu je $1/3$“, und nun ein Miteingesetzter vor oder nach dem Erbfall ausfällt. Dann wächst sein Bruchteil den Übrigen pro rata, nach Verhältnis ihrer Erbteile, an (ebenso wie nach römischem Recht). Der Erblasser kann aber die Anwachsung auch ausschließen (§ 2094 Abs. 3), weil ja vom B.G.B. die Anwachsung auf einen mutmaßlichen Substitutionswillen des Erblassers zurückgeführt wird; im römischen Recht kann er sie nicht ändern, da er ihrem Rechtsgrund, der iuris necessitas gegenüber machtlos ist.[1])

Folgerichtig ist in Abs. 2 des § 2094 der Fall entschieden, wo die Erbeinsetzungen, weil sie sich auf einen Teil der Erbschaft beschränken, den Rest für die gesetzliche Erbfolge freilassen und dann ein eingesetzter Erbe wegfällt. Dann erfolgt im allgemeinen keine Anwachsung. Z. B. der Erblasser verfügt: „A. ist Erbe zu 1/4 und B zu 1/4; weiter verordne ich nichts". — Dann bleibt 1/2 für die gesetzliche Erbfolge frei. Fällt A weg, dann tritt keine Anwachsung ein, sondern das 1/4 des A wird für die gesetzlichen Erben frei.

Nur unter der Voraussetzung, daß die eingesetzten Erben auf einen gemeinsamen Erbteil berufen, also re conjuncti waren, tritt, auch wenn neben ihnen gesetzliche Erben berufen waren, Anwachsung unter den eingesetzten ein, als dem mutmaßlichen Willen des Erblassers entsprechend. Bei der Anwachsung erhebt sich nun dieselbe Frage, wie bei der gesetzlichen Erbfolge ein Erbteil durch Wegfall eines Konkurrenten sich erhöht, nämlich, ob der anwachsende Teil (die portio accrescens) als selbständiger zu behandeln sei. Das römische Recht verneint dieselbe bekanntlich (natürlich, weil sich da der ursprüngliche Erbteil gleichsam aus eigener Kraft heraus erweitert und den vakant gewordenen aufsaugt. Es statuiert nicht das Trennungsprinzip, sondern das Verschmelzungsprinzip. Das B.G.B. geht nicht soweit. Nach § 2095 soll in Ansehung der Vermächtnisse und Auflagen, sowie der Ausgleichungspflicht der anwachsende Erbteil als ein besonderer, insoweit also das Trennungsprinzip gelten. Allein das Trennungsprinzip ist kein allgemein durchgreifendes. So gilt es nicht in Bezug auf die Frage, ob der Anwachsungsberechtigte die Anwachsung ausschlagen könne. Diese ist mithin zu verneinen, denn es ist kein selbständiger Erbteil, der ihm da anfällt. So wenig der Erbe bei Anfall eines Viertels ein Achtel annehmen und ein Achtel ausschlagen darf, kann er ursprüngliche und die anwachsende Erbportion von einander trennen.

---

[1]) In erster Linie hängt freilich diese Änderung wohl damit zusammen, daß man im älteren römischen Rechte die gesetzlichen Erben als incertae personae nicht substituieren konnte, also auch nicht stillschweigend.

Für Vermächtnisse, Auflagen und Ausgleichungspflicht ist nur deshalb eine Ausnahme gemacht, damit nicht die Anwachsung dem Akkreszenzberechtigten schließlich noch Nachteil bringe, wenn die portio accrescens überbürdet ist, wie in einem Beispiel zur Kollationslehre[1]) näher ausgeführt wurde.

Endlich ist bei der Erbeinsetzung Berufung eines Ersatzerben möglich auf den Fall, daß der als Erbe berufene nicht Erbe werden will oder nicht Erbe werden kann. Dieselbe entspricht der römischen Vulgarsubstitution und ist ganz wie diejenige im römischen und preußischen Recht geregelt (§§ 2096—2099).

Manche Paragraphen lesen sich sogar wie Übersetzungen von Pandektenstellen, z. B. § 2097: „Ist jemand nur eingesetzt, wofern der zunächst Berufene nicht Erbe sein kann, dann soll er als berufen gelten auch für den Fall, daß der zunächst Berufene nicht Erbe sein will," oder wie das gemeine Recht in barbarischem Latein sagt: casus voluntatis involvit casum impotentiae.[2])

Indessen ist ein Unterschied von der römischen Vulgarsubstitution hervorzuheben. Nach römischem Recht ist der Vulgarsubstitut (bekanntlich) unter einer gewillkürten Suspensivbedingung berufen. Daher, das ist die praktische Konsequenz, muß er den Wegfall des Vordermanns erleben, um Erbe zu werden. Nicht so schon nach preußischem Recht und auch nach dem B.G.B. Nach letzterem greift auch hier die rückwirkende Kraft einer Nachberufung ein, so daß, wenn der Substitut nach dem Erbfall, aber vor dem Instituten stirbt und dann dieser ausschlägt, der Erbe des Substituten durch Transmission eintritt. Die Bedingung der Ersatzberufung ist daher, wie Strohal es formuliert, nicht als gewillkürte Parteibedingung, sondern als condicio iuris aufzufassen (bestehend in dem Wegfall des Vorberufenen).[3]) Tritt sie ein, so ist die Berufung des Wegfallenden als gar nicht geschehen anzusehen (§ 1953). Z. B. der Erblasser hat einen primus berufen, eventuell secundus, eventualissime tertius. Während primus überlegt, stirbt secundus und darauf schlägt primus aus. Nach römischem Recht ist nun tertius berufen; dagegen tritt nach

[1]) Vgl. oben.

[2]) Wenn im § 2096 auch noch der spätere Wegfall des Erben als Substitutionsfall gemeint ist, so bezieht sich das nur auf einen solchen Wegfall, der rückwirkende Kraft hat (z. B. eine Anfechtung) nicht auf die Nacherbfolge. Der Wortlaut ist unklar.

[3]) 3. Aufl. S. 160. Dies ist nicht unbestritten geblieben, vgl. S. 161 Anm. 33, und m. E. bedenklich, da die Bedingung ohne den Parteiwillen nicht denkbar erscheint.

B.G.B. der Erbe des verstorbenen secundus ein. Das folgt aber daraus, daß die Berufung des primus als gar nicht geschehen gilt. Es hätte also secundus sofort beim Erbfall Erbe werden können, und da er danach verstorben, so hat er seine Anwartschaft auf seinen Erben transmittiert.

Wenn einem Miterben ein Ersatzerbe bestellt ist, zugleich aber die Voraussetzungen des Anwachsungsrechts für die Miterben gegeben sind, so geht das Ersatzerbrecht vor (§ 2099).

Die beiden andern gemeinrechtlichen Formen der Substitution, die Pupillar- und die Quasipupillarsubstitution hingegen sind in das B.G.B. nicht aufgenommen.

Andererseits sind Erbenbestimmungen bei der Erbeseinsetzung, wie Bedingung und Befristung, die bei den Römern beschränkt waren, ganz freigegeben. Die Erbeseinsetzung kann also nicht bloß suspensiv bedingt sein, wie im römischen Recht, sondern **auch** resolutiv bedingt (anders der römische Satz: Semel heres semper heres). Auch dies a quo und dies ad quem sind zulässig.

3. Einsetzung eines Nacherben. (§§ 2100—2146.)

a) Im allgemeinen.

§ 18.

Hachenburg, Studien zum Erbrechte des Entwurfs, Heft 1, 1896.[1]) Die Schrift ist eindringend und scharfsinnig, aber darum etwas unbequem zu lesen, weil sie sich noch auf den Entwurf II bezieht, ferner allerlei Monita zieht, die infolge Hachenburgs Arbeit berücksichtigt worden sind.

Die Nacherbeinsetzung ist im B.G.B. ausführlicher behandelt als bisher in irgend einem Gesetzbuche.

Die Nacherbfolge ist Fortbildung des römischen Universalfideikommisses. Dieses bewirkte, daß mit der Restitution der Erbschaft durch den Fiduziar der Fideikommissar heredis loco gestellt würde, also daß die Erbschaft den Berechtigten wechselte.[2]) Während daher im gemeinen Recht das Universalfideikommiß bekanntlich überwiegend unter den Regeln des Vermächtnisses steht, und die Wirkung einer sukzessiven Erbfolge nach sich zieht, hat schon das preußische Recht aus diesem Mischgebilde zwischen Vermächtnis und Erbeinsetzung die sogen. fideikommissarische Substitution gemacht, d. h. also die Einsetzung

[1]) Weitere Literatur s. bei Landsberg: Das R. des B.G.B. II S. 1104.

[2]) Vorbereitungsheft.

zweier nacheinander folgenden Erben. Das preußische Recht hat die Regeln dieser fideikommissarischen Substitution analog weiter erstreckt auf gewisse Fälle einer einfachen Erbeinsetzung, welcher aber eine Frist oder eine Bedingung beigefügt ist, sei es eine aufschiebende, sei es eine auflösende. Hier sollen nach dem A.L.R. bekanntlich die Intestaterben den suspensiv berufenen Erben vorgehen und den resolutiv berufenen Erben nachfolgen.

Das B.G.B. ist nun auf dieser Bahn des preußischen Rechts noch einige Schritte weitergegangen. Denn

1. vereinigt es die fideikommissarische Substitution mit den im A.L.R. nun ihr analog behandelten Fällen unter den einheitlichen Begriff der Nacherbfolge und

2. nimmt das B.G.B. in diesen Begriff noch eine dritte Gruppe von äußerst wichtigen Fällen hinein.

Nämlich § 2101 bestimmt, wenn ein zur Zeit des Erbfalls noch gar nicht Erzeugter, ein nondum conceptus, oder eine zu dieser Zeit noch nicht entstandene juristische Person als Erbe eingesetzt war, dann ist das im Zweifel als Nacherbeinsetzung zu deuten. Dann wird also der dem Wortlaute nach als Erbe Berufene in einen Nacherben konvertiert. Wenn der Testator z. B. verfügt: „Ich setze als meine Erben zu gleichen Teilen die Kinder ein, die aus der Ehe meiner Schwester hervorgehen werden," so sind freilich nur die beim Erbfall bereits Erzeugten Erben, aber die nach dem Erbfall erzeugten Kinder der Schwester werden Nacherben auf Kopfteile, die sie von ihren schon zur Zeit des Erbfalls geborenen Geschwistern verlangen können. Die Nacherbfolge liegt hiernach, wie § 2100 ganz richtig definiert, alle Mal dann vor, wenn jemand in der Weise zum Erben eingesetzt ist, daß er erst Erbe wird, nachdem ein anderer vor ihm Erbe gewesen ist.

Dabei kann nun der Vorerbe gleichfalls eingesetzt sein. Das ist der nächstliegende Fall der fideikommissarischen Substitution, oder, wie Hachenburg sagt, das ist eine gewollte Vorerbfolge, indem der Erblasser hinter dem eingesetzten Vorerben einen andern als Nacherben instituiert hat. Aber der Vorerbe kann auch kraft Gesetzes eintreten und nicht kraft erblasserischer Verfügung. Das nennt Hachenburg nun konstruktive Vorerbfolge, deutlicher wäre es vielleicht, wenn er sagte, gesetzliche Vorerbfolge, hinter der erst die gewillkürte Nacherbfolge stattfindet. Dagegen soll (worauf aufmerksam zu machen ist, obwohl die Tragweite praktisch keine sehr große ist),[1] nach dem Wortlaut des Ge-

[1]) Man denke etwa an den Inhalt des Erbscheins, der bei eingesetzten Erben

setzes der Nacherbe nie kraft Gesetzes eintreten, sondern, wie schon die Definition erkennen läßt, immer nur kraft Einsetzung. Denn wenn der Vorerbe mit einer Resolutivbedingung oder mit einem Endtermin eingesetzt war, dann sollen bei Eintritt der Bedingung oder des Endtermins, des dies ad quem, nach § 2104 die gesetzlichen Erben nicht als solche einrücken. Es soll also angenommen werden, daß sie als Nacherben eingesetzt sind, und zwar ist anzunehmen, daß als Nacherben diejenigen eingesetzt sind, welche die gesetzlichen Erben des Erblassers sein würden, wenn er zur Zeit des Eintritts des Zeitpunktes oder des Ereignisses gestorben wäre. Warum nun im Falle der Suspensivbedingung die Vorerben als gesetzliche eintreten, aber im Falle einer Resolutivbedingung die Nacherben nicht als gesetzliche, sondern als eingesetzte, das ist aus den Materialien nicht ersichtlich. Indessen kommt praktisch nicht eben viel darauf an.[1])

Das Ergebnis ist das. Wenn der Erblasser gesagt hat: „A. soll mein Erbe sein, wenn er es bis zum Landtagspräsidenten bringt", so ist, bis A. soweit kommt, der gesetzliche Erbe des Erblassers als solcher Vorerbe. Hat aber der Erblasser gesagt: A. soll mein Erbe sein, so lange er Landtagspräsident bleibt, und A. nimmt, nachdem er eine Weile Erbe gewesen ist, seinen Abschied, dann treten nicht die gesetzlichen Erben als solche ein, sondern es gelten die gesetzlichen als eingesetzte Erben. So nach dem klaren Wortlaut des § 2104.[2])

Die nun so vom B.G.B. erzielte Bereicherung des Begriffes von Vorerbfolge und Nacherbfolge hat allerdings allerlei Schwierigkeiten mit sich gebracht, auf die Hachenburg hinweist, weil nämlich die verschiedenen Gruppen, die das B.G.B. unter einen Begriff kombiniert hat, doch wieder verschiedene Bestimmungen erforderten. Das tritt gleich hervor in einer Reihe von Auslegungsregeln, die auf die ver-

in ganz anderer Weise ausgestellt wird, als bei Testamentserben, oder auch an die Entsch. des R.G. Bd. 54 Nr. 89 S. 344, nach der der Erbschaftsschuldner von einem Testamentserben neben der Vorlegung des Testaments nicht noch außerdem diejenige eines Erbscheins verlangen darf.

[1]) Diese Frage hängt mit der sehr streitigen Grenzlinie zusammen, die zwischen den gesetzlichen und den stillschweigend angeordneten Rechtsfolgen liegt. Bei der aufschiebenden Bedingung ist es übrigens wohl zweifelhafter als bei der auflösenden, ob der Eintritt der gesetzlichen Erben dem Willen des Verstorbenen entspricht.

[2]) Daran läßt sich nicht rütteln. Im Vorbereitungsheft ist hierbei bemerkt, daß das B.G.B. eine Reihe von Regeln aufstellt, die, genau betrachtet, nur auf die gewollte Nacherbfolge passen. Dazu rechnet Eck insbesondere die unten im Texte besprochenen §§ 2102, 2103. Doch meint er, wie m. E. das folgende ergibt, nur die wirklich ausdrücklich gewollte Nacherbfolge, nicht diejenige, die nach Rechtssatz als gewollt gelten soll.

schiedenen Gruppen Bezug haben, und auf die nun kurz aufmerksam zu machen ist.

1. Auf die gewollte Vor- und Nacherbfolge, also auf die fideikommissarische Substitution, beziehen sich die §§ 2102 und 2103.[1]) Die Einsetzung als Nacherbe enthält im Zweifel auch die als Ersatzerbe. Das ist nichts anderes, als die bekannte fideikommissarische Substitution des A.L.R. Mit den Worten „enthält im Zweifel" ist natürlich gemeint, daß jemand, der als Hintermann daran kommen würde, sobald ein anderer Vordermann aufgehört haben sollte, Erbe zu sein, erst recht sogleich daran kommen soll, wenn der Vordermann gar nicht erst Erbe geworden war. In demselben § 2102 Abs. 2 entscheidet den Fall, wo es zweifelhaft ist, ob jemand Ersatzerbe oder Nacherbe sein sollte, z. B. wenn der Erblasser nur gesagt hat: dem A. substituiere ich den B. B. hat dann als Ersatzerbe zu gelten.

Wenn endlich der Erblasser bestimmt hat, daß der Erbe die Erbschaft einem andern herausgeben soll, dann ist das als Nacherbeinsetzung zu fassen und nicht, was man denken könnte, als eine bloß obligatorische Verpflichtung, sondern eben als eine Beschränkung des Erben auf seine Vorerbenqualität, die er demnächst zu Gunsten eines Nacherben verliert.

2. Die andern Regeln, die sich nur auf die aus einer Bedingung oder Fristbestimmung hervorgehende Vor- und Nacherbefolge beziehen, finden sich in den §§ 2104 und 2105 Abs. 1. Ist ein Erbe mit Resolutivbedingung oder mit dies ad quem eingesetzt ohne Hinzufügung desjenigen, der nun bei Wegfall des Eingesetzten eintreten soll, dann gelten als eingesetzt diejenigen — und nun kommt die auffällige Bestimmung —, welche die gesetzlichen Erben des Erblassers sein würden, wenn er zur Zeit des Eintritts der Resolutivbedingung oder des Endtermins gestorben wäre.

Es kann erhebliche Schwierigkeiten machen, wenn der Vorerbe etwa die Erbschaft einige 20 Jahre gehabt hat und dann die Resolutivbedingung eintritt, nunmehr die gesetzlichen Erben zu ermitteln. Hachenburg tadelt die Vorschrift sehr. Indessen an ihrem Sinn ist nichts zu deuteln oder zu zweifeln.[2])

---

[1]) Vorbereitungsheft: „vgl. A.L.R. I, 12 §§ 58, 59. Den Römern war dies noch fremd, weil das Universalfideikommiß keine Erbeinsetzung war".

[2]) Für sie spricht, daß nach ihr die Masse in der Familie des Verstorbenen bleibt. Wollte man die Nacherben durch Rückziehung bestimmen, so würde nach längerer Zeit die Masse häufig an fremde Erbeserben der Verwandten des Erblassers kommen.

3. Auf eine andere Gruppe von Fällen geht § 2105 Abs. 2. Nämlich auf die Gruppe, wo ein noch nicht Erzeugter eingesetzt ist oder eine ihm gleich behandelte juristische Person, die beim Erbfall noch nicht existent ist. Hat nämlich der Erblasser hier nicht hinzugefügt, wer denn bis zu der Geburt des Nacherzeugten oder bis zum Existentwerden der juristischen Person Vorerbe sein soll, dann sind es gerade, wie bei der Suspensivbedingung, die gesetzlichen Erben des Testators. Die treten als Lückenbüßer ein und bleiben so lange Erben, bis der Nacherzeugte geboren wird. Wenn er nicht mehr geboren werden kann, dann bleiben die gesetzlichen Erben endgültig in ihrer Stellung. Hachenburg teilt folgenden Fall mit. Der Erblasser hat gesagt: mein Freund A. will eine Stiftung errichten, aber sein Vermögen reicht dazu nicht aus, darum setze ich diese Stiftung als Erbin ein. Einstweilen treten die gesetzlichen Erben des Testators ein; wenn aber die Stiftung, die A. errichten wollte, zu Stande gebracht ist, wird diese Stiftung Erbin.

In § 2105 Abs. 2 ist merkwürdigerweise, was in der Praxis zum Glück selten ist, der Einsetzung eines nondum conceptus der Fall gleichgestellt, daß die Person des Erben erst durch ein zukünftiges Ereignis bestimmt werden soll. Wenn jemand denjenigen zum Erben einsetzt, der zuerst den Nordpol wirklich erreicht, oder der zuerst das lenkbare Luftschiff erfindet, dann wird das wieder als Nacherbeinsetzung zu deuten sein.[1]) Einstweilen treten die gesetzlichen Erben ein. Daß solche Verfügungen wirklich einem praktischen Bedürfnisse entsprächen, wird man schwerlich behaupten können. Da kann die Erbschaft auf Jahrzehnte gebunden werden, ohne daß man ahnen kann, wer einmal Nacherbe sein wird, und bei Verwendungen aus der Erbschaft kann es wünschenswert sein, den Konsens des Nacherben zu erhalten, zu Dispositionsakten usw.[2])

In Bezug auf den Erwerb des Nacherbenrechtes unterscheidet das B.G.B. zwei Stufen, für die wir ein Vorbild schon im römischen Recht haben, und die wir im preußischen Recht noch bestimmter ausgeprägt finden:

1. Den sogenannten Fall der Nacherbfolge. (Das ist der technische Ausdruck des B.G.B., vgl. z. B. §§ 2108 Abs. 2 und 2109.) Kürzer

---

[1]) Unter einer unmöglichen Bedingung?

[2]) Man denke aber z. B. an eine Nacherbfolge eines Anverwandten für den Fall, daß er sein Vermögen verlieren sollte. Das würde doch sicherlich nicht unvernünftig sein.

wäre es, wenn man statt Fall der Nacherbfolge mit Strohal[1]) sagte: Nacherbefall. Es ist der Zeitpunkt, der bei der gewöhnlichen Erbeinsetzung Erbfall heißt, indem die Erbschaft dem Nacherben im Sinne des B.G.B. anfällt (ubi dies venit).

Damit der Nacherbe in die Erbenstellung einrücken könne, muß er natürlich zunächst nach der allgemeinen Regel des § 1923 über Erben bereits am Leben „oder doch erzeugt"[2]) sein (§ 2108 Abs. 1). Im übrigen aber bestimmt sich der Zeitpunkt für den Fall der Nacherbfolge in erster Linie nach dem Inhalt der vom Erblasser angeordneten Nacherbeinsetzung, also insbesondere durch das Ereignis, mit dem der Nacherbe an die Stelle des Vorerben rücken soll. Hat aber der Erblasser den Zeitpunkt selber nicht bestimmt, sondern z. B. nur verfügt: A. soll mein Erbe sein, nach ihm soll B. es werden, dann tritt nach § 2106 die Nacherbfolge mit dem Tode des Vorerben, des A. ein. Das entspricht gewiß dem mutmaßlichen Willen des Erblassers, „der dem Vorerben die Erbschaft so lange wie möglich lassen wollte.[3])

Wenn aber ein noch nicht Erzeugter als Erbe eingesetzt ist, und darum, kraft der vorher erwähnten Umdeutung als Nacherbe zu behandeln ist, dann tritt nach § 2106 Abs. 2 die Nacherbfolge schon sofort mit der Geburt des nondum conceptus ein. Auch das entspricht dem mutmaßlichen Willen des Erblassers, der, wenn er überhaupt den Nacherzeugten als Erben einsetzen wollte, diesem die Erbschaft so früh als möglich zuzuwenden beabsichtigt. Ebenso ist zu entscheiden bei Einsetzung einer erst entstehenden juristischen Person. Sobald dieselbe existent wird, tritt sie als Nacherbin an Stelle des Vorerben.

2. Für den Nacherbfall gibt es zweitens einen Zeitpunkt, in dem der Nacherbe zwar die Erbschaft nicht selber erwirbt, aber doch bereits ein Anrecht auf sie, eine Anwartschaft hat, die, darin liegt die Hauptspitze, vererblich und was z. B. in der preußischen Praxis schon angenommen ist, auch veräußerlich ist. Diese Anwartschaft ist im A.L.R. I, 12 § 467 allerdings sehr karg behandelt. Hiernach mußte bei eingetretenem Substitutionsfalle der Erbe alles, was er erworben hat, in dem Umfange, in dem er sich zur Zeit der Übernahme befunden hat, dem Substituten oder dessen Erben ohne den geringsten Abzug heraus-

[1]) 3. Aufl. S. 163 ff. verwendet diesen Ausdruck nicht als technischen.
[2]) Vorbereitungsheft.
[3]) Vorbereitungsheft.

geben. Also hatte dieser bereits eine Anwartschaft, die er seinerseits auf die Erben übertragen konnte. Das hat das B.G.B. übernommen.

Man streitet im preußischen Recht, ob diese Anwartschaft bloß ein obligatorisches Recht oder auch ein dingliches sei. Aber mehr und mehr entscheidet man sich für das Letztere. Sie kann jetzt auch im Grundbuche eingetragen werden.

Dieser Vortermin, in dem die Anwartschaft entsteht, entspricht, wenn man den Ausdruck brauchen darf, ungefähr dem römischen dies cedens. Strohal[1]) will dafür den Ausdruck Voranfall bilden, der in der Tat ja recht bezeichnend ist; und zwar ist dieser Zeitpunkt nach § 2108 Abs. 2 regelmäßig schon mit dem Erbfall gegeben. „Stirbt der eingesetzte Nacherbe vor dem Eintritte des Falles der Nacherbfolge, aber nach dem Eintritte des Erbfalls, so geht sein Recht auf seinen Erben über". Das ist natürlich der denkbar früheste Termin, mit dem grundsätzlich diese Anwartschaft dem Nacherben erworben wird, vorausgesetzt natürlich, daß er da schon geboren oder erzeugt ist.

Hat der Erblasser verfügt: „Meine Witwe soll Erbin sein, nach ihrem Tode mein Bruder", und stirbt der Bruder „zwar nach dem Erbfall, aber" [2]) vor der Witwe, also vor dem Fall der Nacherbfolge, dann überträgt der Bruder seine Anwartschaft auf seinen Erben.

Aber nun fügt § 2108 Abs. 2 S. 2 hinzu: Ist der Nacherbe unter einer aufschiebenden Bedingung eingesetzt, dann bewendet es bei der Vorschrift des § 2074, dem zufolge der Nacherbe den Eintritt der Bedingung erleben muß. Hat etwa der Erblasser verfügt: „Meine Witwe soll meine Erbin sein, wenn sie aber wieder heiratet, soll nur ihr Bruder Erbe werden", stirbt nunmehr der Bruder, während die Witwe noch im Witwenstande sich befindet, und heiratet sie sodann wieder, so kann der Bruder sein Anrecht nicht auf seinen Erben übertragen; denn hier wurde eine aufschiebende Bedingung der Nacherbeinsetzung beigefügt, und deshalb muß der Nacherbe den Eintritt der aufschiebenden Bedingung erleben.

Diese recht bedenkliche Entscheidung beruht nur auf einer Dispositivvorschrift. Man wird also in der Praxis durch Willensauslegung darüber hinwegkommen und doch dem Erben des Bruders bei Wiederverheiratung der Witwe die Erbschaft zusprechen können.

Wenn der Nacherbe erst später geboren wird, so kann er natürlich erst nach seiner Geburt eine vererbliche Anwartschaft erwerben.

---

[1]) 3. Aufl. S. 171.

[2]) Vorbereitungsheft.

Eine besondere Dispositivvorschrift gibt § 2107 (vgl. Dig. 38, 1 ad S. C. Treb. fr. 74, A.L.R. I, 12 § 538). Wenn der Erblasser einem Abkömmling, der kinderlos ist, oder wie die Reichstagskommission hineingeschoben hat, vom Erblasser für kinderlos gehalten wird, für die Zeit nach dessen Tode einen Nacherben bestimmt, so wird die Nacherbeinsetzung unwirksam, sobald der Abkömmling nun doch noch Nachkommenschaft hinterläßt. Das entspricht ja im allgemeinen dem Willen des Erblassers, der also einen mittelbaren Abkömmling nicht zu Gunsten eines fremden Nacherben ausschließen wollte.

Auffallend ist, daß auch uneheliche Kinder des Vorerben hier nicht ausgeschlossen sind. Man denke, der Erblasser habe bestimmt: „Da meine Tochter vermutlich nicht mehr heiraten wird, so setze ich sie zwar zur Erbin ein, aber meinen Bruder als ihren Nacherben". Jetzt heiratet die Tochter zwar nicht, aber bekommt ein uneheliches Kind. Hier kann dann der Bruder nicht als Nacherbe eintreten.

Ein Hauptpunkt ist die Grenze für die Zulässigkeit einer Nacherbeinsetzung. Nacherbeinsetzungen dürfen nicht schrankenlos stattfinden. Sonst könnte der Erblasser einen immer währenden Wechsel der Erben herbeiführen, was doch für die Gläubiger ganz außerordentlich unbequem sein würde, außerdem könnte er sein Vermögen in infinitum auf Jahrhunderte hinaus binden und dadurch eine Art Fideikommiß errichten.[1]) Das darf nicht sein. Das römische Recht, Justinian wenigstens, hilft sich bekanntlich damit, daß es nur vier Grade von Nacherbeinsetzungen zuläßt, das preußische Recht läßt nur zwei Grade zu, und Entwurf I wollte nur eine einmalige Nacherbeinsetzung gestatten.

Gegen diesen Vorschlag erhob sich aber die Kritik, namentlich Gierke[2]) und Strohal[3]) tadelten ihn aufs lebhafteste. Mit Rücksicht auf diese Kritik ist in dem B.G.B. die Beschränkung auf eine Gradzahl aufgegeben.[4]) Man kann also nicht bloß einmal, zweimal, sondern unzählige Male Nacherbeinsetzungen im Testament aussprechen, und

---

[1]) Ein Praktiker teilte mir einen Fall mit, in dem in Pommern ein Erblasser über zweihundert Jahre hinaus über seinen Nachlaß durch Universalfideikommisse verfügt hatte.

[2]) Vgl. Gierke Entwurf 1889, S. 512.

[3]) Vgl. jetzt 3. A. S. 167. Strohal in Iherings Jahrbüchern Bd. XXX S. 168 ff.

[4]) Sie war hart, aber einfacher als der gegenwärtige verkünstelte Rechtszustand. Zu Grunde liegt diesem Rechtszweige ein Anklang an den verblaßten Gedanken des semel heres semper heres: Der Erblasser soll durch seine Verfügungen nicht allzu weit in eine ihm unbekannte Zukunft hineingreifen.

dafür ist im § 2109 nur eine zeitliche Schranke gezogen, nämlich dahin, daß mit dem Ablauf von 30 Jahren seit dem Erbfall die Nacherbeinsetzung unwirksam wird, wenn nicht vorher der Fall der Nacherbfolge bereits eingetreten ist. Von dieser zeitlichen Beschränkung auf 30 Jahre gelten aber zwei Ausnahmen, auf die gleich einzugehen sein wird. Durch diese Beschränkung der Nacherbeinsetzung glaubte man alles wünschenswerte erreicht zu haben.

Man darf jedoch dreist behaupten, daß in der ganzen Lehre von der Nacherbeinsetzung § 2109 am meisten mißraten ist.[1]) Sobald man ihn durchdenkt, kommt man in alle möglichen Schwierigkeiten. Es ist zunächst klar, daß innerhalb eines Zeitraumes von 30 Jahren, den das Gesetz als Maximalzeitraum bezeichnet, der Wechsel unter einer Reihe von Nacherben übermäßig häufig eintreten kann. Hachenburg citiert z. B. den Fall, daß der Erblasser einem Verein angehört, der nicht rechtsfähig ist und also nicht als Erbe eingesetzt werden kann. Nun verfügt er: „Mein Erbe soll immer dasjenige Mitglied sein, welches das älteste im Vereine ist. Dieses soll die Revenüen von meinem Vermögen nach Abzug einer Vergütung für seine Mühewaltung an die Vereinskasse abführen.“ Das kann sich also 30 Jahre fortsetzen, indem immer, wenn das älteste Vereinsmitglied ausscheidet oder stirbt, ein anderes an die Stelle tritt. Wenn das Glück es will, kann nicht bloß 30 Mal, sondern 60 Mal der Nacherbe wechseln. Das ist für die Gläubiger ganz außerordentlich unbequem. Darum sagt Hachenburg, hätte man besser getan, bei der Zulässigkeit bloß einmaliger Erbeinsetzung stehen zu bleiben. Dieses geht zu weit. Aber auf eine gewisse Gradzahl hätte man die Nacherben wohl beschränken sollen. Warum man nicht bei den 2 Mal des preußischen Rechts oder den 4 Mal des römischen Rechts[2]) stehen geblieben ist, ist nicht wohl einzusehen. Aber was noch schlimmer ist, die Beschränkung auf 30 Jahre mit ihren Ausnahmen ist auch in sich fehlerhaft ausgestaltet. Nach Hachenburg schimmert durch den Wortlaut der Protokolle selber hindurch, daß es der Kommission bei dieser Schöpfung nicht recht wohl war. Sie behauptet trotzdem, ein einfaches Resultat erreicht zu haben. Ich glaube aber, daß man zu einer ganz anderen Ansicht kommen muß.[3]) Die

[1]) Es ist ein Verstoß gegen den Grundgedanken der historischen Schule, nach dem gute Rechtssätze in der Gerichtspraxis allmählich heranwachsen, aber nicht am grünen Tische ausgesonnen werden sollen.

[2]) Eck denkt an das römische Familienfideikommiß.

[3]) In der Einfachheit liegt sicher nicht der Vorzug des Gesetzes, wohl aber in einer gewissen Schmiegsamkeit bei der Durchführung eines Gedankens, die ohne eine gewisse Rücksichtslosigkeit überhaupt nicht möglich war.

zugefügten zwei Ausnahmen sind sehr schwer zu übersehen und zeigen ohne weiteres, daß die Strenge der 30 Jahre in den allerwichtigsten Fällen gar nicht einmal zutrifft, während sie in den Fällen, wo sie zutrifft, sehr ungerecht wirken kann. Die beiden Ausnahmen des § 2109 Nr. 1 und Nr. 2 besagen nämlich, daß die Nacherbeinsetzung trotz des Ablaufs von 30 Jahren seit dem Erbfall doch wirksam bleibt:

1. wenn die Nacherbfolge auf ein in der Person des Vor- oder Nacherben eintretendes Ereignis begründet ist, und derjenige, in dessen Person das Ereignis eintreten soll, bereits zur Zeit des Erbfalls lebt. „Dann kann", so meint man, „das Ereignis nicht unabsehbar sein, mag es auch nach mehr als 30 Jahren eintreten".[1]) Als ein in der Person des Vorerben eintretendes Ereignis hat man sich besonders seinen Tod gedacht. Der Erblasser hat z. B. seinen bereits geborenen Sohn zum Erben eingesetzt und seinen Vetter als Nacherben. Dann soll auch, wenn der Sohn nach dem Tode des Vaters länger als 30 Jahre lebt, wie es angemessen ist, die Nacherbeinsetzung des Vetters durch das lange Leben des Sohnes nicht unwirksam werden.

Und ebenso steht es, wenn als Bedingung der Nacherbeinsetzung nicht ein in der Person des Vorerben, sondern ein in der Person des Nacherben eintretendes Ereignis gesetzt ist. Wenn der Erblasser z. B. gesagt hat: „Meine Heimatgemeinde soll meine Erbin sein. Wenn aber mein Vetter sich noch verheiratet, soll die Heimatgemeinde die Erbschaft an den Vetter herausgeben". Wenn der Vetter sich nach mehr als 30 Jahren zur Heirat entschließt, tritt die Nacherbfolge doch noch in Kraft, obwohl seit dem Erbfall mehr als 30 Jahre verstrichen waren. Diese Ausnahmen erschienen der Kommission mit Recht unbedenklich, weil hier der Zustand der Gebundenheit der Vorerbschaft ein langes Menschenleben nicht überdauern kann, da ja derjenige, in dessen Person das Ereignis eintreten soll, wie Nr. 1 sagt, zur Zeit des Erbfalls bereits leben muß. Also ist dadurch die Frist, wenn sie sich auf mehr als 30 Jahre erstrecken kann, immerhin eine absehbare. Ist der Vor- oder Nacherbe, in dessen Person ein Ereignis eintreten soll, eine juristische Person, so bleibt es nach Abs. 2 bei den 30 Jahren."[1]) Aber sehr dunkel ist es, wenn man näher darüber nachdenkt, was § 2109 Nr. 1 damit besagt, daß dies nur für ein Ereignis in der Person des Vor- oder Nacherben gelten soll.[2]) Darunter hat man

[1]) Vorbereitungsheft.

[2]) Entscheidend war wohl, daß man solche Ereignisse meinte, die nach dem

natürlich eine Heirat, oder die Erzeugung eines Kindes, oder Erreichung eines gewissen Lebensalters zu verstehen. Dagegen sind z. B. der Ausbruch eines Krieges zwischen Deutschland und Frankreich oder die Rückberufung der Jesuiten nach Deutschland Ereignisse, die nicht in der Person des Vor- oder Nacherben eintreten. Wenn aber nun der Erblasser sagt: „A. soll mein Vorerbe sein, wenn er es aber noch erlebt, daß die Jesuiten nach Deutschland zurückberufen werden, dann soll er sofort die Erbschaft an den Jesuitenorden herausgeben". Dann wird das durch diese Anknüpfung an die Person des A. ein Ereignis, das in der Person des A. eintritt. Dann kann man schließlich jedes Ereignis mit einer Person verknüpfen, dadurch, daß man es auf ihr Erleben abstellt. Man wird sagen müssen, daß auch das Erreichen eines gewissen Lebensalters nichts anderes ist als das Erleben eines gewissen Kalendertages.

Dann aber kommt es schießlich so zu stehen, daß in den praktisch häufigsten Fällen der Nacherbeinsetzung das Entscheidende nicht mehr die Zeitgrenze von 30 Jahren ist, sondern es vielmehr darauf ankommt, daß der Vor- resp. Nacherbe das Ereignis erlebt.

So ist die Fassung, die Nr. 1 braucht, eine nicht befriedigende. Wenn man die Bestimmung weiter durchdenkt, kommt hinzu, daß die Zeitgrenze unter Umständen sehr ungerecht wirken kann. Man setze den Fall, daß der Erblasser die Nacherbeinsetzung gerade erst nach mehr als 30 Jahren in Kraft treten lassen wollte und das bestimmt hat. Ein Erblasser verfügt: „Mein fünfjähriger Neffe soll, damit er erst lerne ordentlich zu arbeiten, meine Erbschaft nicht sofort haben, sondern erst 35 Jahre nach meinem Tode". Nach der Verfügung ist klar, daß dieses Ereignis nicht innerhalb 30 Jahren eintreten kann. Soll nun diese Verfügung von vornherein unwirksam sein, da die Ausnahme der Nr. 1 nicht zutrifft? Oder darf man das dahin umdeuten, daß der Neffe an seinem 40. Geburtstage erben soll?[1] Hachenburg sagt, man müsse dann die Frist um fünf Jahre reduzieren und dem Neffen schon nach 30 Jahren die Erbschaft geben. Das würde m. E. dem Willen des Erblassers widersprechen.

2. Nach der zweiten Ausnahme unter Nr. 2 des § 2109 bleibt die Nacherbeinsetzung ferner länger als 30 Jahre nach dem Erbfall wirksam, wenn als Nacherbe dem Vor- oder Nacherben künftige Ge-

---

Tode der Person nicht mehr möglich sind, um den Zeitraum, über den dem Erblasser Verfügungsfähigkeit belassen werden sollte, auf ein Menschenalter einzuschränken.

[1] Dies würde dem favor testamentarius entsprechen.

schwister, die ihm noch geboren werden sollten, bestimmt sind, oder, wie das B.G.B. sagt, ein Bruder oder eine Schwester. Diese Geschwister brauchen dann nach der Fassung der Nr. 2 nicht schon wie nach Nr. 1 beim Tode des Erblassers am Leben „oder wenigstens empfangen"[1]) zu sein. Die zeitliche Begrenzung ist hier dadurch gegeben, daß der parens, von dem Geschwister noch erzeugt werden können, bestimmt ist.

Hier hat ein Fall, der praktisch nicht selten ist, der Kommission vorgeschwebt; daß nämlich der Erblasser alle Kinder, die von einer Person geboren werden, als Nacherben einsetzt. Dann sind eben die, welche nach seinem Tode geboren werden, Nacherben als nondum concepti.

Folgenden Fall teilt Strohal[2]) aus der Praxis mit. „Meine Erbschaft soll zunächst A. zufallen, nach dessen Tode zu gleichen Teilen den Kindern des B., und in der Art, daß die beim Tode des A. zum Erbe gelangenden Kinder des B. an die etwa noch nachgeborenen Geschwister die entsprechenden Portionen abzugeben haben."

Aber diese Beschränkung auf Geschwister ist doch merkwürdig willkürlich und kasuistisch.

Nehmen wir an, der Erblasser habe verfügt: „A. soll mein Erbe sein. Wenn aber wider Verhoffen mein liederlicher Neffe einen ordentlichen Lebenswandel beginnen und ein eheliches Kind erzeugen sollte, so soll die Erbschaft diesem Kinde meines Neffen zufallen." Der Neffe, der beim Tode des Erblassers noch nicht 20 Jahre ist, beginnt gleich nach dem Tode des Onkels einen ordentlichen Lebenswandel, heiratet 25 Jahre (nach dem Tode) darauf, also im Alter von 45 Jahren, und bekommt sechs Jahre später, somit 31 Jahre nach dem Tode des Onkels ein Kind. Kann das Kind noch etwas bekommen? Da es nicht Bruder oder Schwester eines Vor- oder Nacherben ist, tritt die Nacherbeinsetzung nicht mehr in Kraft. Es ist zu spät dafür. Der Neffe hätte das Kind schon ein Jahr früher bekommen sollen. Dagegen, wenn der Erblasser so gesagt hätte: A. soll mein Erbe sein. Wenn ihm aber noch ein Bruder geboren werden sollte, und der Bruder wird nach mehr als 30 Jahren hinter dem Tode des Erblassers geboren, dann würde die Ausnahme der Nr. 2 platzgreifen. Dann wäre der nachgeborene Bruder Nacherbe.

Man wird auch dies nicht befriedigend finden können.

---

[1]) Vorbereitungsheft.

[2]) 1. Aufl. S. 34, 3. Aufl. S. 169.

Hachenburg hatte vorgeschlagen, die Erbeinsetzung künftiger Personen auf Kinder von solchen, die beim Tode des Erblassers bereits leben, zu beschränken, Strohal, statt 30 Jahre 40 Jahre zu sagen. Aber auch darauf hat man nicht gehört.[1])

b) Rechtsstellung des Vorerben und des Nacherben.

§ 20.

Man muß sich von vornherein deutlich machen, daß der Gesetzgeber in Bezug auf die Rechtsstellung des Vorerben und damit auch des Nacherben zu ganz verschiedenen Ergebnissen kommt, je nachdem er überwiegend die fideikommissarische Substitution, das ist die „gewollte Nacherbfolge„[2]) vor Augen hat oder aber jene ungewollte, mit Hachenburg zu reden, bloß konstruktive Substitution oder Vorerbschaft. Bei der fideikommissarischen Substitution will der Erblasser, in der Regel dem Vorerben, nur die Verfügung von Todes wegen entziehen, etwa weil er kinderlos ist oder aus andern Gründen. Daher entspricht es hier dem Willen des Erblassers, daß der Vorerbe, der Fiduziar, bei Lebzeiten möglichst frei gestellt sei, möglichst volle Verfügungsmacht habe. Ein ganz anderes Bild aber ergibt sich, wenn der Vorerbe bloß kraft Gesetzes „ohne Willen des Erblassers" eintritt, bei der konstruktiven Vorerbschaft. Dann ist gar kein Grund vorhanden, diesen Vorerben möglichst frei zu stellen. Da das Gesetz ihn ohne den Willen des Erblassers einschiebt, könnte der Vorerbe hier in seiner Verfügungsmacht recht beschränkt sein.[3]) So ergaben sich auch in der Kommission zwei Strömungen entgegengesetzter Richtung (indem die eine Hälfte der Kommission jene Gruppe und die andere Hälfte die zweite Gruppe von Fällen der Nacherbfolge vor Augen hatte).[4])

Im Entwurf I war der Vorerbe wie ein bloßer Nießbraucher gestellt, also ganz außerordentlich vinkuliert, ohne alle Verfügung über die

---

[1]) M. E. darf man von derartigen Schranken der Verfügungsgewalt, die irgendwo eine willkürliche Grenze abstecken müssen, nicht verlangen, daß sie in allen einzelnen Fällen befriedigen.

[2]) Vorbereitungsheft.

[3]) Auch hier wäre denkbar, daß das Gesetz in solchem Falle dasselbe bezweckt, was im vorhergehenden als Absicht des Erblassers hingestellt wurde.

[4]) Der Gegensatz beruht wohl auch auf der Interessenkollision unter den Vorerben und den Nacherben und auf der Neigung, die eine der beiden Parteien einseitig zu bevorzugen. Die Rücksicht auf die redlichen Dritten, die im römischen Rechte bekanntlich wenig entwickelt war, gibt im heutigen Rechte zu Gunsten der Verfügungsgewalt des Vorerben den Ausschlag.

Substanz, wie das im römischen Recht am stärksten ausgesprochen ist, wo der Vorerbe gar nichts veräußern darf. Das preußische Recht (§ 466 A.L.R. I 12) sagte, er habe Rechte und Pflichten eines Nießbrauchers. Das war ein System des Mißtrauens, ein System, für das der Gedanke bestimmend war, daß der Vorerbe die Erbschaft ausplündern könnte.

Wenn z. B. ein kaufmännisches Geschäft zur Vorerbschaft gehört, und der Vorerbe über kein Stück der Substanz verfügen kann, so ist es eine wahre Strafe für ihn, eine solche Vorerbschaft zu verwalten. Das B.G.B. ist von diesem letzteren Gedanken abgegangen und hat umgekehrt ein System des Vertrauens in den Vorerben aufgestellt, namentlich in den §§ 2111 und 2112. Die Erbschaft wird da als ein Ganzes mit Surrogationsprinzip aufgefaßt. Nach § 2111 gehört zu ihr alles, was der Vorerbe auf Grund eines zur Erbschaft gehörenden Rechtes oder als Ersatz für die Zerstörung, Beschädigung oder Entziehung eines Erbschaftsgegenstandes oder durch Rechtsgeschäft mit Mitteln der Erbschaft erwirbt.

Eben darum, weil das alles in die Erbschaft hineinfällt, kann der Vorrebe auch frei verfügen, nur mit den in den §§ 2113—2115 gegebenen Beschränkungen. Um es prinzipiell auszudrücken, der Vorerbe hat volle Verwaltungs (Freiheits)macht, und er hat auch nicht unbedingt die Pflicht, zu inventarisieren, sondern nur, wenn der Nacherbe es verlangt (§ 2121). Darauf ist später zurückzukommen. Ferner hat der Vorerbe, ebenso wie der Nießbraucher, nicht ohne weiteres die Pflicht zur Sicherheitsleistung. Diese kann der Nacherbe nur verlangen, wenn er durch die Vermögenslage oder das Verhalten des Vorerben gefährdet wird (§ 2128). Wenn ein Nacherbe zunächst nicht vorhanden ist, wie es beim nondum conceptus immer zutrifft, so ist keiner da, der dieses Verlangen auf Inventarisierung oder Sicherheitsleistung stellen kann;[1]) der Vorerbe ist da prinzipiell unbeschränkt. Bei der Herausgabe, auf die noch nachher näher einzugehen sein wird, tritt für alles, was bei ordnungsmäßiger Verwaltung vorhanden sein müßte, eine Herausgabepflicht, unter Umständen eine Wertsersatzpflicht des Vorerben ein. So steht also das Vorerbrecht selbständig und frei da.

Aber daneben bestehen allerdings gewisse Verfügungsschranken oder unmittelbare Schutzrechte des Nacherben, der nicht auf eine bloß

---

[1]) So auch bei der zur Nacherbin eingesetzten Stiftung. Doch kann für eine solche zukünftige Person ein Pfleger ernannt werden und die Inventarisation verlangen.

obligatorische Anwartschaft beschränkt sein, sondern schon ein dingliches Recht an der Vorerbschaft haben soll.

Es sind das vier Ausnahmen, die, wie Hachenburg betont, mit großer Feinheit ausgesonnen und formuliert sind.[1])

1. § 2113 Abs. 1 bezieht sich auf Grundstücke und grundbuchmäßige Rechte.

§ 52 der Gr.B.O. bestimmt, daß bei der Eintragung des Vorerbenrechts zugleich auch das Nacherbenrecht aufzunehmen ist. Auch die Befreiungen sind von Amts wegen einzutragen. In Preußen mußte bekanntlich der Nacherbe darauf dringen, daß sein Nacherbenrecht eingetragen werde.

Im § 2113 Abs. 1 heißt es nun, daß Verfügungen des Vorerben über ein Erbschaftsgrundstück oder grundbuchmäßige Rechte etwa Bestellung einer Hypothek oder Aufgabe eines Rechtes am Grundstück, etwa Cession einer eingetragenen Hypothek oder Löschung der Hypothek, die auf ein fremdes Grundstück eingetragen ist, bei Eintritt der Nacherbfolge in soweit unwirksam sind, als diese Verfügungen das Recht der Nacherben vereiteln oder beeinträchtigen würden. Diese Wendung kehrt noch öfters wieder. Damit ist eine relative Unwirksamkeit der Verfügungen des Vorerben ausgesprochen. Soweit sie dem Nacherben entgegenstehen würden, braucht dieser sie nicht gegen sich gelten zu lassen. Wenn z. B. der Vorerbe eine Hypothek hat eintragen lassen, so braucht der Nacherbe sie nachher nicht anzuerkennen, soweit sie ihn beeinträchtigen würde, also selbst dann nicht, wenn etwa der Wert im Nachlaß vorhanden ist. Er kann Löschung der Hypothek verlangen, ihre Geltung abwehren, ebensogut die zedierte Hypothek wieder an sich ziehen usw.

Jedoch fügt § 2113 Abs. 3 hinzu, daß die Vorschriften zum Schutze Dritter, die von einem Nichtberechtigten Rechte herleiten, hier Anwendung finden. Bei grundbuchmäßigen Rechten würde diese Ausnahme des Abs. 3 nicht von großer Tragweite sein. „Sie ist nur bei versäumter Eintragung anwendbar.“[2]) Wenn die Rechte[3]) eingetragen sind, darf ein Dritter nicht ohne Kenntnis davon sein.

Nach § 2114 soll einerseits dem Vorerben bei Hypothekenforderungen, die zur Vorerbschaft gehören, doch Kündigung und sogar Einziehung frei dastehen, aber andererseits doch nur in der Weise, daß an ihn bloß mit Zustimmung des Nacherben das Hypothekenkapital

---

[1]) Aber natürlich nicht ohne eine gewisse Willkür, die allen derartigen Schranken anhaftet.

[2]) Vorbereitungsheft.

[3]) „des Nacherben“?

gezahlt oder für ihn und den Nacherben hinterlegt werden kann. So kann der Nacherbe nicht geschädigt werden.

2. Eine zweite Schranke ist in den §§ 2116—2118 gegeben. Auch bei gewissen Mobiliarwerten, welche zu fester Kapitalanlage dienen, kann der Nacherbe Ausschließung der Verfügungsmacht des Vorerben herbeiführen, eine gewisse Sperre. Nach § 2116 muß der Vorerbe auf Verlangen des Nacherben Inhaberpapiere und Ordrepapiere, die in blanco giriert sind, bei der Reichsbank oder einer Hinterlegungsstelle hinterlegen mit der Bestimmung, daß die Herausgabe nur an ihn, den Vorerben und den Nacherben gemeinsam erfolgen kann. Indessen kann nach § 2117 der Vorerbe diese Hinterlegung, wenn sie ihm lästig ist, dadurch vermeiden, daß er die Papiere auf seinen Namen umschreiben oder daß er sie in Buchschulden des Deutschen Reichs oder eines deutschen Bundesstaates verwandeln läßt, aber wieder nur mit der Bestimmung, daß er über sie nicht anders als mit Zustimmung des Nacherben verfügen kann. Es wird hier eine Mitberechtigung des Nacherben in Bezug auf einzelne Stücke schon jetzt geschaffen, ungefähr wie eine Ehefrau bei der Verfügung über gewisse Stücke des Eingebrachten mitberechtigt sein kann, über die der Mann nicht anders als mit ihrer Zustimmung verfügen darf. Hier wird die Folge sein, daß, wenn der Vorerbe solche Papiere kündigt oder etwa das vom Schuldner gekündigte Kapital einzieht, dies dem Nacherben nicht entgegensteht, und daß, wenn der Vorerbe eine Zession an einen Dritten vornimmt, diese dem Nacherben gegenüber ohne Wirkung ist. Hier fehlt dem Vorerben die Verfügungsbefugnis, und zwar ist nicht gesagt, daß sie nur dem Nacherben gegenüber nicht besteht. Die Verfügung ist vielmehr absolut unwirksam. Darum kann auch der Vorerbe selbst, wenn ihn die Verfügung gereut, ihre Unwirksamkeit geltend machen. Nur müßte er Schadensersatz leisten. „Alles dies bezieht sich nicht auf bloße Legitimationspapiere, z. B. Sparkassenbücher." [1])

3. Eine dritte Schranke enthält § 2113 Abs. 2. Das gleiche wie von Verfügungen eines Vorerben über Grundstücke gilt von unentgeltlichen Verfügungen über irgend einen Erbschaftsgegenstand, ohne Rücksicht auf den Wert desselben. Hier ist die causa der Ausnahme nicht das Objekt, sondern der Charakter der Verfügung, die als unentgeltliche der Schranke unterliegt.[2])

---

[1]) Vorbereitungsheft.

[2]) Eine derartige Zurücksetzung der Beschenkten gegen die entgeltlichen Erwerber sind nicht ohne Seitenstück. Man denke an die alienatio in fraudem cre-

Nur Schenkungen zur Erfüllung einer sittlichen Pflicht oder einer auf den Anstand zu nehmenden Rücksicht sind ausgenommen. Im übrigen aber fallen alle Arten unentgeltlicher Verfügungen unter diese Beschränkung, nicht bloß Einräumung eines Aktivum an einen Dritten schenkungshalber, sondern auch Befreiung eines Dritten von einem Passivum schenkungshalber. Die Wirkung ist gerade wie bei den grundbuchmäßigen Rechten relative Unwirksamkeit; denn das Gesetz sagt: „das gleiche gilt", d. h. auch diese unentgeltlichen Verfügungen sind insoweit unwirksam, als sie das Recht des Nacherben vereiteln oder beeinträchtigen würden. Die Schenkung ist also nicht nichtig, auch nicht durch den Nacherben anfechtbar, aber sie ist dem Nacherben gegenüber nicht geltend zu machen; inter partes, zwischen dem Nacherben und dem Beschenkten besteht diese relative Unwirksamkeit. Der Nacherbe kann daher, sobald die Nacherbfolge in Kraft getreten ist, von dem Geschenknehmer Herausgabe fordern und dieser kann sich auf die Wirksamkeit des Geschenks nicht berufen.

Hat also der Vorerbe etwa Erbschaftsforderungen verschenkt, und dann der Beschenkte sie eingezogen, dann muß der Beschenkte das Eingetriebene herausgeben. Dagegen kann der Nacherbe sich bloß an den Beschenkten halten, der liberierte Drittschuldner aber wird keiner Klage des Nacherben unterliegen. Denn es heißt, daß eine Verfügung nur insoweit unwirksam ist, als sie den Nacherben beeinträchtigen würde.

Aber[1]) — und hier tritt § 2113 in ein besseres Licht, als bei den grundbuchmäßigen Rechten — sogar der Beschenkte selber ist „bei Inhaberpapieren" von der Haftung gegenüber dem Nacherben frei, wenn er in gutem Glauben erwirbt. Die Zugehörigkeit einer durch Rechtsgeschäft erworbenen Forderung „dieser Art" zur Erbschaft hat der Erwerber erst dann gegen sich gelten zu lassen, wenn er von der Zugehörigkeit Kenntnis erlangt. Wenn der Beschenkte ohne Kenntnis davon, daß der Gegenstand zur Nachlassenschaft gehört, ihn sich hat schenken lassen, dann kann er vom Nacherben nicht belangt werden. (§ 935 Abs. 2.) Dadurch werden allerdings die Nacherben schwer gefährdet. Hat der Nacherbe dem Vorerben Wertpapiere in Händen gelassen, statt ihre Hinterlegung zu fordern, und der Vorerbe verschenkt sie nach allen Seiten, ohne daß die Beschenkten etwas davon wissen, daß diese Wert-

---

ditorum, zu Gunsten eines redlichen Beschenkten. Ein bekanntes Sprichwort lautet: Donatio pro dolo est.

[1]) Ob die in Anführungszeichen gesetzten eingeschobenen Worte richtig sind, ist nicht sicher. Ohne sie war die Nachschrift unverständlich.

papiere zu einer Vorerbschaft gehören, dann kann der Nacherbe gegen diese gutgläubig Beschenkten nicht mehr vorgehen.

Man denke sich etwa folgenden Fall. Es ist jemand als Vorerbe eingesetzt, aber hinzugefügt, wenn er in ein Kloster geht, so solle er die Erbschaft an X. herausgeben. Jetzt entschließt sich der Vorerbe wirklich, in ein Kloster zu gehen, aber vorher verschenkt er die ganze Erbschaft, die er in Händen hat, an eine fromme Stiftung, womöglich an dasselbe Kloster, in das er nachher eintritt. Der Nacherbe kann dann freilich die Schenkung, soweit sie ihm entgegensteht, als unwirksam behandeln, aber doch wird er ausgeschlossen, wofern das Kloster keine Kenntnis davon hatte, daß die ihm geschenkten Wertpapiere zur Vorerbschaft gehörten.

Wenn der Vorerbe das dem Kloster nicht geradezu mitteilt, wird es den Nacherben mit der Einrede des guten Glaubens zurückschlagen können.

4. Die vierte und letzte Schranke zieht § 2115. Während der Vorerbe selber den bisher angegebenen drei Schranken unterliegt, so unterliegen auch seine Gläubiger mit ihrem Zugriff auf die Vorerbschaft gewissen Schranken. Nach § 2115 Abs. 1 darf die Vorerbschaft ihnen nicht als Beute anheimfallen. Deswegen sind alle Vollstreckungshandlungen der Gläubiger oder Verfügungen des Konkursverwalters in soweit unwirksam, als sie das Recht des Nacherben vereiteln oder beeinträchtigen würden. Das ist noch näher ausgeführt in C.P.O. § 773, K.O. § 128. Im § 773 C.P.O. wird dem Nacherben nicht erst bei Eintritt des Falls der Nacherbfolge, sondern schon sobald die Vollstreckungshandlungen in die Gegenstände der Vorerbschaft vorgenommen werden, ein Widerspruchsrecht eingeräumt. Dabei aber — das ist besonders zu betonen — darf man nicht etwa in den Irrtum verfallen, daß ein richterliches Urteil, das eine Willenserklärung des Verurteilten ergänzt, z. B. auf Übergabe einer verkauften Sache, ebenfalls zu den Zwangsvollstreckungen zu zählen ist.[1]) Wenn der Gerichtsvollzieher die Sachen wegnimmt, so ist die Übergabe bewirkt worden. Hierin liegt jedoch (zunächst) kein Akt der Zwangsvollstreckung, sondern eine Willenserklärung, surrogiert durch richterliches Urteil.

Anders bestimmt § 2115 Satz 2, wenn der Gläubiger des Vorerben entweder Nachlaßgläubiger war oder ein solches Recht hatte, das auch dem Nacherben gegenüber wirksam war. Wenn z. B. der Vorerbe eine Hypothek auf das Erbschaftsgrundstück gelegt hatte, aber mit Zu-

---

[1]) Vgl. Strohal 3. Aufl. S. 183 Anm. 32 über Prot. V S. 113.

stimmung des Nacherben, so kann der Nacherbe Vollstreckungshandlungen nicht widersprechen; denn er muß auch diese Handlung gegen sich gelten lassen.

Wenn aber ein dritter in der Zwangsversteigerung eine Sache, die durch einen Gerichtsvollzieher aus der Vorerbschaft weggenommen und versteigert worden ist, gutgläubig erworben hat, so muß er sich auf seinen guten Glauben berufen dürfen, wenn auch § 2113 Abs. 3 in 2115 nicht wiederholt ist und die Materialien darüber keine Auskunft geben, weshalb dies unterlassen wurde.

Abgesehen von diesen vier Beschränkungen hat also der Vorerbe freie Verfügung über den Nachlaß. Nur einige Pflichten sind ihm noch auferlegt:

Nach § 2119 darf er Gelder, die dauernd anzulegen sind, nur wie Mündelgelder anlegen.

Nach § 2120 ist der Nacherbe verpflichtet, zu Akten ordnungsmäßiger Verwaltung des Vorerben seine Zustimmung zu erteilen. Besondere Vorschriften sind für die Fälle getroffen, in denen ein Wald oder ein Bergwerk zur Vorerbschaft gehört. Hier hat der Vorerbe einen Wirtschaftsplan aufzustellen und nach diesem Wald und Bergwerk zu benutzen.

Weiter bestimmen § 2124 und § 2125, daß der Vorerbe zwar die gewöhnlichen Erhaltungskosten für die Gegenstände der Vorerbschaft selbst zu tragen hat, aber weiter gehende Aufwendungen nicht zu machen braucht. Diese kann er, falls er sie für erforderlich halten darf, aus der Erbschaft bestreiten, oder wenn er sie schon aus eigenen Mitteln bestritten hat, nach den Regeln über Geschäftsführung, ersetzt verlangen; nach den Regeln der Geschäftsführung ohne Auftrag hat der Geschäftsführer nur Anspruch auf Ersatz, wenn er nach dem wirklichen oder mutmaßlichen Willen des Geschäftsherrn gehandelt hat (§ 677). Darum muß wohl ein Pfleger für ein noch gar nicht konzipiertes Kind[1]) bestellt werden, um von diesem den Konsens zu erhalten.

§ 2124 und § 2125 sagt, daß, wenn der Vorerbe nach den Regeln der Geschäftsführung ohne Auftrag keinen Ersatzanspruch haben würde, er auch vom Nacherben keinen Ersatz verlangen kann. Wenn er z. B. ein altmodisches Haus, das zur Vorerbschaft gehört, abreißen läßt und eine wunderschöne Villa dafür hinbaut, kann er nicht Ersatz verlangen, wenn er nicht zu beweisen vermag, daß das dem mutmaßlichen Willen des Nacherben entsprach. Außerdem ist in den §§ 2127

[1]) Oder eine noch nicht bestätigte Stiftung, die Nacherbin sein soll.

bis 2129 bestimmt, daß der Nacherbe immer Auskunft über den Bestand der Vorerbschaft verlangen kann, unter Umständen auch Sicherheitsleistung, nämlich wenn das Verhalten des Vorerben oder dessen ungünstige Vermögenslage die Rechte des Nacherben gefährdet. Endlich kann der Nacherbe es sogar bis zur Entziehung der Verwaltung, die der Vorerbe hat, treiben, also Sequestration erzielen. Dann ist der Vorerbe außer Stande, weiter zu verfügen.

Wenn der Restitutionsfall eintritt, ist der Vorerbe nach § 2130 verpflichtet, die Erbschaft in dem Zustande herauszugeben, der sich bei einer bis zur Herausgabe fortgesetzten ordnungsmäßigen Verwaltung für die Erbschaft ergeben würde. Daraus ergibt sich, daß die Gegenstände, die seit Beginn der Vorerbschaft vorhanden sind, in natura herausgegeben werden müssen, die an Stelle der veräußerten erworbenen Gegenstände ebenso in natura; wenn aber keine substituiert worden sind, muß der Vorerbe Ersatz leisten.

Endlich muß er nach § 2134 für alles Ersatz leisten, was er für sich verwendet hat oder was durch sein Verschulden verloren gegangen ist.

Zweifelhaft ist, für welches Verschulden der Vorerbe zu haften habe. Nach § 2131 nur für diejenige Sorgfalt, die er in eigenen Angelegenheiten anzuwenden pflegt, also nur für diligentia quam suis rebus adhibere solet. Das ist kaum zu vereinigen mit dem Postulat, der fortgesetzten ordnungsmäßigen Wirtschaft und der Pflicht herauszugeben, was bei einer solchen vorhanden sein würde oder zu verhüten war, auch nicht damit, daß der Vorerbe die Gelder ebenso sicher anlegen soll, wie der Vormund die Mündelgelder anzulegen hat.

Der Vorerbe hat Forderungen, die zur Vorerbschaft gehörten, leichtsinnig verjähren lassen, hat die Auslosungen von Obligationen nicht kontrolliert, ausgeloste Obligationen nicht einkassiert. Er beruft sich mit Erfolg darauf, er habe es mit seinen eigenen Papieren genau so nachlässig gemacht. Hat er dagegen die Erbschaftsgelder in Papieren angelegt, die er für sicher hielt, die aber nicht mündelsicher waren, so muß die Entscheidung umgekehrt lauten, obwohl er die Erbschaftsgelder gerade so gut angelegt hat, wie seine eigenen. Beim Einkauf von Papieren wird er also strenger behandelt, als beim Verkauf. Man wird deshalb den § 2131 wohl einigermaßen restriktiv interpretieren müssen, da er den Nacherben schwer gefährdet.[1]

---

[1] Die getadelte Vorschrift ist klar. Ich finde ihre Einschränkung bedenklich. Strohal 3. Aufl. S. 177, führt sie ohne jede Beschränkung an.

Wir haben aber schon gesehen, daß der Nacherbe nach § 2128 Sicherheit begehren kann, sobald er irgendwie gefährdet ist, selbst wenn der Vorerbe die Erbschaft ebenso nachlässig verwaltet, wie sein eigenes Vermögen. Weil das B.G.B. in den Vorerben ein so großes Vertrauen setzt, daß es ihm die freieste Verfügung gestattet (abgesehen von einigen Beschränkungen), müßte er um so mehr obligatorisch verpflichtet sein, wie ein ordentlicher Wirtschafter zu verfahren.

Endlich kann der Erblasser noch besondere Bestimmungen nach den beiden entgegengesetzten Seiten hin treffen; er kann den Vorerben mehr beschränken oder noch freier stellen wie das B.G.B. Das erstere, indem er z. B. einen Testamentsvollstrecker ernennt und ihm die ganze Verwaltung des Vermögens bis zum Fall der Nacherbfolge überträgt. Dann erhält der Vorerbe nur die Revenuen. „So bei künftigen Nacherben.“ [1]) Der Erblasser kann noch einen Schritt weiter gehen und sogar die Revenuen für den Nacherben zurücklegen lassen (namentlich wenn dieser ein noch zu erwartendes Kind ist). Dann bleibt dem Vorerben nur die Hoffnung, daß das erwartete Kind nicht geboren wird. Denn sobald es feststeht, daß das Kind nicht mehr kommen kann, erhält er die freie Verfügung über das Vermögen.

Natürlich kann der Erblasser nach der entgegengesetzten Seite den Vorerben auch freier stellen, als das Gesetz es tut.

Die §§ 2136—2138 behandeln diese durch besondere Verfügungen gewährte freiere Stellung des Vorerben. Es ist dabei sehr bemerkenswert, daß § 2136 sagt, daß der Erblasser den Vorerben von den und den Beschränkungen und Verpflichtungen befreien kann; aber unter den Beschränkungen stehen zwei nicht, die Beschränkung der unentgeltlichen Verfügungen (§ 2113 Abs. 2) und diejenige der Zwangsvollstreckungshandlungen der Gläubiger (§ 2115).

Diese beiden Schranken bleiben daher unabläßig gezogen. Das kann nun freilich für den Vorerben sehr beengend sein. Fraglich ist, ob das wirklich dem Willen des Erblassers entspricht, daß, wenn er einen Vorerben ernennt und ihn nur verpflichtet, den Überrest dem Nacherben herauszugeben,[2]) nachher jede Schenkung, die der Vorerbe einem guten Freunde machte, trotzdem insoweit unwirksam bleibt, als sie den Nacherben beeinträchtigen würde. Hachenburg hat darum den Gedanken angeregt, daß man hier dem Nacherben nur ein subsidiarisches Anfechtungsrecht geben müsse, wofern er von dem Vorerben nicht Ersatz

[1]) Vorbereitungsheft.

[2]) Das Vorbereitungsheft erinnert hier an das römische fideicommissum eius quod supererit.

erhalten kann. Darauf hat man aber keine Rücksicht genommen. Auch wenn der Nacherbe bloß auf den Überrest berufen ist, bleibt der Vorerbe in Bezug auf Schenkungen geknebelt. Auch Zwangsvollstreckungshandlungen der Gläubiger kann der Nacherbe durch Widerspruch lahmlegen.

Mit Eintritt des Falls der Nacherbfolge hört nun nach § 2139 der Vorerbe ohne weiteres auf, Erbe zu sein, und an seiner Stelle wird der Nacherbe Erbe. Ohne Sang und Klang, ohne einen Restitutionsakt, wie das römische Recht ihn fordert, vollzieht sich dieser Wechsel. Hier zeigt sich eben praktisch, daß das Vorerbenrecht nur ein innerlich und „zeitlich" [1]) begrenztes war, welches nun durch das Nacherbenrecht abgelöst und ersetzt wird. Natürlich kann der Nacherbe die Erbschaft immer noch ausschlagen, das sagt § 2142 zum Überfluß ausdrücklich. Dann verbleibt natürlich die Erbschaft dem Vorerben. Schlägt aber der Nacherbe nicht aus, dann erlangt er das Erbrecht nicht, wie man bei oberflächlicher Betrachtung denken könnte, als Rechtsnachfolger des Vorerben, sondern er erlangt das Erbrecht unabhängig von dem Willen des Vorerben, er erlangt es kraft seiner Einsetzung durch den Erblasser, gleichsam ex pacto et providentia testatoris. Darum ist er an die Verfügungen des Vorerben nicht weiter gebunden als dessen Verfügungsmacht über die Erbschaft reichte. Also muß der Nacherbe zwar die vom Vorerben vorgenommenen Veräußerungen und Belastungen von Mobilien oder die Einziehung von Forderungen, die Zession von Forderungen oder die Anerkennung von Nachlaßschulden gelten lassen, dagegen nicht Verfügungen über grundbuchmäßige Rechte, über die der Vorerbe nicht zu seinem, des Nacherben, Nachteil disponieren konnte. Für Prozesse, die der Vorerbe um Erbschaftsrechte geführt hat, und rechtskräftige Urteile, die für oder gegen den Vorerben ergangen sind, bedarf es einer besonderen Bestimmung um zu verhüten, daß die doppelte Prozeßführung nötig ist, daß nicht derjenige, der in dem Prozeß vom Vorerben überwunden ist, dieselbe Sache zum zweiten Male gegen den Nacherben geltend macht.

Es kommen also die günstigen Urteile dem Nacherben zugute oder, wie Hachenburg es ausdrückt, den guten Tropfen gibt man ihm zu trinken. Wie steht es aber mit dem bösen Tropfen, mit den Urteilen, die zu Ungunsten des Vorerben ergangen sind? Darüber bestimmt § 326 Abs. 2 analog dem Abs. 1 desselben Paragraphen der C.P.O., mit dem Vorbehalt, daß gegen den Nacherben ein Urteil nur insofern wirkt,

[1]) Vorbereitungsheft.

als der Vorerbe auch befugt war, ohne Zustimmung des Nacherben zu verfügen, also in Bezug auf Mobilien und Forderungen auch gegen den Nacherben. Dagegen, wenn der Vorerbe z. B. sich eine Grunddienstbarkeit von einem andern hat abstreiten lassen und unterlegen ist, so wirkt das Urteil gegen den Nacherben nicht, weil über grundbuchmäßige Rechte der Vorerbe nicht disponieren konnte. Ein günstiges Urteil über Grunddienstbarkeiten würde dem Nacherben nützen, ein ungünstiges dagegen nicht schaden.

Aber auch für den Fall, daß schon während des Prozesses, also vor rechtskräftiger Entscheidung zwischen Vorerben und dem Dritten der Nacherbfall eintritt, bestimmt die C.P.O. § 242. War der Vorerbe befugt, ohne Zustimmung des Nacherben über den Gegenstand zu verfügen, so tritt, „ebenso wie beim Tode einer Partei“[1]) eine Unterbrechung des Verfahrens bis zu dessen Aufnahme durch den Nacherben ein.

Für den Fall, daß der Vorerbe nicht befugt war, ohne Zustimmung des Nacherben über den Prozeßgegenstand zu verfügen, trifft § 242 der C.P.O. keine Bestimmung. Man wird annehmen müssen, daß dann der Prozeß, während dessen er schwebt, erlischt, etwa so, wie eine vom Konkursverwalter erhobene Anfechtungsklage erlischt, wenn während ihres Schwebens der Konkurs sein Ende erreicht. Dann wird es allerdings zu einem zweiten Prozeß kommen, den der Nacherbe erheben kann.

Aber auch bei Rechtsgeschäften des Vorerben können Schwierigkeiten daraus erwachsen, daß der Vorerbe oder ein Dritter um den Eintritt der Nacherbfolge zur Zeit des Rechtsgeschäfts noch nichts wußte. Z. B. kann die Geburt des Nacherben, der einstweilen noch nicht geboren war, dem Vorerben möglicherweise unbekannt bleiben. Dann ist der Nacherbfall schon eingetreten. Besonders kann dritten Personen das Existentwerden des Nacherben und der Eintritt des Nacherbfalls unbekannt bleiben.

Für diesen Fall wird nach § 2140 die Verfügungsmacht des Vorerben über die Dauer seiner Erbenqualität hinauserstreckt, nämlich solange, bis er von dem Eintritt des Nacherbfalls Kenntnis hat oder haben muß.[2]) Das kommt dann auch dritten Personen zu gute, die sich mit dem Vorerben in Geschäfte einlassen, jedoch nicht einem solchen Dritten, der seinerseits den Eintritt des Nacherbfalls kannte oder kennen mußte. Das ergibt sich aus der Fassung des Gesetzes als Ausnahme, und es muß dem Dritten bewiesen werden, daß er von dem Eintritt des Nacherbfalls Kenntnis hatte oder Kenntnis haben mußte.

[1]) Vorbereitungsheft.

[2]) Ein Seitenstück des Rechts der Vollmacht § 169

Können nun aber mit diesem Eintritt des Nacherbfalls die Erbschaft und das eigene Vermögen des Vorerben von selber wieder getrennt werden, so erhebt sich natürlich auch noch die Frage nach dem Schicksal der inzwischen durch Konfusion erloschen gewesenen Rechte, die zwischen dem Erblasser und dem Vorerben bestanden. § 2143 antwortet etwas weitgehend: „Solche Rechtsverhältnisse gelten als nicht erloschen." [1])

Das klingt doch geradezu wie ein Gebot der Rückwirkung. Sie gelten, als wären sie nicht erloschen gewesen, sagt der Wortlaut. Aber das kann unmöglich vom B.G.B. gemeint sein, daß diese confusio der Rechte, die vielleicht Jahrzehnte hindurch bestanden hat, rückwärts wieder weggewischt werden sollte. Sollte z. B. der Vorerbe den Anspruch, den er gegen den verstorbenen Erblasser hatte, verlieren, weil er nun nach dem Eintritt der Nacherbfolge als gar nicht erloschen gewesen gilt, sondern vielleicht während der Zeit, wo der Vorerbe in einer Person Gläubiger und Schuldner war, verjährte? Das wäre doch außerordentlich unbillig. Umgekehrt setze man den Fall: der Erblasser war Gläubiger des Vorerben und hatte ein Wechselakzept von diesem in Händen. Nun ist der Erbfall eingetreten. Zwischen der Zeit, wo das Wechselakzept fällig wurde, und dem Augenblick, wo der Nacherbfall eintrat, sind mehr als drei Jahre verstrichen. Daß nun der Wechselanspruch verjährt sei, weil er inzwischen nicht geltend gemacht wurde, kann das B.G.B. nicht gemeint haben, sondern es kann nur gewollt sein, daß die erloschen gewesenen Rechte jetzt wieder neu entstehen, daß sie mit dem Eintritt des Nacherbfalls wieder ins Leben gerufen werden. Anders ausgedrückt, die ganze Zwischenzeit der Vorerbenstellung muß ausgeschaltet werden,[2]) und die Rechtsbeziehungen, die zwischen dem Erblasser und dem Vorerben bestanden, treten neu ins Leben zwischen dem Vorerben und dem Nacherben.

Freilich kann das nun nicht auch gegen dritte Personen gelten. Wenn z. B. der Nacherbe ein vom Erblasser erworbenes Wechselakzept des Vorerben im Nachlaß des Vorerben findet, das dieser hat liegen lassen, und darüber mehr als drei Jahre verstrichen sind, ohne daß Protest erhoben worden ist, so können unmöglich die Indossanten des Erblassers regreßpflichtig sein, weil der Vorerbe sein ererbtes Regreßrecht gegen

---

[1]) Vorsichtiger wohl A.L.R. I, 16 § 481 „Vorbereitungsheft".

[2]) M. E. kann für den Inhalt der wiederauflebenden Schuld die Zwischenzeit nicht völlig bedeutungslos sein (z. B. nicht für den Zinsenlauf).

die Vormänner des Erblassers hat erlöschen lassen. Hier wird der Nacherbe ersatzpflichtig sein.[1])

Endlich kommt die Haftung des Nacherben für die Nachlaßschulden in Frage. Im allgemeinen tritt der Nacherbe für die Nachlaßschulden ein und der Vorerbe wird frei. Selbst wenn der Vorerbe aus der Erbschaft schon verurteilt war und nun der Nacherbfall eintritt, so muß der Gläubiger den dadurch neu entstandenen Einwand, daß inzwischen seine Schuld erloschen war, nach § 767 der C.P.O. geltend machen können.

Zur Orientierung der Gläubiger schreibt § 2146 vor, daß der Vorerbe verpflichtet ist, den Eintritt der Nacherbfolge unverzüglich dem Nachlaßgericht anzuzeigen, und das Nachlaßgericht die Einsicht dieser Anzeige jedem zu gestatten hat, der ein rechtliches Interesse glaubhaft macht. Das ist ein Surrogat für die im gemeinen Recht durch den Restitutionsakt erzielte Erkennbarkeit der fideikommissarischen Gesamtnachfolge.

Nach § 2144 kann der Nacherbe seine Haftung den Gläubigern gegenüber nach denselben Regeln beschränken, wie der Vorerbe das konnte; und zwar besteht nun der Nachlaß, mit dem der Nacherbe haftet, natürlich in demjenigen, was er vom Vorerben erlangt hat. Wenn der Nacherbe also jetzt ein Inventar aufmacht, was der Vorerbe vielleicht versäumt hatte, so kann ersterer nur hineinschreiben, was er vom Vorerben herausbekommen hat. Hierbei tritt an die Stelle des Nachlasses das, was er aus der Erbschaft erlangt hat, mit Einschluß der ihm gegen den Vorerben als solchen zustehenden Ansprüchen, insbesondere auf Ersatz.

Indessen genießt der Nacherbe nach § 2144 Abs. 2 die Erleichterung, daß das Inventar, das der Vorerbe errichtet hat, auch ihm zu gute kommt, und weiter auch, daß er, der Nacherbe, dem Vorerben selber gegenüber für dessen etwaige Forderungen an den Nachlaß, die nun durch Aufhebung der Konfusion wieder wach geworden sind, stets nur beschränkt haftet. Der Gedanke ist, daß der Vorerbe ganz genau weiß, was er herausgegeben hat und hätte herausgeben sollen. Darum kann er nicht verlangen, daß der Nacherbe ihm gegenüber ein Inventar errichtet.

Immerhin bleibt in zwei Beziehungen der Vorerbe nach § 2145 den Nachlaßgläubigern haftbar.

a) Insoweit, als der Nacherbe nicht haftet, haftet der Vorerbe weiter (§ 2145 Abs. 1). Wenn z. B. der Nacherbe nicht haftet, weil der Vorerbe ihm Sachen im verminderten Werte übergeben hat, oder weil er den Gläubigern nur beschränkt haftet, der Vorerbe aber nach

[1]) Der Text ist nicht ganz sicher

Versäumnis aller Vorsichtsmaßregeln unbeschränkt, dann bleibt der Vorerbe insoweit, als der Nacherbe nicht haftbar wird, seinerseits gebunden. Die Gläubiger sollen in ihrer Lage durch den Eintritt des Nacherbfalls nicht verschlechtert werden, und soweit ihnen der Nacherbe nicht haftbar wird, sollen sie sich weiter an den Vorerben halten dürfen.

b) Der Vorerbe haftet weiter auch für solche Schulden, zu deren Tilgung er dem Nacherben gegenüber verpflichtet wird, z. B. rückständige Zinsen, die er aus der Zeit der Vorerbschaft zahlen muß, oder Verwaltungskosten u. dgl. Für diese Schulden sollen sich die Gläubiger nicht erst an den Nacherben zu halten haben, und dieser wieder gegen den Vorerben Regreß nehmen, sondern dieser Umweg durch den Nacherben hindurch kann erspart werden, der Gläubiger kann sich für diese rückständigen Zinsen usw. unmittelbar an den Vorerben halten, obwohl dieser aufgehört hat, Erbe zu sein. Indessen ist hinzuzufügen, was im B.G.B. nicht steht, daß damit die Haftung des Nacherben nicht aufgehoben ist. Es sind doch Erbschaftsschulden, also muß der Nacherbe nun ebenfalls haften. Die Konsequenz ist, daß der Gläubiger für diese rückständigen Zahlungen gegen beide Erben als Gesamtschuldner klagen kann. Er kann sowohl von dem Vorerben, der noch weiter haftet, als von dem Nacherben, der nach den allgemeinen Regeln zu haften beginnt, die Zahlung dieser Schulden verlangen.

Indessen haftet der Vorerbe doch auch für diese ihm zur Last bleibenden Verbindlichkeiten nur dann unbeschränkt, wenn seine Haftung gegenüber den Nachlaßgläubigern überhaupt eine unbeschränkte war. Andernfalls (§ 2145 Abs. 2) kann er die Zahlung insoweit verweigern, als dasjenige nicht ausreicht, was ihm von der Erbschaft gebührt. Er steht also geradeso wie derjenige Erbe, der wegen Mangels an ausreichender Masse Nachlaßverwaltung oder Nachlaßkonkurs nicht hatte erwirken können (§ 1990), wie erinnerlich, die Einrede der beschränkten Haftung hat und den Gläubigern nur das, was er aus der Erbschaft hat, im Wege der Zwangsvollstreckung herausgeben muß.

4. **Vermächtnisse.** (§§ 2147—2191.)

a) Im allgemeinen.

§ 20.

Die Lehre von den Vermächtnissen ist wohl die einfachste im ganzen Erbrecht des B.G.B. Charakteristisch ist, daß sie deshalb in der Denkschrift, mit der die Reichstagsvorlage begleitet wurde, übersprungen wird. Die Lehre ist eben gegenüber dem gemeinen Recht und auch gegenüber dem preußischen Recht sehr vereinfacht. „Namentlich sind die Universalfideikommisse ausgeschieden und durch die Nacherbfolge ersetzt worden." [1])

Gegenstand des Vermächtnisses kann nach § 1939 ein einzelner Vermögensvorteil sein. Natürlich sind auch nach dem B.G.B. die bekannten drei Personen erforderlich, der Vermächtnisgeber (der Erblasser), weiter der Beschwerte und endlich der Bedachte.

Beschwert ist nach § 2147 im Zweifel der Erbe. Es kann aber auch ein Vermächtnisnehmer mit einem Nachvermächtnis beschwert sein.[2]). Das ist zwar nicht ausdrücklich gesagt, ergibt sich aber gelegentlich z. B. aus § 2186, wo von einem solchen Vermächtnisse die Rede ist.

Mehrere Beschwerte haften wie nach bisherigem Recht nach § 2148 im Zweifel pro rata, nach Verhältnis ihrer Erbteile, oder wenn es mehrere Vermächtnisnehmer sind, nach dem Verhältnis ihrer Vermächtnisse.

Eine wichtige Neuerung gegenüber dem römischen Recht stimmt mit dem preußischen Recht überein. Bei Wegfall des Beschwerten, wenn er z. B. ausschlägt, fällt das Vermächtnis nicht in sich zusammen wie nach römischem Recht, wird also nicht als Personallast und somit als erledigt betrachtet, sondern nach § 2161, hat derjenige es zu tragen, welchem der Wegfall des Beschwerten zu statten kommt. Wer z. B. von einer Vermächtnislast frei wird, bekommt dann das dem weggefallenen Vermächtnisnehmer auferlegte Nachvermächtnis zu tragen. Ebenso bekommen, wenn ein Miterbe wegfällt, die Anwachsungsberechtigten die Vermächtnislast mit dem ihnen anwachsenden Erbteil.

Der Bedachte braucht nicht schon zur Zeit des Erbfalls am Leben zu sein, er kann auch ein nondum conceptus mit einem Vermächtnis bedacht worden. Aber wenn der Bedachte zur Zeit des Erbfalls bereits aufgehört hat, am Leben zu sein, ist nach § 2160 das Vermächtnis unwirksam.

Bedacht werden kann dann auch ein Miterbe. Das ist das Prälegat, Vorausvermächtnis. Dies ist nun abweichend vom römischen Recht, aber übereinstimmend mit dem preußischen Recht, durch § 2150 dahin geordnet, daß es stets ganz als Vermächtnis gilt, also auch soweit der bedachte Erbe selber der Beschwerte ist, oder anders ausgedrückt, auch zu der Quote, zu der das Vorausvermächtnis auf der

---

[1]) Vorbereitungsheft.

[2]) vgl. Windscheid-Kipp, Pandekten III § 626 S. 551 und die dort angeführte Festschrift von Kipp.

eigenen Erbquote des coheres praelegatarius lastet. Damit ist die komplizierte römische Prälegattheorie beseitigt. Wenn der mit dem Prälegat bedachte Erbe nur Vorerbe war und die Erbschaft demnächst an den Nacherben herausgeben soll, dann behält er das ganze Vermächtnis, auch zu der Quote, zu der es auf seinem eigenen Erbteil lastete. Ebenso zählt bei der Frage nach der Überschwerung mit Vermächtnissen das Vermächtnis ganz als Vermächtnis.

Man setze: Die Erbschaft beträgt 10 000 M. Dem allein eingesetzten Erben sind als Vermächtnis 6000 M. zugewendet und einem andern Vermächtnisnehmer auch 6000 M. Dann kann der Erbe sagen, daß die Erbschaft mit Vermächtnissen um 2000 M. überschwert sei. Er kann also jedes von beiden um 1000 M. kürzen, das seinige und das des fremden Vermächtnisnehmers, so daß er statt 6000 M. bloß 5000 M. zu zahlen hat, weil er auch sein Vermächtnis ganz als solches rechnen darf.[1])

Ebenso wie der Erblasser bei der Erbeinsetzung Ersatzerben ernennen kann, kann er auch bei Vermächtnissen nach § 2190 Ersatzvermächtnisnehmer bedenken, also nach gewöhnlicher Sprachweise Vulgarsubstituten. Wie der Erblasser weiter bei der Erbeinsetzung Nacherben hinter dem Vorerben bedenken kann, so kann er auch ein Nachvermächtnis hinter dem Vorvermächtnis errichten, so daß der Vorvermächtnisnehmer wieder von seinem Vermächtnis an einen Nachvermächtnisnehmer abgeben muß (§ 2191).

Die §§ 2151—2156 treffen dann allerlei Bestimmungen über Vermächtnisse, deren Inhalt der völligen Bestimmtheit entbehrt:

Mehrere können nach §§ 2151 und 2152 mit einem Vermächtnis so bedacht sein, daß nur der eine oder der andere das Vermächtnis erhalten soll, also subjektiv-alternativ. Dann hat nach § 2151 der Beschwerte oder der etwa vom Erblasser dazu berufene Dritte zu entscheiden, wer von den mehreren Bedachten das Vermächtnis erhalten soll. Wenn der Beschwerte oder der Dritte das nicht kann, dann werden diese Gesamtgläubiger, „und zwar ohne Teilungspflicht" (§ 2151 Abs. 3). Daß diese Lehre sehr befriedigend ist, wird man nicht sagen können. Es ist bloß daran zu erinnern, daß, wenn Gesamtgläubiger vorhanden sind, zwar jeder die ganze Forderung einklagen kann, aber der eine Schuldner

[1]) Zweifelhaft bleibt der Einfluß, den das Vorausvermächtnis den Gläubigern gegenüber hat. Dürfen sie seinen Gegenstand z. B. durch Arrestschläge in Anspruch nehmen? Oder kann der Vorausvermächtnisnehmer entgegnen, daß er diese Sache als Vermächtnisnehmer besitze und als solcher den Gläubigern nicht hafte? Dies war wohl nicht der Zweck des § 2150.

immer noch die Wahl behält, an wen er leisten will, selbst nach der Rechtshängigkeit der Sache bis zur Beitreibung der Leistung. Das wird gerade hier bei dem Beschwerten gegenüber mehreren Vermächtnisnehmern leicht praktisch werden. (Vergleiche oben Band I, Seite 427 und 428 Anm. 2.) Wenn der Erblasser sein Reitpferd seinen drei Neffen, die alle drei Kavallerieoffiziere sind, vermacht hat, so hat der Beschwerte die Wahl, und wenn er sie nicht ausübt, so werden die drei Neffen Gesamtgläubiger des Erben. Nun kann jeder klagen.[1]) Aber der Erbe kann jeden im Schach halten, indem er erklärt: wenn Du mich verklagst, gebe ich es dem andern. Da wird sich jeder hüten zu klagen, weil er dann seinen Anspruch verscherzt. Die drei Neffen werden klüger tun, alle zusammen zu klagen, um sich dann auseinanderzusetzen.[2]) Aber Teilungspflicht eines einzelnen, der die Leistung beitreibt, besteht nicht (§ 2151 Schlußsatz).

Nach § 2154 kann das Vermächtnis auch den Inhalt haben, daß der Bedachte nur den einen oder anderen Gegenstand erhalten soll, also ein objektiv-alternatives Vermächtnis. Hierbei kann die Wahl wieder einem dritten übertragen sein. Wenn der sie aber nicht ausübt, geht die Wahl wieder auf den Beschwerten über.

Etwas anderes ist bestimmt beim legatum generis, bei dem die Sache nur der Gattung nach bestimmt ist, die der Erblasser vermacht hat (§ 2155). Dann ist — und damit wird eine gemeinrechtliche Kontroverse entschieden — eine den Verhältnissen des Bedachten entsprechende Sache zu leisten, wenn der Erblasser seinem Neffen ein Reitpferd nur generisch bestimmt, vermacht, so wird es ganz darauf ankommen, ob der Neffe Kürassieroffizier ist, oder bei einem leichten Kavallerieregiment steht, oder ob er Infanterie-Offizier, Gutsbesitzer u. dergl. m. ist.

Mehrere, die mit demselben Gegenstand bedacht sind, die sogenannten Kollegatare, werden nach den §§ 2157 und 2158 wie mehrere Miterben betrachtet. Also bekommen sie im Zweifel den Gegenstand zu gleichen Teilen, aber mit Anwachsungsrecht. Dieses Anwachsungsrecht soll auch dann gelten, wenn der Erblasser die Anteile der einzelnen fixiert hatte, während, wenn er die Erbquote fixierte, der Erbe auf die Quote beschränkt gilt und kein Anwachsungsrecht hat. Es zeigt sich auch hier, daß das Anwachsungsrecht immer auf Willensinterpretation zu gründen ist, nicht mehr auf iuris necessitas, und die Willensinterpretation, die das

---

[1]) Im römischen Rechte mußten sie bekanntlich teilen. So vermied man es den Zudringlicheren zu bevorzugen und den Taktvolleren zurückzusetzen.

[2]) Im praktischen Enderfolge nähert man sich damit wiederum dem römischen Rechte; s. d. vor. Anm.

B.G.B. bei Vermächtnissen gewährt hat, ist eine andere als bei der Einsetzung mehrerer Miterben.[1])

Das Vermächtnis kann auch unter einer aufschiebenden Bedingung oder mit einem Anfangstermin angeordnet werden. Hier setzt aber § 2163 dieselben Schranken wie bei der Nacherbeinsetzung des § 2109. Binnen 30 Jahren nach dem Erbfall muß die aufschiebende Bedingung oder der Termin eingetreten sein, sonst wird das Vermächtnis unwirksam. Ja, dieselben Bedenken, die sich bei der Nacherbeinsetzung erhoben, kehren hier wieder und im verstärkten Maße. Wenn der Erblasser sagt: „Mein Neffe soll mein Landgut haben. Wenn er es aber 30 Jahre gehabt hat, so wird er genug für sich herausgewirtschaftet haben und er soll es dann am Beginn des nächstfolgenden Jahres an seinen Sohn herausgeben", so tritt der Anfangstermin offenbar erst länger als 30 Jahre nach dem Tode des Erblassers ein. Das darf nicht sein. Dann soll der Anfangstermin einfach wegfallen.[2])

Wenn dagegen der Erblasser sagte: Wenn meinem Neffen, dem ich das Landgut zuwende, bis zum Ablauf von 30 Jahren noch ein Bruder geboren wird, so soll er das Gut an diesen herausgeben. Dann wäre die Verfügung wirksam gewesen, denn für den Fall, daß ein Bruder oder eine Schwester geboren wird, ist eine Ausnahme gemacht.

Es wiederholt sich hier die Frage: Soll man die Verfügungen, die der genannten Vorschrift widersprechen, also über 30 Jahre hinausgreifen, einfach als unwirksam behandeln oder sagen, daß ein in der Person des Beschwerten eintretendes Ereignis[3]) als maßgebend hingestellt worden sei oder soll man endlich die über 30 Jahre erstreckte Frist auf 30 reduzieren?[4])

Auf dem Juristentag wurde lebhaft über den Grundsatz diskutiert, den schließlich das B.G.B. angenommen hat, nämlich, daß das Ver-

---

[1]) Meines Erachtens gilt dies deshalb, weil neben den auf Quoten gesetzten Erben die gesetzlichen Erben als stillschweigend eingesetzt gelten können, während eine ähnliche stillschweigende Zuwendung an den mit quotisierten Vermächtnissen Beschwerten neben den Vermächtnisnehmern ferner liegt, zumal ein Miteigentum des Beschwerten mit den Bedachten im Zweifel besonders leicht zu einer mater rixarum werden könnte.

[2]) Der Grundgedanke ist nicht unvernünftig: „Niemand soll allzu lange nach seinem Tode durch seine Bestimmungen in die ihm unbekannten Verhältnisse eingreifen dürfen". Der Gedanke des „semel heres semper heres" zeigt sich hier in abgeschwächter Form.

[3]) D. h. das Erleben eines Zeitpunktes, s. oben S. 107.

[4]) Letzteres hängt wohl vom einzelnen Falle ab. Soll z. B. der Beschwerte erst 40 Jahre lang aus dem Gute ein Kapital herauswirtschaften, so würde es dem Willen des Erblassers nicht entsprechen, ihm das Gut schon nach 30 Jahren zu nehmen.

mächtnis immer nur eine Forderung für den Bedachten begründet (§ 2174). Römisch ausgedrückt: Jedes Vermächtnis ist gültig als Dammationslegat, dagegen haben wir nicht mehr ein Vindikationslegat. Natürlich ist es für den Erben recht günstig, daß fortan die Sachen nicht an ihm vorbeigehen (können) und recta via in das Eigentum des Vermächtnisnehmers fallen können.[1]) Der Erbe wird auf diese Weise dagegen gedeckt, daß diese oder jene Sachen gleichsam von vornherein aus der Erbschaft herausfallen und ihm vielleicht mehr Schulden bleiben, als die Aktiva ausmachen.[2]) Aber andererseits ist diese Neuerung für den Vermächtnisnehmer leicht gefährlich. Wenn der Erbe die Sachen, die vermacht sind, bei Seite schafft, so hat der Vermächtnisnehmer mit seiner bloßen Forderung an den Erben das Nachsehen.

Daher drängt sich die Frage auf, ob der Erblasser, wenn er dem Erben nicht recht traut und den Vermächtnisnehmer dinglich sichern will, das nicht auf irgend eine Weise auch nach dem B.G.B. machen könne. Er mag einen Testamentsvollstrecker ernennen, durch den der Erbe außer Stand gesetzt wird, die Sachen zu veräußern. Er kann auch den Bedachten, statt bloß zum Vermächtnisnehmer, zum Miterben auf eine ganz kleine Quote machen, auf einen Bruchteil, der ungefähr dem Wert des Gegenstandes, den er vermachen wollte, entspricht und dabei die Bestimmung treffen, daß dieser Miterbe auf seine Quote nur jene eine Sache erhalten soll. Dann hat er dadurch festgelegt, daß derjenige, dem er die Sache zuwenden wollte, sie auch bekommt, ungefährdet durch den Miterben. Natürlich kann er auch eine Strafandrohung hinzufügen für den Fall, daß der Erbe die Sachen veräußern sollte.

Der Erwerb des Vermächtnisanspruches tritt grundsätzlich mit dem Erbfall ein, und zwar kraft Gesetzes von selber (gerade wie das Erbrecht kraft Gesetzes von selber erworben wird). Aber auch ebenso wie dieses wird der Vermächtnisanspruch mit der Möglichkeit der Wiederausschlagung erworben (§ 2176). Derselbe Paragraph nennt auch diesen Erwerb Anfall des Vermächtnisses.

Nur ausnahmsweise tritt dieser Anfall erst später ein als der Erbfall (§§ 2177 u. 2178). Namentlich wenn das Vermächtnis unter einer

---

[1]) Das römische interdictum quod legatorum wird dadurch für ihn überflüssig.

[2]) Den Gläubigern ist die Neuerung nur so lange vorteilhaft, als nicht der Erbe den Vermächtnisgegenstand herausgegeben hat, sofern nicht etwa ein alienatio in fraudem creditorum vorliegt. Abgesehen von dieser haften nach dem B.G.B. die Vermächtnisnehmer den Gläubigern schlechterdings nicht. [Anders Cod. VI, 36 de jure deliberandi c. 22 § 5.] In dieser Hinsicht ist es noch jetzt vorteilhafter, Nachlaßstücke durch Vermächtnis zu erwerben, als durch Erbfolge.

aufschiebenden Bedingung oder mit einem Anfangstermin angeordnet war und die Bedingung oder der Termin erst nach dem Erbfall eintreten. Ebenso nach § 2178, wenn der Bedachte zur Zeit des Erbfalls noch gar nicht erzeugt war oder seine Persönlichkeit erst durch ein nach dem Erbfall eintretendes Ereignis bestimmt wird. Hier kann natürlich der Anfall nicht schon mit dem Erbfall erfolgen, sondern erst mit der Geburt oder mit dem Ereignis.

Die Wirkung des Vermächnisanfalls ist für den Bedachten ein Gläubigerrecht, ein Anspruch, und nie mehr als ein solcher. Indessen braucht dieses Gläubigerrecht nicht gleich allgemein fällig und ausübbar zu sein; in gewissen Fällen (§§ 2181, 2186) tritt ein Aufschub ein.

Die Bedeutung des Anfalls ist mehrfach näher geregelt, z. B. hinsichtlich der Früchte dahin, daß sie vom Anfall an zu leisten sind.

Ist nun der Anfall des Vermächtnisses, was wir soeben als möglich kennen gelernt haben, hinausgeschoben, dann gelten nach § 2179 von dem Erbfall an bis zu dem Anfall des Vermächtnisses dieselben Regeln wie bei der aufschiebenden Bedingung. (Dann ist ein Interimsstadium gegeben. Also muß der Bedachte im Zweifel den Eintritt der Bedingung oder des Termins erleben). Nur wenn der Erblasser dies nicht wollte, kann auch vor dem Anfall schon ein Voranfall mit vererblicher Anwartschaft eintreten. Indessen das sind besondere und seltene Fälle.

Vom Erbfall an bis zur endgiltigen Entscheidung über den Erwerb des Bedachten besteht, gerade wie bei der Erbfolge, so auch bei der Vermächtnisfolge, wenn man den Ausdruck brauchen darf, ein Schwebezustand.

Die Annahme und Ausschlagung des Vermächtnisses erfolgen durch Erklärung gegenüber dem Beschwerten. Dafür ist aber merkwürdigerweise eine Frist gesetzlich nicht vorgeschrieben, „so wenig wie im preuß. Landrecht“.[1]) Pr. A.L.R. I 12 § 366. Darum weiß man wirklich nicht, wie der Beschwerte darüber ins Klare kommen soll, ob der Vermächtnisnehmer das Vermächtnis annimmt oder nicht. Übrigens kann der Beschwerte sich durch Hinterlegung der Sache entledigen.[2])

Erklärt der Bedachte die Annahme, so hat das die Wirkung, daß die Ausschlagung nicht mehr zulässig ist. Wenn umgekehrt der Bedachte die Ausschlagung erklärt, so tritt dieselbe Wirkung wie bei der

[1]) Vorbereitungsheft. Es fehlt hier das Interesse der Gläubiger an der Entscheidung binnen einer bestimmten Frist.

[2]) Damit dürfte wohl seinem Bedürfnisse in der Regel genügt sein.

Erbfolge ein, nämlich, daß der Anfall als gar nie erfolgt gewesen gilt. Es wiederholen sich hier die von der Erbfolge bekannten Regeln.

Ein Recht des Erben, einen Teil der Erbschaft für sich frei zu behalten (quarta Falcidia), ist nicht im geringsten gewährt. Er darf auch nicht einen Pfennig an Aktivis nach Ausantwortung der Vermächtnisse behalten. Darin steht er auch nicht besser als ein Testamentsvollstrecker, dem keine Vergütung vom Erblasser zugewendet worden ist. Deshalb mag er ausschlagen, wenn ihn die Vermächtnisse bedrücken.

Das abweichende römische Recht erklärt sich aus dem furor legandi, einer Neigung, Vermächtnisse in infinitum zu errichten. Dies ist bei uns in geringem Maße der Fall. Darum vermißt man auch im preußischen Recht die quarta Falcidia nicht. „Doch haftet der Erbe nach § 1992 Vermächtnisnehmern gegenüber ohne weiteres nur ebenso, wie er Nachlaßgläubigern haftet, wenn Nachlaßverwaltung und Konkurs untunlich war, d. h. er kann ihre Befriedigung verweigern, soweit der Nachlaß nicht ausreicht".[1])

Es kommen natürlich dem Erben auch den Vermächtnisnehmern gegenüber dieselben Regeln zugute, nach denen er für Nachlaßverbindlichkeiten nur beschränkt haftet; denn zu den Nachlaßverbindlichkeiten gehören eben auch die Vermächtnisse. Wegen einer Pflichtteilslast, die dem Erben obliegt, darf er (worauf später beim Pflichtteil noch zurückzukommen ist) nach § 2318 sogar ohne weiteres die ihm auferlegten Vermächtnisse verhältnismäßig kürzen. Es müssen also die Vermächtnisnehmer ihm die Pflichtteilslast tragen helfen.

Etwas ausgedehnter ist das Kürzungsrecht, das ein beschwerter Vermächtnisnehmer, der mit einem Nachvermächtnis oder Untervermächtnis beschwert ist, hat; denn § 2187 bestimmt, daß dieser die Erfüllung des Nachvermächtnisses verweigern kann, soweit dazu das, was er selber erhält, nicht ausreicht. Im Übrigen kann nach § 2188 auch der beschwerte Vermächtnisnehmer, der selber eine Kürzung erfährt, z. B. wegen einer Pflichtteilslast, seinerseits die Nachvermächtnisse verhältnismäßig kürzen.

b) Einzelne Arten von Vermächtnissen.

§ 21.

Gegenstand des Vermächtnisses kann jeder Vermögensvorteil sein, also natürlich der Erwerb einer körperlichen Sache, mag sie individuell oder generisch bestimmt sein, ferner ein Recht des Erblassers oder ein

[1]) Vorbereitungsheft.

Tun oder Unterlassen des Belasteten. „Eingehung eines Geschäfts, Unterricht u. dergl."[1]) Z. B. wenn der Erblasser sagt: „Mein Freund X. wünscht sein Haus los zu werden, findet aber keinen Käufer. Mein Erbe soll schuldig sein, ihm das Haus zu einem angemessenen Preise abzukaufen."

Auch im Unterlassen kann der Gegenstand eines Vermächtnisses bestehen, z. B. in der Nichtausübung eines Rechtes. Dagegen können nicht auch andre Vorteile als Vermögensvorteile Gegenstand des Vermächtnisses sein. Wenn der Erblasser den A. einsetzt und bestimmt, er soll des Erblassers Nichte adoptieren oder er solle sie heiraten, so sind das keine Vermächtnisse an die Nichte, sondern höchstens Auflagen, welche dem Erben gemacht sind (s. den nächsten Paragraphen).

Indessen ist nach der berühmten Bestimmung des § 2171 das Vermächtnis unwirksam, wenn es auf ein zur Zeit des Erbfalls unmögliche Leistung gerichtet ist oder gegen ein zur Zeit des Erbfalls bestehendes gesetzliches Verbot verstößt. Damit ist ein Satz aufgestellt, der die strenge römische regula Catoniana abschwächt oder beseitigt.

Entscheidend für die Unwirksamkeit ist die Unmöglichkeit der Leistung zur Zeit des Erbfalls. Also wenn die Leistung, die der Erblasser dem Erben auferlegt, zur Zeit der Testamentserrichtung unmöglich war, so schadet das nichts. Der Erblasser sagt z. B.: „Da meinem Freunde X. das Haus, worin er zur Miete wohnt, so außerordentlich gefällt, so soll mein Erbe schuldig sein es zu kaufen und es meinem Freunde X. zu Eigentum zu übertragen." Zur Zeit der Testamentserrichtung hatte aber X. das Haus bereits für sich erworben, er wohnte nicht mehr zur Miete, sondern als Eigentümer darin. Dann würde bekanntlich nach der regula Catoniana das Vermächtnis nichtig sein, weil in dem Augenblick der Testamentserrichtung die Leistung unmöglich war, quia nemini, quod ejus est, dari potest. Ist der Freund X. dagegen zur Zeit der Testamentserrichtung zwar Eigentümer, aber nachher durch Subhastation um das Haus gekommen, und stirbt dann der Erblasser, so kann eben nach dem B.G.B. X. von dem Erben Erfüllung des Vermächtnisses fordern, weil die Leistung zur Zeit des Erbfalls möglich geworden ist. Diese Neuerung des B.G.B., die bereits im preußischen Recht besteht, entspricht durchaus dem modernen Rechtsbewußtsein.

Streng genommen ist das Vermächtnis auch dann unmöglich, wenn der Erblasser ein Recht vermacht hat, das er gegen den Erben hat und das nun mit dem Erbfall durch Konfusion erlischt. Dem soll

[1]) Vorbereitungsheft.

§ 2175 vorbeugen. Danach sollen, wenn der Erblasser ein ihm gegen den Erben zustehendes Recht u.s.w. vermacht hat, dann die infolge des Erbfalls durch Vereinigung von Recht und Verbindlichkeit erloschenen Rechtsverhältnisse in Ansehung des Vermächtnisses als nicht erloschen gelten. Dann muß also der Erbe dies durch Konfusion untergegangene Recht zu Gunsten des Legatarius, dem der Erblasser es zugewendet hat, wiederherstellen.

Im übrigen muß man unterscheiden: 1. zwischen dem Vermächtnisse eines bestimmten Gegenstandes, wie das B.G.B. sich immer ausdrückt (damit meint es das Vermächtnis eines individuell bestimmten Gegenstandes, das legatum speciei), und 2. dem Vermächtnis eines nur der Gattung nach bestimmten Gegenstandes, das ist das legatum generis.[1])

Äußerst merkwürdig und bisher in dem Rechte noch nicht enthalten ist, daß das Vermächtnis eines bestimmten Gegenstandes unwirksam sein soll, wenn und soweit dieser Gegenstand zur Zeit des Erbfalls nicht zum Nachlaß gehört (§ 2169). Also kein legatum rei alienae.[2]) Selbst dann, wenn der Erblasser eine seinem Erben gehörige Sache vermacht hat, ist das Vermächtnis doch unwirksam, anders als nach preußischem (A.L.R. I, 12 § 375)[3]) und gemeinem Recht.

Indessen wird dieser anscheinend etwas rigorose Satz in demselben Paragraphen gemildert. Wenn der Erblasser an der fremden Sache, der res aliena, Besitz hatte, z. B. bonae fidei possessor des Landgutes war, aber nicht Eigentümer, oder wenn er Anspruch auf die Sache hatte, oder wenn er sie schon gekauft, aber noch nicht tradiert erhalten hatte, oder etwa auf Wertsersatz gegen einen andern einen Anspruch hatte, dann sind im Zweifel diese Rechte als Surrogate des Eigentums vermacht. War der Erblasser Besitzer eines Gutes und hat dasselbe vermacht, so kann der Erbe die Leistung also nicht damit abschneiden, daß er sagt, das Gut hat dem Verstorbenen nicht gehört, sondern dann gilt der Besitz als vermacht. Oder, wenn der Erblasser seine sämtlichen silbernen Löffel einem guten Freunde vermacht hatte, sie ihm aber vor dem Erbfall bereits gestohlen und vom Diebe eingeschmolzen wurden, so ist er freilich nicht mehr Eigentümer der Sache, die ja nicht einmal mehr existiert. Es wird der Vermächtnisnehmer aber den Anspruch auf Herausgabe des Silbers oder doch auf Wertersatz bekommen.

---

[1]) Auf das Gattungsvermächtnis bezieht sich Entsch. d. R.G. Bd. 55 S. 214.

[2]) D. h. nur im Zweifel.

[3]) Diese Stelle spricht nur von Sachen des Erben.

Möglich ist aber auch der Wille des Erblassers, die Sache selbst für den Fall dem Bedachten zuzuwenden, daß sie nicht zur Erbschaft gehört (§ 2169 Abs. 1). Das tritt namentlich zu Tage, wenn der Erblasser etwa eine künftige Sache vermacht hat. Er hat etwa den Ertrag der nächsten Ernte von seinem Gute vermacht. Da ist ganz klar, daß bei seinem Tode der Ertrag noch nicht zur Erbschaft gehörte, aber klar auch sein Wille, selbst für diesen Fall den Ertrag zuzuwenden. Dann ist der Beschwerte verpflichtet, diese res aliena oder künftige Sache dem Vermächtnisnehmer zu verschaffen. Wie die Motive besagen,[1]) liegt dann nicht ein Sachvermächtnis, sondern ein Verschaffungsvermächtnis vor.[2]) Wenn aber der Beschwerte außer Stande ist, die Sache zu verschaffen (§ 2170), dann hat er den Wert zu verschaffen. Ist die Verschaffung der Sache nun mit unverhältnismäßigen Opfern möglich, so kann der Beschwerte sich davon durch Entrichtung des Werts der Sache befreien.

Nach § 2184 muß der Beschwerte mit der Sache auch die Früchte der Sache, die er seit Anfall des Vermächtnisses gezogen hat, herausgeben. Andererseits kann er auch nach § 2185 Ersatz für Verwendungen verlangen, die er auf die Sache gemacht hat.

Ein besonderes Interesse bietet der Fall, daß der vermachte Gegenstand mit dem Rechte eines Dritten belastet ist. Das römische Recht gibt hier bekanntlich dem Legatar das sehr weitgehende Recht, von dem Beschwerten Ablösung der Last zu verlangen, d. h. zu beanspruchen, daß er die Sache als eine freie bekomme und der Beschwerte, insbesondere der Erbe die Lasten beseitige. „So wenigstens bei Nießbrauch und Pfandrecht.“ [3])

Anders schon das preußische Recht (A.L.R. I, 12 § 325), wonach der Legatar selber die Lasten ablösen muß. Das entspricht wohl unsern modernen Anschauungen, daß solche Lasten nicht gleichsam etwas unnatürliches sind, sondern mit dem normalen Stande der Sache vereinbar, und daß darum res transit cum suo onere ad legatorium. Auch nach B.G.B. § 2165 muß der Legatar die Last auf

---

[1]) Bd. 5 S. 148.

[2]) Durch die Möglichkeit der Verschaffungsvermächtnisse wird das legatum rei alienae in der Regel im Wege der Konversion in ein solches Vermächtnis gerettet werden können.

[3]) Vorbereitungsheft. Im römischen Wirtschaftsleben war die Hypothek noch keine normale Form der Kapitalsanlage, also noch keine normale Erscheinung, siehe den Text.

sich nehmen und kann ihre Ablösung durch den Erben nicht verlangen.[1])

Mit diesen unsern Anschauungen kann man aber unter Umständen zu überraschenden Ergebnissen kommen.

Wenn z. B. bei einem Bankier dessen Kontokurrentkunde Wertpapiere im Deposito hat, so haften bekanntlich nach allgemeiner Übung diese Wertpapiere als Pfand für Guthaben. Nun sind etwa die Wertpapiere, die für jemand bei der Diskontogesellschaft liegen, von dem Erblasser einem guten Freunde vermacht. Dann muß dieser es sich gefallen lassen, daß die Pfandlast, die auf den Papieren ruht, auf ihn mit übergeht, und daß er die Papiere nur unter Abstoßung der Pfandlast, die zu Gunsten des Bankiers auf den Papieren ruht, herausbekommt. Ob das der Erblasser immer gemeint haben wird, darüber kann man zweifeln.[2])

Eine weitere Konsequenz ist die, daß, wenn die vermachte Sache als Pfandstück vom Pfandberechtigten zur Zwangsversteigerung gebracht wird und kein Überschuß aus dem Erlös sich ergibt, der Vermächtnisnehmer nichts bekommt, weil die Sache von der Pfandleihe absorbiert wurde. Er hatte dann nach römischem Recht einen Rückgriff gegen den Erben,[3]) der dadurch von einer persönlichen Schuld liberiert worden ist; dieser mußte die Pfandlast zu seinem Nachteil als auf der Sache ruhend gelten lassen.

Wenn indessen der Erblasser gegen einen Dritten einen Anspruch auf Ablösung der Last hatte, so erstreckt sich nach § 2165 Abs. 1 das Vermächtnis im Zweifel auch auf diesen Anspruch.

Wenn der Erblasser ein Grundstück hat, auf dem eine Hypothek ruht, und ihm gegen den Verkäufer des Grundstücks eine Forderung auf Tilgung der seit dem Kauf noch stehen gebliebenen Hypothek zusteht, so ist im Zweifel dieser Anspruch auf Tilgung mit vermacht.

Ein in der Literatur viel behandelter Fall, bei dem die Hypothek des Eigentümers eine große Rolle spielt, ist (§ 2165 Abs. 2), daß auf

---

[1]) Für die Hypothek ist dies zweifellos angemessen. Ob auch ebenso für den Nießbrauch?

[2]) Es zeigt sich in diesem treffenden Beispiele, daß bei uns das bewegliche Pfand keineswegs in derselben Weise eine normale Erscheinung ist, wie die Hypothek. In solchen Fällen helfen die Worte „im Zweifel" in § 2165.

[3]) In diesem Punkte ist der Text nicht sicher. Nach dem Vorbereitungsheft sieht es so aus, als wenn der Vermächtnisnehmer im heutigen Rechte diesen Rückgriff nicht haben soll. Dies dürfte wohl das Richtige sein, insofern der Erbe die belastete Sache grundsätzlich nicht frei zu machen braucht.

dem vermachten Grundstück eine Hypothek, eine Grundschuld oder eine Rentenschuld für den Erblasser selber, für den Vermächtnisgeber eingetragen steht; m. a. W. eine Eigentümerhypothek für den Erblasser. Die allgemeine Regel des § 2165 Abs. 1 würde hier dahin führen, daß diese Hypothek zu Lasten des Vermächtnisnehmers weiter besteht, also zu Gunsten des Erben auf dem Grundstück weiter haftet und der Vermächtnisnehmer sie als Last tragen muß. Das ist prinzipiell auch folgerichtig, wenn man nicht die Lokustheorie vertritt, wonach die Eigentümerhypothek nur ein Negativum ist, nur Pfandfreiheit eines gewissen Wertteils im Grundstück bedeutet, wie dies z. B. noch Hinschius verteidigte. Indessen ist wohl die Eigentümerhypothek ein vom Eigentum verschiedenes und selbständiges Recht (vgl. oben Bd. 2 S. 261 ff.).

Hatte der Erblasser zwei Rechte, 1. das Eigentum an einem Grundstücke und 2. eine Eigentümerhypothek auf dem Grundstücke, und vermacht das Grundstück, dann müßte eigentlich der Bedachte das Eigentum daran bekommen, dagegen das zweite Recht, die Hypothek, im übrigen Nachlaß zu Gunsten des Erben bleiben. Allein das B.G.B. stößt hier ein Loch in diese Konsequenz. Nach § 2165 Abs. 2 soll aus den Umständen entnommen werden, ob diese Hypothek dem Bedachten mitvermacht ist oder nicht. Eine Auslegungsregel wird nicht gegeben.

Wenn der Erblasser etwa eben erst eine Hypothek abbezahlt hatte und nun willens war, ihre Löschung zu beantragen, womöglich die Löschung schon beantragt hatte, und dann stirbt, so muß der Legatar des Grundstücks die Hypothek mit bekommen, die dann nicht für den Erben bestehen bleibt; denn die Umstände ergeben hier, daß der Erblasser die Absicht hatte, das Grundstück frei an den Bedachten übergehen zu lassen. Wenn aber solche besonderen Umstände fehlen, ist es zweifelhaft, ob der Erblasser die Absicht hatte, die Hypothek mit zu vermachen oder nicht.

Der hier fruktifizierte Satz: Res transit cum suo onere, ist bekanntlich schon in der preußischen Theorie und Praxis noch einen Schritt weiter geführt, vgl. „Dernburg, Pr. Privatr. III § 140", und diesen Schritt weiter tut § 2166. Wenn auf dem vermachten Grundstück eine Hypothek lastet, für die der Erblasser als persönlicher Schuldner haftete („oder die er zu berichtigen dem Schuldner gegenüber gebunden ist"),[1]) so ist der Vermächtnisnehmer im Zweifel sogar verpflichtet, den Erben von der persönlichen Verbindlichkeit in Höhe des

[1]) Vorbereitungsheft.

Grundstückswerts zu befreien. Dann soll nicht bloß das onus reale auf den Legatar übergehen, sondern er soll auch das onus personale dem Erben abnehmen, wenigstens in der Höhe, in welcher die Schuld durch den Wert des Grundstücks gedeckt wird, und zwar bestimmt sich dieser Wert zeitlich nach dem Augenblick des Eigentumsüberganges. In dem Augenblick, wo dem Legatar das Grundstück aufgelassen worden war, ist der Wert fixiert. „Das kann, wenn das Grundstück nachher im Werte sinkt, für den Vermächtnisnehmer hart werden."[1]) Bloß bei einer Sicherungshypothek mit Höchstbetrag soll nach § 2166 Abs. 3 diese Verpflichtung des Vermächtnisnehmers wegfallen.[2]) Hier sind Strohal und Küntzel aneinander gekommen.[3]) Ob die Bestimmung des Grundstückswerts nach dem Zeitpunkt des Eigentumsüberganges höchst ungerecht wirken können, ist streitig. M. E. ist es nicht anzunehmen.

Den komplizierten Fall der Korrealhypothek behandelt § 2167. Sind mehrere Erbschaftsgrundstücke mit einer Hypothek correaliter belastet, dann ist der Vermächtnisnehmer, der das eine Grundstück bekommt, zur Deckung der Hypothekenschulden nicht weiter verpflichtet, als nach dem Verhältnis des Werts des ihm vermachten Grundstücks zu dem Wert der übrigen Grundstücke. Dementsprechend ist auch in § 2168 entschieden. Ähnliches gilt, wenn mehrere Erbschaftsgrundstücke mit einer Gesamtgrundschuld oder Gesamtrentenschuld belastet sind und eins von ihnen vermacht ist.

§ 2172 Abs. 1 und Abs. 2 regelt den seltenen Fall, daß an der vermachten Sache durch ihre Verbindung: adjunctio oder Vermischung (confusio oder Vermengung, commixtio) mit einer andern Sache, oder durch ihre Spezifikation, ihre Verarbeitung oder Umbildung, das bisherige Eigentum erloschen und ein neues Allein- oder Miteigentum entstanden ist. Dann ist das Vermächtnis grundsätzlich wegen Unmöglichkeit unwirksam, weil das vermachte Eigentum nicht mehr existiert. „So, wenn der Erbe vermachtes Getreide zu Mehl vermahlen, Saatkorn zur Bestellung verwendet, Vieh geschlachtet hat."[4])

Geschah aber, so fügt § 2172 Abs. 2 hinzu, die Verbindung, Vermischung oder Vermengung durch einen andern als den Erblasser, das

---

[1]) Vorbereitungsheft.

[2]) Die Höchstbetragshypotheken sind keine normalen Erscheinungen. Der Gedanke, daß sie im Zweifel auf Kosten des Grundeigentums zu tilgen sind, tritt bei ihnen weniger hervor. Strohal 3. Aufl. S. 239.

[3]) Vgl. hierüber Strohal 3. Aufl. S. 240 ff.

[4]) Vorbereitungsheft.

soll wohl heißen, ohne dessen Willen, wenn also z. B. ein Dieb die vermachte Sache gestohlen und mit andern vermengt oder verbunden hat, so gilt das für den Erblasser entstandene Miteigentum oder Wegnahmerecht als vermacht. Es ist dann eben an Stelle des alten Eigentums als Surrogat ein Miteigentum oder Wegnahmerecht für den Erblasser bezw. Legatar getreten.

Besondere Auslegungsregeln, wie schon das römische und preußische Recht und alle anderen Gesetzbücher, das sächsische, österreichische u. s. w., gibt das B.G.B. für das legatum nominis im § 2173, und zwar im wesentlichen dieselben wie das römische Recht. Zunächst ist zu erinnern, daß das vermachte nomen, die vermachte Forderung des Erblassers hier wieder nicht ipso iure auf den Legaten übergeht, sondern erst vom Erben zediert werden muß. Daraus ergibt sich die praktisch sehr erhebliche Konsequenz, daß, wenn der Schuldner des vermachten nomen gegen den Erben eine kompensable Gegenforderung hatte, auch der Legatar unter dieser kompensablen Gegenforderung leiden kann, die gegen den Erben ging, weil ja eben der Legatar bloß als Zessionar des Erben das nomen bekommt und dieser der Kompensation des Schuldners unterlag. Dann bekommt der Legatar nichts und er hat von dem Erben, der liberiert ist, Regreß zu nehmen.

Zweifel entstehen besonders dann, wenn die vermachte Forderung schon vom Erblasser eingezogen worden ist, also beim Erbfall ein nomen gar nicht mehr besteht.

Hier entscheidet im allgemeinen § 2173 ebenso, wie das römische und preußische Recht, aber doch nicht ausnahmslos, dahin, daß, wenn der Gegenstand noch in der Erbschaft vorhanden ist, wenn also der Erblasser etwa das ihm geleistete Pferd noch in seinem Stalle behalten hat, dieser Gegenstand als Surrogat für vermacht gilt. Dann ist er an Stelle des nomen getreten.

War die Forderung auf Zahlung einer Geldsumme gerichtet und ist diese noch bei Lebzeiten des Erblassers gezahlt worden, so soll jedoch im Zweifel dies Vermächtnis gelten, auch wenn sich eine solche Summe in der Erbschaft nicht mehr vorfindet. Jedoch nur im Zweifel.

Unger teilt z. B. aus der österreichischen Praxis folgenden Fall mit. Ein Testator sagte: „Mein Freund A. hat mir einst den Rat gegeben, eine größere Geldsumme (10000 M.) beim Bankier X. niederzulegen. Diesem Rat bin ich damals gefolgt. Nachher ist der Bankier X. in Bankerott verfallen und ich habe nie einen Pfennig wiedergesehen. Deswegen vermache ich nun meinem Freunde A. zum Danke für seinen damaligen Rat die Forderung gegen den bankerotten Bankier X." Vor dem Tode des Erblassers ist X. wieder zu Gelde gekommen und hat die ganzen 10000 M. dem Erblasser bezahlt. Dieser hat aber das Geld mit guten Freunden in einer Nacht verjubelt. Dann ist er gestorben. Nach dem B.G.B. bekommt dann der Legatar die 10000 M.; denn die Forderung war auf Zahlung der Geldsumme gerichtet. Dann gilt die Geldsumme als vermacht, auch wenn sich eine solche in der Erbschaft nicht mehr vorfindet. Die Praxis würde dazu den Mut haben müssen, wiewohl der Wille des Erblassers ein anderer war.[1])

Über das legatum liberationis und das legatum debiti bestimmt das B.G.B. nichts. Mit einiger Mühe findet man in den Motiven,[2]) daß sie einer Bestimmung nicht bedürfen, sondern die Entscheidung für die Praxis schon aus allgemeinen Momenten werde gefunden werden.

Das legatum liberationis, das Vermächtnis der Befreiung an denjenigen, der dem Erblasser etwas schuldet, bewirkt eine Forderung eines dritten auf den Nachlaß. Er hat nur einen Anspruch gegen den Erben auf substantielle Befreiung, auf Herausgabe seines Schuldscheins, Kassation des Wechsels, den der Erbe in Händen hat u. dergl. Wenn aber der Erblasser schon bei Lebzeiten trotz des im Testament stehenden legatum liberationis von seinem Schuldner die Leistung eingezogen hatte, so ist dies Vermächtnis gegenstandslos. Dann ist nach allgemeinen Prinzipien in der Tat dem Legatar kein Anspruch mehr zuzuerkennen.

Über das legatum debiti schreiben die Motive (Bd. V S. 151—153) drei Seiten, aber nur um zu beweisen, daß es gar nicht nötig wäre, darüber etwas zu bestimmen. Der Gesetzgeber könne doch die schwierige Frage nicht lösen, die darin besteht, ob der Erblasser, wenn er einem Gläubiger das vermacht, was dieser von ihm zu fordern hatte, dann dem Gläubiger wirklich ein Vermächtnis hat geben wollen oder vielmehr nur ein Schuldanerkenntnis, oder ob er, was am nächsten liege, den Erben bloß hat benachrichtigen wollen, daß er dem Gläubiger etwas schuldig sei. Das wäre doch eine eigentümliche Art von Benachrichtigung, die man ins Testament schreibt.[3]) Das B.G.B. sagt darüber nichts. So wird in Zukunft alles auf Willensinterpretation gestellt sein.

2. Bei dem Vermächtnis einer nur der Gattung nach bestimmten Sache (§§ 2182 und 2183) hat der Beschwerte ein den Verhältnissen

[1]) Ich bin a. M. wegen der Worte „im Zweifel".

[2]) Bd. 5 S. 170.

[3]) Ein vernünftiger Zweck läßt sich dabei sehr wohl denken.

des Bedachten entsprechendes Objekt zu leisten, im übrigen hat der Beschwerte hier im allgemeinen dieselben Verpflichtungen wie der Verkäufer einer Sache. Er muß das Recht an einer solchen Sache dem Bedachten verschaffen, und er muß auch Gewähr leisten dafür, daß das Eigentum auf den Bedachten übergehe. Das Gleiche gilt nach § 2182 Abs. 2 auch dann, wenn ein zwar bestimmter aber doch nicht zur Erbschaft gehöriger Gegenstand vermacht ist. Z. B. Bild von Menzel, das auf der Ausstellung ist, dem Vermächtnisnehmer außerordentlich gefallen hat und ihm deshalb vermacht wird. Dann ist der Erbe verpflichtet, ihm das Bild zu verschaffen und dafür, daß das Eigentum daran wirklich dem Legatar übertragen werde, Gewähr zu leisten.

Nach § 2182 Abs. 3 hat der Erbe nur bei Grundstücken nicht dafür einzustehen, daß sie von Grunddienstbarkeiten, Reallasten und von persönlichen beschränkten Dienstbarkeiten frei sind. Diese Lasten werden als untergeordnete betrachtet und sie muß also der Legatar eines nur der Gattung nach bestimmten Grundstücks sich gefallen lassen.[1])

Ist die zur Erfüllung des legatum generis von dem Beschwerten gelieferte Sache aber mangelhaft, so kann der Bedachte ebenso wie ein Käufer nach § 480 eine fehlerfreie, eine mangelfreie Sache verlangen. Dagegen kann er nicht ohne weiteres Schadensersatz wegen Nichterfüllung verlangen, sondern dieses nur bei Arglist, d. h. wenn der Beschwerte die Sache wissend um ihre Mangelhaftigkeit dem Legatarius leistete.

5. Auflagen. (§§ 2192—2196.)

§ 22.

Die Auflagen stehen großen Teils unter ähnlichen Regeln wie die Vermächtnisse.

Der Begriff der Auflage würde auch nach dem B.G.B. wie nach gemeinem Recht etwa zu bestimmen sein als eine Leistungspflicht, mit welcher der Empfänger einer letztwilligen Zuwendung beschwert ist. Aber der Unterschied vom Vermächtnis liegt darin, daß dem Beschwerten kein Forderungsberechtigter gegenübersteht, oder daß derjenige, dem etwa die Zuwendung zu Gute kommen soll, nicht die Stellung eines Vermächtnisnehmers hat (§ 1940).

---

[1]) Weniger weit geht § 436.

„Beispiele: Errichtung eines Denkmals, eine Heirat, eine Kunstreise u. dergl.“[1]).

Gleichwohl ist nun aber der modus oder die Auflage keineswegs unerzwingbar. Im Gegenteil, das B.G.B. geht in dem Zwange weiter als irgend ein anderes bisheriges Gesetzbuch.

Auf Erfüllung der Auflage kann von sehr verschiedenen Personen geklagt werden, und zwar nach § 2194 vom Erben, Miterben oder einem Dritten, dem der Wegfall des Beschwerten zu Gute kommen würde, eine ganz wichtige Neuerung. Wenn z. B. ein Alleinerbe eingesetzt und mit einem Modus belastet ist, dann kann auch der Hintermann des Alleinerben, der Substitut oder nun der nächste Intestaterbe auf Erfüllung des Modus klagen. Offenbar denkt das B.G.B. daran, daß dieser, wenn ihm auch die Erfüllung des Modus vielleicht ganz gleichgültig ist, ja er sogar wünscht, daß der Modus nicht erfüllt werde, doch insofern ein Interesse hat, als er Hintermann des Dritten ist und event. an dessen Stelle treten kann.[2])

Nach § 2194 ist, wenn die Auflage im öffentlichen Interesse liegt, auch die zuständige Behörde auf Erfüllung zu klagen aktiv legitimiert. Dabei kann nach § 2193 der Erblasser, wenn er nur einen Zweck angegeben hat, die Bestimmung der begünstigten Personen hier den Beschwerten oder einem Dritten überlassen. Er kann z. B. bestimmen, daß der Erbe 5000 M. den mündigen, verschämten Armen auszahlen soll, oder einem fleißigen Studenten ꝛc. Dann liegen wegen Mangels der Bestimmtheit der Person keine Vermächtnisse vor, wohl aber Auflagen. Dann kann, wenn kein Dritter bestimmt ist, der die verschämten Armen oder den fleißigen Studenten auswählen soll, der Beschwerte dies tun. Wenn der Beschwerte sich zur Erfüllung des Modus rechtskräftig verurteilen läßt, so kann der siegreiche Kläger ihm auch eine Frist stecken. Trifft der verurteilte Beschwerte auch während der Frist keine Bestimmungen, so darf der Kläger selber die durch den Modus begünstigten Personen bestimmen. Wenn der Dritte, der vom Erblasser bezeichnet war, die Bestimmung nicht treffen kann, so sollen die Bestimmungsrechte auf den Beschwerten übergehen. Wird aber die Erfüllung des Modus unmöglich, so soll dann die ganze Zuwendung doch

---

[1]) Vorbereitungsheft. Einen Zwang zur Eheschließung hat natürlich Eck hier nicht als möglich hinstellen wollen.

[2]) Dieses entfernte Interesse rechtfertigt die Vorschrift wohl kaum. In Wahrheit wollte hier das Gesetzbuch um jeden Preis jemanden finden, der den letzten Willen wahrt. Der Hintermann, der darüber verstimmt ist, daß ihm ein anderer vorgezogen worden ist, eignet sich sehr gut zu dieser Rolle.

nicht ohne Weiteres unwirksam werden. (§ 2195.) Ebenso schon das römische Recht, abweichend vom preußischen Recht (A.L.R. I, 12 §§ 510ff.).

Der Modus gilt als eine Zusatzbestimmung. Bei einer Zuwendung sub modo kommt es hiernach in erster Linie dem Geber auf Bereicherung des Bedachten an und erst in zweiter Linie auf den Modus. Diese Bestimmung des B.G.B. entspricht aber der mutmaßlichen Absicht des Gebers nicht, der zufolge auch die Bereicherung des Bedachten mit der Auflage über den Haufen fällt.[1])

Nur dann ist eine Ausnahme gemacht (§ 2195), wenn der Erblasser die Zuwendung ohne die Auflage nicht bestimmt haben würde, also wenn ein Wille des Erblassers erkennbar ist, Zuwendung und Modus in untrennbarem Zusammenhang zu halten.

Die Schlußbestimmung des § 2196 ist sehr merkwürdig, sie enthält eine Neuschöpfung, aber schwerlich eine glückliche. Wenn nämlich die Unmöglichkeit der Erfüllung des Modus durch den Beschwerten zu vertreten ist, also seine culpa die Unmöglichkeit herbeigeführt hat, so kann derjenige, welchem der Wegfall des Beschwerten zu Gute kommen würde, von diesem so viel als ungerechtfertigte Bereicherung herausverlangen als zur Erfüllung des Modus hätte verwendet werden müssen. Anders und vielleicht anschaulicher ausgedrückt, es kann der Hintermann des Beschwerten so viel herausverlangen, als der Beschwerte durch Nichterfüllung des Modus erspart hat. Das ist ganz dieselbe Regel wie bei der Schenkung (§ 527), bei der derjenige, der eine donatio sub modo gemacht hat, wenn der Modus durch Verschulden des Beschenkten unmöglich wird, so viel herausverlangen kann, als zur Erfüllung des Modus hätte aufgewendet werden müssen.

Das gleiche gilt nach § 2196 Abs. 2 auch für den anderen Fall, wenn der Beschwerte die Vollziehung verweigert hat und Zwangsmittel gegen ihn fruchtlos geblieben sind (also wenn nicht Unmöglichkeit vorliegt, sondern der Beschwerte nur halsstarrig ist, so daß er sich verurteilen und selbst durch Exekution ad faciendum nicht zwingen läßt). Strohal[2]) tadelt das sehr, und mit Recht. Es ist dagegen bemerkt worden, daß die Kommission absichtlich nicht die ganze Zuwendung (wie im römischen und im preußischen Rechte) sondern nur das Ersparte herausgeben lassen wollte. Ersteres enthält eine Strafe und es können nicht als Absicht des Erblassers vermutet werden, daß er eine solche

---

[1]) Es ist schwer in dieser Hinsicht über die mutmaßliche Absicht des Gebers zutreffende allgemeine Regeln aufzustellen.

[2]) Vgl. jetzt 3. Aufl. S. 258 ff.

gewünscht habe. Darüber läßt sich sehr streiten.[1]) Hier wird die Durchführung dieses Gedankens noch viel schwieriger, wie bei Schenkung, weil hier der Geber schon im Grabe liegt. Wenn der Erblasser jemand ein Kapital vermacht, damit er ihm ein Denkmal setze oder seinen Sohn auf eine italienische Reise schicke, wieviel wäre dann für das Denkmal oder die italienische Reise aufzuwenden gewesen? In manchen Fällen braucht der Beschwerte für die Erfüllung des Modus kein bares Geld aufzuwenden, z. B. wenn eine Gedächtnisfeier veranstaltet oder eine Büste irgendwo aufgestellt werden soll, oder auch bei Unterlassungen, wenn die Erlaubnis zum Kopieren eines Bildes erteilt, nicht Hazard gespielt werden soll u. dergl. Das kostet ihn gar nichts. Wenn er das Auferlegte nicht tut, sondern die Büste auf den Boden stellt, statt in den gewünschten Saal, so kann der Hintermann ihm gar nichts abfordern, weil nichts da ist, was er hätte aufwenden müssen.[2]) Schollmeyer teilt folgenden Fall mit: Der Erblasser vermachte 10000 Mark, damit der Empfänger von der Anzeige eines Diebstahls, der ihm in Höhe von 5000 Mark von einem nahen Verwandten des Erblassers zugefügt war, Abstand nehme. Der Bedachte nahm die 10000 Mark und zeigte gleichwohl den nahen Verwandten an. Nach dem B.G.B. kann ihm abgefordert werden, was er zur Erfüllung des Modus hätte aufwenden müssen. Das ist gar nichts. Er kann die 10000 Mark behalten, obwohl er den Modus böswilliger Weise unerfüllt gelassen hat.[3])

6. **Testamentsvollstrecker.** (§§ 2197—2228.)

§ 23.

Die Lehre von der Testamentsvollstreckung ist wohl der einzige Fall, in dem das B.G.B. zur Regelung einer Lehre mehr als fünf Mal so viel Paragraphen für nötig gehalten hat, als das Pr. A.L.R. Das Pr. A.L.R. widmet dieser Lehre nur sechs Paragraphen, das B.G.B. über 30.

Hervorzuheben sind: 1. Rechtsanwalt August Sturm in Naumburg „Die Lehre von den Testamentsvollstreckern nach dem B.G.B.“ Leipzig 1898.

2. Georg Marcus, Landgerichtsrat in Berlin, „Die Testamentsvollstreckung nach dem B.G.B.“ im Sächsischen Archiv für Bürgerl. Recht, Bd. 8 Heft 1 u. 2 S. 98 ff., eine Abhandlung mit mancherlei wertvollen Bemerkungen.

---

[1]) Vgl. oben Bd. 1 S. 478.

[2]) Vgl. oben S. 478 Anm. 2.

[3]) Sofern nicht § 812 Satz 2 oder § 817 zu helfen vermag.

Beide Schriftsteller spenden dem B.G.B. warmes Lob. Auch Strohal[1]) tut dies. Im ganzen wird man diesem günstigen Urteil wohl zustimmen dürfen, obwohl genug Schwierigkeiten übrig bleiben. Im gemeinen Recht ist die ganze Lehre unsicher und bestritten, und im A.L.R. I, 12 §§ 557—562 ist sie viel zu dürftig geregelt.

Als Hauptfrage gilt, wen denn eigentlich der Testamentsvollstrecker bei seiner Geschäftsführung vertrete, wessen Vertreter er sei.[2]) Auf diese Frage haben nun drei Berliner Professoren drei verschiedene, wie ich glaube, unhaltbare Antworten gegeben. Herrschende Ansicht ist, daß der Testamentsvollstrecker Vertreter des Erben sei. Frühere Juristen haben sie auf eine Art Vormundschaft, die er überkomme, gegründet. Allein man kann eine Vormundschaft nicht durch eine Privatverfügung entstehen lassen.[3])

Später hat man gesagt, er bekomme diese Vertretungsbefugnis gegenüber dem Erben durch ein Mandat. Aber dann gelangt man dazu, daß ihm die Vertretung jeden Augenblick durch den Erben müßte entzogen werden können, da ein Mandat widerruflich ist.[4]) Um diese fatale Konsequenz zu vermeiden, hat Hinschius in einer namhaften Abhandlung[5]) ausgeführt, die Vertretungsbefugnis des Testamentsvollstreckers gegenüber dem Erben entspringe vielmehr aus einer testamentarischen Verfügung des Erblassers. Er ernenne die Erben mit der Gebundenheit, sich durch den Testamentsvollstrecker vertreten zu lassen. Aber auch dabei bleibt doch wieder die Konsequenz, daß dann der Testamentsvollstrecker gegen die Erben selber nicht auf Ausführung irgend einer letztwilligen Verfügung würde klagen können; denn er kann doch nicht im Namen der Erben gegen die Erben klagen.[6])

---

[1]) 3. Aufl. S. 266. Daselbst weitere Literatur S. 267 ebenso bei Landsberg, das R. des B.G.B. II. S. 1202. Vgl. auch Schultze, Treuhänder im geltenden bürgerlichen Recht; Iherings Jahrb. Bd. 43 S. 1 ff.; Hellwig, Anspruch und Klagerecht, Jena 1900, § 9 S. 68 ff.; Kohler, Lehrbuch des Bürg. R. Bd. I S. 429.

[2]) Bei der Vieldeutigkeit des Wortes „Vertreter" (vgl. des Herausgebers allgemeinen Teil S. 297 ff.) trägt schon diese Fragestellung eine Unklarheit in die Lehre hinein.

[3]) Wenn das Gesetz es erlaubt, kann man es allerdings.

[4]) Bekanntlich nicht immer. Übrigens ist das Wort „Mandat" ebenso vieldeutig, wie das Wort „Vertreter".

[5]) Preuß. Anwalts-Zeitung Bd. 5 S. 753 und Zeitschr. f. Gesetzgeb. und Rechtspflege Bd. 1 S. 518.

[6]) Man kann sich sehr wohl vorstellen, daß der Erblasser zugleich mit der Bevollmächtigung des Vollstreckers gegenüber Dritten ein Schuldverhältnis zwischen dem Erben und dem Vollstrecker schaffen darf.

Aber es ist gerade sehr wünschenswert, daß er eine solche Klage erheben könne.

Nach Dernburg und Sturm ist er Vertreter des Nachlasses, nicht der Erben.[1]) Darauf liegt natürlich der Einwand nahe, daß der Nachlaß zum Vermögen des Erben oder der Erben gehört, und ein einzelner Teil eines Vermögens oder mehrerer Vermögen einen besonderen Vertreter nicht haben könne.[2]) Darum ist auch diese Konstruktion schwerlich haltbar.

Beseler[3]) erklärte den Testamentsvollstrecker für den Vertreter des Erblassers, wie er es ausgedrückt hat, formeller Repräsentant des Erblassers. Der Verstorbene ist aber kein Rechtssubjekt mehr, und kann sich deshalb nicht vertreten lassen.

Auch das A.L.R. bessert nichts, indem es in § 557 sagt, der Testamentsvollstrecker sei als ein Bevollmächtigter des Erblassers, und die letztwillige Verordnung als seine Vollmacht und Instruktion anzusehen. Damit kommen wir wieder auf die Mandatstheorie zurück.[4])

Infolgedessen ist die Praxis schwankend und widerspruchsvoll. Es ist daran zu erinnern, daß namentlich auch das Reichsgericht über einige Fragen wiederholt geschwankt hat, z. B. über die Frage, ob, wenn alle Nachlaßbeteiligten übereinstimmend eine Verfügung über den Nachlaß getroffen sehen wollen, die vom Testamente abweicht, der Testamentsvollstrecker dennoch widersprechen könne, obwohl niemandes Recht verletzt wird.[5])

Früher verneinte das Reichsgericht in verschiedenen Fällen diese Frage; allein ein Plenarbeschluß hat dem Testamentsvollstrecker ein Widerspruchsrecht beigelegt, weil eben der Wille des Erblassers entscheidend sei und nicht bloß eine Rücksicht auf Rechte anderer Personen.

Eine andere Frage, über die das Reichsgericht verschieden erkannt hat, ist, ob der Testamentsvollstrecker für Klagen auf Feststellung der Giltigkeit des Testaments aktiv legitimiert sei, und umgekehrt passiv

---

[1]) Das Vertreten von Objekten ist immer etwas anderes als das Vertreten von Subjekten. Beides kann sehr wohl zusammen treffen. Kohler a. a. O. (S. 142 Anm. 1) spricht freilich nicht von einer Vertretung der Nachlaßmasse, sondern von einer solchen des Nachlasses als einer juristischen Person. Dies wäre freilich mit einer Vertretung der Erben unvereinbar.

[2]) Letzteres vermag ich nicht einzusehen.

[3]) System des gem. deutschen Privatrechts. Bd. I, § 143.

[4]) M. E. ist diese — richtig gefaßt — unanfechtbar. Es gibt einseitige letztwillige Bevollmächtigungen, wenn es auch keinen letztwilligen Mandatsvertrag geben kann.

[5]) Zwar kein Recht; wohl aber der Zweck des Instituts.

legitimiert bei Klagen auf Ungiltigkeitserklärungen des Testaments. Früher hat das Reichsgericht dies verneint, später Bd. 32[1]) sagte es, es komme hier auf den Willen des Erblassers an. Dieser wird aber in den meisten Fällen gar nicht erkennbar sein.[2])

Noch andere zweifelhafte Fragen sind, wie weit der Testamentsvollstrecker bei der Verwaltung des Nachlasses Schulden machen dürfe, und wie weit die Urteile, die er in Prozessen erstreitet, bindende Kraft für den Erben haben.

Zur Lösung dieser Frage hat man neuestens eine andere Lehre aufgestellt, auf die sich auch die Sätze des B.G.B. zurückführen lassen. Danach soll die Grundlage für die Tätigkeit des Testamentsvollstreckers nicht in irgend einer Vertretungsmacht beruhen, sondern er soll vielmehr durch den Erblasser dessen Rechte und Pflichten überkommen, dessen letzten Willen ausführen. Kraft der Autonomie des Erblassers werde der Testamentsvollstrecker zur Verwirklichung des erblasserischen Willens berufen. Er sei nicht Vertreter irgend jemandes, so daß er alieno nomine zu handeln habe, sondern er sei direkt Willensorgan des Verstorbenen, oder wie Brunner es auf dem letzten Juristentag[3]) formuliert hat: Willenssubstitut des Erblassers.[4]) Nach dieser Theorie bekommt eben der Erbe ein beschränktes Erbrecht, nämlich beschränkt durch die Gebundenheit, sich die Verwirklichung des letzten Willens durch den Testamentsvollstrecker gefallen zu lassen. Diese eigenartige Grundlage für die Macht des Testamentsvollstreckers, die ihn also nicht als Vertreter anderer Personen, sondern aus eigenem Recht handeln läßt, wenn auch dies nur vom Erblasser abgeleitet ist, bezeichnet nun das B.G.B. im § 2202 mit einem ganz passenden Ausdrucke als Amt.

„Das Amt des Testamentsvollstreckers beginnt mit dem Zeitpunkt, in welchem der Ernannte das Amt annimmt."[5]) Damit ist, wie ich glaube, die Unabhängigkeit des Testamentsvollstreckers von dem Willen des Erben ganz gut markiert. Diese können ihm keine Vorschriften machen, noch weniger seine Stellung entziehen. Zugleich aber ist mit dem Ausdruck „Amt" doch auch der Charakter seiner Stellung bezeichnet als einer nicht lediglich durch den Willen des Erblassers (be-

[1]) Anm. S. 152 ff.

[2]) Im Zweifel wird es ihm wohl erwünscht gewesen sein, daß sein Vertrauensmann für seinen letzten Willen streiten dürfe.

[3]) Verhdl. des 21. Juristentages Bd. 3 S. 244.

[4]) M. E. steht dies mit der richtig gefaßten Mandatstheorie nicht im Widerspruch.

[5]) Man übersehe nicht, daß doch auch der Vormund ein Amt hat und trotzdem als (gesetzlicher) Vertreter des Mündels bezeichnet wird.

stimmten und begrenzten), sondern als einer „durch Gesetz bestimmten und bezeichneten.“[1]) Dabei kann die Befugnis des Testamensvollstreckers mehr oder minder weit ausgedehnt werden. Der Entwurf I zum B.G.B. begrenzte sie außerordentlich eng. Da war der Testamentsvollstrecker im großen und ganzen abhängig vom Erben, dieser konnte ihn in seiner Geschäftsführung lahm legen.[2]) Das B.G.B. hat dagegen umgekehrt die Machtbefugnis des Testamentsvollstreckers sehr weit ausgedehnt. Danach hat er einen Vertrauensposten inne, und ist ähnlich wie der Vorerbe gegenüber dem Nacherben ganz außerordentlich freigestellt. Der Testamentsvollstrecker hat nicht bloß die Verfügungen des Erblassers zur Ausführung zu bringen, er hat auch die Verwaltung des Nachlasses. Ja noch mehr, er hat auch die Auseinandersetzung der Erben unter einander zu bewirken.

Diese Idee, daß der Testamentsexekutor niemanden vertrete,[3]) daß er, um mit Brunner zu reden, Willenssubstitut des Erblassers sei, findet auch Marcus im B.G.B. ausgesprochen und im wesentlichen ebenso Sturm. Letzterer hält zwar daran fest, daß der Testamentsvollstrecker Vertreter des Nachlasses sei, zieht aber doch daraus keine Konsequenzen. Als Prinzip betont er durchweg die Pflicht des Testamentsexekutors als des alten Treuhänders zur Treue gegen den Toten[4]) und er entwickelt den Gedanken dieser Treuhänderschaft gegenüber dem Erblasser mit fast poetischen Wendungen. Das ist eben im wesentlichen das Prinzip eines Willensorgans oder Willenssubstituten.[5])

Die ganze Masse des Stoffs ist in einigen Gruppen von Sätzen aufzulösen.

1. Ernennung des Testamentsvollstreckers hat nach § 2197 durch Testament zu erfolgen, also niemals durch Erbvertrag. Denn beim Erbvertrag fiele die Widerruflichkeit weg[6]), und bei Ernennung

[1]) Vorbereitungsheft. Das Gesetz setzt hier der Privatautonomie des Erblassers Schranken, wie auch sonst.

[2]) Dafür ersparte man dem Erben das drückende Gefühl der Abhängigkeit, von dem er jetzt nicht verschont bleibt.

[3]) Wer meine Angelegenheit ordnet und mein Wohl beachten muß, vertritt mich im gewissen Sinne.

[4]) Vgl. hierzu die bahnbrechenden Untersuchungen von Alfred Schulze. Treuhänder im geltenden Recht. Iherings Jahrb. Bd. 43 S. 1 ff. und andererseits Kohler, Lehrbuch des bürg. R., Bd. I S. 429.

[5]) Jeden Vertreter kann man als einen Willenssubstituten dessen, der ihn ernennt, bezeichnen. Damit ist m. E. nur ein neues Wort gewonnen und nicht die Vertretung verneint.

[6]) Nicht unbedingt, s. unten. Der Erbvertrag würde aber hier keinen Zweck haben.

eines solchen Vertrauensmannes soll der Erblasser die Widerrufsmöglichkeit bis zum Tode haben. Da nun aber, wie erinnerlich, Testament jede einseitige Verfügung von Todes wegen ist, so ergibt sich von selbst, daß der Erblasser einen Testamentsvollstrecker ernennen kann, ohne einen Erben zu ernennen. Treibt man es auf die Spitze, so braucht das Testament gar nichts weiter zu enthalten als: „Zum Testamentsvollstrecker ernenne ich Herrn X." Nun kann man natürlich fragen, was für Anordnungen des Erblassers ein solcher vollstrecken solle. Er hat die Regulierung des Nachlasses für die gesetzlichen Erben zu bewirken, den Nachlaß zu verwalten und die Auseinandersetzung zu betreiben.

Nach § 2197 kann der Erblasser auch mehrere Testamentsvollstrecker ernennen. Er kann ferner, was sehr weit geht, nach § 2198 die Bestimmung eines Testamentsvollstreckers sogar auch einem dritten überlassen.[1])

Ja, nach § 2199 kann er den ernannten Testamentsvollstrecker ermächtigen, sich andere zu kooptieren, mit anderen Worten Personen zu Testamentsvollstreckern werden lassen, die er vielleicht gar nicht gekannt hat.[2])

Endlich kann er nach § 2200 auch das Nachlaßgericht bitten, ihm einen Testamentsvollstrecker zu ernennen.

Während also sonst das B.G.B. abgeneigt ist, dem Erblasser zu gestatten, daß er seinen Willen dem eines Dritten unterordnet, geht es hier auf einmal in das andere Extrem über. Eingeengt in der Wahl ist er eigentlich nur durch § 2201, indem er nämlich keinen Geschäftsunfähigen oder auch nur beschränkt Geschäftsunfähigen zum Vollstrecker machen kann. Also sind z. B. Frauen keineswegs ausgeschlossen, auch Ehefrauen nicht. „Dies wird bald praktisch werden." [3]) Wenn nun einer Ehefrau eine Testamentsvollstreckung übertragen ist, die ihr Arbeiten auferlegt, und sie sie übernommen hat, so ist bestritten, ob der Ehemann diese nicht nach § 1358 kündigen könne. Marcus

[1]) Vorbereitungsheft.

[2]) Es handelt sich hier nicht um eine persönliche Gunst, sondern um eine sachliche Tauglichkeit. Hier brauchen die höchstpersönlichen Neigungen des Erblassers nicht mitzusprechen. Dazu kommt, daß ein Erblasser, wenn er einem Dritten darin blindlings vertraut, daß er es ihm überläßt, den Empfänger einer Gabe zu bestimmen, dies dadurch erreichen kann, daß er ihm etwas zuwendet, damit es der Dritte beliebig weiter vergebe. Dieser Ausweg würde aber bei der Ernennung von Testamentsvollstreckern nicht möglich sein. Darum darf dem Dritten bei Testamentsvollstreckern eine Ergänzung des letzten Willens anvertraut werden, während sie ihm bei Zuwendungen versagt ist.

[3]) Vorbereitungsheft.

verneint die Frage, weil kein Dienstvertrag vorliege. Allein § 1358 spricht doch nicht bloß von Dienstverträgen. Es ist also anzunehmen, daß ein Ehemann solche Dienstleistungen, die die Frau als Testamentsvollstreckerin übernommen hat, dadurch zum Erlöschen bringen kann, daß er kündigt.

Auffallend könnte nun erscheinen, daß § 2201 anscheinend Ehrlose „und im Konkurs befindliche“ [1]) nicht ausschließt. Die Erklärung liegt darin, daß nach § 2227 das Gericht das Recht hat, den Testamentsvollstrecker aus wichtigen Gründen zu entlassen.

Nach § 2202 beginnt das Amt des Testamentsvollstreckers nicht von selber, wie die Erbenqualität, sondern vielmehr erst mit der Annahme, die durch Erklärung gegenüber dem Nachlaßgerichte erfolgt. Nötigenfalls wird der Annahmeerklärung eine Frist gesteckt; wenn er dann bis zu deren Ablauf schweigt, so gilt dies Schweigen als Ablehnung.

Nach der Annahme hat, wie § 2368 bestimmt, das Nachlaßgericht dem Vollstrecker eine Legitimationsurkunde auszustellen, oder, wie der Ausdruck des B.G.B. lautet, ein Zeugnis. Dieses Zeugnis wirkt dann wie ein Erbschein, begründet eine Vermutung für die Richtigkeit seines Inhalts u. s. w.

2. Die Machtbefugnis oder der Wirkungskreis des Testamentsvollstreckers war nach dem Pr. A.L.R. außerordentlich eng gezogen. Er hatte zunächst nur die Vollziehung des letzten Willens zu betreiben und nur kraft besonderer Anordnung des Erblassers auch die Verwaltung des Nachlasses. Das B.G.B. macht es gerade umgekehrt. Die executio universalis bekommt er gleich ipsa lege:

a) Der Testamentsvollstrecker hat die letztwilligen Verfügungen des Erblassers zur Ausführung zu bringen (§ 2203).

b) Er hat auch die Auseinandersetzung unter mehreren Miterben zu bewirken (§ 2204).

c) Er hat den Nachlaß zu verwalten (§ 2205).

Er ist also nicht bloß (zu a), wie Entwurf I formuliert hatte, den Erben gegenüber verpflichtet, die Verfügungen des Erblassers auszuführen, sondern die Worte „den Erben gegenüber“ sind absichtlich gestrichen, um die Unabhängigkeit des Testamentsvollstreckers von dem Erben zu markieren.

Auch wider den Willen des Erben muß er die Verfügungen des Erblassers zur Ausführung bringen und auch ohne alle Rücksicht darauf,

---

[1]) Vorbereitungsheft.

ob irgend ein Mensch unter den Lebenden ein Interesse an der Ausführung hat oder nicht; also auch nuda praecepta des Erblassers, die keinem Dritten ein Recht geben, muß er verwirklichen.

In Seufferts Archiv findet sich folgender Fall: „Meine Erben sollen den und den Teil meines Nachlasses zu einem Familienfideikommiß widmen." Jetzt sind die Erben darüber einig, daß es besser sei, das ganze Familienfideikommiß unerrichtet zu lassen. Es kann der Testamentsvollstrecker sie zwingen, gegen sie auf Verwirklichung klagen, obwohl ein dritter Interessent zur Zeit vielleicht gar nicht vorhanden ist. Ein Berliner Bankier bestimmte, daß sein Sohn bis zum 24. Lebensjahre sich die Verwaltung des Vermögens durch den Testamentsvollstrecker gefallen lassen solle und bis dahin mit einer Revenue von 10000 M. vorlieb zu nehmen habe. Der einzige Sohn des Erblassers, der bereits majorenn geworden war, verlangte jetzt in den unbeschränkten Genuß seines Vermögens zu treten. Um das zu verwirklichen, cedierte er zunächst einmal eine Hypothek, die auf seinen Namen geschrieben war, an einen Dritten. Der Dritte klagte nun gegen den Testamentsvollstrecker auf Herausgabe des Hypothekeninstrumentes. Er konnte nicht durchdringen (Reichsgerichts-Entscheidung). Freilich hat kein Dritter ein Interesse daran, daß der einzige Sohn des Erblassers bis zum 24. Jahre nur 10000 M. Revenuen bekommt, aber es war der Wille des Verstorbenen, und den hat der Testamentsvollstrecker zu verwirklichen, gleichviel, ob irgend ein Recht Dritter sich daran knüpft.

Es folgt weiter daraus, daß, wenn der Erblasser eine Stiftung errichtet hat, der Testamentsvollstrecker die Genehmigung erwirken muß.

Eine alte Streitfrage, für die das Pr. A.L.R. keine Lösung gefunden hat, ist, ob der Erblasser den Testamentsvollstrecker auch mit der authentischen Interpretation des letzten Willens betrauen könne. Dies ist zu bejahen, kann aber natürlich nur bei Zweifelhaftigkeit des Sinnes gelten.[1])

Wenn der Testamentsvollstrecker den Sinn der letztwilligen Verfügungen verdrehen oder gar in das Gegenteil verkehren wollte, so könnte der Erbe durch Feststellungsklage die Unzulässigkeit dieses Verfahrens vom Richter feststellen lassen.[2])

b) Die Auseinandersetzung unter mehreren Miterben ist laut § 2204 nach Maßgabe der §§ 2042—2056 zu bewirken. Nach Abs. 2

---

[1]) Vgl. R.G. Bd. 14 S. 194.

[2]) Damit wird dem Vollstrecker das ihm zugesprochene Auslegungsrecht freilich im wesentlichen wieder entzogen, soweit es sich nicht bloß um mehrdeutige Ausdrücke handelt.

des § 2204 soll der Testamentsvollstrecker über den Auseinandersetzungsplan vorher die Erben hören. Unter den gesetzlichen Regeln, auf die hier zurückverwiesen wird, findet sich im § 2048 die höchst wichtige Bestimmung, wonach der Erblasser abweichende Anordnungen über die Auseinandersetzung treffen, ja sogar die Auseinandersetzung in das billige Ermessen eines Dritten stellen kann. Deshalb wird er sie doch auch in das billige Ermessen des Testamentsvollstreckers stellen können, dann bekommt der Testamentsvollstrecker eine noch freiere Machtbefugnis, dann braucht er die Erben nicht erst zu hören, und kann von den Dispositivregeln abweichen. Wenn ein Miterbe kollationspflichtig wäre, könnte der Testamentsvollstrecker kraft seines billigen Ermessens ihm die Kollationspflicht ganz oder teilweise erlassen.[1]) Nur dann, wenn die Bestimmung des Dritten offenbar unbillig ist, kann sie durch richterliches Urteil aufgehoben und ersetzt werden (§ 2048).

c) Nach § 2205 hat er auch die Verwaltung des Nachlasses. Dies geht bei näherer Betrachtung am weitesten. Er ist insbesondere berechtigt, den Nachlaß in Besitz zu nehmen. Marcus meint, daß er den Besitz unmittelbar, nicht erst von den Erben erwirbt. Das kann ich nicht zugeben; denn in der Besitzlehre ist ausdrücklich erklärt, daß der Besitz vererblich ist, also mit dem Erbfall von selber auf die Erben übergeht (§ 857). Darnach kann der Testamentsvollstrecker ihn nie als direkten Hintermann des Erblassers erwerben, sondern immer erst von dem Erben. Hier wird die Frage praktisch, ob er die Erbschaft auch eigenmächtig an sich nehmen kann, ohne daß die Erben possessorisch klagen können. Da aber das Gesetz dem Testamentsvollstrecker die Befugnis gibt, die Nachlaßsachen in Besitz zu nehmen, so kann unmöglich darin nach § 858 eine rechtswidrige Eigenmacht liegen. Also kann, wenn er z. B. Wertpapiere einfach aus dem Zimmer des Erben oder aus dem Sterbezimmer wegnimmt, darin keine Besitzverletzung gefunden werden.

Er kann sogar nach demselben Paragraphen über die Nachlaßgegenstände verfügen. Also nicht im Namen der Erben[2]), davon ist keine Silbe gesagt, sondern kraft eigenen Verfügungsrechts kann er die Nach=

---

[1]) M. E. nicht unbedenklich. Dies ist schon keine Auseinandersetzung mehr, sondern eine Schenkung auf Kosten der andern Erben.

[2]) Es kommt hier darauf an, was man unter der Wendung „im Namen jemandes handeln" versteht. Vgl. des Herausgebers Allg. Teil S. 297. Bezeichnet man damit den unmittelbaren Einfluß auf das Vermögen des andern, so ist der Text zu beanstanden.

laßgegenstände, wenn es ihm angemessen erscheint, zum Gegenstande seiner geschäftlichen Dispositionen machen.[1])

Er kann Nachlaßschulden bezahlen, Nachlaßforderungen kündigen und einziehen, Nachlaßsachen versilbern, auch aus Nachlaßrechten gegen dritte Personen Klagen erheben. Er kann auch das Aufgebot der Nachlaßgläubiger beantragen, die Zwangsversteigerung von Nachlaßgrundstücken betreiben. Nur eine Schranke ist ihm gezogen (§ 2205): Zu unentgeltlichen Verfügungen ist er nicht berechtigt, außer soweit sie einer sittlichen Pflicht oder einer auf den Anstand zu nehmenden Rücksicht entsprechen. Ähnlich war der Vorerbe nur in diesen Grenzen zu Schenkungen aus der Vorerbschaft befugt.[2]) Soweit nun die Verfügungsmacht des Testamentsvollstreckers reicht, ist auch der Erbe seinerseits ausgeschlossen. Eine Kollision oder Verfügungsmacht der plurium in solidum gibt es also nicht (§§ 2211 und 2212). Noch weiter geht § 2206. Der Testamentsvollstrecker darf auch Verbindlichkeiten für den Nachlaß eingehen, soweit sie zur ordnungsmäßigen Verwaltung des Nachlasses erforderlich sind.[3]) Diese Grenze ist flüssig. Indessen kann der Testamentsvollstrecker sich über sie Klarheit verschaffen. Er kann nämlich nach § 2206 Abs. 2 vom Erben verlangen, daß dieser seine Einwilligung erteile. Zu Geschäften ordnungsmäßiger Verwaltung ist der Erbe einzuwilligen verpflichtet. Also kann er vom Exekutor nötigenfalls darauf verklagt werden. Auch der Erbe ist berechtigt, obwohl das B.G.B. das nicht ausspricht, wenn er findet, daß der Testamentsvollstrecker die Grenzen ordnungsmäßiger Verwaltung überschreitet, ohne Not hohe Wechsel ausstellt u. d. m., auf richterliche Unzulässigkeitserklärung dieses Geschäfts zu klagen.

Das B.G.B. nennt die Verbindlichkeiten, die der Testamentsvollstrecker eingeht, immer Verbindlichkeiten für den Nachlaß (§§ 2206 und 2207). Also gehören diese Verbindlichkeiten doch offenbar zu den Nachlaßverbindlichkeiten, obwohl § 1967, der sonst ziemlich vollständig ist, sie nicht mit aufführt. Die Konsequenz ist, daß der Erbe für sie nur dann beschränkt haftet, wenn ein Grund zu der Beschränkung seiner Schuldenhaftung vorliegt, sonst aber unbeschränkt. Darauf deutet doch wohl auch § 2206 Abs. 2 hin.

Dies scheint für den Erben ganz außerordentlich gefährlich zu sein. Allein die Spitze wird dem abgebrochen durch die Verpflichtungen,

---

[1]) Aber natürlich nur, wenn es ihm angemessen erscheint, nicht darf er in unerlaubter eigennütziger Absicht so verfahren, sonst macht er sich haftbar (s. unten).

[2]) Noch näher liegt das Vorbild des Vormundes. Der unumschränkte Testamentsvollstrecker steht freilich einem fiduziarischen Vorerben sehr nahe.

[3]) Nach der Konk.Ordn. § 224 Nr. 5 sind solche Schulden Masseschulden.

welche die Kehrseite der Rechte des Testamentsvollstreckers bilden. Er ist ersatzpflichtig u. s. w. und nur in den Grenzen ordnungsmäßiger Verwaltung ist er befugt, Verbindlichkeiten zu kontrahieren. Also wenn ein Dritter z. B. erkennen konnte, daß das Geschäft diese Grenzen überschreitet, dann würde er mit einem Nichtbefugten kontrahieren und auch solche Verbindlichkeiten gegen den Erben nicht geltend machen können.[1])

Der Erblasser kann diese normale, bisher beschriebene Macht des Testamentsvollstreckers nach § 2207 auch noch bis zur unbeschränkten Eingehung von Schulden erweitern. Nur die eine Schranke, daß unentgeltliche Verfügungen unzulässig bleiben, wiederholt sich auch hier. Umgekehrt aber kann der Erblasser die Machtbefugnis des Testamentsvollstreckers auch einengen, insbesondere kann er nach § 2208 die Verwaltung des Testamentsvollstreckers auf einzelne Nachlaßgegenstände beschränken, so daß er z. B. nur das Grundstück oder nur gewisse Wertpapiere u. dgl. zu verwalten hat. Er kann auch weiter die Ausführung seiner Verfügungen statt dem Testamentsvollstrecker vielmehr dem Erben überlassen, und dann kann der erstere vom Erben die Ausführung verlangen. Da ist der Testamentsvollstrecker also eine Art Aufsichtsorgan.

Endlich kann nach § 2209 dem Vollstrecker auch nur die Nachlaßverwaltung übertragen sein.

Gleich darauf folgt die bemerkenswerte Bestimmung, daß diese Nachlaßverwaltung dem Testamentsvollstrecker auch für die Zeit, in der seine andern Aufgaben erledigt sein werden, belassen werden kann. Dann hat er im Zweifel sogar die unbeschränkte Befugnis zur Eingehung von Nachlaßverbindlichkeiten. Das klingt ungemein auffällig. Gedacht ist dabei wohl an solche Fälle, wo etwa die Witwe des Erblassers und seine Kinder zu Erben eingesetzt sind und die Witwe zur Vollstreckerin des Testaments ernannt ist. Eine solche Verfügung nähert sich offenbar der Anordnung einer Vorerbschaft zu Gunsten der Witwe und einer Nacherbschaft zu Gunsten der Kinder.

Daraus erklärt sich wohl diese außerordentlich freie Stellung des Testamentsvollstreckers. Jedoch sind, wie § 2210 hinzufügt, solche Anordnungen auch zeitlich auf eine 30jährige Dauer nach dem Erbfalle beschränkt. Hier kehren diese 30 Jahre wieder, die wir schon früher erwähnt haben und ähnlich auch die Ausnahme, daß die Dauer auch bis zum Tode des Erben resp. des Testamentsvollstreckers

[1]) Wenn er dies nicht erkennen konnte, so ist er m. E. nur insoweit gesichert, als ihm besondere Vorschriften zum Schutze gutgläubiger Dritter zur Seite stehen.

oder bis zu einem in der Person des einen oder andern eintretenden Ereignis angeordnet werden kann (vgl. oben S. 105 ff. und S. 126).

Natürlich bleibt es dem Erben unbenommen, solche Anordnungen „eines Testamentsvollstreckers", wie die oben skizzierten, als eine Verletzung seines Pflichtteilsrechts zu rügen. Er kann sein Pflichtteil herausverlangen, aber auch nicht mehr.

Wenn nach § 2222 der Testamentsvollstrecker nur bis zum Eintritt einer Nacherbfolge die Rechte und Pflichten des Nacherben wahrnehmen soll, so ist dabei an Neugeborene gedacht, die sonst keine Vertretung haben.[1]) Man darf dreist sagen, bei der großen Ausdehnung der Nacherbfolge, die wir früher kennen gelernt haben, wird es praktisch sehr ratsam sein, daß der Erblasser einen Testamentsvollstrecker ernennt, der bis zum Eintritt des Nacherbfolgefalls Rechte und Pflichten des Nacherben wahrnimmt, damit der Vorerbe jemanden hat, dessen Konsens er zu gewissen Verfügungen erbitten kann.

Endlich kann nach § 2223 ein Testamentsvollstrecker auch nur für die Ausführung der einem Vermächtnisnehmer auferlegten Beschwerungen z. B. einer Auflage, ernannt werden.

Alle diese Fälle eines executoris testamenti specialis sind jedoch Ausnahmen, grundsätzlich ist die Machtbefugnis des Testamentsvollstreckers eine ganz allgemeine.

Der Testamentsvollstrecker ist also dem Erben geradezu übergeordnet, superordiniert. In seinen Händen liegt der Schwerpunkt der Verwaltung.[2])

3. Der Erbe ist neben dem Vollstrecker ausgeschlossen, soweit als die Verfügungs- und Verwaltungsmacht des Testamentsvollstreckers reicht. Auch die persönlichen Gläubiger des Erben (also nicht die Nachlaßgläubiger) können sich nach § 2214 nicht an die Nachlaßgegenstände halten, welche der Verwaltung des Vollstreckers unterliegen. Nur genießen nach § 2211 Abs. 2 dritte Personen, die sich mit dem Erben in gutem Glauben einlassen, den allgemeinen Schutz, der denen zukommt, die Rechte von einem Nichtberechtigten herleiten.

Zur Sicherung des Erben aber sind dem Testamentsvollstrecker, wie vorher bemerkt wurde, als Kehrseite seiner Berechtigungen weitgehende Pflichten auferlegt (§§ 2215 ff.).

---

[1]) Auch an Stiftungen, die noch nicht genehmigt sind.

[2]) Es ist ein Mittel für testierende Haustyrannen, ihre Kinder auch über den Tod hinaus seine Macht in unliebsamer Weise fühlen zu lassen, aber freilich auch ein Mittel, verwickelte Nachlaßverhältnisse von einer einzigen Stelle aus möglichst glatt zu erledigen.

Nach §§ 2215 ff. hat der Testamentsvollstrecker dem Erben unverzüglich ein Verzeichnis der seiner Verwaltung unterliegenden Nachlaßgegenstände mitzuteilen und er hat dem Erben auch bei der Aufnahme eines Erbschaftsinventars Beistand zu leisten. Hier wird also eine Grundlage festgelegt für die spätere Abrechnung und für die Herausgabe der Erbschaft an den Erben. Weiter hat nach § 2216 der Testamentsvollstrecker den Nachlaß ordnungsmäßig zu verwalten. Dazu gehört die Befolgung der Anordnungen des Erblassers. Wenn diese Anordnungen aber so sind, daß sie den Nachlaß gefährden würden, dann kann der Erbe sie vom Nachlaßgericht außer Kraft setzen lassen.

Nach § 2217 muß der Testamentsvollstrecker solche Nachlaßgegenstände, deren er selber nicht bedarf um seine Obliegenheiten zu erfüllen, dem Erben zur freien Verfügung überlassen. Wenn er sich dessen etwa weigert, weil noch Nachlaßverbindlichkeiten zu tilgen seien und er darum keine Nachlaßaktiva entbehren könne, kann der Erbe diese Einrede dadurch überwinden, daß er für die Erfüllung jener Nachlaßverbindlichkeiten Sicherheit bestellt. Im übrigen finden nun die Regeln vom Auftrag auf das Verhältnis zwischen Erben und Testamentsvollstrecker analoge Anwendung (§ 2218). Dahin gehört, daß der Beauftragte Rechnung legen und nötigenfalls die Rechnung durch einen Offenbarungseid bekräftigen muß.

Aber natürlich gilt hier nicht die Gebundenheit des Auftragnehmers an die Weisungen des Auftraggebers, und ebensowenig die vom B.G.B. beliebte Unentgeltlichkeit des Auftrags. Gerade umgekehrt ist im § 2221 bestimmt, daß der Testamentsvollstrecker eine angemessene Vergütung für die Führung seines Amtes verlangen kann, sofern nicht der Erblasser ein Anderes bestimmt hat. Das B.G.B. hat also davon abgesehen, wie es in manchen deutschen Ländern der Fall ist, einen Prozentsatz zu bestimmen. In Hamburg bekommt der Testamentsvollstrecker 2 pCt. vom Nachlaß, was bei großen Vermögensmassen unangemessen ist.

Weil aber der Testamentsvollstrecker nicht umsonst arbeitet, haftet er nach § 2219 für jedes Verschulden dafür auf Ersatz. Also nicht bloß für grobes Verschulden. Von dieser Verpflichtung kann sogar der Erblasser ihn nicht befreien (§ 2220). So wird der Erbe gegenüber der weitgreifenden Verfügungsmacht des Testamentsvollstreckers wenigstens obligatorisch gedeckt.

Für die Spezialgebiete des Grundbuchrechts und des Prozesses greifen die G.B.O. und die C.P.O. neben dem B.G.B. ein.

a) Da auch Immobiliarrechte der Verfügung des Erben entzogen sind, so erfordert der öffentliche Glaube des Grundbuchs, um dritte Erwerber aufzuklären, daß diese Beschränkungen des Erben durch den Testamentsvollstrecker in das Grundbuch eingetragen werden. Und zwar erfordert als formelle Grundlage für die Eintragung die Grundbuchordnung § 36 eine Vorlegung des Zeugnisses, das das Nachlaßgericht dem Testamentsvollstrecker ausgestellt hat (§ 2368). Wenn jedoch die Ernennung des Testamentsvollstreckers auf einer Verfügung von Todes wegen beruht, die in einer öffentlichen Urkunde enthalten ist, was ja beim Testament keineswegs immer zutrifft, dann kann sich das Grundbuchamt mit einer bloßen Ausfertigung dieser öffentlichen Urkunde und des Eröffnungsprotokolls begnügen, und daraufhin die Eintragung der durch die Vollstreckung gegebenen Verfügungsschranken bewirken. Es muß aber, wie § 53 Grundb.O. hinzufügt, das Grundbuchamt bei Eintragung des Erben als Eigentümer bewirken, daß auch die Beschränkung durch den Testamentsvollstrecker eingetragen werde, nicht bloß, wie bisher rechtens ist, auf Antrag des Testamentsvollstreckers, sondern von Amts wegen; es sei denn, das ist eine selbstverständliche Ausnahme, daß der Nachlaßgegenstand, also das Grundstück oder ein sonstiges Immobiliarrecht, der Verwaltung des Testamentsvollstreckers nicht unterliegt. So wird bei der Testamentsvollstreckung von Amts wegen gerade wie bei der Nacherbschaft, die vom Erblasser angeordnet ist, für die Eintragung gesorgt.

Wenn der Erbe noch nicht als Eigentümer eingetragen ist, und der Testamentsvollstrecker über ein Immobiliarrecht zu Gunsten eines Dritten verfügt, eine Hypothek cediert o. dgl. m., so gestattet § 41 Grundb.O., daß die Umschreibung auf den Erben erspart wird und sofort auf Grund der Bewilligung des Testamentsvollstreckers die Eintragung des Dritten erfolgt, wobei der Erbe nur historisch mit erwähnt wird.

b) Über die Legitimation des Testamentsvollstreckers zur Prozeßführung in Nachlaßangelegenheiten enthält das B.G.B. nur wenig, auch die C.P.O. nicht genug.[1])

§ 2212 bestimmt: „Ein der Verwaltung des Testamentsvollstreckers unterliegendes Recht kann nun von dem Testamentsvollstrecker gerichtlich geltend gemacht werden," also klageweise verfolgt oder verteidigungsweise gegen einen Fremden klagend aufrecht erhalten werden.

[1]) Vgl. zu dem Folgenden Hellwig, Anspruch und Klagerecht, Jena 1900, § 9 S. 68 ff.

Ansprüche aus erbschaftlichen Rechten kann also der Testamentsvollstrecker und nur er einklagen, immer tut er das im eigenen Namen.[1]) Hier greift nun der neue § 327 C.P.O. ein. Ein Urteil, das über ein solches, der Verwaltung des Testamentsvollstreckers unterliegendes Nachlaßrecht im Prozeß zwischen Testamentsvollstrecker und einem Dritten ergeht, wirkt auch für und gegen den Erben. Hier zeigt sich recht deutlich, daß im Sinne des B.G.B. der Testamentsvollstrecker nimmermehr Vertreter des Erben sein kann. Denn, wenn er das wäre, würde doch der Satz selbstverständlich sein und brauchte nicht erst ausgesprochen zu werden.[2])

Demnach braucht der Erbe nicht schweigend bei Seite zu stehen und zuzusehen, wenn der Testamentsvollstrecker einen Prozeß nach allen Regeln der Kunst verliert, sondern kann als Nebenintervenient eintreten.

Wenn das Amt des Testamentsvollstreckers während des schwebenden Prozesses endigt, so setzt nach Marcus der Erbe den Prozeß ohne Unterbrechung fort. Eher könnte man meinen, daß der Prozeß zu Boden fällt, wie in dem Falle, wo das Amt eines Konkursverwalters im Konkurs beendigt wird. Die Protokolle der zweiten Kommission nennen das eine rein prozeßrechtliche Frage.

Dies gilt für die Aktivprozesse, wie man wohl zu sagen pflegt (§ 327 Abs. 1 C.P.O.). Bedenklicher ist es bei den Passivprozessen des Nachlasses, oder anders ausgedrückt, bei den Klagen der Nachlaßgläubiger und der Vermächtnisnehmer, sowie auch derjenigen, welche durch Geschäfte des Testamentsvollstreckers selber Gläubiger geworden sind. Über sie trifft § 2213 Bestimmungen, die zu großen Zweifeln Anlaß geben. Es ist gesagt: „Ein Anspruch, der sich gegen den Nachlaß richtet — also ein Passivprozeß —, kann sowohl gegen den Erben als auch gegen den Testamentsvollstrecker geltend gemacht werden". Also hier ist auch der Erbe legitimiert. Der Erbe ist der Schuldner, und den Gläubigern des Erben kann ihr Recht nicht verkümmert werden dadurch, daß es dem Erblasser gefallen hat, einen Testamentsvollstrecker zu bestellen. Darum müssen die Gläubiger berechtigt bleiben, gegen den Erben zu klagen.

Außerdem, wie eine praktische Erwägung sofort ergibt, kann ein Gläubiger das allerdringendste Interesse daran haben, gegen den

---

[1]) Vgl. hierzu oben S. 149 Anm. 2.

[2]) Man könnte auch sagen, daß er ausgesprochen sei, um die vorhandenen Zweifel an der Vertretung der Erben durch den Testamentsvollstrecker niederzuschlagen.

Erben zu klagen und nicht gegen den Testamentsvollstrecker, weil der Erbe etwa unbeschränkt haftet, er also auf dessen eigenes Vermögen wird greifen können, oder weil die ganze Bestellung des Testamentsvollstreckers rechtlich zweifelhaft ist, insofern die Interpretation des Testaments Bedenken unterliegt.

Aber andererseits ist doch der Testamentsvollstrecker der zu Verfügungen über den Nachlaß allein Berechtigte, darum muß er ebenfalls passiv legitimiert sein. Natürlich ist der Testamentsvollstrecker dann nicht passiv legitimiert, wenn ihm die Verwaltung des Nachlasses nicht zusteht (§ 2213 Satz 2). Hat aber der Testamentsvollstrecker die Verwaltung, so kann er sogar noch früher belangt werden als der Erbe. Nämlich der Erbe kann ja während der Überlegungsfrist von sechs Wochen sich jede Inanspruchnahme wegen Nachlaßschulden verbitten, was der Testamentsvollstrecker nicht kann (§ 2213 Abs. 2). Dagegen kann also der Nachlaßgläubiger sofort klagen, dadurch erspart er sich die Unannehmlichkeit, einen Nachlaßpfleger bestellen zu müssen, da er ein belangbares Subjekt in der Person des Testamentsvollstreckers hat.

Wenn aber ein Nachlaßgläubiger, statt die beiden zusammen zu verklagen, nur gegen einen von beiden allein klagt, so ergibt sich in folgerichtiger Entwicklung aus den schon bekannten Regeln, daß das gegenüber dem Erben ergehende Urteil nicht auch für und gegen den Testamentsvollstrecker gilt; denn der Erbe hat keine Verfügung über den Nachlaß, also kann er auch nicht mittelbar eine Vollstreckung in den Nachlaß herbeiführen.

Das praktische Ergebnis ist, daß es dem Gläubiger gewöhnlich zunächst gar nichts nützen wird, wenn er gegen den Erben klagt, weil ja der Testamentsvollstrecker das Urteil, das gegen den Erben ergangen ist, nicht gelten zu lassen braucht, ausgenommen, wenn der Erbe etwa unbeschränkt haftet, also mit seinem eigenen Vermögen. Wohl aber wirkt nun umgekehrt nach C.P.O. § 327 Abs. 2 das über solche Ansprüche an den Nachlaß gegenüber dem Testamentsvollstrecker ergangene Urteil auch für und gegen den Erben, wenn nur der Testamentsvollstrecker zur Führung des Prozesses überhaupt berechtigt war. Natürlich wird der Gläubiger am klügsten tun, immer kumulativ zu klagen. Seinen Antrag kann er dann so formulieren, wie § 2213 Abs. 3 es ihm sanft andeutet: „Ein Nachlaßgläubiger, der seinen Anspruch gegen den Erben geltend macht, kann den Anspruch auch gegen den Testamentsvollstrecker dahin geltend machen, daß dieser die Zwangsvollstreckung in die seiner Verwaltung unterliegenden Nachlaßgegenstände dulde.“ Das entspricht auch bereits der bisherigen Praxis.

Übrigens folgt nun daraus, daß das gegenüber dem Testamentsvollstrecker ergangene Urteil immer auch für und gegen den Erben wirkt, daß nach § 728 Abs. 2 C.P.O. von einem Urteil, das im Prozeß mit dem Testamentsvollstrecker ergangen ist, eine vollstreckbare Ausfertigung auch für und gegen den Erben erteilt werden kann, wie für und gegen einen Rechtsnachfolger der ursprünglichen Prozeßpartei. Sehr diplomatisch ist am Schlusse noch hinzugefügt, daß eine vollstreckbare Ausfertigung gegen den Erben erteilt werden kann, auch wenn die Verwaltung des Testamentsvollstreckers noch besteht. Obwohl die Aktiva sich in Händen des Testamentsvollstreckers befinden und er allein verfügungsberechtigt ist, kann dennoch diese vollstreckbare Ausfertigung schon von Wert sein, wenn der Erbe unbeschränkt haftet oder wenn er bereits einzelne Nachlaßstücke vom Testamentsvollstrecker herausbekommen hat.

Kann eine vollstreckbare Ausfertigung gegen den Erben erteilt werden, wenn die Verwaltung des Testamentsvollstreckers noch besteht, so kann sie doch für den Erben nicht erteilt werden, weil er dann eine Verfügungsgewalt in die Hände bekäme, um ein Nachlaßaktivum beizutreiben. Es muß abgewartet werden, bis die Testamentsvollstreckung zu Ende gegangen ist.

Über die Legitimation des Testamentsvollstreckers für Erbschaftsstreitigkeiten gibt das B.G.B. sehr wenige Bestimmungen, die zu ernsten Bedenken Anlaß geben.

§ 2213 Abs. 1 Satz 3 lautet: „Ein Pflichtteilsanspruch kann, auch wenn dem Testamentsvollstrecker die Verwaltung des Nachlasses zusteht, nur gegen den Erben geltend gemacht werden." Daß der Erbe belangt werden kann, begreift sich ja ohne weiteres, denn ein Pflichtteil bedeutet eine Beschränkung der Erbschaft, also ist der Erbe passiv legitimiert. Warum soll der Pflichtteilsberechtigte, der sein Geld haben will, nur gegen den Erben klagen können, der gar nichts in Händen hat? Die Erklärung liegt wohl im Abs. 3 des § 2213, der dahin geht, daß neben dem Erben immer auch der Testamentsvollstrecker auf Befriedigung verklagt werden kann, oder genauer darauf, daß er die Zwangsvollstreckung in die seiner Verwaltung unterliegenden Nachlaßgegenstände dulde. Daher ist die nur gegen den Erben zu verfolgende Klage, von der Satz 3 des § 2213 redet, nur auf Feststellung des Pflichtteils gerichtet. Nur so wird ein rechter Sinn in diesen § 2213 gelegt werden können.[1])

[1]) Die Vorschrift macht es m. E. dem Vollstrecker unmöglich, wider Willen des Klägers in Pflichtteilsfragen mit Erfolg hineinzureden. Enterbungsgründe

Das B.G.B. schweigt darüber, ob der Testamentsvollstrecker auch zu Prozessen um die Gültigkeit des Testamentes legitimiert sei, also zu Klagen auf Anerkennung des Testaments gegen die Intestaterben, oder zur Verteidigung gegenüber den umgekehrten Klagen der gesetzlichen Erben auf Ungültigkeitserklärung des Testaments. Auch die C.P.O. schweigt. In den Protokollen der zweiten Kommission [1]) steht, das brauche gar nicht erst bestimmt zu werden, obwohl das Reichsgericht selber geschwankt hat. Aber freilich gibt die zweite Kommission ihre Meinung dahin kund, daß diese Befugnis zu verneinen sei. Ebenso das Reichsgericht Bd. 32 S. 152 ff. aus wenig zureichenden Gründen. Wenn an der Spitze der Befugnisse des Testamentsvollstreckers steht, daß er die letztwilligen Verfügungen des Erblassers zur Ausführung bringen soll, dann muß er doch auch für ihren gesamten Bestand eintreten können, für ihre Aufrechterhaltung gegenüber einem das Testament angreifenden Intestaterben. Wie jedermann weiß, ist das gerade der historische Ursprung des ganzen Instituts der Treuhänder und Testamentsexekutoren, daß der Erblasser seine letztwilligen Verfügungen gegen die Angriffe der gesetzlichen Erben aufrecht erhalten wollte. Daher kann nicht, während wir diese germanische Wurzel jetzt wieder bloß gelegt und an sie wieder angeknüpft haben,[2]) der Testamentsvollstrecker gerade diese Legitimation verloren haben. Die Kommission beruft sich darauf, daß jetzt der Erbschaftsanspruch nur dem Erben zustehe und nur gegen den pro herede possessor gehen soll. Der Testamentsvollstrecker sei aber weder Erbe, noch pro herede possessor, also könne er solche Klagen um Gültigkeit des Testaments weder aktiv erheben noch passiv gegen sich richten lassen. Aber der Testamentsvollstrecker ist neben dem Erben Herr der Erbschaft und darum mindestens für diese Klagen analog wie der Erbe zu behandeln. Sonst könnten ja die Testamentserben und Intestaterben, wenn nur zwischen ihnen die Klagen um die Gültigkeit des Testaments verhandelt werden dürften, leicht dadurch, daß sie unter einer Decke stecken, den Testamentsvollstrecker ganz und gar bei Seite schieben, in-

---

haben z. B. oft einen familienrechtlichen Charakter. Ihre Grundlagen aufzurühren, soll ein Vorrecht des Erben sein, der dem Verstorbenen näher steht, als der Vollstrecker.

[1]) Bd. 5 S. 300, Bd. 6 S. 349.

[2]) Neben dieser altgermanischen Wurzel spricht auch das moderne Bedürfnis nach einer tatkräftigen und angemessenen Auflösung verwickelter Nachlaßverhältnisse durch einen möglichst unbeschränkten Machthaber. Auch dieses verlangt, daß der Vollstrecker in seinem Kampfe um den Nachlaß nicht der erforderlichen Waffen beraubt werde. Vgl. hierzu die oben S. 145 Anm. 4 Genannten.

dem die Intestaterben das Testament angreifen und die Testamentserben es so schlecht verteidigen, daß es anulliert werden muß.

Können aber die Klagen der Intestaterben gegen die Testamentserben, wenn sie siegreich durchgeführt sind, nachher dem Testamentsvollstrecker nicht präjudizieren, so bedürfen die Intestaterben auf das allerdringendste eines Klagerechtes auch gegen den Testamentsvollstrecker, sonst nützt ihnen ihr Sieg gegen die Testamentserben nichts, da der Testamentsvollstrecker die Aktiva des Nachlasses in Händen hat. Nach § 2213 Abs. 3 haben dies Klagerecht nur die Nachlaßgläubiger, aber die Intestaterben sind keine Nachlaßgläubiger. Trotzdem würde ich, wie nach jetzigem Recht, den Testamentsvollstrecker zum Rechtsstreite für die Gültigkeit des Testaments als durchaus legitimiert ansehen. Marcus geht sogar so weit, daß er ihn ausschließlich für legitimiert erklären will, den Erben gar nicht. Das geht mir zu weit.

Dagegen kann der Testamentsvollstrecker nicht seinerseits auf Ungültigkeitserklärung des Testaments klagen, denn in den Grenzen seiner Obliegenheit, die letztwilligen Verfügungen zur Ausführung zu bringen, liegt die Aufrechterhaltung, aber nicht die Anfechtung des Testaments.

5. Ob der Testamentsvollstrecker, dem die Nachlaßregulierung etwa unbequem ist, vielleicht gerichtliche Erbauseinandersetzung und gerichtliche Nachlaßverwaltung beantragen könne, ist nicht ausdrücklich entschieden, aber m. E. zu verneinen. Denn das ist ihm gerade auferlegt, und wenn er diese Leistung von sich abwälzen und dem Gerichte zuschieben wollte, so würde das praktisch einer Niederlegung seiner Stellung gleichkommen. Zu dieser Niederlegung ist er freilich befugt. Aber er kann nicht Testamentsvollstrecker bleiben und das Gericht bitten, die Nachlaßverwaltung oder die Erbauseinandersetzung für ihn zu übernehmen. Natürlich muß er, wenn der Nachlaß überschuldet ist, Nachlaßkonkurs beantragen können. Das ist sogar seine Pflicht.

Mehrere Testamentsvollstrecker führen das Amt gemeinschaftlich. Wenn sie nicht einig sind, entscheidet das Nachlaßgericht (§ 2224). Das ist schwerfällig. Auch ist das Gericht nicht immer in der Lage, über Maßregeln, die ein Testamentsvollstrecker ergriffen wissen will, zu entscheiden. Darum warnt Sturm vor der Ernennung mehrerer Testamentsvollstrecker.[1]) Indessen, fügt § 2224 Abs. 2 hinzu, daß zur Erhaltung eines Nachlaßgegenstandes jeder Testamentsvollstrecker allein Maßregeln treffen kann.

---

[1]) In irgend einer Weise muß aber hier ein Ausweg geschaffen werden. Mit dem Satze: In pari causa est potior conditio prohibentis würde man hier oft die Nachlaßverwaltung in schädlicher Weise lähmen.

Das Amt des Testamentsvollstreckers erlischt nach §§ 2225 ff. vor allen Dingen durch den Tod — es ist unvererblich —, oder durch den Eintritt eines Hinderungsgrundes, der schon seiner Ernennung entgegengestanden hätte. Wenn er z. B. beschränkt geschäftsfähig oder entmündigt wird, so erlischt sein Amt. Weiter kann er nach § 2226 jeder Zeit sein Amt durch Erklärung gegenüber dem Nachlaßgericht kündigen.

Nach § 2227 ist das Gericht befugt, ihn zu entlassen, wenn ein wichtiger Grund vorliegt, genauer ist es nicht bestimmt.[1])

Nicht ausgesprochen, aber meines Erachtens unzweifelhaft ist, daß auch durch Hinfälligkeit des Testaments, das ihn berufen hat, das Amt erlischt.

Blickt man zurück, so darf man die Lehre als eine sehr eingehende und gründliche bezeichnen, die auch glückliche Regeln gefunden hat, die aber doch schwere Zweifel übrig läßt. Marcus a. a. O. meint sogar, der Testator sei künftig einfach darauf zu verweisen, daß er nicht den Testamentsvollstrecker durch Sonderverordnungen belaste. Die beste Testamentsformel ist nach Marcus: „Ich ernenne X. zum Vollstrecker meines Willens und zwar befreit von allen Beschränkungen in der Eingehung von Verbindlichkeiten für den Nachlaß". Das ist ganz schön, wenn der Erblasser den richtigen Mann ausgewählt hat, womöglich auch einen zahlungsfähigen. Andernfalls sind die Erben durch diese Verfügung dem Testamentsvollstrecker mit Haut und Haar ausgeliefert oder wenigstens schwer gefährdet.[2])

---

[1]) Die Frage ob ein Testamentsvollstrecker abzusetzen ist, gehört zu den erbrechtlichen Verhältnissen des Art. 213. E.G. Entsch. d. R.G. Bd. 46 Nr. 20 S. 71 ff.

[2]) Man darf sich hier nicht durch Vorbilder aus unentwickelten Kulturstufen irre machen lassen. Ein heres fiduciarius in rem alienam ist nur eine plumpe Vorstufe des Testamentsvollstreckers, der unentbehrlich war, so lange die Feinheiten des Stellvertretungsrechtes noch nicht entwickelt waren. Es lag ein Fortschritt in der Möglichkeit, die Befugnisse der Testamentsvollstrecker unter die Rechte eines fiduziarischen Erben hinunterzudrücken. Eine Beschränkung der Rechte des Testamentsvollstreckers wird unter Umständen auch der Erblasser anordnen müssen, um den Erben nicht eine arge Rute aufzubinden. Nicht genügend gewürdigt ist im Texte der § 2216 Abs. 2 Satz 2, wonach der Nachlaßrichter das Testament zum Besten der Erben verbessern kann, um sie aus drückender Abhängigkeit zu erlösen. Hier schießt das Gesetzbuch eine Bresche in die Testierfreiheit; vgl. auch den Schutz der Pflichtteilserben gegen Testamentsvollstrecker in § 2306.

7. Errichtung eines Testaments. (§§ 2229—2252.)

§ 24.

Über die Errichtung und Aufhebung der Testamente in der Literatur vgl. Kammergerichtsrat Eichhorn (3. Auflage des bisherigen preußisch rechtlichen Werkes) „Das Testament, Hand- und Musterbuch für letztwillige Verfügungen nach dem B.G.B." Berlin 1898.

Nach § 2229 bedarf derjenige, der nur beschränkt geschäftsfähig ist, zur Testamentserrichtung nicht der Zustimmung seines gesetzlichen Vertreters. Das soll aber nicht besagen, wie es im ersten Augenblick klingt, daß jeder beschränkt Geschäftsfähige auch selbständig testieren könnte. Der nächste Absatz klärt uns sofort auf, daß die Fähigkeit des Minderjährigen, ein Testament zu errichten, erst mit dem 16. Lebensjahr beginnt, und weiter ist sogar schlechthin jeder wegen Geistesschwäche, Verschwendung oder Trunksucht Entmündigte von der Testamentserrichtung ausgeschlossen, und zwar schon seit der Stellung des Antrags, auf Grund dessen dann später die Entmündigung erfolgt, aus dem naheliegenden Grunde, damit nicht der Provokat, gegen den der Antrag erhoben ist, aus Rache den Provokanten, der vielleicht sein nächster Verwandter ist, durch Testament ausschließen könne.

Indessen sind in § 2230 zwei Milderungen hinzugefügt. Die erfolgte Entmündigung soll der Wirksamkeit des Testaments nicht entgegenstehen,

1. wenn der Entmündigte noch vor der Rechtskraft seiner Entmündigung testiert und auch stirbt. Dann war die Richtigkeit der Entmündigung noch unsicher.

2. Nach demselben § 2230 steht es ebenso, wenn ein Entmündigter nach Stellung des Antrags auf Wiederaufhebung seiner Entmündigung ein Testament errichtet und dann die Wiederaufhebung auch in der Tat erfolgt. Hier war durch die Stellung des Antrags die Entmündigung sozusagen schon erschüttert, und durch die Wiederaufhebung ist dann festgestellt worden, daß sie damals innerlich nicht mehr berechtigt war.

An Testamentsformen unterscheidet das B.G.B. ordentliche und außerordentliche.

1. Die ordentlichen Testamentsformen bestehen nach § 2231 entweder in der Erklärung des Testators vor Gericht bezw. einem Notar oder in einer holographischen Privaterklärung, d. h. in einer solchen, die von dem Erblasser eigenhändig geschrieben, unterschrieben und mit

Angabe des Ortes und Tages versehen ist. Dabei hat man hinzuzudenken des Ortes und Tages der Ausstellung.[1])

Es ist bekannt, daß das holographische oder privatschriftliche Testament französischen Ursprungs ist und erst vom Reichstag in das B.G.B. hineingebracht wurde, ein vielleicht nicht unbedenkliches Einschiebsel. Die Gefahren, die dieses holographische Testament mit sich bringt, liegen auf der Hand. Die Gefahr, daß der Erblasser noch viel leichter überredet werden kann, ein Testament zu errichten, wenn er es durch Privatschrift herzustellen vermag, ferner die Gefahr der Antedatierung. Man setze den Fall, daß gegen jemand der Antrag auf Entmündigung gestellt ist. Nun errichtet er ein Testament und antedatiert es um vier Wochen. Dann wird es unter Umständen sehr schwer halten, die falsche Angabe als solche nachzuweisen, und das Testament ist wirksam, obwohl es nach der Provokation auf seine Entmündigung errichtet ist.[2]) Natürlich kann auch das privatschriftliche Testament nach dem Tode des Erblassers leicht unterdrückt werden. Mit einem Wurfe fliegt es in den Kamin und verbrennt.[3]) Es kann auch leichter gefälscht werden.[4]) Nach der Behauptung der rheinisch-französischen Juristen haben sich alle diese Gefahren im rheinischen Rechtsgebiet nicht fühlbar gemacht. Daraufhin hat man das holographische Testament angenommen. Jedenfalls werden wir infolge der Zulassung desselben nachlässig formulierte Testamente noch viel häufiger bekommen als jetzt.[5])

---

[1]) Das Reichsgericht verlangt die Richtigkeit des Datums in Übereinstimmung mit seiner früheren Praxis bezüglich des französischen Rechtes, Entsch. Bd. 51 Nr. 38 S. 166. Einen freien Standpunkt in der Frage, ob das Datum des eigenhändigen Testaments am selben Tage und über der Unterschrift des Erblassers niedergeschrieben sein müsse, vertritt die Entscheidung des R.G. vom 24. Dezember 1900 (Entsch. in Ang. d. freiw. Gerichtsb. Bd. II S. 13). Ebenso hält eine Entscheidung des R.G. vom 7. April 1902 (Entsch. in Ang. d. freiw. Gerichtsb. Bd. III S. 71) eine wahrheitsgetreue Angabe von Ort und Zeit nicht für erforderlich. A. M. (mit Recht) das R.G. Entsch. Bd. 51 S. 169. Nach dem Urteil des R.G. vom 4. Juni 1903 (Entsch. in Ang. d. freiw. Gerichtsb. Bd. IV S. 12) muß die Unterschrift unter, nicht neben dem Kontext stehen. Dagegen mit Recht Dernburg, Deutsche Jur.Ztg. 1904 S. 5. — Die Entscheidung des R.G. vom 25. Februar 1901 (Entsch. in Ang. d. freiw. Gerichtsb. VI S. 61) verlangt, daß auch Ort und Zeit des holographischen Testaments eigenhändig geschrieben sind.

[2]) Ein seltener Fall. Leges generaliter constituuntur.

[3]) Dem vorzubeugen ist Sache des Erblassers.

[4]) Die veränderte Schreibweise hat die Fälschungsgefahr in hohem Maße gemindert; daher die leichte Form.

[5]) Dernburg, Deutsche Jur.Ztg. 1904 S. 4 beklagt das Mißtrauen, mit dem man das eigenhändige Privattestament in juristischen Kreisen betrachte. Vgl. auch

Nach § 2247 kann jemand, der minderjährig ist (z. B. ein sechszehnjähriger Sekundaner) oder Geschriebenes nicht zu lesen vermag, auch das Testament nicht in holographischer Form, sondern nur mündlich vor Gericht herstellen oder notariell letztwillige Verfügungen treffen.

Nach §§ 2232 ff. muß der Richter zur gerichtlichen Form entweder einen Gerichtsschreiber oder zwei Zeugen zuziehen, und zur notariellen Form der Notar einen zweiten Notar oder wieder zwei Zeugen. Hierbei ist auffallend, daß zum Testament eine privatschriftliche Erklärung genügt, nicht aber eine vom Notar oder vom Notar und einem Zeugen aufgenommene Erklärung.[1])

Dabei sind nun von jeder Mitwirkung als Richter oder als Notar, Gerichtsschreiber, Zeuge ausgeschlossen (§ 2234): Ehegatten und nahe Verwandte des Erblassers in gerader Linie oder im zweiten Grade der Seitenlinie, nicht bloß Verwandte, sondern auch Verschwägerte, also auch Schwiegerkinder und Stiefkinder, selbst Schwager und Schwägerin. Dagegen würden Onkel und Nichte des Erblassers zugelassen sein, weil sie erst im dritten Grade der Seitenlinie mit dem Erblasser verwandt sind. Die Folge der Zuziehung einer solchen ausgeschlossenen Person ist Nichtigkeit des Testaments. Denn § 2234 braucht das Wort: „kann" nicht mitwirken. Es ist nicht bloß ein „soll" vorgeschrieben.

Auch wenn ein im Testament Bedachter mitwirkt oder auch nur ein zu dem Bedachten in jenem Verwandtschaftsverhältnisse Stehender, dann ist die Zuwendung, die an den im Testament Bedachten gemacht ist, nichtig.

Das klingt natürlich an das senatus consultum Libonianum an, nachdem quod sibi ipse quisquam adscripserit nichtig war. In Preußen[2]) mußte bekanntlich der Testator, wenn er dem Richter oder Gerichtsschreiber etwas zuwenden wollte, das besonders eigenhändig im Testament vermerken. Das B.G.B. läßt aber nicht einmal einen solchen Extravermerk zu, sondern die Zuwendung an einen bei der Errichtung Mitwirkenden ist schlechterdings null und nichtig.

Auch der Richter und Notar dürfen keinen Gerichtsschreiber oder einen zweiten Notar oder Zeugen aus ihrer Verwandtschaft in den angegebenen Grenzen wählen.

Crome-Zachariae, Handbuch des französischen Civilrechts, 8. Aufl., Freiburg i. B. 1895, Bd. IV S. 280 § 678 Anm. 1: „Das eigenhändige Testament ist, als Erweiterung der bürgerlichen Freiheit, von unschätzbarem Werte."

[1]) Das erklärt sich zum Teil aus der nachträglichen Einschiebung des holographischen Testaments in den Gesetzbuchstext, zum Teil aus der Gewähr der Echtheit durch die Handschrift des Testators.

[2]) A.L.R. I, 12 § 136.

Die Zeugen sind nicht bloß Beweiszeugen, sondern auch Solennitätszeugen. Daher bestimmt § 2237, daß bei der Errichtung des Testaments vier Kategorien nicht mitwirken sollen (also eine Ordnungsvorschrift): 1. Minderjährige, 2. Ehrlose, 3. wer unfähig ist, als Zeuge eidlich vernommen zu werden, 4. wer als Gesinde oder Gehilfe im Dienste des Richters oder des beurkundenden Notars steht.

Die Art und Weise der Errichtung ist nach § 2238 dahin bestimmt, daß sie vor Gericht oder Notar entweder durch mündliche Erklärung des letzten Willens geschehen kann, also als testamentum apud acta conditum, oder durch Übergabe einer Schrift, welche den letzten Willen enthält, also als testamentum iudici oblatum. Diese Schrift kann offen oder verschlossen übergeben werden. Der Testator muß nur erklären, daß sie seinen letzten Willen enthalte. Dabei braucht sie aber vom Testator nicht geschrieben zu sein, ja § 2238 verlangt nicht einmal, daß der Testator die überreichte Schrift auch nur unterschrieben habe.

Das B.G.B. meint wohl, durch die Unterzeichnung des gerichtlichen Protokolls werde nachher eine eigene Unterschrift des Testators beschafft, daher könne sie bei dem überreichten Aufsatz fehlen.

Wer aber minderjährig ist oder geschriebenes nicht zu lesen vermag, kann das Testament nur durch mündliche Erklärung errichten, also in ähnlicher Weise wie in Preußen die Personen unter achtzehn Jahren,[1]) nicht ein testamentum iudici oblatum, sondern nur ein testamentum apud acta conditum errichten. (2247.)

In beiden Fällen ist nach § 2240 ein Protokoll in deutscher Sprache aufzunehmen. Dies Protokoll muß natürlich verlesen, vom Erblasser genehmigt und von ihm und den mitwirkenden Personen eigenhändig unterschrieben werden (§ 2242).[2]) Also von allen mitwirkenden Personen, auch von den Zeugen, die etwa an Stelle des Gerichtsschreibers oder des zweiten Notars zugezogen sind. Sodann soll das Protokoll mit dem Amtssiegel verschlossen und in besondere amtliche Verwahrung gebracht werden mit einer das Testament näher bezeichnenden Aufschrift, die vom Richter oder Notar zu unterschreiben ist (§ 2246). Es stecken darin folgende Neuerungen:

---

[1]) A.L.R. I, 12 § 17.

[2]) Vgl. hierzu Entsch. d. R.G. Bd. 53 Nr. 37 S. 151. Nach der Entsch. d. O.L.G. Rostock vom 6. Juni 1901 (Entsch. in Ang. d. freiw. Gerichtsb. Bd. II S. 119) muß das Protokoll des gerichtlichen oder notariellen Testaments den richtigen Ort und den richtigen Tag der Verhandlung angeben. Schreibfehler können Nichtigkeitsgründe sein.

1. Das Protokoll selber soll mit in das Kuvert geschlossen werden. Bisher geschieht das nur mit dem schriftlich überreichten Aufsatz. Also wird der Richter eine Registratur zu den Akten nehmen müssen darüber, daß er das Protokoll mit dem überreichten Aufsatz in das Kuvert geschlossen hat.

2. Eine weitere Abweichung ist, daß die Aufschrift auf dem Kuvert nur vom Richter oder Notar zu unterschreiben ist. Bisher unterschrieben in Preußen Richter und Gerichtsschreiber zusammen.

3. Erklärt endlich der Erblasser, daß er nicht schreiben kann, dann wird seine Unterschrift durch die Feststellung dieser Erklärung im Protokoll ersetzt (§ 2242 Abs. 2).[1]) Mit andern Worten: Kein Handzeichen mehr. Der Erblasser braucht nicht mehr die Kreuze oder drei Nullen und was sonst dergl. zu machen.

Dem Erblasser muß über das Testament, das in amtliche Verwahrung genommen ist, ein Hinterlegungsschein erteilt werden (§ 2246 Abs. 2).

Auf Verlangen ist das Protokoll dem Erblasser auch zur Durchsicht vorzulegen (§ 2242 Abs. 1 Satz 3) also nicht bloß vorzulesen. Das ist namentlich für Taube von Wichtigkeit, denen die Vorlesung ja nichts nutzt. Ein Stummer oder ein sonst am Sprechen Verhinderter kann nur durch Übergabe einer Schrift testieren, und zwar muß er die Erklärung, daß die Schrift seinen letzten Willen enthalte, da er nicht sprechen kann, bei der Verhandlung eigenhändig in das Protokoll oder auf ein besonderes Blatt schreiben, das dem Protokoll als Anlage beigefügt werden muß (§ 2243). Letzteres ist der Vorsicht wegen hinzugefügt worden, für den Fall, daß der Richter so unvorsichtig sein sollte, den Testator seine Erklärung nicht in das Protokoll schreiben zu lassen. Dann soll auch ein besonderes Blatt genügen. Eichhorn (S. 109) warnt besonders davor, weil ein solches Blatt leicht verloren gehen könne und die Akten unnötig anschwellen lasse.

§§ 2244 und 2245 enthalten bemerkenswerte und viel bestrittene Vorschriften über einen Testator, der der deutschen Sprache nicht mächtig ist. Dann soll ein vereideter Dolmetscher zugezogen werden.[2]) Er braucht nicht gerichtlich vereidigt zu sein, er kann auch von einer andern Behörde vereidigt sein. Dieser hat das Protokoll, das der

[1]) Vgl. über die Beziehung der §§ 2241 u. 2242 zu § 177 des Gesetzes über die freiwillige Gerichtsbarkeit (Pflicht, Anlagen eines Protokolls zu verlesen) die Entsch. d. R.G. Bd. 54 Nr. 55 S. 197 ff.

[2]) Vgl. d. Entsch. d. K.G. v. 11. Febr. 1901 (Entsch. in Angel. d. freiw. Gerichtsbarkeit II, 59): Gerichtsschreiber und Dolmetscher können nicht dieselbe Person sein.

Richter aufgenommen hat, in die Sprache des Erblassers zu übersetzen; die Übersetzung muß dann als Anlage dem Protokoll beigegeben werden.

Die Zuziehung eines Dolmetschers kann nach § 2245 unterbleiben, wenn sämtliche mitwirkenden Personen der fremden Sprache, in welcher der des Deutschen nicht mächtige Erblasser sich erklärt, ihrerseits ebenfalls mächtig sind.

Wenn der Erblasser diese Erklärung abgibt, so ist der Richter verpflichtet, in der fremden Sprache, die er selber beherrscht, das Protokoll aufzunehmen. Es wird aber wohl stillschweigend vorausgesetzt, daß die Versicherung des Erblassers, der deutschen Sprache nicht mächtig zu sein, auch glaubhaft ist.[1]) Ohne das wird sich der Richter oder Notar doch wohl nicht darauf einzulassen brauchen.

Auf der andern Seite fällt Strohal[2]) in das entgegengesetzte Extrem, indem er meint, man hätte die fremde Sprache auch dann zulassen sollen, wenn der Erblasser, der in der fremden Sprache testieren will, des Deutschen zwar mächtig ist, aber die mitwirkenden Zeugen der deutschen Sprache nicht mächtig sind. Es ist aber keine Not vorhanden, daß er Personen zuzieht, die der deutschen Sprache nicht mächtig sind.

Artikel 151 des Einführungsgesetzes fügt hinzu, daß durch die Vorschriften des B.G.B. über die Testamentsform die allgemeinen Vorschriften der Landesgesetze über die Errichtung gerichtlicher oder notarieller Urkunden nicht berührt werden soll. Es sind solche landesgesetzliche Vorschriften gemeint, die nicht die Testamentsform speziell betreffen — denn diese im B.G.B. erschöpfend geregelt — sondern vielmehr die Herstellung gerichtlicher oder notarieller Formen überhaupt. Also z. B. die Regeln über Feststellung der Identität einer erscheinenden Person,[3]) oder weiter über die Geschäftsfähigkeit der Verfügenden, über Verbesserungen, Rasuren, Zeichen, Änderungen, Beifügung von Siegeln u. dgl. m. Diese sollen, weil die Reichsgesetze das Urkundenwesen nicht vollständig regeln, bestehen bleiben, jedoch, wie Art. 151 hinzufügt, bloß als Ordnungsvorschriften, ohne daß ihre Verletzung beim Testament Nichtigkeit begründete. Nur die Vorschriften über die

[1]) A. M. Fischer-Henle Handausgabe. Anm. 1 zu § 2244. Strohal unterscheidet mit Recht die Frage, ob die Gültigkeit des Testaments von der Wahrheit dieser Versicherung abhängt, die er verneint, von der Frage, ob die Wahrheit bei der Testamentsaufnahme zu prüfen ist. 3. Aufl. S. 100 Anm. 46.

[2]) 3. Aufl. S. 102 Anm. 53.

[3]) Vgl. Mot. Bd. 5 S. 133.

sachliche Zuständigkeit können vom Landesrecht immer noch mit der Wirkung bekleidet werden, daß ihre Verletzung Nichtigkeit nach sich zieht, z. B. die Vorschriften, daß für (Testamente) Aufnahme des Testaments nur bestimmte Gerichte, z. B. nur Amtsgerichte zuständig seien. Übereinstimmend mit diesem Artikel 151 ist auch § 200 des Gesetzes über die freiwillige Gerichtsbarkeit, der nur allgemeiner, nicht bloß mit Bezug auf Testamente, das wiederholt, was Art. 151 über Testamente gesagt hat.

Es können hier aber nur Vorschriften über die Errichtung von gerichtlichen oder notariellen Urkunden in Betracht kommen, nicht z. B. über die Wirksamkeit, z. B. über den Charakter der Öffentlichkeit.[1])

Nach § 2248 kann auch ein holographisches Testament der mehreren Sicherheit wegen in amtliche Verwahrung gegeben werden und ist auf Verlangen des Erblassers in solche Verwahrung zu nehmen.[2])

Bei den außerordentlichen, erleichterten Testamentsformen berührt es sonderbar, was schon früher bemerkt wurde, daß, nachdem die privatschriftliche Form als ordentliche zugelassen ist, noch außerordentliche erleichterte vorkommen, die alle weitaus viel schwerer sind, als die privatschriftlichen ordentlichen. Das ist aus der Reichstagsvorlage übrig geblieben, in der das holographische Testament noch nicht stand.[3])

Die außerordentlichen, erleichterten Testamentsformen (§§ 2249 bis 2252) sind drei:

1. Das Dorftestament, wie man jetzt schon in der Literatur sagt (§ 2249). Wenn zu besagen ist, daß der Erblasser früher sterben werde, als die Errichtung des Testaments vor dem Richter oder Notar möglich ist, so kann er sein Testament vor dem Vorsteher der Gemeinde errichten, in der er sich aufhält, der Vorsteher muß zwei Zeugen hinzuziehen.[4])

---

[1]) Der Vortrag Ecks verneinte an dieser Stelle die nunmehr unpraktisch gewordene Frage, ob Art. 141 der preußischen Gesetzgebung gestatte, die notarielle Testamentsform auszuschließen. Letzteres ist nicht geschehen (Art. 141 spricht nur von notarieller Beurkundung, nicht von Errichtung).

[2]) Der Antragsteller, der ein holographisches Testament zur Verwahrung bringt, braucht seine Identität mit dem Testator nicht nachzuweisen. So die Entsch. des R.G. v. 15. Okt. 1900 (Entsch. in Angelegenh. der freiwill. Gerichtsbarkeit Bd. 1 S. 146.

[3]) Für Analphabeten und solche, die am Schreiben verhindert sind, werden diese Vorschriften hauptsächlich von Wert sein.

[4]) Vgl. Entsch. des R.G. v. 7. Okt. 1901 (Entsch. in Angelegenh. der freiwill. Gerichtsbarkeit Bd. II S. 217): Der Gemeindevorsteher muß der deutschen Sprache mächtig sein. Er muß das Protokoll verfassen.

2. Sodann ist nach § 2250 bei Absperrung eines Ortes wegen Ausbruchs einer Krankheit oder wegen sonstiger außerordentlicher Umstände (anklingend an das testamentum pestis tempore conditum) der Erblasser befugt, wie beim Dorftestament, vor dem Gemeindevorsteher und zwei Zeugen oder bloß mündlich vor drei Zeugen zu testieren.

3. Wer sich während einer Seereise an Bord eines deutschen Schiffes befindet, kann auch mündlich vor drei Zeugen testieren (§ 2251).

Indessen haben diese privilegierten Testamente nur eine zeitlich beschränkte Kraft. Sie verlieren dieselbe, wenn drei Monate nach ihrer Errichtung der Erblasser noch lebt. Dann fallen sie zusammen und müssen durch neue ersetzt werden.

8. Die Aufhebung eines Testaments.

§ 25.

Die Aufhebung des Testaments (§§ 2078—2083) wurde schon berührt (§ 16 S. 89 ff.). Die Aufhebung des Testaments durch Widerruf (§§ 2253—2258) steht dem Erblasser jede Zeit frei, sogar auch dann, wenn er wegen Geistesschwäche, Verschwendung oder Trunksucht entmündigt ist. Strohal[1]) hat es lebhaft getadelt, daß der, welcher nicht zu testieren im stande sei, doch das Testament widerrufen könne. Allein die Testierbefugnis wird dem Entmündigten entzogen, weil man fürchtet, daß er sie mißbrauchen könne. Aber daß er das Widerrufsrecht mißbrauchen könne, ist kaum annehmbar. Denn wenn er sein Widerrufsrecht ausübt, werden die gesetzlichen Erben berufen, worin kein Mißbrauch gefunden werden kann.[2])

Drei Formen des Widerrufs sind eröffnet:

1. Der Widerruf erfolgt durch Testament (§ 2254). Dabei wird aber hinzuzudenken sein, daß er im Testament auch erklärt ist. Dagegen hat ein neues Testament, das keinen Widerruf ausspricht, an sich noch keine das ältere Testament aufhebende Kraft, sondern nur insoweit, als es dem älteren widerspricht. Wenn es aber mit dem älteren inhaltlich vereinbar ist, so tritt es neben dasselbe. Man hat also bei § 2254 hinzuzudenken, daß das neue Testament entweder den Widerruf ausdrücklich erklären muß, oder durch seinen Inhalt, welcher mit dem

---

[1]) Vgl. jetzt 3. Aufl. S. 310, 311 Anm. 3.

[2]) Unvernünftige Erwägungen können auch hierbei eine Rolle spielen.

des älteren Testaments in Widerspruch steht, den Widerruf implicite ausdrücken.

2. Es kann der Widerruf erklärt werden, wie nach bisherigem Recht, durch absichtliche Kassation der Testamentsurkunde (§ 2255), wenn sie vernichtet wird, oder an ihr Veränderungen vorgenommen werden, durch die der Wille, eine schriftliche Willenserklärung aufzuheben, ausgedrückt zu werden pflegt, und zwar muß diese Vernichtung in der Absicht, das Testament aufzuheben, erfolgt sein. Wenn der Erblasser die Urkunde, wie angegeben, vernichtet oder verändert hat, so wird also vermutet, daß er die Aufhebung beabsichtigt habe. Dies braucht nicht besonders bewiesen zu werden. Freilich wird dieser Widerruf des Testaments durch physische Kassation nur bei privatschriftlichen Testamenten möglich sein. Daß der Testator ein gerichtlich oder notariell verwahrtes Testament kassiert, wird mindestens nicht leicht vorkommen.

3. Die Rückgabe der Urkunde aus der amtlichen Verwahrung hebt das Testament auf (§ 2256). Eine Absicht des Widerrufs ist nicht erforderlich, sondern die Rückgabe an den Erblasser genügt, um das Testament aufzuheben. Der Gesetzgeber sagt ausdrücklich, „es gilt" als widerrufen, er braucht die Form der Fiktion. Auch wenn der Erblasser nicht wollte, gilt das gerichtliche Testament sobald er es aus der amtlichen Verwahrung zurücknimmt, als widerrufen.

Dies genügt eben nur bei einem vor Gericht oder Notar errichteten Testament, aber nicht bei einem privatschriftlichen Testament, das der Erblasser bei einem Notar in Verwahrung gegeben hat. Das hat Strohal getadelt.[1]) Er sagt, das zurückgenommene gerichtliche Testament müßte ebensogut weiter gelten, wie das privatschriftliche. Allein das vor Gericht oder Notar errichtete Testament verlangt von vornherein größere Sicherheit, darum wird es in amtliche Verwahrung gegeben. Die amtliche Verwahrung ist ein Stück des Solennitätsaktes, ein Tatbestandsmerkmal; das Schriftstück wurde in Verwahrung gegeben zur Vollendung des Testaments.[2]) Wenn ein solches Testament zurück-

---

[1]) Vgl. jetzt Aufl. 3 S. 317 Anm. 18, woselbst die in der ersten Auflage vertretene Ansicht (mit Angabe weiterer Literatur) abgeändrrt wird. Strohal nimmt jetzt an, daß ein gerichtliches oder notarielles Testament nach der Rückgabe als eigenhändiges fortbestehen kann, insofern es dessen Erfordernissen entspricht. Doch ist dies nicht unangefochten geblieben. Auch Ecks Ausführungen im Texte sprechen dagegen.

[2]) Die Entsch. d. K.G. vom 11. Juli 1901 (Entsch. in Ang. d. freiw. Gerichtsb. Bd. III S. 157) legt dem Notar die Pflicht auf, alle von ihm offen oder amtlich verwahrten Erbverträge dem Nachlaßgerichte zur dauernden Verwahrung abzuliefern.

genommen ist, so ist damit ein Moment des gesetzlich erforderten und vom Erblasser beobachteten Tatbestandes abgebrochen. Wenn dagegen ein Testament privatschriftlich errichtet, nur der größeren Sicherheit wegen einem Notar übergeben und dann zurückgenommen wird, so wird nicht ein Tatbestandsmerkmal vernichtet, sondern nur eine Sicherheitsmaßregel wieder aufgehoben.

Endlich kann nach § 2257 der Widerruf des Testaments seinerseits widerrufen werden. Dabei wird man hinzudenken müssen, daß der Widerruf in den Formen widerrufen wird, die in den vorher mitgeteilten Paragraphen vorgeschrieben sind. Freilich klingt der § 2257 so, als ob ein formloser Widerruf statthaft wäre. Das ist aber entschieden nicht gemeint.[1])

9. Eröffnung eines Testaments. (§§ 2259—2264.)

§ 26.

Im wesentlichen steht es hiermit ebenso wie nach preußischem Recht.

Zunächst ist beim Tode des Erblassers jedes nicht amtlich verwahrte Testament unverzüglich an das Nachlaßgericht abzuliefern (§ 2259) und nicht bloß von einer Privatperson, sondern auch wenn eine andere Behörde als ein Gericht das Testament in Händen hat oder wenn es sich beim Notar in amtlicher Verwahrung befindet (§ 2259 Abs. 2). Hat nun ein Gericht, sei es durch diese Ablieferung, sei es von vornherein, ein Testament des Verstorbenen in Händen, dann muß es einen Termin zur Eröffnung anberaumen und dazu die gesetzlichen Erben und sonstigen Beteiligten, soweit tunlich, laden (§ 2260). Es muß dann das Testament öffnen und auch verkünden.[2]) Nur darf die Verkündung unterbleiben, wenn der Testamentsinhalt den erschienenen Beteiligten vorgelegt wird. Nicht notwendig ist Vorlesung des unter Umständen sehr langen Testaments, wie es in Preußen der Fall ist.

Weiter muß das Gericht den Beteiligten, die nicht zugegen waren, nach § 2262 vom Inhalte des Testaments Kenntnis geben. Endlich ist auf Verlangen jedem Interessenten eine Abschrift zu erteilen (§ 2264).

---

[1]) Vgl. hierzu Strohal, 3. Aufl. S. 311 Anm. 3 über den streitigen Fall, daß ein Widerruf des Widerrufs während der Entmündigung geschehen ist.

[2]) Nach der Entsch. d. K.G. vom 8. Juli 1901 (Entsch. in Ang. d. freiw. Gerichtsb. Bd. II S. 169) ist das Nachlaßgericht nicht befugt, in eine Prüfung der Frage einzutreten, ob das zu eröffnende Testament rechtsgiltig ist.

Wenn ein anderes Gericht als das Nachlaßgericht das Testament in Verwahrung hat, so liegt dem verwahrenden Gericht die Eröffnung ob, und es muß nach Eröffnung das Testament nebst beglaubigter Abschrift des Eröffnungsprotokolles dem Nachlaßgericht übersenden und eine beglaubigte Abschrift zurückbehalten (§ 2261), weil bei der Versendung das Original-Testament unter Umständen verloren gehen kann.

10. Gemeinschaftliche Testamente. (§§ 2265—2273.)

§ 27.

Die Regeln des B.G.B. stehen am nächsten denen des preußischen Rechts. Aber das B.G.B. nimmt doch einige weittragende Änderungen vor und läßt bei dieser Gelegenheit einige erhebliche Zweifel übrig.

Gemeinsame Testamente, d. h. Testamente mehrerer Personen in einer Urkunde, läßt, wie bekannt, das gemeine Recht nicht bloß unter Ehegatten, sondern auch unter andern Testatoren im weitesten Umfange zu, gerade umgekehrt wie das französische Recht, das das gemeinsame Testament gar nicht zuläßt.

Das wollte auch der Entwurf I übernehmen, weil, wie die Motive sagen, die Materie gar zu schwer zu normieren sei. Das B.G.B. ist indessen auf die Kritik, die sich hiergegen erhob, zu den Sätzen des preußischen Rechts über die Zulassung des gemeinsamen Testaments zurückgekehrt.[1]) Nach § 2265 ist hiernach ein gemeinschaftliches Testament nur unter Ehegatten statthaft, nicht auch unter Verlobten, wie nach andern deutschen Rechten, wo Verlobte sich ihre Erbfolge wechselseitig zusichern können.

Folgerichtig macht nun § 2268 das gemeinschaftliche Testament zweier Gatten sogar vom Bestehen der Ehe zwischen den beiden Testatoren abhängig, „d. h. davon, daß sie weder nichtig ist, noch durch Tod aufgelöst wird".[2]) Ist die Ehe nichtig oder wird sie anders als durch den Tod eines Gatten aufgelöst, wird auch nur die Klage auf Ehescheidung wegen Verschuldens des Beklagten mit Grund erhoben,

---

[1]) M. E. hat man sich ohne Not ins Bockshorn jagen lassen. Zu gemeinschaftlichen Testamenten ohne Korrespektivität liegt kein Bedürfnis vor; die zwingende Korrespektivität können aber auch getrennte Testamente herstellen, seitdem auflösende Bedingungen uneingeschränkt in letztwillige Verfügungen zulässig sind, also auch die auflösende Bedingung des Wegfalles eines fremden Testaments, das eine entsprechende auflösende Bedingung enthält.

[2]) Vorbereitungsheft.

dann ist der gesamte Inhalt des gemeinsamen Testaments unwirksam. Es werden also nicht bloß die Zuwendungen eines Gatten an den andern durch Auflösung der Ehe oder begründete Erhebung der Ehescheidungsklage unwirksam, sondern wie schon nach Pr. A.L.R. (II, 1 § 489) der gesamte Inhalt des Testaments.[1])

Indessen fügt § 2268 Abs. 2 eine Milderung hinzu. Ausnahmsweise bleiben in den Fällen der Eheauflösung und der Scheidungsklage Verfügungen des Testaments aufrecht, wenn von ihnen anzunehmen ist, daß sie auch für den eingetretenen Fall der Eheauflösung getroffen sein würden, z. B. Verfügungen, die ohne jede Beziehung zu der Ehe zwischen den beiden Testatoren getroffen sind. Etwa wenn einer verfügt hat, es solle ihm ein Denkmal errichtet werden o. dgl. m., oder wenn der eine eine Stiftung errichtet hat, die mit seiner Ehe nicht zusammenhängt, dann kann diese Verfügung aufrecht erhalten werden, weil sie eben auch für den eingetretenen Fall der Eheauflösung gewollt sein würde. Diese Milderung, die wir im preußischen Recht nicht haben, ist gewiß gerechtfertigt.

Die Testamentsformen zerfallen auch hier in ordentliche und außerordentliche. So bestimmt § 2266, daß bei der Besorgnis, daß auch nur ein Ehegatte vor Ankunft des Richters oder Notars versterben werde, beide Gatten, nicht bloß kranke, sondern auch gesunde, gemeinschaftlich in der Form des § 2249, das will besagen, in der Form des Dorftestaments testieren können, d. h. vor dem Gemeindevorsteher und zwei Zeugen.

Eine Schwierigkeit erhebt sich für das gemeinschaftliche Testament bei der holographschen Form. Da soll es nach § 2267 genügen, daß ein Gatte den Text eigenhändig schreibt und unterschreibt, und der andere nur die eigenhändige Erklärung beifügt, daß das Testament auch als das seinige gelten solle und diese Erklärung mit Angabe von Ort und Tag der Ausstellung versieht und unterschreibt. Wenn also der eine Ehegatte das Testament geschrieben hat, braucht der andre bloß diesen Zusatz beizufügen. Fischer[2]) geht so weit, zu sagen, es sei gar nicht einmal zulässig, daß jeder Ehegatte den Text des Testamentes selber schreibe, da beide gleich lauteten; denn dann würden zwei selbständige Testamente vorliegen und nicht mehr ein gemeinschaftliches. Das scheint mir un-

[1]) Eine solche stillschweigende Resolutivbedingung würde sehr gut auch für nicht gemeinschaftliche Testamente einen Sinn haben, in denen ein Gatte den andern zu Erben einsetzt.

[2]) Fischer-Henle Handausgabe. Anm. 1 zu § 2267 vgl. auch Prot. V. S. 429.

haltbar. Wenn jeder den Text des Testaments selber schreibt, tut er noch mehr als im § 2267 vorgeschrieben ist; das Testament ist erst recht als gemeinschaftliches wirksam, wenn beide Texte nur in einer Urkunde stehen und gleich lauten.

Eichhorn[1]) hält diese Vorschrift für wenig praktisch. Gewöhnlich würden die Gatten die Erklärung als gemeinschaftliche fassen („Wir testieren") und da nur einer von ihnen Schreiber des Aufsatzes sein könne, so werde der andre sich mit seiner Unterschrift begnügen, nicht aber noch eine andre besondere Erklärung beifügen, daß das Testament auch als das seinige gelten solle. Der andre dürfe sich aber nicht mit der bloßen Unterschrift begnügen.[2])

Ein bestimmter Inhalt des gemeinschaftlichen Testamentes ist vom B.G.B. nicht vorgeschrieben. Folglich brauchen die beiden Ehegatten und Mittestatoren einander nicht zu bedenken. Tun sie es nicht, sondern bedenkt jeder einen andern als seinen Gatten, dann ist das Testament, wie man zu sagen pflegt, ein rein simultanes, ein testamentum mere simultaneum, wie es jetzt auch in Preußen zugelassen ist. Ich weiß nicht, warum Eichhorn (S. 129) sagt, das sei abgelehnt. Es würde doch nur abgelehnt sein, wenn die gemeinschaftlichen Testamente der Ehegatten einen bestimmten Inhalt haben müßten, wechselseitige Bedenkung u. dgl. mehr. Das ist mit keiner Silbe irgend wo vorgeschrieben. Das folgt klar aus § 2269 „haben die Ehegatten in einem gemeinschaftlichen Testamente, durch das sie sich gegenseitig als Erben einsetzen usw." Nötig ist das keineswegs, auf den Inhalt des gemeinsamen Testamentes kommt nichts an.

Wenn aber die Gatten einander bedenken („testamentum mutuum et reciprocum"), dann können ihre Zuwendungen immer noch von einander unabhängig bleiben, und das Testament ist dann ein simultaneum. Daß das zulässig ist, folgt aus § 2270, wo es heißt: „Haben die Ehegatten in einem gemeinschaftlichen Testamente Verfügungen getroffen, von denen anzunehmen ist, daß die Verfügung des einen nicht ohne die Verfügung des andern getroffen sein würde, so hat die Nichtigkeit oder der Widerruf der einen Verfügung die Unwirksamkeit der andern zur Folge." Also können die Verfügungen sich kreuzen, d. h. unabhängig von einander sein.

Indessen bilden den nächstliegenden und wichtigsten Inhalt des gemeinschaftlichen Testaments natürlich auch für das B.G.B. Zuwendungen,

---

[1]) a. a. O. S. 129 Nr. 3.

[2]) Die Parteien werden sich hier, wie sonst über die Rechtsvorschriften informieren müssen.

die von einander abhängig gemacht sind. Der wichtigste Fall bleibt auch in Zukunft das testamentum correspectivum (ein Testament, worin die betreffenden Zuwendungen sich nicht bloß kreuzen, sondern jede auch an den Bestand der andern gebunden ist). Dies Verhältnis der Abhängigkeit besteht nun nach § 2270 Abs. 1, sobald anzunehmen ist, daß die Verfügung des einen Gatten nicht ohne die des andern getroffen sein würde. Es braucht also diese Abhängigkeit durchaus nicht ausdrücklich ausgesprochen zu werden. Es findet sich sogar eine weitgehende Präsumtion für diese Korrespektivität.

Darum ist es noch weniger notwendig, was Eichhorn in seine Musterbeispiele aufnimmt, daß die Gatten, die das gemeinsame Testament errichten, ihre Verfügungen wechselseitig akzeptieren. Das klingt nach einem Erbvertrag. Eichhorn meint, das sei freilich nicht nötig, aber doch zweckmäßig und üblich, um damit die Korrespektivität auszudrücken. Aber es könnte doch unter Umständen im Sinne eines Erbvertrags mißdeutet werden.[1]) Zum mindesten ist wechselseitige Akzeptation durchaus nicht geboten oder auch nur unter allen Umständen anzuraten.

Wenn nun diese wechselseitige Gebundenheit der einen Verfügung an die andere vorliegt, dann ist die Folge, die § 2270 Abs. 1 klar ausspricht, daß Nichtigkeit oder Widerruf der einen Verfügung von selber auch Unwirksamkeit der korrespektiven Verfügung des Mittestators nach sich zieht. Also auch wenn die eine Erklärung nur wegen eines formellen Mangels nichtig ist, weil der Testator etwa seine Unterschrift vergessen hat o. dgl. m., so wird die andere ebenfalls nichtig. Wenn der andere Testator von dem Widerruf des ersteren, seines Ehegatten, Kenntnis erhält und dazu still schweigt, ist trotzdem seine Verfügung unwirksam geworden. Denn diese Folge soll von selber eintreten, ipso facto, sobald die eine der beiden korrespektiven Verfügungen nichtig ist oder widerrufen wird.

Die denkbar stärkste Wirkung der Abhängigkeit hat also das B.G.B. angenommen (nicht bloß Widerrufsrecht, sondern ipso facto eintretende Unwirksamkeit, der mit der widerrufenen oder nichtigen Verfügung korrespektiven Teile). Die einfachste und gewiß richtige Konstruktion für diese Erscheinung bietet sich durch die Annahme gegenseitiger Bedingtheit der beiden Verfügungen. Jeder Verfügung ist die negative

---

[1]) Was für die Verfügungsgewalt der Beteiligten über ihr Vermögen von Bedeutung wäre (s. unten S. 188 Anm. 1).

Suspensivbedingung hinzugedacht, gemeinrechtlich ausgedrückt: si alter dispositionem suam non mutaverit, oder richtiger: „si non erit irrita aut revocata", wenn die des andern weder nichtig ist[1]) noch vom Mittestator widerrufen wird."

Möglich aber ist freilich nach dem B.G.B. statt dieser Konstruktion der Bedingtheit nun auch die Annahme einer bloßen Voraussetzung. Im § 2078 Abs. 2 in der Lehre von der Anfechtung ist so etwas wie die Windscheidsche Theorie von der Voraussetzung rezipiert. Danach ist das Testament anfechtbar, soweit der Erblasser zu der Verfügung durch die irrige Annahme oder Erwartung des Eintritts oder Nichteintritts eines Umstandes bestimmt worden ist. Bei dem Fehlschlagen der Voraussetzung, könnte man sagen, findet Anfechtung der Verfügung statt. Abgesehen von der Fraglichkeit der ganzen Kategorie der Voraussetzung ist ja sowohl im bisherigen Recht als auch in der Theorie des neuen Rechts die Annahme einer Bedingtheit die herrschende und von den ersten Autoritäten vertreten.[2])

Dagegen ist nun nach § 2270, wie vorher schon angedeutet wurde, die Korrespektivität ganz und gar nicht an einen bestimmten Inhalt der Verfügung gebunden, insbesondere nicht etwa daran, daß der Inhalt der Verfügungen in Zuwendungen des einen Testators an den andern und des andern an den einen bestehen müsse. Vielmehr kann jeder der beiden Gatten seinen Nachlaß lediglich und von vornherein gewissen dritten Personen zuwenden, nur eben mit Rücksicht auf die gleichen Verfügungen des andern. Z. B. von zwei Ehegatten, die in kinderloser Ehe leben, hat etwa jeder ein Kind aus früherer Ehe. Sie haben also, wie man sagt, „zusammengebrachte" Kinder. Nun setzen sowohl der Mann als die Frau in einem gemeinschaftlichen Testament diese beiden zusammengebrachten Kinder als Erben ein. Hier bedenkt keiner der beiden Ehegatten den andern, sondern jeder nur dritte Personen, aber jeder bedenkt das Kind des andern, sein Stiefkind korrespektiv mit Rücksicht darauf, daß der zweite Testator das Stiefkind des ersteren bedenkt. Dann haben wir keine wechselseitigen Zuwen-

---

[1]) Vorbereitungsheft Ein conditio in praeteritum relata. Richtiger: „Wenn sich herausstellen sollte, daß die andere Verfügung nichtig ist, so soll meine Verfügung mit Rückziehung wegfallen."

[2]) M. E. kann man überhaupt nicht sagen, daß jeder das Unterbleiben eines Widerrufs auf der andern Seite erwartet (voraussetzt), sondern nur, daß er für den Fall des Widerrufs Vorsorge trifft. Das spricht überhaupt gegen Windscheids Terminologie.

dungen. Darum (glaube ich) ist die von Dernburg[1]) empfohlene preußisch-rechtliche Terminologie, die statt korrespektives Testament immer wechselseitiges Testament sagt, irreführend und besser aufzugeben. Denn ein korrespektives Testament braucht eben keine wechselseitige Zuwendung zu enthalten, und umgekehrt können Zuwendungen in einem Testament zweier Gatten wechselseitig ausgesprochen sein, vom Mann zu Gunsten der Frau und umgekehrt, und doch nicht korrespektiv, ohne daß sie von einander abhängig sein sollten.

Das B.G.B. hat leider für die einzelnen Unterarten des gemeinschaftlichen Testamentes keine technische Bezeichnung. Auch den Ausdruck korrespektives Testament hat es vermieden wegen des lateinischen Ursprungs und ersetzt denselben z. B. in den §§ 2270, 2271 durch eine unglaublich schwerfällige Umschreibung von 15 Worten. § 2271: „Der Widerruf einer Verfügung, die mit einer Verfügung des andern Ehegatten in dem im § 2270 bezeichneten Verhältnisse steht u. s. w."

Der Ausdruck korrespektiv ist zur Bezeichnung der gegenseitigen Abhängigkeit so deutlich und passend, daß man ihn in der Theorie wohl trotz seines lateinischen Ursprungs wird festhalten dürfen.

Wenn nun aber die beiden Gatten sich in einem gemeinschaftlichen Testament wechselseitig bedenken, sei es korrespektiv oder nicht, dann kann dies natürlich entweder durch Erbeinsetzung geschehen oder auch durch Vermächtnis, z. B. dadurch, daß jeder dem andern den Nießbrauch an seinem, des Testators, Nachlaß zuwendet. Wenn es aber durch gegenseitige Erbeseinsetzung geschieht und zugleich bestimmt ist, daß nach dem Tode des längst lebenden Gatten der beiderseitige Gesamtnachlaß einem Dritten zufallen soll, und das ist bekanntlich am allerhäufigsten, insbesondere bei dem sog. Berliner Testament, dann fragt es sich, ob der Dritte, z. B. der gemeinsame Sohn der beiden testierenden Ehegatten nach dem Tode des längst lebenden Ehegatten die beiden Nachlässe als zwei getrennte Objekte und aus zwei verschiedenen Berufungsgründen erwirbt, nämlich den Nachlaß des erst verstorbenen Gatten (z. B. seines Vaters) als Nacherbe hinter der Mutter, als fideikommissarischer Substitut und dann den Nachlaß des zweitverstorbenen Gatten, z. B. seiner Mutter, als deren Erbe, nämlich als Vulgarsubstitut des Vaters, der primo loco eingesetzt war, aber vor der Mutter verstorben ist.

Mit andern Worten: bekommt der Dritte zwei Erbschaften?

---

[1]) Pr. Privatrecht III § 183 Anm. 7, § 482 A.L.R. II 1.

Das ist die Meinung, für die sich Dernburg ausspricht und auch das Reichsgericht, wenigstens für das preußische Recht.[1]) Ihr zufolge vollzieht sich der Rechtserwerb des Dritten ungleichzeitig für die beiden Nachlässe. Schon mit dem Tode des erst verstorbenen Gatten bekommt er eine Anwartschaft als Nacherbe hinter der überlebenden Mutter, und erst mit dem Tode des zweit verstorbenen Gatten, der Mutter, erwirbt er den Nachlaß des Vaters als Nacherbe zu Eigentum, den Nachlaß der Mutter aber einfach als Erbe. Dann kann es auch geschehen, daß der erste Erwerb sich verwirklicht, aber der zweite nicht, daß der Sohn, weil er den Vater überlebt, nun die Anwartschaft als Nacherbe erlangt und auf seinen Erben überträgt, dann aber, weil er vor der Mutter stirbt, von der Mutter nichts erbt.

Diese Spaltung des Gesamtnachlasses in zwei selbständige Erbschaften entspricht gewiß nicht dem Willen der Testatoren, die sich ihren Nachlaß als ein Ganzes gedacht haben. Darum gilt, sagen andre, daß der Dritte, der Sohn der testierenden Ehegatten, das Recht auf die beiden Nachlässe als eine Einheit erwerbe und zwar schon beim Tode des erst versterbenden, etwa des Vaters, so daß die letzt versterbende Mutter gar nicht mehr Erblasserin ihres Vermögens wäre, sondern nur noch mit Herausgabe desselben belastet, wie ein Fiduziarerbe. Dann hat eben jeder Testator über den ganzen Nachlaß verfügt, und nach dem Erstverstorbenen hätte nun der Dritte bereits eine Anwartschaft auf den ganzen Nachlaß erworben, er bekäme, kraft der Verfügung des Erblassers auch den Nachlaß der Zweiten. Das hat bekanntlich Buchka in der Theorie des gemeinen Rechts ausgeführt und das preußische Obertribunal hat es gelegentlich angenommen.[2]) Die wichtigste Konsequenz wäre natürlich die, daß der Dritte schon beim Tode des ersten Ehegatten eine feste Anwartschaft auf den Gesamtnachlaß erworben hätte.

Eine andere Konsequenz hat das Obertribunal in der Tat (Band 36, Seite 62 ff.) gezogen; daß, wenn der Dritte noch bei Lebzeiten des zweiten Gatten, also der Sohn noch bei Lebzeiten der Mutter, den ganzen Nachlaß der Eltern an irgend jemand verkauft, dies durchaus gültig wäre, weil es nur den durch den Tod des ersten Ehegatten dem Sohne bereits sicher zugefallenen Nachlaß betrifft, dessen Ausantwortung bis zum Tode der Mutter aufgeschoben ist.

---

[1]) Dernburg, Pr. Privatrecht III § 184.

[2]) Vgl. Dernburg, Pr. Privatrecht § 183 Anm. 3 ff. Es wäre dies eine Ausnahme des Satzes: Viventis non est hereditas.

§ 2269 löst diese Frage durch Annahme einer dritten Auffassung, die den Ansichten Dernburgs wie Buchkas widerspricht. Der Erbe soll zwar die beiden Nachlässe als Einheit erhalten, aber nicht als Erbe des erst verstorbenen Gatten, sondern als Erbe des letztverstorbenen.

Der erste Nachlaß geht also im zweiten auf, und der dritte beerbt den erstverstorbenen Gatten gar nicht, sondern nur den zweiten.

Diese Ansicht ist schon einmal vom Reichsgericht angedeutet worden (Bd. 27 S. 150). Da wird diese Idee damit motiviert, daß man sich dies gemeinsame Testament etwa so denken müsse, daß der Dritte von jedem der beiden Gatten nur bedacht sei, falls dieser Gatte selber der längstlebende sein würde. Wenn aber der eine vor dem andern stürbe, dann falle das Testament des Erstversterbenden in sich zusammen und nur die Verfügung des Längstlebenden bleibe noch bei Kraft. Folglich erbe der Dritte nur dann, wenn er auch den zuletzt versterbenden Gatten überlebe. Wenn der Sohn z. B. seinen Vater überlebt, aber nicht seine Mutter, dann hat er keine Anwartschaft auf den vom Vater herstammenden Nachlaß, sondern er hätte die Mutter überleben müssen, um vom Gesamtnachlaß der Eltern irgend etwas erben zu können.

In dieser scharfsinnigen Lösung liegt m. E. eine ganz außerordentlich wichtige Neuerung.[1]) Eichhorn[2]) spricht bei der Erörterung dieser Vorschrift von einem Nacherben. Es soll jedoch der Dritte überhaupt nicht Nacherbe werden, sondern nur eigentlicher Erbe des Überlebenden, wie das ja auch Eichhorn anerkennt.

Wenn daher z. B. der Sohn den Vater überlebt hat, aber nicht die Mutter, so hat er gar nichts geerbt und überträgt nichts z. B. an seine Witwe. Braucht nach dem Tode des Vaters der Sohn Geld und verkauft er die ganze Erbschaft, so ist das nichtig; denn die Erbschaft gehört seiner Mutter, und bei ihren Lebzeiten kann er gar keine gültigen Verträge über die Erbschaft schließen.

Ist der Vater Millionär, die Mutter aber arm, so bekommt der Sohn, wenn der Vater zunächst von ihr beerbt wird, die Millionen nicht vom Vater, sondern von der Mutter; denn er wird bloß als Erbe des zuletzt versterbenden Ehegatten behandelt. Das ist etwas auffallend.

---

[1]) Die m. E. auf guter Menschenkenntnis beruht. Sie trifft den mutmaßlichen Willen der Beteiligten.

[2]) A. a. O. S. 130 Anm. 5.

Ähnliches bestimmt § 2269 Abs. 2 für den Fall, daß die Gatten für einen Dritten ein Vermächtnis angeordnet haben, z. B. ihrem Hausarzte, das erst nach dem Tode des Längstlebenden erfüllt werden soll.

Das Reichsgericht (Entsch. Bd. 11 S. 258) nahm hier eine Spaltung des Vermächtnisses für das preußische Recht an. Andere dagegen ließen das Vermächtnis schon bei dem ersten Todesfalle anfallen. Das B.G.B. nimmt den Anfall erst nach dem Tode des Längstlebenden an.

§ 2270 bestimmt eine Vermutung der Korrespektivität:

1. für alle diejenigen Verfügungen, durch welche die testierenden Gatten sich gegenseitig bedenken.

2. Auch für solche Verfügungen, durch die zwar nur ein Gatte dem andern eine Zuwendung macht, aber zugleich auch auf den Todesfall des Bedachten etwas zu Gunsten eines Dritten verfügt wird, der dem Geber der ersteren Zuwendung nahe steht. Z. B. eine Ehefrau vermacht im Testament dem Mann ihr Grundstück, und dafür soll beim Tode des Mannes der Bruder der Ehefrau 10000 M. erhalten.

Andererseits beschränkt diese Vermutung die Korrespektivität auf Erbeinsetzungen, Vermächtnisse und Auflagen, z. B. bei Ernennung eines Testamentsvollstreckers oder bei familienrechtlichen Verfügungen, müssen die Erblasser die Korrespektivität besonders aussprechen, was der Gesetzgeber wohl ausdrücklich hätte sagen sollen. Wir haben also eigentlich in Abs. 3 eine Vermutung gegen Korrespektivität. Anders interpretiert Strohal[1]) § 2270 Abs. 3, den er lebhaft tadelt. Nach seiner Meinung müßten solche Verfügungen so behandelt werden, als ob sie in zwei Testamenten ständen und sogar trotz Scheidung der Gatten wirksam bleiben. Das geht m. E. zu weit.

Trotz dieser Vermutung für und gegen Korrespektivität kann die Trennung des korrespektiven Testamentsinhalts und des nichtkorrespektiven im einzelnen Falle schwierig sein.

Das Widerrufsrecht bleibt selbstverständlich auch bei dem gemeinschaftlichen Testament jedem der beiden Testatoren unverkümmert, aber die Ausübung des Widerrufs ist wesentlich erschwert durch § 2271, eine Neuerung:

---

[1]) Vgl. jetzt 3. Aufl. S. 328 Anm. Strohal nimmt an, daß bei andern Verfügungen als Erbeinsetzungen, Vermächtnissen und Auflagen es zwar möglich sei ihre Gültigkeit von der Geltung und Fortdauer einer entsprechenden Verfügung des andern Teils abhängig zu machen, daß dann aber wegen § 2278 Abs. 2 das Recht der korrespektiven Verfügungen nicht gelte. (M. E. nicht unbedenklich, weil Erbverträge und korrespektive Testamente zwei verschiedene Dinge sind.)

1. Bei Lebzeiten der beiden testierenden Gatten erfolgt der Widerruf einer korrespektiven Verfügung nach den Regeln über den Rücktritt vom Erbvertrag, d. h. mittels Erklärung gegenüber den andern Ehegatten und einer gerichtlichen oder notariellen Beurkundung. Der Gatte, dessen Mittestator widerruft, soll nicht über den eingetretenen Widerruf im Dunkeln bleiben, wie das nach preußischem Recht möglich war. Dagegen, fügt derselbe Abs. 1 § 2271 hinzu, kann der eine Testator nicht auch einseitig durch eine neue Verfügung von Todes wegen widerrufen, z. B. dadurch, daß er ein neues Testament macht.[1]) Nur durch ein neues gemeinsames Testament oder einen Erbvertrag ist ein Widerruf möglich.

Mit dem Tode des einen Ehegatten ist das Widerrufsrecht des Überlebenden grundsätzlich erloschen (§ 2271 Abs. 2). Also nicht durch endgiltigen Erwerb des Zugewendeten. Nur dann kann der Überlebende es noch ausüben:

a) wenn er das ihm Zugewendete ausschlägt.

b) Auch ohne Ausschlagung ist der Überlebende wegen einer Verfehlung, die der Dritte von ihm Bedachte begeht, zur Aufhebung berechtigt (§ 2271 Abs. 2 Satz 2), d. h. in den Grenzen und Formen, in denen ihm auch ein Rücktritt von dem Erbvertrag und eine Pflichtteilsentziehung freistehen würde — also wenn der überlebende Ehegatte z. B. eine Lebensnachstellung die von dem Dritten, dem gemeinsamen Kinde, verübt ist, erfährt, so ist er zur Aufhebung berechtigt.

Der Gesetzgeber sagt hier mit Absicht, daß der Überlebende zur Aufhebung berechtigt ist, nicht zum Widerruf. Letzteres könnte so klingen, als ob er nur seine eigenen Verfügungen widerrufen dürfte. Er kann aber das ganze Testament wegen dieser Verfehlung zum Nachteil des Dritten aufheben und nicht bloß das von ihm herrührende Vermögen, sondern auch das vom verstorbenen Ehegatten auf ihn gekommene dem Urheber der Verfehlung entziehen.

Wenn der Sohn z. B. seiner Stiefmutter, die ihm zu lange lebt, Gift in den Kaffee tut, so kann diese ihm nicht bloß von dem ausschließen, was sie eingebracht und erworben hat, sondern auch von der Erbschaft des Ehemanns. Sie entzieht ihm den Pflichtteil von beiden Nachlässen oder richtiger von dem einen Gesamtnachlaß.

---

[1]) Strohal hielt dies in den früheren Auflagen bei einer formlosen Zustimmung des andern Teiles für möglich. Dagegen erklärte sich Eck an dieser Stelle. Seine Ausführungen erledigen sich nunmehr dadurch, daß Strohal inzwischen die von Eck angefochtene Ansicht aufgegeben hat, Anm. 15 zu § 43a 3. Aufl. S. 334.

Endlich ist nach § 2271 Abs. 3 gegen einen pflichtteilsberechtigten Abkömmling die Pflichtteilsbeschränkung in guter Absicht auch nach Inkrafttreten des gemeinsamen Testamentes zulässig, wie sie sogar bei dem Erbvertrag durch den hier citierten § 2298 Abs. 2 gestattet ist.

Dagegen steht nach § 2272 die Zurücknahme eines in amtliche Verwahrung gebrachten Testaments niemals einem Gatten allein frei, sondern nur beiden zusammen, wie auch schon nach bisherigem preußischen Recht (A.L.R. I, 12 § 571).

Strohal[1]) hält nun diesen Widerruf für viel zu beschränkt. Bei Abwesenheit des andern Gatten sei namentlich der Widerruf sehr schwierig. Man kann ja aber eine Willenserklärung durch Vermittlung des Gerichtsvollziehers mitteilen, und wenn das nicht geht, durch öffentliche Ladung. Die Schwierigkeit ist gar nicht so groß. Wenn der andere in der Geschäftsfähigkeit beschränkt ist, so kann man sich an seinen gesetzlichen Vertreter wenden.

Falls der überlebende Ehegatte versäumt hat, die wertlose Erbschaft des Erstverstorbenen auszuschlagen, so bleibt er allerdings an seine korrespektiven Verfügungen gebunden.

Für die Publikation des gemeinsamen Testamentes trifft § 2273 eine ohne weiteres einleuchtende Vorschrift.[2]) Es fehlt jedoch an einer solchen, die der Bestimmung im preußischen Rechte (II, 1 §§ 487, 488) entspricht, nach der ein Mittestator einseitig bloße Änderungen und Zusätze zum gemeinschaftlichen Testament machen, z. B. neue Vermächtnisse aussetzen darf, wenn die korrespektiven Bestimmungen des Urhebers diesen Änderungen nicht entgegenstehen. Doch wird auch jetzt nur die widersprechende Verfügung als Widerruf anzusehen sein, der aber den gesamten korrespektiven Inhalt des Testaments aufhebt, sofern er die giltige Form hat.

Wenn der überlebende Ehegatte wieder heiratet und nun Pflichtteilsberechtigte hinterläßt, so können — worüber das B.G.B. nichts bestimmt — die Pflichtteilsrechte solcher nachgeborenen Kinder oder des neuen Ehegatten durch das korrespektive Testament nicht geschmälert werden.

Zweifelhaft bleibt, ob der Pflichtteil dieser Kinder von dem Gesamtvermögen des überlebenden Gatten zu berechnen ist oder aus dessen

[1]) 3. Aufl. S. 333 § 43a Anm. 12.

[2]) Von der Eröffnung gemeinsamer Testamente handelt die Entsch. d O.L.G. München vom 31. März 1900 (Entsch. in Ang. d. freiw. Gerichtsb. u. des Grundbuchrechts Bd. 1 S. 45).

Sondervermögen, das dann aus der Verschmelzung mit dem Nachlasse des Verstorbenen auszusondern wäre.

Im ersteren Falle würde der Dritte, der im gemeinschaftlichen Testament bedacht war, unter Umständen ganz außerordentlich geschädigt, und es bleibt ihm schließlich bloß die Hälfte von den Millionen des Erstverstorbenen, die auf dessen arme Witwe übergegangen sind, übrig, während die andere auf die Kinder übergeht, die die Überlebende in zweiter Ehe bekommen hat.[1]) Der § 2269 Abs. 1, der diese Einheit statuiert, sagt aber nur: „im Zweifel ist anzunehmen, daß der Dritte für den gesamten Nachlaß als Erbe des zuletzt verstorbenen Ehegatten eingesetzt sei". Also nur in Bezug auf den Dritten ist das ausgesprochen, aber nicht auch in Bezug auf andere Personen, wie die aus späterer Ehe erwachsenden pflichtteilsberechtigten Kinder. So wird man doch zu dem Schlusse kommen müssen, daß die Verschmelzung der beiden Nachlässe vom B.G.B. nicht unbedingt durchgeführt ist, sondern die Pflichtteilsrechte der nachgeborenen Kinder nach dem Sondervermögen des überlebenden Gatten ihres parens zu bestimmen sind. Freilich führt das zu der merkwürdigen Konsequenz, daß jemand zwei verschiedene Nachlässe hinterläßt; nämlich die Stiefmutter hinterläßt gegenüber dem Stiefsohn, der im gemeinsamen Testamente als Erbe des überlebenden Gatten genannt ist, als Nachlaß das Gesamtvermögen der beiden Gatten, und gegenüber ihren Kindern zweiter Ehe als Nachlaß ihr Sondervermögen.

Bei der Frage, ob die Kinder aus der zweiten Ehe der Witwe eo ipso auf den Pflichtteil beschränkt sind, müssen die Paragraphen aus der Anfechtungslehre nachhelfen. § 2079 gibt den im Testament übergangenen Pflichtteilserben, der dem Erblasser zur Zeit der Errichtung des Testaments unbekannt war oder nachher geboren wurde, ein Anfechtungsrecht. Daraus geht hervor, daß die Kinder aus der zweiten Ehe das gemeinsame Testament ihrer Mutter aus ihrer früheren Ehe anfechten können und sich auf diese Weise statt ihrer bloßen Pflichtteile ihre Intestatportion verschaffen dürfen. Für die Frage, ob nicht auch die Mutter ihrerseits das Testament anfechten könne, weil sie bei der Testamentserrichtung die Pflichtteilsberechtigten nicht gekannt hat, die später hinzugekommen sind, lassen sich direkte Argumente aus dem B.G.B. nicht entnehmen.[2])

---

[1]) Allerdings nur, insoweit nicht der Dritte als Kind erster Ehe bei der Berechnung des Pflichtteils die Pflichtteile der späteren Kinder schmälert.

[2]) Man wird das wohl im Zweifel zu verneinen haben. Die spätere Geburt von Kindern einer andern Ehe kann man wohl kaum als Gegenstand einer Erwar-

11. Erbvertrag.[1]) (§§ 2274—2302.)

§ 28.

a) Im allgemeinen.

Vor der Vollendung des B.G.B. erklärte sich gegen die Fortdauer der Erbeinsetzungsverträge Ubbelohde im Archiv für civilistische Praxis Bd. 75 S. 54 ff. (mit Ausnahme der Erbverträge über Bauerngüter und Rittergüter).

Es kann jedoch z. B. bei Verlobten und Ehegatten sehr wohl der eine Teil um des Erbvertrags willen eine Erwerbsstellung aufgeben müssen, z. B. die Frau als Sängerin, Schauspielerin 2c., um dafür eine Sicherung ihres Erbrechts auch über den Pflichtteil hinaus zu erlangen. Oder man denke an die sog. Verpfändungsverträge, die zwischen der Pflegeanstalt und dem Pflegling geschlossen werden, dahin, daß das Erbrecht auf den Nachlaß des Pfleglings der Anstalt zustehen soll. Weiter auch an die Einkindschaft, wodurch ein wiederheiratender Gatte, der aus erster Ehe Kinder hat, mit dem zweiten Gatten eine erbrechtliche Gleichstellung der Vorkinder und der Nachkinder vereinbart. Das alles sind Verträge, die im Rechtsleben tief eingebürgert sind, und es ist daher nur zu billigen, daß das B.G.B. das Institut beibehalten hat.

Der Begriff des Erbvertrags ist in ihm abweichend von der hergebrachten Theorie,[2]) auf den sog. aquisitiven Erbvertrag beschränkt. Dagegen ist der bisher sog. renunziative Erbvertrag unter dem Namen Erbverzicht selbständig behandelt. Andererseits kann aber Gegenstand des Erbvertrags nicht bloß die Beerbung des einen Vertragsteils sein, sondern auch Vermächtnisse und Auflagen, die der Erblasser errichtet (§ 2278). Aber andere Verfügungen als die genannten können vertragsmäßig nicht getroffen werden. Eine besondere Bezeichnung „Vermächtnisvertrag", wie sie in der gemeinrechtlichen Theorie vorkommt, ist vom B.G.B. nicht angewandt worden. Erbvertrag ist also eine Benennung a potiori, die den Vermächtnis- und, wenn man will, den Auflagevertrag mitbegreift.

Andere Verfügungen von Todes wegen können zwar nach § 2299 ebensogut wie im Testament auch im Erbvertrag ausgesprochen werden,

---

tung oder Nichterwartung bezeichnen, da die Frau bei dem Testamente im Zweifel an solche Fälle überhaupt nicht gedacht hat.

[1]) Schiffner, Der Erbvertrag nach B.G.B. Jena 1899. Anderweitige Literatur s. b. Strohal, 3. Aufl. § 44 S. 347.

[2]) Richtiger: Terminologie.

aber nicht als vertragsmäßige, sondern wie § 2299 sagt, als einseitige. Darum kann auch die Ernennung eines Testamentsvollstreckers nicht durch Erbvertrag bindend gemacht werden.

Beim Erbvertrag ist nun der eine Vertragsteil natürlich der Erblasser, der andere Vertragsteil kann aber nicht bloß der Bedachte, der Begünstigte sein, sondern jeder beliebige. Der Erbvertrag kann aber auch als Vertrag zu Gunsten Dritter geschlossen werden.[1]) Ich kann mit meinem Bruder oder Vetter vereinbaren, daß mein Erbe der Sohn meines Bruders oder Vetters sein soll; vgl. § 1941 Abs. 2.

Gerade durch diese Möglichkeit soll z. B. die Einkindschaft ersetzt werden, die in manchen Gegenden Deutschlands sehr häufig ist.[2])

Natürlich kann der Erbvertrag auch Verfügungen beider Kontrahenten enthalten, die sich kreuzen, wie bei dem gemeinschaftlichen korrespektiven Testament. Dann liegt ein gegenseitiger Erbvertrag vor, wie § 2298 anerkennt. Beide Teile sind Erblasser, gerade wie bei dem gemeinschaftlichen Testament, und auch die Verfügungen, die von beiden Kontrahenten wechselseitig getroffen werden, sind korrespektiv (§ 2298).

Dagegen ist nach § 2302 nicht zulässig ein obligatorischer Vertrag, wodurch sich jemand verpflichtet, eine Verfügung von Todes wegen bestimmten Inhalts zu errichten oder nicht zu errichten (pactum de non mutando testamento) oder nicht aufzuheben. Solche Verträge sollen nichtig sein.

Den Erbvertrag kann nach § 2274 und § 2275 der Erblasser nur persönlich schließen und auch nur, wenn er unbeschränkt geschäftsfähig ist, also namentlich nur als Volljähriger. Indessen ist als Ausnahme von dem Erfordernis der unbeschränkten Geschäftsfähigkeit zugelassen, daß ein Ehegatte oder Verlobter, auch wenn er nur beschränkt geschäftsfähig ist, doch mit dem andern Gatten oder Verlobten als Erblasser einen Vertrag schließen kann. Nur muß er die Zustimmung seines gesetzlichen Vertreters haben, und wenn der gesetzliche Vertreter nicht Vater oder Mutter ist, sondern ein Vormund, auch die Genehmigung des Vormundschaftsgerichts (§ 2275).

Bedenklich ist, daß auch ein wegen Geistesschwäche, Trunksucht oder Verschwendung Entmündigter solche Erbverträge abschließen kann, sobald nur sein Vormund einwilligt und das Vormundschaftsgericht es genehmigt.[3])

[1]) Vgl. hierüber Hellwig, die Verträge auf Leistung an Dritte 1899 S. 591 ff.
[2]) Vgl. oben Bd. II S. 532.
[3]) Vgl. Eichhorn S. 139 (Vorbereitungsheft).

Nach den Materialien hielt man bei solchen Personen die Möglichkeit eines Erbvertrags geradezu für eine Wohltat, indem ihnen damit die Aussicht eröffnet werde, einen geeigneten Erbvertrag einzugehen, in dem sie auf den richtigen Weg geführt werden. Ob das immer zutrifft? Wenn der Mann um ein geistesschwaches Mädchen anhält und dabei einen Erbvertrag mit ihr zu schließen wünscht, so ist es zweifelhaft, ob das für das Mädchen wirklich wünschenswert ist. Ein gewissenhafter Vormundschaftsrichter dürfte seine Zustimmung zu einem solchen Vertrage nicht leicht erteilen. Eine weitere Konsequenz ist die, daß wenn eine 18jährige Frau, als Erblasserin ohne Zustimmung ihres Vaters kontrahiert hat, zwar der Vertrag vorläufig in der Schwebe ist, aber wenn die Frau nachher nach Erreichung der Volljährigkeit als 21jährige Gattin formlos den Erbvertrag genehmigt, dieser Vertrag ex post facto wirksam werden kann (§ 108 Abs. 3).

Die Form des Erbvertrags wird durch § 2276 dahin bestimmt, daß der Vertrag vor Gericht oder Notar unter gleichzeitiger Anwesenheit beider Teile und unter Beobachtung der Vorschriften über öffentliche Testamente geschlossen werden muß.

Der Erbvertrag kann daher auch als fertiges Schriftstück einem Richter oder Notar überreicht werden, wobei ja nicht einmal die Unterschrift des Kontrahenten im Schriftstücke erforderlich ist, sondern die Unterschrift, die er unter das Protokoll setzen muß, genügt. Dabei ist leicht eine Unterschiebung möglich, indem ein Schriftstück, das der Erblasser nicht bloß nicht geschrieben, sondern nicht einmal unterschrieben zu haben braucht, mit einem andern vertauscht wird und so der Erbvertrag zum Nachteile eines Teils zu stande kommt.[1])

Was für den der deutschen Sprache nicht mächtigen Testator vorgeschrieben ist, gilt hier für beide Vertragsteile (§§ 2244, 2245).

Für Ehegatten und Verlobte soll, wenn der Erbvertrag mit einem Ehevertrag verbunden ist, wenn sie also einen Doppelvertrag mit einander schließen, die für den Ehevertrag vorgeschriebene Form genügen (§§ 1434, 2276 Abs. 2). Die Verschärfungen, die bei Testamenten und Erbverträgen zur Errichtung vor dem Richter oder Notar hinzukommen, nämlich die Hinzuziehung eines Gerichtsschreibers oder eines zweiten Notars oder in Ermangelung von solchen zweier Zeugen fallen hier weg.

Die über den Erbvertrag aufgenommene Urkunde soll nach § 2277 zwar in der Regel ebenso wie ein öffentliches Testament verschlossen

[1]) Nicht anders als bei Testamenten (§ 2238)

und verwahrt werden, aber doch nur, sofern die Parteien nicht das Gegenteil verlangen. Mit andern Worten, die Parteien können auf Verschluß und auf besondere Verwahrung ihres Erbvertrags verzichten und sie können sich damit begnügen, bloß eine Ausfertigung des Erbvertrags für sich zu verlangen.

Hinzugefügt ist (§ 2277 Abs. 1 Satz 2), daß, wenn der Erbvertrag mit einem andern Vertrag in einer Urkunde verbunden war, Verschluß und Verwahrung sogar im Zweifel als nicht verlangt gelten, also überflüssig werden.

Die Verfügungen im Erbvertrage stehen mit denen des Testaments durchaus gleich, nur mit dem Unterschied, daß sie für den Erblasser bindend sind. Also unterliegen sie nach § 2279 auch den Regeln über letztwillige Zuwendungen. Insbesondere ist in Abs. 2 bestimmt, daß bei einem Vertrage zwischen Ehegatten und Verlobten die vertragsmäßigen Verfügungen nichtig sind, wenn die Ehe nichtig ist, wenn sie aufgelöst wird oder auch nur eine Scheidungsklage mit Grund erhoben wird, gerade wie es bei Testamenten zwischen Ehegatten der Fall ist. Wenn z. B. ein Einkindschaftsvertrag zwischen dem wiederheiratenden Gatten und seinem neuen Ehegatten geschlossen ist, und dann Nachkinder geboren werden, die aus dem Vertrag neben den Vorkindern gleiches Erbrecht haben, dann aber die Ehe geschieden wird, so verlieren die Vorkinder wegen Scheidung der Ehe ihres Vaters ihr Erbrecht gegenüber dem Stiefparens.

Hervorzuheben ist, daß nach § 2280 der Satz aus der Lehre vom gemeinschaftlichen Testament, wonach der Dritte nach dem Tode des längstlebenden Gatten den beiderseitigen Nachlaß oder ein Vermächtnis nur als Rechtsnachfolger des Längstlebenden erhält, auch beim Erbvertrag gelten soll.[1])

Sehr ins einzelne gehen die Bestimmungen über die Anfechtung des Erbvertrags (§§ 2281—2286). Anfechtungsberechtigt sind bei einem Testament die durch die anfechtbare Verfügung Benachteiligten; aber beim Erbvertrag ist zunächst der Erblasser anfechtungsberechtigt. Er bedarf dieses Anfechtungsrechtes um so mehr, als er kein Widerrufsrecht besitzt. Die Gründe für die Anfechtung sind dieselben wie beim Testament (§§ 2278, 2279).

Eine eigentümliche Abweichung fügt § 2281 Abs. 1 hinzu. Ist nämlich ein Pflichtteilsberechtigter übergangen worden, so ist zur Anfechtung für den Erblasser erforderlich, daß der Pflichtteilsberechtigte

---

[1]) Vgl. oben S. 176 ff.

zur Zeit der Anfechtung vorhanden ist. Das Wort „nur" vor „erforderlich" ist weggestrichen worden. Das scheint auffallend.[1]) Auf die Spitze getrieben, könnte man behaupten, daß noch niemand pflichtteilsberechtigt zu sein vermag, ehe nicht der Erbfall eingetreten ist. Allein über dieses Bedenken ist man mit Recht hinweggegangen. Denn wenn man die Anfechtung eines Erbvertrags durch den Erblasser aufschieben wollte bis zu seinem Tode, bei dem das Pflichtteilsrecht aktuell wird, dann könnte der Erblasser die Anfechtung niemals vornehmen, und doch hat er offenbar schon bei seinen Lebzeiten ein Interesse daran, die Unwirksamkeit des Erbvertrags zur Feststellung zu bringen und sich dadurch eine Grundlage für anderweitige letztwillige Verfügungen zu verschaffen.

Ist der Erbvertrag mit Erfolg angefochten, so bleibt er unwirksam, selbst wenn der Pflichtteilserbe ein paar Tage nach durchgeführter Anfechtung wieder verstirbt. Strohal[2]) tadelt dies. Er befürchtet die Ermunterung zu unlauterem Gebahren. Zweifelhaft bleibt, ob er dabei an die Erzeugung eines Kindes bloß zu dem Zwecke der Anfechtung des Erbvertrags oder an eine Kindesunterschiebung denkt oder dgl. m. Strohal hält es für einfacher, die Anfechtung nicht wirksam werden zu lassen, wenn der Pflichtteilsberechtigte vor dem Erblasser, seinem Vater, wieder verstirbt. Allein der dadurch erzeugte Schwebezustand wäre doch gewiß wenig empfehlenswert.

Die Anfechtung kann nach § 2282 nur durch den Erblasser persönlich erklärt werden, und für einen geschäftsunfähigen Erblasser durch den gesetzlichen Vertreter mit Genehmigung des Vormundschaftsgerichts. Die Anfechtungserklärung ist gerichtlich oder notariell zu beurkunden (§ 2282 Abs. 3). Hinzudenken muß man, daß die Anfechtungsurkunde wie jede Anfechtungserklärung dem Gegner, also hier dem Mitkontrahenten zuzustellen ist. Wenn aber der Mitkontrahent bereits verstorben ist, der Erbvertrag jedoch eine Verfügung zu Gunsten eines Dritten enthält, also fortbesteht, so hat der Erblasser dann nach § 2281 „Abs. 2" die Anfechtung dem Nachlaßgerichte des Verstorbenen zu erklären. Das Nachlaßgericht soll die Erklärung auch dem Dritten, zu Gunsten dessen der Erbvertrag geschlossen war, mitteilen.

Diese Form für die Anfechtung eines Erbvertrags findet Strohal[3]) zu schwer.

---

[1]) Darin liegt, m. E. daß wegen eines bloß erwarteten Pflichtteilserben, der noch nicht geboren ist, der Vertrag nicht angefochten werden kann. Zum Ausdrucke dieses Gedankens würde das gestrichene Wörtchen „nur" nicht passen.

[2]) Vgl. 3. Aufl. S. 362 § 45. Daselbst auch weitere Literatur.

[3]) Vgl. jetzt 3. Aufl. S. 363.

Die Schwierigkeit ist aber nicht unüberwindlich, selbst wenn wirklich den Mitkontrahenten die Anfechtungserklärung nicht mehr zugestellt werden konnte, weil er bereits verstorben war und dann eine zweite Anfechtungserklärung gegenüber dem Nachlaßgerichte abgegeben werden muß. Im einzelnen ist bestimmt, daß die Frist für die Anfechtung ein Jahr beträgt, seitdem der Erblasser Kenntnis von dem Anfechtungsgrunde hat (§ 2283).

Nach § 2284 erlischt das Anfechtungsrecht, wie überhaupt ein Anfechtungsrecht, wenn der Beteiligte, hier der Erblasser, den Erbvertrag persönlich bestätigt und dabei geschäftsfähig ist. Es ist keine Form für diese Bestätigungserklärung erfordert (§ 144).

Andere Nachlaßbeteiligte können den Erbvertrag nur nach dem Tode des Erblassers anfechten, und auch nur dann, wenn der Erblasser das Anfechtungsrecht bis zu seinem Tode noch nicht verloren hatte (§ 2285).

Die Wirkung des Erbvertrags ist nach dem B.G.B. ebenso wie nach der richtigen Theorie des gemeinen Rechts und nach preußischem Recht kein Recht unter Lebenden für den im Erbvertrag Bedachten, sondern nur eine unentziehbare Erbanwartschaft, ein eventuelles Erbrecht und nicht mehr als dieses. Deshalb wird nach § 2286 der Erblasser durch den Erbvertrag in der Verfügung über sein Vermögen unter Lebenden gar nicht beschränkt. Nur zwei bescheidene Schranken[1]) sind diesem freien Verfügungsrecht des Erblassers gezogen:

a) Nach § 2287 kann der Vertragserbe eine Schenkung, die in der Absicht, ihn zu beeinträchtigen, vom Erblasser gemacht worden ist, nach Eintritt des Erbfalls von dem Beschenkten als ungerechtfertigte Bereicherung zurückfordern. Bei dieser Rückforderungsklage ist der Beweis dafür, daß der Erblasser die Schenkung in der Absicht gemacht habe, den Vertragserben zu beeinträchtigen, schwer zu erbringen. Auch gilt die Rückforderung nur bei Schenkungen, also nicht bei entgeltlichen Verfügungen, durch die doch auch, wie jedermann weiß, ein ganzer Nachlaß aufgezehrt werden kann.

Wenn der Erblasser z. B. sein ganzes Vermögen, über das er den Erbvertrag geschlossen hat, auf Leibrenten gibt, die mit seinem Tode erloschen sind, so ist das keine Schenkung, sondern ein entgeltlicher Vertrag, und der Vertragserbe hat kein Recht, ihn umzustoßen.

---

[1]) Immerhin sind diese Schranken bedeutsam genug, um einen Unterschied in der praktischen Wirksamkeit des widerruflichen gegenseitigen Erbvertrages von der Kraft des wechselseitigen Testaments nach sich zu ziehen, vgl. oben S. 174 Anm. 1.

Vielleicht hilft hier § 826 mit seiner berühmten Vorschrift über Illoyalität. Dies kann zutreffen, auch wenn der Betreffende nichts rechtswidriges tut, sondern er nur sein Recht ausübt. Der Erbe kann nur die vorhandene Bereicherung des Beschenkten zurückfordern, und endlich verjährt die Rückforderungsklage in drei Jahren seit Anfall der Erbschaft, also nicht seit erlangter Kenntnis von der Schenkung.

b) Nach § 2288 hat der durch Vertrag bedachte Vermächtnisnehmer bei absichtlicher Beeinträchtigung seines Anspruches durch den Erblasser in Fällen der Zerstörung, Beiseiteschaffung oder Beschädigung des vermachten Gegenstandes einen Ersatzanspruch gegen den Erben, im Falle einer Veräußerung oder Belastung des Gegenstandes durch den Erblasser auf Zurückverschaffung des Gegenstandes frei von Lasten, und wenn die Zurückverschaffung nicht möglich ist auf Wertsersatz. Endlich wenn der Erblasser die Sache verschenkt hat, bekommt der Vertragsvermächtnisnehmer nötigenfalls auch gegen den dritten Beschenkten einen Anspruch auf Herausgabe der Bereicherung. Darin liegt eine bemerkenswerte Ausnahme von dem Satze, daß, wenn der Erblasser eine Sache vermacht hat und sie bei seinem Tode sich nicht in seinem Nachlaß befindet, in der Regel der Vermächtnisnehmer nichts zu fordern hat.

Während diese Wirkungen erst mit dem Tode des Erblassers eintreten, so hat der Erbvertrag eine Wirkung auch schon unter Lebenden. Nach § 2289 hebt er eine frühere letztwillige Verfügung des Erblassers, soweit sie das Recht des vertragsmäßig Bedachten beeinträchtigen würde, ohne weiteres auf (derogatorische Kraft).

Als Ausnahme ist hinzuzudenken (§ 2271), daß ein früher errichtetes korrespektives Testament des Erblassers nicht durch Erbvertrag des einen Mittestators „mit einem Dritten" aufgehoben werden kann, sondern nur durch einen Erbvertrag, den der eine Testator mit dem andern schließt.

Soweit eine Beeinträchtigung der Rechte des vertragsmäßig Bedachten eintreten würde, ist jede spätere Verfügung von Todes wegen, die hinter dem Erbvertrag errichtet wird, unwirksam.

Freilich muß diese annullierende Einwirkung des Erbvertrags auf anderweitige Verfügungen von Todes wegen in suspenso bleiben, so lange bis der Erbvertrag wirksam geworden ist, also nicht, wenn sie durch den Tod des Bedachten hinfällt.

Nach § 2289 Abs. 2 ist ausnahmsweise der Erblasser ohne Rücksicht auf seinen Erbvertrag zu einer Pflichtteilsbeschränkung in guter Absicht gegen den Pflichtteilsberechtigten befugt.

b) Wiederaufhebung und Rücktritt.

§ 29.

Statuiert ist eine Wiederaufhebung des Erbvertrags 1. durch einen neuen Vertrag, 2. ausnahmsweise auch schon durch Testament, 3. sogar durch einseitigen Rücktritt des Erblassers.

1. Der Hauptgrund, wodurch der ganze Erbvertrag aufgehoben werden kann oder auch eine einzelne Verfügung, die im Erbvertrag steht, ist der contrarius actus, d. h. ein neuer Vertrag, und zwar in derselben Form, in der der Erbvertrag selber geschlossen war oder geschlossen werden mußte, nach § 2290 also der gerichtlichen oder notariellen Form. Der Erblasser kann diesen Aufhebungsvertrag zwar wiederum nur persönlich schließen; aber auch schon als beschränkt Geschäftsfähiger ohne die Zustimmung eines gesetzlichen Vertreters. Das ist deswegen statuiert, weil er durch die Wiederaufhebung des ihn bindenden Erbvertrags nur einen Vorteil, nämlich seine volle Freiheit zurückgewinnt. Dagegen kann, wer die Nachlaßrechte aus dem Vertrage aufgibt, durch einen gesetzlichen Vertreter handeln; aber, wenn er nicht unbeschränkt geschäftsfähig ist, nur mit Genehmigung des Vormundschaftsgerichts.

Nach diesen Regeln ist per argumentum a contrario zu sagen, daß die Wiederaufhebung eines Erbvertrags durch einen neuen Vertrag in zwei Fällen nicht mehr möglich ist:

a) Wenn einer der beiden Kontrahenten gestorben ist (§ 2290 Abs. 1 Satz 2).

Wenn der Erblasser selbst gestorben ist, so versteht sich das ohne weiteres von selbst. Wenn aber der Mitkontrahent des Erblassers gestorben ist, so wird man unterscheiden müssen. War der Mitkontrahent selber bedacht, dann ist durch seinen früheren Tod sein Erbrecht aus dem Erbvertrage von selber erloschen. War aber ein Dritter in dem Erbvertrag bedacht und der Mitkontrahent des Erblassers ist gestorben, so kann der Dritte keinen Wiederaufhebungsvertrag mit dem Erblasser schließen, weil er nicht Mitkontrahent des Vertrags war. Indessen kann dieser Dritte das durch den Erbvertrag gesicherte Recht durch Erbverzichtsvertrag aufgeben (§ 2352).

b) Wenn und solange der Erblasser geschäftsunfähig ist, kann auch der Erbvertrag schlechterdings nicht durch einen neuen Vertrag wieder aufgehoben werden. Denn eine Vertretung des Erblassers ist ja bei einem Wiederaufhebungsvertrage ausgeschlossen. A. hat seinen Freund

X. vertragsmäßig zum Erben eingesetzt und wird dann geisteskrank. Nun hat er hilfsbedürftige Geschwister, die er aus seinem Vermögen unterstützt. Dann kann, obwohl X. völlig bereit ist, den Erbvertrag gegen eine mäßige Abfindung wieder aufzuheben, doch der Vertreter des A. mit dem X. den Aufhebungsvertrag nicht bindend vereinbaren, weil A. als Geisteskranker nicht persönlich mitwirken kann.

Man denkt hier zunächst daran, daß ein Erbverzichtsvertrag nachhelfen kann. Aber überraschender Weise ist dies ja auch nicht der Fall. Nach § 2352 Satz 2 gilt zwar die Möglichkeit eines Erbverzichts für eine Zuwendung, die in einem Erbvertrag einem Dritten gemacht ist. Ein Dritter, der als Vertragserbe eingesetzt ist, kann auf sein Recht, auch dem Vertreter des Erblassers gegenüber, verzichten (§ 2347 Abs. 2). Aber nach § 2352 kann nicht auch der Vertragserbe selber verzichten. Die Materialien [1]) geben als Grund an, daß der Vertragserbe das Ziel, die Wiederaufhebung seines Vertragsrechtes, dem geschäftsfähigen Erblasser gegenüber durch einen Wiederaufhebungsvertrag erreichen könne. Ein solcher Wiederaufhebungsvertrag sei aber gegenüber einem geschäftsunfähigen Erblasser nicht möglich, aber gerade darum dürfe hier auch der Erbverzicht nicht gestattet werden. Das ist eine sonderbare Konsequenz. Man möchte meinen, daß gerade umgekehrt dieser zweite Weg erst recht offen bleiben müsse.

Küntzel [2]) sagt gegenüber den Angriffen Strohals, daß es auf eine juristische Spitzfindigkeit hinausgelaufen sein würde, wenn man den Wiederaufhebungsvertrag verbieten und daneben den Erbverzicht hätte zulassen wollen. Noch viel weniger ist aber zu verstehen, was jetzt bei dieser Regelung herausgekommen ist, dies versteht nicht einmal ein Jurist, geschweige denn, wie Küntzel meint, das Publikum. Mindestens hätte man zulassen sollen, daß bei einem Wiederaufhebungsvertrage für den geschäftsunfähigen Erblasser ein gesetzlicher Vertreter zu handeln befugt ist.

Ein zweiter Aufhebungsgrund, der aber nicht für den gesamten Inhalt eines Erbvertrags anerkannt ist, sondern nur für ein Vermächtnis oder eine Auflage, ist ein Testament, das mit Zustimmung des andern Vertragschließenden von dem Erblasser errichtet ist (§ 2291). Aber diese Zustimmung muß gerichtlich oder notariell beurkundet sein. Das neue Testament kann natürlich auch privatschriftlich sein. Dann muß sonderbarerweise die Nebenerklärung der Haupturkunde, nämlich

---

1) Vgl. Fischer-Henle zu § 2352.

2) Gruchots Beiträge Bd. 41 S. 821, vgl. Strohal 3. Aufl. S. 395 Anm. 35.

die Zustimmung des früheren Vertragserben in gerichtlicher oder notarieller Form seinem Privatskriptum beigelegt werden. Das kommt davon, daß das holographische Testament nachträglich in den Text des Gesetzbuchs eingeschoben ist. Nicht mit Unrecht fragt Strohal,[1]) warum nach § 2291 ein neues Testament mit notarieller oder gerichtlicher Zustimmung des Vertragserben als Aufhebungsgrund für Vermächtnisse zugelassen ist, nicht aber auch für eine vertragsmäßige Erbeinsetzung. Küntzel erklärt dies aus der größeren Bedeutung der Erbeinsetzung. Das Vermächtnis eines großen Hauses in Berlin kann aber eine viel größere Bedeutung haben als eine Erbquote, die man jemandem im Erbvertrage zugesichert hat.

Bei einem Erbvertrag zwischen Ehegatten genügt nach § 2292 ein bloßes gemeinschaftliches Testament, um wiederaufhebende Kraft gegenüber dem Erbvertrag hervorzubringen, weil die beiden Kontrahenten des Erbvertrags dieselben sind, die gemeinschaftlich das neue Testament errichten.

3. Der dritte Aufhebungsgrund ist einseitiger Rücktritt (§§ 2293 bis 2297). Er ist möglich:

a) nach § 2293 kraft vertragsmäßigen Vorbehalts,[2])

b) nach § 2294 wegen einer Verfehlung des in dem Erbvertrag Bedachten, die den Erblasser zur Entziehung des Pflichtteils berechtigt oder berechtigen würde, wenn der vertragsmäßig Bedachte ein Abkömmling von ihm wäre. Also auch ein nicht pflichtteilsberechtigter Vertragserbe muß sich, wenn er eine solche Verfehlung begeht, den Rücktritt des Erblassers vom Erbvertrag gefallen lassen.

Nach § 2295 gilt der Rücktritt auch wegen des Zusammenhangs, der zwischen den Verfügungen im Erbvertrag und einer geschäftlichen Verpflichtung des Bedachten zu wiederkehrenden Leistungen an den Erblasser für dessen Lebzeiten besteht, wenn diese Verpflichtung nachträglich aufgehoben ist. A. hat dem B. durch Erbvertrag ein Recht auf seinen Nachlaß zugesichert und B. dafür es übernommen, den A. zu alimentieren. Die Alimentationspflicht wird nachträglich aufgehoben, dann kann A. ohne weiteres von seinem Erbvertrag zurücktreten.

Der Rücktritt muß nach § 2296 vom Erblasser persönlich erfolgen und gegenüber dem andern Vertragsteil; erforderlich ist gerichtliche oder notarielle Beurkundung. Jedoch genügt nach § 2297 ausnahms-

---

[1]) 3. Aufl. § 46 Anm. 17 S. 389.

[2]) Eine Annäherung des Vertrags an ein Testament. Der Unterschied liegt dann bloß noch in den Verfügungsschranken, die dem Vertragserben gesetzt sind, sofern er nicht zurücktritt. Vgl. oben S. 188 Anm. 1.

weise auch ein Testament, wenn der Mitpaziscent bereits gestorben ist und ein Dritter bedacht ist. Auch diese Rücktrittsformen hält Strohal für zu schwer, vgl. dagegen oben S. 187, 188.

Wenn der Erbvertrag gegenseitige Zuwendungen der beiden Kontrahenten enthält, so werden diese Zuwendungen nach § 2298 als korrespektiv behandelt. Die praktische Konsequenz ist:

a) Nichtigkeit der einen unter den gegenseitigen (Verfügungen) Zuwendungen macht den ganzen Vertrag nichtig, und

b) wenn ein Rücktritt vorbehalten ist und ein Vertragsteil den Rücktritt erklärt, so ist der ganze Vertrag aufgehoben. Das folgt aus der inneren Bedingtheit der sich kreuzenden Verfügungen, die so beim Erbvertrag besteht wie beim Testament.

c) Umgekehrt aber geht auch durch den Tod des einen der beiden vertragschließenden Teile dem andern das Rücktrittsrecht verloren, ausgenommen, wenn er das ihm von dem Verstorbenen Zugewendete ausschlägt. Tut er dies, so kann er seine Verfügungen durch bloßes Testament aufheben.

Strohal[1]) bildet folgendes Beispiel: Die Ehegatten A. Mann) und B. (Frau) schließen einen Erbvertrag, laut dessen A. dieb (B. zur Erbin und deren Tochter erster Ehe zur Nacherbin einsetzt, un die B. ihm ein Vertragsvermächtnis von 30000 M. zusichert, welches, sofern A. vor der B. sterben sollte, den drei Neffen des A. zu gleichen Teilen zukommen soll. A. stirbt zuerst. Die B. schlägt die ihr angefallene Erbschaft ihres Gatten aus mit der Absicht, den sofortigen Anfall der Erbschaft an ihre Tochter erster Ehe zu bewirken (§ 2102), und hebt, nachdem der Erwerb der letzteren nach ihrer Meinung definitiv geworden ist, ihre zu Gunsten der Neffen ihres verstorbenen Mannes getroffene Verfügung durch Testament auf. Hier kann aber die Auslegungsregel, daß der Nacherbe im Zweifel auch als Ersatzerbe bedacht ist, nicht zutreffen. Es ist unzweifelhaft, daß der Mann die Tochter seiner Frau aus erster Ehe nur dann als Nacherbin bedacht haben wollte, wenn seine überlebende Ehefrau ihr Testament nicht zurücknähme. Wenn sie aber die Zuwendung ihres Mannes ausschlägt, um die Erbschaft des Mannes in die Hände der Tochter zu bringen, so entspricht es nicht mehr dem vertragsmäßig ausgesprochenen Willen des Mannes, diese Tochter als Ersatzerbin eintreten zu lassen, sondern auch diese wird auszuschließen sein.[2]) (Anders Strohal.)

---

[1]) Vgl. 3. Aufl. § 47 S. 406.

[2]) D. h. doch wohl nur als Ersatzerbin, nicht aber auch als gesetzliche Erbin.

Die Eröffnung des Erbvertrags unterliegt denselben Regeln wie die Eröffnung des Testaments (§ 2300).[1])

§ 2301 regelt das Institut der Schenkungen von Todes wegen. Sie sind bekanntlich vertragsmäßige Zuwendungen, bedingt durch ein Überleben des Beschenkten über die Lebenszeit des Schenkers hinaus. Darum haben die Römer Zuwendungen von Todes wegen als eine Art Surrogat des Erbvertrags oder genauer Vermächtnisvertrags vielfach gehandhabt.[2])

Aber nachdem das B.G.B. den Erbvertrag mit Einschluß des Vermächtnisvertrags sorgsam entwickelt und in weitem Umfange zugelassen hat, ist mit vollem Recht das Institut der Schenkungen von Todes wegen als ein selbständiges nicht beibehalten worden, sondern das B.G.B. läßt zwei Möglichkeiten offen:

a) War es ein Schenkungsversprechen und noch nicht erfüllt, dann wird es als Verfügung von Todes wegen behandelt, also ist es ein Vermächtnisvertrag,[3]) der durch Überleben des Beschenkten bedingt war. Es unterliegt also allen Regeln über diesen, bedarf auch der Errichtung vor Gericht oder Notar.

b) Wenn der Erblasser die Schenkung bereits vollzogen hat, so geht das Geschäft in eine Schenkung unter Lebenden über. Dann ist durch Vollziehung der Formmangel geheilt und es greifen die Regeln über Schenkungen unter Lebenden Platz.[4])

---

[1]) Über Eröffnung von Erbverträgen vgl. die Entsch. des R.G. v. 9. Juli 1900 (Entsch. in Angel. d. freiw. Gerichtsbarkeit Bd. I. S. 97, und v. 11. Juli 1902 ebenda Bd. III, 157) und die Entsch. des O.L.G. Kolmar v. 12. März 1902 (ebenda III, 69). Letztere betrifft dies Unterlassen einer zwecklosen Eröffnung.

[2]) Da die von Todes wegen Beschenkten den Gläubigern hafteten, aber nur mit dem Empfangenen (Dig. XXXIX, 6 fr. 17), so standen sie, falls die Schenkung aus den Erbschaftsaktiva bestand, einem beschränkt haftenden Erben im wesentlichen gleich.

[3]) Es unterscheidet sich von einem solchen freilich streng genommen dadurch, daß in ihm nicht ein Beschwerter genannt ist, sondern der jeweilige Erbe belastet wird. Da aber der letztere Erfolg im B.G.B. auch bei Vermächtnissen eintritt (§ 2161), so ist damit ein Hauptunterschied zwischen Vermächtnissen und Schenkungsversprechen von Todes wegen beseitigt.

[4]) Die Erbschaftsgläubiger haben gegen die Beschenkten nur die Rechte aus alienationes in fraudem creditorum. Diese nicht unbedenkliche Neuerung kann hier nicht näher besprochen werden.

12. Erbverzicht. (§§ 2346—2352.)

§ 30.

Den Römern fremd, in Deutschland mit den Erbverträgen anerkannt, ist, daß gesetzliche Erben durch Vertrag mit dem Erblasser auf ihr Erbrecht verzichten können, also Verwandte und Ehegatten (§ 2346). Auch Testamentserben oder mit einem Vermächtnis bedachte Personen (§ 2352) können auf die ihnen gemachte Zuwendung verzichten, ja es können sogar die durch Vertrag Bedachten, wenn sie nicht mitkontrahiert hatten, auf die ihnen vertragsmäßig gemachten Zuwendungen verzichten, also nur wenn sie Dritte sind, merkwürdiger Weise aber nicht, wenn sie Mitkontrahenten waren.[1])

Ein Erbberechtigter, der zugleich Pflichtteilsrechte hat, kann seinen Verzicht auch auf das Pflichtteilsrecht beschränken; falls der Erblasser von dieser Befreiung keinen Gebrauch macht und keine letztwillige Verfügung trifft, kann der Pflichtteilsberechtigte dann immer noch als Intestaterbe eintreten.

Wenn etwa Verlobte oder Eheleute sich gegenseitig auf den Todesfall den Nießbrauch ihres Vermögens zusichern, also einen Vermächtnisvertrag abschließen — und zugleich auf weiteres Erbrecht verzichten —, so ist ihre Abrede in dieser zweiten Hälfte ein Erbverzicht und zwar ein gegenseitiger.

Die Bedeutung des Verzichts ist nach dem B.G.B. dieselbe wie nach bisherigem Recht. Soweit als der Verzicht erklärt ist, scheidet der Verzichtende bei der Nachfolge von Todes wegen aus, er erhält gar nichts, er wird aus der Reihe der erbberechtigten Personen gestrichen, als wenn er nicht mehr lebte (§ 2346).

Der Verzichtende bedarf, wenn er nur beschränkt geschäftsfähig ist, der Zustimmung seines gesetzlichen Vertreters und auch des Vormundschaftsgerichts (§ 2347). Nur bei einem Ehegatten oder Verlobten, der unter elterlicher Gewalt steht, kann die Genehmigung des Vormundschaftsgerichts unterbleiben, und es genügt die Zustimmung des Elternteils, der die Gewalt hat.

Der Erblasser ist etwas freier gestellt als der Verzichtende. Er kann nach § 2347 Abs. 2 zwar nur persönlich den Verzicht entgegennehmen, aber auch ein beschränkt Geschäftsfähiger kann es ohne Zustimmung seines gesetzlichen Vertreters, weil er eben dadurch nur von

[1]) Mitkontrahenten können denselben Erfolg erreichen, wenn sie den Vertrag ganz oder zum Teile aufheben.

einer Beschränkung frei wird. Auch ein Geschäftsunfähiger kann den Erbverzicht durch seinen Vertreter entgegennehmen, nur ist dann Genehmigung des Vormundschaftsgerichts erforderlich.

Die Form des Erbverzichts ist nach § 2348 gerichtliche oder notarielle Beurkundung.[1]) Es ist nicht, wie bei dem Erbvertrage (§ 2276) Erklärung vor Gericht oder Notar bei gleichzeitiger Anwesenheit der beiden Parteien nötig. Der Erbverzicht kann also ungleichzeitig sukzessiv von den Kontrahenten erklärt werden.

Der Verzicht eines Abkömmlings oder Seitenverwandten erstreckt sich auch auf seinen Abkömmling, soweit nicht ein anderes bestimmt ist, bewirkt also ein Ausscheiden seines ganzen abgefundenen Stammes (z. B. im Falle der Auswanderung des Kindes).

In Preußen braucht der Enkel den Erbverzicht seines parens nur dann gegen sich gelten zu lassen, wenn er seinen verstorbenen parens beerbt hat.[2]) Dagegen bekommt nach B.G.B., wenn ein parens eine gute Abfindung annimmt, das Empfangene aber vergeudet und darauf stirbt, sein Sohn beim Tode des Großvaters nichts, sondern muß sich die Ausstattung, die seinem parens zu teil geworden ist, anrechnen lassen, auch wenn sie nie auf ihn übergegangen ist, ein Opfer der Stammeseinheit.

Umgekehrt kann der Erbverzicht als bloß relativer erklärt werden, d. h. nur zu Gunsten einer bestimmten Person, also nur für den Fall, daß diese bestimmte Person auch wirklich Erbe wird (§ 2350), und solche Relativität des Erbverzichts wird sogar vermutet, wenn ein Abkömmling des Erblassers auf sein gesetzliches Erbrecht verzichtet hat, weil dies nur zu Gunsten anderer Abkömmlinge und zu Gunsten des Ehegatten gelten soll, nicht aber zu Gunsten von Aszendenten des Erblassers, von Seitenverwandten oder gar zu Gunsten des Fiskus.[3])

Ein Vertrag über Wiederaufhebung des Erbverzichts (§ 2351) bedarf derselben Form wie der Erbverzicht. Obwohl der Erblasser dadurch einen Erben zurückgewinnt und unter Umständen Pflichtteilsberechtigte wieder auf den Hals bekommt, bedarf nach § 2347, auf den in § 2351 zurückverwiesen wird, der in seiner Geschäftsfähigkeit beschränkte Erblasser zur Entgegennahme eines Erbverzichts, also auch

[1]) Ein Erbverzichtvertrag ist auch in der Form eines gerichtlichen Vergleichs möglich. Entsch. Bd. 48 Nr. 41 S. 185.

[2]) A.L.R. II, 2 §§ 357, 358.

[3]) Auch hier wird der sog. ordo mortalitalis berücksichtigt (vgl. Dig. V, 2 fr. 15 pr.).

seiner Wiederaufhebung, nicht der Zustimmung seines gesetzlichen Vertreters.

Ein Bauer hat seinen zweiten Sohn zu einem Erbverzicht bestimmt, nachdem er ihn vorher reichlich abgefunden hatte. Später wird der Bauer geistesschwach und entmündigt, also beschränkt geschäftsfähig. Nun verlangt der Sohn, der die Abfindung vielleicht bereits durchgebracht hat, von dem Vertreter Wiederaufhebung des Erbverzichts. Der Vormund des Vaters widerspricht und will nicht nachgeben. Dann kann nach § 2351 der geistesschwache Vater die Aufhebung ohne Zustimmung seines Vormunds vornehmen.

Die Erklärung hierfür kann nur damit gegeben werden, daß diese Bestimmung aus einem Versehen, das die Reichstagskommission begangen hat, herrührt. In der Reichstagsvorlage hatte die Verweisung von § 2351 auf § 2347 Abs. 2 einen sehr guten Sinn, weil nämlich damals der in Bezug genommene § 2347 Abs. 2 auch beim Erbverzicht die Zustimmung des gesetzlichen Vertreters für einen beschränkt Geschäftsfähigen verlangte. Aber die Reichstagskommission hat das bei § 2347 Abs. 2 geändert und dabei ganz übersehen, daß nun auch § 2351 hätte geändert werden müssen. Man war sich, prozessualisch zu reden, bei dem referens über den neuen Inhalt des relatum nicht klar.

Aber: lex ita scripta est.[1])

Kapitel IV. Erbunwürdigkeit.

Gründe und Wirkungen der Erbunwürdigkeit. (§§ 2339—2345.)

§ 31.

Bähr[2]) erklärt diese Lehre für praktisch ganz unbedeutend, aber mit Unrecht. Dagegen sprechen einige causes célèbres. Der Hauseigentümer Majunke in Charlottenburg verstarb plötzlich, seine Witwe nebst vier Söhnen teilten sich als Erben in den väterlichen Nachlaß. Das Grundstück des Verstorbenen wurde auch auf den Namen dieser Erben umgeschrieben. Dann entstand der Verdacht, daß Majunke eines unnatürlichen Todes gestorben sei. Die Witwe und die beiden ältesten Söhne wurden zur Untersuchung gezogen, und der Fiskus ließ schleunigst wegen der Kosten des Prozesses eine Hypothek auf die drei Grund-

---

[1]) M. E. muß man in der Wiederaufhebung einen Verzicht des Erblassers auf den früheren Verzicht des Erben sehen. Dabei ist letzterer der Erklärungsempfänger, dessen Geistesschwäche unerheblich ist.

[2]) Gegenentwurf Heft 5. 1892. S. 393.

stücksteile der Angeklagten eintragen. Diese wurden in der Tat verurteilt. Nun erhob der dritte und vierte Sohn eine Erbunwürdigkeitsklage gegen die Mutter und die älteren Brüder, sodaß die Frage äußerst praktisch wurde, ob der Fiskus mit seiner Hypothek, die er erworben hatte, als noch die Mutter und die beiden älteren Söhne Miteigentümer waren, zurücktreten müsse gegenüber der Unwürdigkeitsklage der jüngeren Geschwister, oder ob er die Grundstücksanteile der Verurteilten mit der darauf ruhenden Hypothek übernehmen müsse.

Der Engländer Tourville hatte seine Gattin von der Höhe des Stilfser-Joches hinabgestoßen und ihre englischen Grundstücke geerbt. Obwohl das englische Recht keine Vorschrift über Indignität enthält, hat das englische Gericht trotzdem angenommen, es liege in der Natur der Sache, daß jemand, der den Tod des Erblassers herbeigeführt habe, die Erbschaft herausgeben müsse.

Ein reicher Baseler Bankier wurde von seiner Gattin, einer jungen Französin, mit der er in Gütergemeinschaft lebte, vergiftet. Sie erwarb hierdurch nicht als Erbin das gesamte Vermögen, sondern kraft ihrer Gütergemeinschaft. Fraglich war, ob sich die Indignität auch auf diesen Fall erstrecken konnte.

Die Erbunwürdigkeit des B.G.B. entspricht der römischen Indignität, die in das preußische Recht übernommen wurde. Charakteristisch ist ihr, daß sie nur ein relatives Verhältnis ist, nämlich immer nur gegenüber dem bestimmten Erblasser, wider welchen der Erbunwürdige sich vergangen hat, besteht.

Folge der Erbunwürdigkeit ist nicht Erbunfähigkeit, denn der Unwürdige wird Erbe, sondern nur Entziehbarkeit der Erbschaft durch einen andern Berechtigten, auferre oder eripere hereditatem.

Die Wirkungen sind auch im römischen Recht bestritten. Das B.G.B. gestaltet diese Entziehung als Anfechtung und die Entziehbarkeit als Anfechtbarkeit des Erbschaftserwerbs. Folglich kann diese Erbunwürdigkeit nicht von Amts wegen geltend gemacht werden. Z. B. kann das Gericht dem erbunwürdigen Erben nicht die Ausstellung des Erbscheins verweigern; denn er ist ja Erbe geworden. Weiter kann auch der Erbunwürdige selber z. B. nicht als solcher seine Schuldenhaftung ablehnen. Nur von anfechtungsberechtigten Personen kann die Unwürdigkeit geltend gemacht werden; „doch können dritte Personen, welche in Kenntnis der Anfechtbarkeit von dem Unwürdigen Rechte erwerben, sich nach § 142 Abs. 2 nicht auf guten Glauben berufen“.[1])

---

[1]) Vorbereitungsheft.

Die Anfechtbarkeit bezieht sich hier nicht wie sonst immer auf ein Rechtsgeschäft, sondern auf einen Erwerb, der durch Gesetz eintritt, auf den Erbschaftserwerb.[1])

Die Wirkung der Anfechtbarkeit ist aber trotzdem dieselbe, wie wenn ein Geschäft angefochten wird, nämlich die Annullierung des Erwerbs mit rückwirkender Kraft, sodaß nach Durchführung der Anfechtung es so gehalten wird, als wäre der Unwürdige niemals Erbe gewesen.

Die Anfechtung des Erbschaftserwerbs wegen Unwürdigkeit ist sowohl bei testamentarischer Beerbung als auch bei gesetzlicher und vertragsmäßiger statthaft. Das Pr. A.L.R. erwähnt sie merkwürdigerweise bloß bei testamentarischer Beerbung,[2]) was im Fall Majunke, da gesetzliche Erbfolge vorlag, hervorgekehrt worden ist.

Ein wesentlicher Unterschied vom bisherigen Rechte besteht darin, daß die römische und auch gemeinrechtliche Indignität den Charakter einer Strafe hatte. Darum war bekanntlich bei den Römern regelmäßig der Fiskus ereptionsberechtigt. Also war die Ereption eine Art Erbschaftskonfiskation. Darum konnte sie auch durch Verzeihung des Erblassers nicht beseitigt werden, was das französische Recht z. B. festgehalten hat. Im B.G.B. ist dagegen dieser Strafcharakter ganz aufgehoben; hierbei gründet die Erbunwürdigkeit nur eine Zurücksetzung des Unwürdigen zu Gunsten seines Nachmannes.[3]) Sie kann aber namentlich durch Verzeihung des Erblassers beseitigt (§ 2343), ja sie kann durch andere, rein zufällige Umstände wieder aufgehoben werden, was mit dem Strafcharakter nicht vereinbar wäre.[4])

Die Gründe für Erbunwürdigkeit sind nach § 2339 folgende: Nr. 1 betrifft den praktisch wichtigsten Fall: ein Vergehen gegen die Person des Erblassers. Das schöne altdeutsche Sprichwort: „Die blutige Hand nimmt kein Erbe“ wird hier zur Wahrheit. Wer die Hand mit dem Blute des Erblassers besudelt hat, soll sie nicht auf dessen Nachlaß ausstrecken. Dieser Grund fällt natürlich zum Teil zusammen mit einem Hauptenterbungsgrunde (§ 2333), ist aber neben diesem immer noch wichtig dann, wenn der Erblasser nicht mehr in der Lage war, ein Testament zu errichten, weil sein Tod so schnell herbeigeführt wurde oder die Todesursache so unerklärlich war, daß

[1]) Vgl. des Herausgebers allgemeinen Teil S. 445.

[2]) A.L.R. I, 12 §§ 605 ff.

[3]) Eine gewisse bestrafende Kraft vermag ihr freilich der Gesetzgeber nicht abzustreifen, selbst wenn er es will.

[4]) M. E. nicht unzweifelhaft. Es gibt Strafausschließungsgründe.

er zu einer Ausübung seines Enterbungsrechts nicht schreiten konnte. Hier muß die Erbunwürdigkeit ergänzend zur Enterbungsbefugnis hinzutreten.

Nr. 2 und Nr. 3 enthalten die Vergehen gegen die Testierfreiheit des Erblassers, die Erbunwürdigkeit zur Folge haben, arglistige Täuschung oder widerrechtliche Drohung zu dem Zwecke, eine Verfügung von Todes wegen zu errichten oder aufzuheben.

Nr. 4 betrifft den Fall, daß jemand in Ansehung einer letztwilligen Verfügung des Erblassers Handlungen gegen die §§ 267—274 des Strafgesetzbuches begangen hat. Namentlich Fälschung der Testamentsurkunde, Unterdrückung derselben u. dgl. m. Es wird dies bei holographischen Testamenten von besonders großer Tragweite sein.

Bei diesen Nummern 2, 3 und 4 tritt wieder deutlich hervor, was schon vorher angedeutet wurde, daß sie nicht auf dem Grundgedanken einer Strafe für ein Vergehen beruhen, sondern auf der von dem Unwürdigen herbeigeführten Verdunklung des wahren Willens des Erblassers.[1]) Das zeigt sich namentlich in der Bestimmung der Nr. 2. Wenn der Erblasser z. B. nur zwei Verwandte hat, einen Bruder und einen Vetter, mit Übergehung seines Bruders seinen Vetter in einem gerichtlichen Testament zum Erben ernannt hat und dies Testament widerrufen will, aber der Vetter ihn daran eigenmächtig und widerrechtlich hindert, dann der Erblasser doch noch einen Widerruf durch ein holographisches Testament zu stande bringt, durch welches er das gerichtliche, in dem sein Vetter eingesetzt ist, außer Kraft setzt, wenn dann endlich kurz vor dem Erblasser auch sein Bruder stirbt, so bekommt der Vetter die Erbschaft; denn er hat den Erblasser nicht mit Erfolg dauernd verhindert, eine Verfügung von Todes wegen aufzuheben. Der Erblasser ist ja dazu gelangt. Also liegt jene Verdunklung der letzten Willenserklärung des Erblassers nicht vor und darum findet Nr. 2 keine Anwendung.

Nach Abs. 2 tritt in den Fällen unter Nr. 3 und Nr. 4 die Unwürdigkeit nicht ein, wenn die Verfügung, welche rechtswidrig durch Täuschung hervorgerufen, gefälscht oder unterdrückt wurde, vor dem Erbfall wieder unwirksam gemacht worden ist, z. B. durch Ableben des Bedachten, Wiederaufhebung durch Erblasser. Der Bruder des Erb-

[1]) Dies sind m. E. keine logischen Gegensätze Richtig ist nur, daß der Zweck, Antastungen der Willensfreiheit des Testators erfolglos zu machen, vom Strafzwecke verschieden ist, d. h. neben ihm steht, und daß das B.G.B. Strafzwecke mit dem Mittel der Erbunwürdigkeit nur so weit verfolgt, als die genannten beiden Zwecke nebeneinander vorliegen.

lassers fertigt z. B. ein Testament desselben fälschlich an, laut dessen zwar nicht der Fälscher selber, aber doch seine Tochter, also des Erblassers Nichte, zur Alleinerbin eingesetzt ist. Dann aber stirbt diese Tochter noch vor dem Erblasser und das Testament, worin sie eingesetzt war, wird unwirksam.

Hier kann der Urheber der Fälschung, der Bruder des Erblassers, Intestaterbe desselben werden; denn die gefälschte Verfügung war noch vor dem Tode des Erblassers wieder unwirksam geworden. Auch hier kann man sich eines gewissen Befremdens nicht erwehren. Aber folgerichtig ist es gedacht.

Die Anfechtung des Erbschaftserwerbs wegen Unwürdigkeit ist nach § 2340 erst nach dem Anfall der Erbschaft möglich und nur gegenüber einem Nacherben ist sie schon dann zulässig, wenn die Erbschaft dem Vorerben angefallen ist.

Die Frist, in der die Anfechtung erfolgen muß, beträgt bei der Anfechtung eines Testaments ein Jahr seit erlangter Kenntnis von dem Unwürdigkeitsgrunde (§ 2340). Jede Erbunwürdigkeit fällt durch die Verzeihung des Erblassers weg. Dies gilt auch bei Tötung des Erblassers, was im französischen Recht ja direkt verneint wird.[1]) Der Mörder des Erblassers kann also ins Zuchthaus kommen oder gar der Todesstrafe verfallen und doch als Erbe Millionär werden, wenn der Erblasser ihm die Tat verziehen hat. Umsomehr ist aber die Erbunwürdigkeit ausgeschlossen, wenn der Erblasser gerade mit Rücksicht auf die ihm widerfahrene Verletzung eine Zuwendung gemacht hat. Der bekannte Caspar Lavater in Zürich wurde im Jahre 1800, als die Franzosen unter Massena in Zürich eindrangen, von einem französischen Soldaten, der Geld von ihm verlangte und nichts bekam, in die Brust geschossen. Infolge dieses Schusses verstarb er. Vorher aber machte er ein Testament, worin er sagte: dem französischen Soldaten, der mich tödlich verwundet hat, verzeihe ich von ganzem Herzen, und zum Zeichen der Aufrichtigkeit meiner Verzeihung soll er das größte Wertobjekt, das ich besitze, meine goldene Uhr, als Andenken an mich tragen. Vom Standpunkt des B.G.B. ist diese Verfügung wirksam, nach dem französischen und gemeinen Recht würde sie unwirksam sein.

Ein Großgrundbesitzer wollte auf seinem Sterbebett zu Gunsten seiner Maitresse ein Testament errichten und hatte zu diesem Zwecke

[1]) So die bei Crome-Zachariae, Handbuch d. franz. Civilr. 1895 IV. § 604 Anm. 3 S. 20 angeführten Art. 730 ff. code civil sagen dies nicht geradezu.

einen Notar bestellt. Der Sohn erfuhr dies und erklärte seinem Vater, er lasse den Notar nicht ein. Die Person, die er einsetzen wolle, habe schon zu viel Schande über ihre Familie gebracht. Unter keinen Umständen werde er es zu ihrer Erbeinsetzung kommen lassen, wenn er sich auch damit erbunwürdig mache. Der Vater ist anfangs erzürnt, dann aber besinnt er sich eines bessern, gibt dem Sohn recht und dankt ihm. Kann der Sohn als Intestaterbe eintreten oder nicht? Nach römischem und französischem Recht nicht; denn die Erbunwürdigkeit kann nicht durch Verzeihung beseitigt werden, wohl aber nach dem B.G.B.[1])

Berechtigt zur Anfechtung ist nicht bloß, wie im bisherigen Recht, der unmittelbare Nachmann des Unwürdigen, „damit die Anfechtung nicht in dessen Belieben steht", sondern, wie § 2341 zweckmäßig und neu bestimmt, jeder, dem der Wegfall des Unwürdigen auch nur eventuell, also auch nur bei Wegfall einer Zwischenperson zu statten kommt. Dadurch wird erreicht, daß, wenn der erste Nachmann schweigt, vielleicht, weil ihm der Erbunwürdige sein Anfechtungsrecht abgekauft hat, oder selbst unwürdig ist, doch die Anfechtung durch einen späteren Anwärter erfolgen kann.

Die Form der Anfechtung ist hier nicht wie sonst eine bloße Erklärung des Berechtigten, sondern nach § 2342 eine Klage mit dem Antrag, daß der Beklagte für erbunwürdig erklärt werde; und erst mit der Rechtskraft des richterlichen Urteils wird die Anfechtung wirksam. (Darum spricht das B.G.B. immer von „unwürdig erklärt werden".) Eine sehr erheblich praktische Konsequenz dürfte z. B. sein, daß die Erbunwürdigkeit nicht schon bei außergerichtlichem Geständnis eintritt.

Ob diese Regelung nötig war, bleibe dahingestellt.

Die Wirkung der Anfechtung (§ 2344) ist, daß der Anfall an den Erbunwürdigen rückwärts aufgelöst wird und die Erbschaft als schon mit dem Tode des Erblassers demjenigen angefallen gilt, der berufen gewesen sein würde, wenn der Erbunwürdige den Erbfall gar nicht erlebt hätte, wie bei dem Ausschlagen der Erbschaft. Selbst wenn derjenige, der beim Nichtvorhandensein der Erbunwürdigen von vornherein berufen gewesen wäre, inzwischen verstorben ist, so kommt doch ihm, oder richtiger seinem Erben, die inzwischen eingetretene Unwürdigkeitserklärung zugute.

Wenn in der Zwischenzeit, noch vor der Anfechtung, dritte Personen dem unwürdigen Erben gegenüber Rechte an Erbschaftssachen

---

[1]) Man könnte zweifeln, ob hier nicht mehr als eine Verzeihung vorliege, nämlich die völlige Beseitigung eines jeden Zwangs.

erworben haben, so bleiben diese Rechte Dritter, auch nach Entziehung der Erbschaft, wegen Unwürdigkeit nicht bestehen. Nach dem B.G.B. können dem dritten Erwerber nur die Regeln zugute kommen, die über den Schutz derer gelten, die von einem Nichtberechtigten Rechte herleiten. Ein ähnliches Resultat erreichte man auch in Preußen, wonach den Regeln des jus ad rem auch in dem Falle Majunke' entschieden worden ist, weil der Fiskus von den persönlichen Rechten Dritter Kenntnis hatte. Obwohl das B.G.B. das jus ad rem als solches nicht kennt, kommt es vermöge der Regeln, die über den Schutz redlicher Dritter gelten, in vielen Fällen zu dem gleichen Resultat wie das preußische Recht.

Endlich tritt nach § 2345 Erbunwürdigkeit analog wie bei dem Erben auch bei dem Vermächtnisnehmer und bei dem Pflichtteilsberechtigten ein, nur mit dem Unterschiede, daß bei diesen die Anfechtung nicht durch Klage und richterliches Urteil, sondern gegenüber dem Nachlaßgerichte nach den Regeln über Anfechtung von letztwilligen Verfügungen auf Grund von Willensmängeln erfolgt.

Im Anschluß an den Baseler Fall ist die Erbunwürdigkeit auch gegenüber einem Ehegatten analog anzuwenden, der mit dem Verstorbenen in Gütergemeinschaft gelebt hat und ihn etwa ums Leben bringt, weil er das Surrogat eines Erbteils bekommt. So auch das Baseler Gericht.

Kapitel V. Pflichtteilsrecht.[2])

1. Allgemeine Grundsätze. (§§ 2303—2338.)[3])

§ 32.

Im allgemeinen steht das B.G.B. den Regeln des preußischen Rechts näher als denen des gemeinen Rechts. Indessen ist doch in manchen Fällen das Pflichtteilsrecht gestrichen, wo das preußische Recht es anerkennt und umgekehrt. Außerdem ist die Lehre vom Pflichtteil im B.G.B. viel mehr ins einzelne hinein normiert als bisher in irgend

---

[1]) Literatur bei Matthiaß, Lehrb. d. B.R. II S. 496 Anm. 1 zu § 156, Strohal 3. Aufl. S. 415 ff., Landsberg II S. 1238 ff.

[2]) Die Pflichtteilsverhältnisse gehören zu den Erbrechtsverhältnissen des Art. 213 E.G. Entsch. d. R.G. Bd. 54 Nr. 67 S. 243.

einem Gesetzbuche. Auch die Lehre von der Abwälzung der Pflichtteilslast auf einen andern, wie sie Strohal betitelt[1]) hat, nimmt einen breiten Raum ein.

Nach § 2303 sind pflichtteilsberechtigt die Abkömmlinge des Erblassers, weiter sein Vater und seine Mutter, nicht auch die entfernteren Voreltern, Großeltern usw. (eine Abweichung vom bisherigen Recht). Ferner auch der überlebende Gatte.

Wenn eine dieser Personen durch Verfügung von Todes wegen von der Erbfolge ausgeschlossen ist, so geht ihr Anspruch auf die Hälfte des Geldwerts ihres gesetzlichen Erbteils, und zwar gegen den Erben. Seiner juristischen Natur nach ist also das Pflichtteilsrecht eine reine Forderung, nicht aber ein Erbrecht. Dafür, dem Pflichtteilsberechtigten ein Miterbrecht zu geben, sind z. B. der Berliner Rechtsanwalt Wilke, Otto Bähr u. a. erfolglos eingetreten. Wenn der Erblasser daher seine Maitresse als Erbin einsetzt, dann hat sein einziger Sohn keinen Anteil an der Erbschaft und muß sich mit einer Geldsumme abfinden lassen.

Da das B.G.B. gleich an die Spitze des Erbrechts das gesetzliche Erbrecht stellt, dies also als Regel auffaßt und das Testamentserbrecht als Ausnahme, so müßte es eigentlich dahin gelangen, in den Fällen, in denen die Regel aufrecht erhalten wird, d. h. beim Pflichtteilsrecht, ein Erbrecht des Berechtigten anzuerkennen.[2])

Das Pflichtteilsrecht wurde bekanntlich auch in der preußischen Praxis als eine bloße Forderung behandelt, obwohl das A.L.R. Zweifel übrig ließ. Diese Auffassung wird im § 2304 merkwürdig weit dahin zugespitzt, daß die Zuwendung des Pflichtteils im Zweifel nicht als Erbeinsetzung gilt. Wenn der Erblasser sagt: Mein einziger Sohn soll den Pflichtteil haben, alles andre mein Freund X., so sind diese Wendungen, die für beide gleich lauten, doch juristisch von ganz verschiedenem Inhalte, für den Sohn gewähren sie nur eine Forderung, für den Freund dagegen Erbeinsetzung (§ 2304).

Wenn aber der Erblasser den Pflichtteilsberechtigten auf die Hälfte des gesetzlichen Erbteils oder noch einen höheren Bruchteil zum Erben einsetzt, ihn also geradezu als Erben bezeichnet, so kann der Pflichtteilsberechtigte sein Erbteil nicht etwa ausschlagen und dessen Wert in Geld als Gläubiger verlangen (etwa um sich der Erbauseinandersetzung

[1]) 3. Aufl. S. 458.

[2]) Es scheint also mit Recht hier eine Erhöhung der Testierfreiheit auf Kosten des Familienzusammenhanges anzunehmen.

mit den anderen Erben zu entziehen). Also hat es der Erblasser in der Hand, ob er den Pflichtteilsberechtigten zum Miterben oder bloß zum Gläubiger machen will. „Daß die Entstehung des Pflichtteilsanspruchs nach § 2317 mit dem Erbfall eintritt ist nicht immer richtig; denn sie kann auch durch den Wegfall eines Vordermannes bedingt sein (s. unten). Doch gilt der Anspruch, wenn er entstanden ist, als schon mit dem Erbfalle entstanden“.[1])

Des Näheren ist zu beachten:

1. Sehr genau geregelt sind (§§ 2305—2308) die Fälle, wo dem Pflichtteilsberechtigten zwar etwas hinterlassen ist, aber doch sein Pflichtteil durch Belastung verkürzt, der Berechtigte also teilweise, partiell verletzt wird.

a) § 2305 behandelt den Fall, wo der dem Pflichtteilsberechtigten hinterlassene Erbteil geringer ist als die Hälfte des gesetzlichen Erbteils. Dann geht der Anspruch des Pflichtteilsberechtigten auf den Wert des an der vollen Hälfte seiner gesetzlichen Erbportion fehlenden Teils, z. B. wenn das einzige Kind statt auf ein Halb, nur auf ein Viertel berufen ist. Man erkennt sofort die römische, von Justinian gegebene actio suppletoria oder Ergänzungsklage.

b) Wenn dem Pflichtteilsberechtigten zwar ein Erbteil hinterlassen ist, aber er durch Ernennung eines Testamentsvollstreckers beschränkt wird oder durch Einsetzung eines Nacherben, durch ein ihm auferlegtes Vermächtnis oder durch eine Auflage u. dgl. beschwert, während der hinterlassene Erbteil nur die Hälfte des gesetzlichen, also mit andern Worten den Pflichtteil oder gar noch weniger beträgt, so gilt die Beschwerung als nicht angeordnet, also wird in Höhe des Pflichtteils das Erbteil von der Last frei, und auf den Überrest ist eine Ergänzungsklage gegeben (§ 2306).

Beträgt dagegen der hinterlassene Erbteil mehr als die Hälfte des gesetzlichen, so kann der Pflichtteilsberechtigte nicht wie im bisherigen Recht zunächst den Pflichtteil frei verlangen und dann noch den ihm zugewendeten Überschuß mit der auf ihm lastenden Beschwerung, sondern er kann nach dem B.G.B. nur entweder den Erbteil mit der Beschwerung nehmen oder unter Ausschlagung des Erbteils den Pflichtteil verlangen. Die allbekannte cautela Socini des gemeinen und des preußischen Rechts, wonach der Erblasser sagt: „Ficht das von mir bedachte Kind das Testament an, so soll es auf den Pflichtteil gesetzt sein“ ist nun zur gesetzlichen Regel erhoben, sie gilt von

[1]) „Vorbereitungsheft“.

Rechts wegen. Der Erblasser hat die erwähnte Hinzufügung nicht mehr nötig.

Die Ausschlagungsfrist beginnt erst mit Kenntnis des Erben von der ihm auferlegten Beschwerung zu laufen.

Dasselbe Wahlrecht gilt, wenn der Pflichtteilsberechtigte nur als Nacherbe eingesetzt ist. Also in dem Fall des sog. Berliner Testaments, in dem der verstorbene Ehegatte den überlebenden zum Erben eingesetzt hat und erst nach dessen Tode der gemeinsam erzeugte Sohn den beiderseitigen Nachlaß erhalten soll, muß der Sohn einfach wählen, ob er nach dem Tode des Vaters sofort den Pflichtteil nehmen und auf alles weitere verzichten, oder ob er sich die Verkürzung des Pflichtteils gefallen lassen will, um nach dem Tode der überlebenden Mutter den gesamten Nachlaß in Empfang zu nehmen.

c) Nach § 3207 kann, wenn dem Pflichtteilsberechtigten ein Vermächtnis hinterlassen ist, gleichviel, ob es den Pflichtteil deckt oder nicht, der Berechtigte ebenfalls wählen. Schlägt er das Vermächtnis aus, so kann er einfach seinen Pflichtteil fordern. Die Vermächtnisforderung muß hinter dem Pflichtteilsanspruch zurückstehen; selbst wenn das Vermächtnis eben so viel oder mehr beträgt wie der Pflichtteil, so ist doch der Pflichtteilsanspruch stärker.

Schlägt der Berechtigte das Vermächtnis nicht aus, so kann er den Pflichtteil insoweit nicht fordern, als der Wert des Vermächtnisses reicht, wobei nun die auf dem Vermächtnis ruhenden Beschränkungen außer Betracht bleiben. Also auch hier muß sich der Pflichtteilsberechtigte entscheiden, ob er die Zuwendung des Erblassers gelten lassen will. Um nun Klarheit in die Situation zu bringen, kann der beschwerte Erbe von dem Pflichtteilsberechtigten verlangen, daß er sich in angemessener Frist erkläre. Wenn er das nicht tut, gilt das Vermächtnis als ausgeschlagen (§ 2307 Abs. 2).

§ 2308 trifft Bestimmungen darüber, daß die erklärte Ausschlagung unter gewissen Voraussetzungen wiederum angefochten werden kann.

Der Natur des Pflichtteilsanspruchs entspricht durchaus, daß er als reines Forderungsrecht vererblich und übertragbar ist; er kann cediert, gepfändet werden u. dgl. m. (§ 2317).[1]) Andererseits ist es ihm eigentümlich, daß er einer kurzen Verjährung von drei Jahren unterliegt von Kenntnis des Erbfalles und des Testaments (§ 2332 Abs. 1), ohne Kenntnis sind 30 Jahre Frist.

[1]) M. E. erklärt sich dies durch die bloße juristische Natur des Pflichtteilsanspruchs noch nicht, sondern durch eine gewisse Gleichgiltigkeit gegen die gehässige Natur der öffentlichen Aufrollung einer Enterbungsfrage vor Gericht.

2. Entferntere Abkömmlinge und Eltern haben ein Pflichtteilsrecht nur dann, wenn sie bei reiner gesetzlicher Erbfolge erben würden. Doch würde ihre Ausschließung in jedem andern Falle zu weit gehen. Wenn z. B. ein vorgehender Abkömmling für seine Person auf seinen Erbteil verzichtet hat oder erbunwürdig ist, so würde er dennoch, wenn wir jene Formel anwenden, bei reiner Intestaterbfolge berufen sein, nicht aber seine Nachmänner. Trotzdem wäre es ungerecht, diesen Nachmännern ein Pflichtteilsrecht zu versagen, da ihr Vormann doch sein Erbrecht verwirkt oder aufgegeben hat. Darum hat § 2309 eine engere Formulierung für die Ausschließung der entfernteren Abkömmlinge und Eltern gewählt.

Strohal[1]) tadelt diesen Paragraphen, dessen einzelnen Sätze jedoch sehr wohl abgewogen sind. Ihm zufolge haben entferntere Abkömmlinge und Eltern nur dann — so kann man hinzudenken — kein Pflichtteilsrecht, wenn zwei Bedingungen erfüllt sind:

1. Wenn ein Abkömmling vorhanden ist, der sie im Falle der gesetzlichen Erbfolge ausschließen würde, und

2. wenn und insoweit außerdem dieser ihnen vorgehende Abkömmling entweder den Pflichtteil verlangen kann oder das ihm Hinterlassene annimmt.

Damit ein vorgehender Abkömmling entferntere Abkömmlinge oder die Eltern ausschließe, muß also der vorgehende Abkömmling nicht bloß, wie man nach der Formulierung der bisherigen Theorie annehmen sollte, selber ein gesetzliches Erbrecht haben, sondern auch pflichtteilsberechtigt sein oder etwas vom Erblasser ihm Hinterlassenes annehmen.

Daraus folgt, daß er dem Pflichtteilsrecht eines Entfernteren nicht im Wege steht, wenn er selber von der gesetzlichen Erbfolge ausgeschlossen ist, z. B. wegen Erbunwürdigkeit, oder weil er für seine Person verzichtet hat oder sein Erbteil ausschlägt. Eben darum macht er dann dem entfernteren Abkömmling, vor dem er stand, freie Bahn, oder auch, wenn solche entfernteren Abkömmlinge nicht vorhanden sind, den Eltern des Erblassers. Dabei ist namentlich neu, daß dieses Pflichtteilsrecht des Entfernteren auch bei Ausschlagung des vorgehenden Abkömmlings in Kraft tritt.

Nehmen wir den Fall, daß der Erblasser seinen pflichtteilsberechtigten Sohn zum Erben einsetzt, dann aber ihm einen Fremden sub-

---

[1]) 3. Aufl. S. 428 ff. Vgl. hierzu die daselbst S. 426 angeführte Literatur, insbesondere Strohals Leipziger Dekanatsprogramm 1899, auch die Breslauer Dissertation von Richard Thiel: Das Pflichtteilsrecht der entfernteren Abkömmlinge des Erblassers nach dem Deutschen B.G.B. Breslau 1902.

stituiert hat und nun der Sohn ausschlägt, so hat der Sohn dieses Sohnes ein Pflichtteilsrecht gegen den Fremden. Durch die Ausschlagung des Sohnes wird der Enkel pflichtteilsberechtigt. Der Gedanke ist der, daß der Ausschlagende als erbrechtlich nicht vorhanden gilt.[1]) Deshalb tritt das Pflichtteilsrecht des von ihm erzeugten Enkels des Erblassers in Kraft.

Weiter steht der vorgehende Abkömmling dem Pflichtteilsberechtigten des Entfernteren auch dann nicht im Wege, wenn er zwar mit seiner gesetzlichen Erbfolge vorgehen würde, aber die zweite Bedingung fehlt, d. h. wenn er den Pflichtteil nicht verlangen kann, weil er nur ein gesetzliches Erbrecht, aber kein Pflichtteilsrecht, hat. Wenn z. B. dem näheren Abkömmling, dem Sohn des Erblassers, das Pflichtteil rechtmäßig wegen einer Verfehlung entzogen ist, dann tritt der Entferntere, also der Sohn dieses rechtmäßig Enterbten, wie im römischen Recht durch die successio in querelam inofficiosi testamenti, so auch im B.G.B. an seine Stelle, ebenso wenn der nähere Abkömmling auf das Pflichtteilsrecht und nur auf dieses verzichtet hatte, nicht auch auf sein gesetzliches Erbrecht.

Man kann in diesen Fällen zwar nicht sagen, daß der Verzichtende erbrechtlich nicht vorhanden sei, bei gesetzlicher Erbfolge würde er sukzedieren, wohl aber, daß er pflichtteilsrechtlich nicht vorhanden sei. Indessen steht dem Rechte des Vorgehenden, den Pflichtteil zu verlangen, gleich und schließt also die entfernteren Abkömmlinge und Eltern aus: die Annahme dessen, was der Erblasser freiwillig, ohne dazu verpflichtet zu sein, dem Vorgehenden hinterlassen hat. Wenn also der Erblasser einen Sohn, der wegen einer Verfehlung gegen den Vater den Pflichtteil nicht verlangen konnte, trotzdem freiwillig mit etwas im Testamente bedacht hat und dieser es annimmt, dann kann insoweit, wie das B.G.B. sagt, der Enkel kein Pflichtteilsrecht geltend machen, d. h. bis zum Belange dessen, was seinem parens hinterlassen ist. Dagegen hat der Entferntere einen Anspruch auf den Überschuß seines Pflichtteils über das, was seinem parens hinterlassen ist. Ebenso wenn ein Sohn für seine Person auf das Pflichtteilsrecht verzichtet hatte, aber der Erblasser ihm freiwillig etwas hinterlassen hat, so ist wiederum insoweit, als diese freiwillige Zuwendung reicht, das Pflichtteilsrecht des weiteren Abkömmlings ausgeschlossen, dagegen für die Differenz, soweit als sein Pflichtteilsrecht sich über die Zuwendung hinaus erstreckte, noch zu verfolgen.

---

[1]) Ihm ist das Recht, über die Erbrechte seines Stammes zu verfügen, entzogen.

In diesen Fällen hatten die entfernteren Abkömmlinge ihrerseits kein Recht auf die Ausschließung des Vorstehenden und müssen sich gefallen lassen, daß ihr Pflichtteil um so viel gemindert wird, als ihr parens vom Erblasser erhalten hat.[1])

Bei Ausschlagung des Näheren war bisher im preußischen und ebenso im gemeinen Recht ein Pflichtteilsrecht des Entfernteren nicht anerkannt.[2]) Ebenso hat fortan bei dem Verzicht des Sohnes auf das bloße Pflichtteilsrecht für seine Person der Enkel, auch wenn er Erbe des Sohnes geworden ist, aus eigener Person ein Pflichtteilsrecht. Mit dieser Ausdehnung des Pflichtteilsrechts hängt natürlich eine größere Gebundenheit des Erblassers zusammen. Das war aber auch im B.G.B. beabsichtigt.

Diese Schlußworte des § 2309 „soweit als er das ihm Hinterlassene annimmt" sind also nicht, wie man bei erster Lektüre meinen möchte, etwa auf den Fall zu beziehen, daß der Pflichtteilsberechtigte deswegen nichts mehr verlangen kann, weil er den (ihm gebührenden)[3]) Pflichtteil bekommen hat — daran ist dabei gar nicht gedacht — vielmehr liegt der Fall vor, daß er entweder den Pflichtteil verlangen kann, aber für sein Recht, ihn zu verlangen, anderweitig befriedigt wird, oder daß er zwar den Pflichtteil nicht verlangen kann,[4]) aber nun entweder eine das Pflichteilsrecht ausschließende Zuwendung (§§ 2306, 2307) oder eine ihm vom Erblasser ohne jede Verpflichtung hinterlassene Zuwendung angenommen hat. Anders ausgedrückt, der Enkel soll das, was an Zuwendungen vom Erblasser in seinen Stamm gefallen ist, nicht ignorieren dürfen (Grundsatz der Stammeinheit).[5])

---

[1]) Dem Erblasser soll nicht das Recht genommen werden, sich des Pflichtteils unwürdig Gewordenen in Gnaden wieder anzunehmen. Er soll dadurch eine Erschwerung seiner Pflichtteilslast nicht erleiden.

[2]) Er war im Ausschlagen des Pflichtteils bisher Stammrepräsentant.

[3]) Vom Herausgeber eingeschoben.

[4]) Der Text ist nicht ganz sicher. Eck sieht wohl mit Recht in dem Nichtannehmen des Hinterlassenen ein Seitenstück des Ausschlagens, das eben hinfort nicht mehr dem ganzen Stamme des Ausschlagenden schaden soll.

[5]) Bei Verwirkung und Verzicht soll dieser Grundsatz nicht gelten, sonst aber allerdings. Da jedoch nicht blos Abkömmlinge, sondern auch die Eltern hier als entferntere Pflichtteilsberechtigte Betracht kommen, so hat der Gedanke der Stammeinheit nicht den Ausschlag gegeben. Es handelt sich vielmehr m. E. in erster Linie um das Recht des Erblassers, über Mängel des Pflichtteilsrechts freiwillig hinwegzusehen und mit dem Erben, dem der Pflichtteil entzogen werden kann, auf Kosten der Nachstehenden zu verhandeln. Ersteres wird ihm gegeben, letzteres versagt.

3. Die Größe des Pflichtteils ist stets ein Halb des gesetzlichen Erbteils (nach dem Muster des österreichischen Erbrechts). Der Erblasser mag viel oder wenig Kinder haben, er ist immer in gleichem Maße in der Testierbefugnis beschränkt. Er kann immer nur über die Hälfte des Nachlasses verfügen; denn die Intestatportionen der Kinder würden zusammen den ganzen Nachlaß umfassen.

Das ist die sogenannte römische Distributivkomputation, wonach die gesetzliche Erbportion des einzelnen Pflichtigkeitsberechtigten berechnet wird. Verworfen wird damit die andre törichte, aber im gemeinen Recht so lange verteidigte Kollektiv-Komputation, die auch im A.L.R. Verteidiger gefunden hat.[1])

Bei der Bemessung des Dividendus wird, wie nach römischem Recht, auch der rechtmäßig Enterbte mitgezählt (§ 2310). Dies ist das Glossatorensprichwort: Exheredatus partem facit ad minuendam legitimam.

Ferner wird mitgezählt der, welcher seinen Erbteil ausschlägt und auch der, welcher für erbunwürdig erklärt wird. Durch die Ausschließung aller dieser Personen wächst das Pflichtteilsrecht den Übrigen nicht an, sondern kommt, wenn der Erblasser die Pflichtteilsberechtigten auf ihre Pflichtteile beschränkt hatte, dem heres extraneus zu Gute. Das ist eben nach dem Muster des römischen Rechts so statuiert.

Ein Widerspruch dieses § 2310 mit § 2309 ergibt sich aus folgenden Beispielen:

Hat der Erblasser einen Sohn und von diesem einen Enkel, dann bringt nach § 2309 die rechtmäßige Enterbung dem Enkel den Vorteil, daß er dadurch ein Pflichtteilsrecht gegen seinen Großvater bekommt. Hat nun aber der Erblasser zwei Söhne, dann bringt die Enterbung des einen durchaus nicht für den andern den Vorteil, daß sich dessen Pflichtteilsrecht erhöht, sondern dann wird der Enterbte mitgezählt. Es ist schwer zu vereinen, daß das eine Mal bei § 2309 die Enterbung den Nachmännern nützt und das andre Mal nach § 2310 den Nebenmännern nichts nützt.[2]) Man wird diesen Widerspruch wohl so erklären können, daß § 2310 in das römische oder gemeine Recht zurückfällt und vergißt, daß dieser Gedanke durch § 2309 aufgegeben war.

Eine Ausnahme macht aber nach § 2310 Satz 2 der durch Erbverzicht Ausgeschlossene. Dieser wird bei der Berechnung des Pflichtteils seiner Geschwister im Widerspruch mit dem preußischen Recht

[1]) Vgl. hierüber Dernburg, Lehrb. des pr. Privatr. III § 197 S. 541.

[2]) Diese Bemerkung Ecks erinnert an das Bd. II S. 478 Anm. 3 besprochene Reichsgerichtsurteil.

(§ 488 A.L.R. II, 2) nicht mitgezählt. Es ist hier eine Ausnahme gemacht für den durch Erbverzicht ausgeschlossenen, im Gegensatz zu den durch andere Gründe ausgeschlossenen, nach den Motiven[1]) deshalb, weil der, welcher durch seinen Erbverzicht ausgeschlossen ist, meist eine Abfindung erhalten haben wird. Darum ist er anders zu behandeln.

Für die Wertschätzung des Nachlasses, auf Grund welcher der Pflichtteil berechnet wird, ist der Zeitpunkt des Erbfalls maßgebend (§ 2311). Die „Wertbestimmung des Erblassers ist nicht entscheidend."[2]) Wenn Wertstücke nach dem Erbfall im Werte steigen, dann ist es für den Pflichtteilsberechtigten sehr ungünstig, daß er nicht mehr daran teilnimmt. Wenn aber umgekehrt diese Werte stark sinken, dann ist es für den Erben nachteilig. Strohal[3]) meint, es müsse eine Schätzung in concreto nach billigem Ermessen eintreten. Indessen ist nicht abzusehen, wie das praktisch durchgeführt werden soll.

Besondere Bestimmungen sind hinzugefügt, wenn zu dem Nachlasse ein Landgut gehört (§ 2312). Hier soll wieder nicht der Kaufwert, sondern der Ertragswert maßgebend sein.[4])

Für die besonderen Fälle bedingter Rechtsverhältnisse bestimmt § 2313, daß Rechte und Verbindlichkeiten, die von einer aufschiebenden Bedingung abhängig sind, außer Ansatz bleiben sollen.[5])

Nach § 2314 kann der Pflichtteilsberechtigte verlangen, daß der Erbe ihm über den Bestand des Nachlasses Auskunft erteile, daß er ihn bei der Aufnahme des Vermögensverzeichnisses zuziehe und daß er auch die Schätzung der Nachlaßmasse bewirke. Die dadurch erwachsenen Kosten fallen dem Nachlasse zur Last.

Nach § 2311 bleibt bei der Berechnung des Pflichtteils der Eltern das Voraus des Ehegatten außer Ansatz (§ 1932), so daß die Eltern insofern ungünstiger stehen als die Kinder.

4. § 2315 trifft im Einklange mit dem bisherigen Rechte Bestimmungen über das, was der Pflichtteilsberechtigte sich auf seinen Pflichtteil anrechnen lassen muß an Zuwendungen, die er vom Erblasser empfangen hat. Ihr Kreis ist enger gezogen, als nach dem bisherigen Recht.

---

1) Bd. V S. 404

2) Vorbereitungsheft.

3) Vgl. 3. Aufl. S. 443 § 52 Anm. 3. Strohal warnt nur vor einer mechanischen Anwendung der Regel, worunter wohl zu verstehen ist, daß man es mit der schwierigen Ermittelung des Wertes, den eine Sache zu einem früheren Zeitpunkte hatte, nicht allzugenau nehmen kann. Dagegen läßt sich nichts einwenden.

4) Vgl. §§ 1515, 2049.

5) Diese Regel ist rücksichtslos, aber bequem für die Berechnung des Pflichtteils.

Der Pflichtteilsberechtigte hat sich auf den Pflichtteil nur das anrechnen zu lassen, was ihm vom Erblasser durch Rechtsgeschäft unter Lebenden mit der Bestimmung zugewendet worden ist, daß es auf den Pflichtteil angerechnet werden sollte, also schon bei dem Rechtsgeschäft unter Lebenden, nicht etwa nachträglich noch im Testament.

Die Art der Anrechnung ist einfach die des bisherigen gemeinen und preußischen Rechts. Natürlich muß der Wert der Zuwendung bei der Bestimmung des Pflichtteils zunächst dem Nachlasse hinzugerechnet werden, und von diesem so vergrößerten Nachlaß ist die Intestatportion und davon wieder der Pflichtteil zu berechnen. Endlich wird auf den Pflichtteil die Zuwendung angerechnet wie eine schon bei Lebzeiten geleistete Abschlagszahlung.[1])

Für den Wert, zu welchem die Zuwendungen zu veranschlagen und mit dem sie in den Nachlaß hineinzurechnen sind, ist maßgebend die Zeit, zu welcher die Zuwendung erfolgt ist (gerade wie wir das bei der Kollation gesehen haben). Das B.G.B. hat ja nicht die römischrechtliche Bereicherungskollation angenommen. Hat sich die Zuwendung an Wert verringert, so ist das der Nachteil des Zuwendungsempfängers (s. oben S. 69).

Diese Regeln gelten auch ohne allen Unterschied, gleichviel ob mehrere Pflichtteilsberechtigte vorhanden sind oder nur einer; ob die Pflichtteilsberechtigten Abkömmlinge sind oder Eltern oder neben ihnen ein Ehegatte steht. Immer, wenn sich ein Pflichtteilsberechtigter etwas mit der Auflage hat zuwenden lassen, daß er es sich auf den Pflichtteil anrechnen müsse, so wird die Zuwendung in dieser Weise in den Nachlaß eingerechnet und dem Empfänger auf seinen Pflichtteil wieder abgerechnet.

Wie ein Enkel, der kollationspflichtig ist, das konferieren muß, was in seinen Stamm gefallen ist, was sein parens bekommen hat, wenn er ihn auch selber nicht beerbt hat, gerade so ist auch bei der Anrechnung auf den Pflichtteil zu verfahren. Wenn der Pflichtteilsberechtigte ein Abkömmling des Erblassers ist, so soll nach § 2315 Abs. 3 die Vorschrift des § 2051 Abs. 1 entsprechende Anwendung finden, d. h. wenn ein Sohn des Erblassers etwas mit der Verpflichtung, es sich auf den Pflichtteil anzurechnen, bekommen hat, so muß auch der an seine Stelle tretende Enkel das von seinem parens Em-

[1]) Beispiel: Nachlaß 20000, X. und Y. sind Pflichtteilserben. X. hat 2000 auf den Pflichtteil anzurechnen. Die Pflichtteile von X. und Y. sind je 5500. X. muß sich hiervon 2000 abziehen lassen. Sein Pflichtteil mindert sich auf 3500.

pfangene sich auf seinen Pflichtteil in Anrechnung bringen lassen, mag er dadurch bereichert sein oder nicht.

„Wird der Pflichtteil durch die Zuwendung ganz gedeckt, so hat zwar der Pflichtteilsberechtigte nichts mehr zu bekommen, aber er bleibt doch im Sinne des Gesetzes ein solcher, der den Pflichtteil verlangen kann. Daraus folgt, daß ein Abkömmling, dessen Pflichtteil durch Anrechnung gedeckt ist, entferntere Abkömmlinge und Eltern vom Pflichtteil ausschließt."[1])

Nach § 2317 ist der Pflichtteilsanspruch vererblich und übertragbar. Pfändbar ist er jedoch nach § 852 C.P.O. nur dann, wenn er durch Vertrag anerkannt oder rechtshängig geworden ist. Wider den Willen eines Pflichtteilsberechtigten, der das Testament des Erblassers gelten lassen will, können die Gläubiger den Pflichtteilsanspruch dieses Schuldners nicht pfänden.

2. Berücksichtigung von ausgleichungspflichtigen Zuwendungen. (§ 2316.)

§ 33.

§ 2316 ist wohl der schwierigste im ganzen Erbrecht. Ihm zufolge unterliegen nicht dem Anrechnungsprinzip, das soeben im § 2315 entwickelt worden ist, wie das im bisherigen Recht der Fall ist, auch die ausgleichungspflichtigen Zuwendungen an Abkömmlinge, insbesondere eine Ausstattung, an die man natürlich zuerst denkt. Diese werden nur in viel engeren Grenzen berücksichtigt, nämlich:

1. nur im Verhältnis mehrerer Abkömmlinge, unter denen im Falle gesetzlicher Erbfolge eine Zuwendung zur Ausgleichung zu bringen sein würde. Z. B. wird eine solche Zuwendung nicht berücksichtigt, wenn nur ein Kind vorhanden ist, während sie nach der preußischen Praxis auch dann berücksichtigt werden sollte.[2])

---

[1]) Vorbereitungsheft.

[2]) Vgl. über diese Neuerung die auch vom ersten Entwurfe (§ 1989) abweicht, Strohal, d. D. Erbr. 3. Aufl. S. 474. Es prägt sich in ihr immerhin ein verständlicher Gedanke aus. Das Vorempfangene soll nicht jedesmal als eine vorausbezahlte Abfindung aus der Erbschaftsmasse gelten, sondern nur dann, wenn ein anderer Abkömmling dadurch bei dem Erbfalle geschmälert ist. Nur dann läge, falls die Anrechnung unterbliebe, eine Ungleichheit vor, von der man nicht ohne Weiteres annimmt, daß der Verstorbene sie gewollt habe. Aus dieser Natur des Vorempfanges als einer bei Lebzeiten vorausbezahlten Nachlaßmasse erklärt sich auch, daß der Vorempfang nicht bloß bei der Berechnung des Ausgleichungsbetrages, sondern auch

2. Eine solche ausgleichungspflichtige Zuwendung wird auch nur in der Art berücksichtigt, daß der gesetzliche Erbteil, also der Dividendus für Bildung des Pflichtteils nach den Regeln über die Ausgleichung berechnet wird, ganz wie nach § 2055, der von der Ausgleichung handelt. Wie bei der Ausgleichung die Ausstattung dem Nachlaß, soweit er dem Ausgleichungssubjekte gleichkommt, hinzugerechnet und dann dem Empfänger der Ausstattung auf seinen gesetzlichen Erbteil angerechnet wird, so soll auch hier nach § 2316 „Abs. 1" beim Pflichtteil „der Wert des gesetzlichen Erbteils" berechnet und von diesem, durch die Anrechnung der Ausstattung geminderten gesetzlichen Erbteil[1]) dann die Hälfte als Pflichtteil genommen werden.[2]) Dagegen soll eben eine Anrechnung auf den Pflichtteil selber unterbleiben, d. h. eine Anrechnung der ausgleichungspflichtigen Zuwendung auf den durch Division des Erbteils durch Zwei gefundenen Quotienten. Diese ganz neue Art der Berücksichtigung eines Vorempfanges bei Berechnung eines Pflichtteils, diese Methode der Berücksichtigung nach dem Ausgleichungsprinzip statt wie im bisherigen Recht nach dem Anrechnungsprinzip, unterscheidet sich also von der bisherigen Methode dadurch, daß sie den Vorausempfang, das Konferendum an anderer Stelle in Rechnung setzt, ihn von einem anderen Minuendus subtrahiert. Es wird nicht, wie nach dem bisherigen Recht, von dem Quotienten, der den Pflichtteil bildet, subtrahiert, sondern von dem Dividendus, dessen Hälfte den Pflichtteil ausmacht.[3])

Natürlich ist das für die pflichtteilsberechtigten Abkömmlinge eine große Begünstigung, eine Begünstigung um 50 Proz.,[4]) und für den

---

bei der Berechnung des Pflichtteils zu dem wirklich vorhandenen Nachlasse zugerechnet wird, was übrigens aus dem Wortlaute des § 2316 leider nicht recht klar hervorgeht.

[1]) Daß sich der Pflichtteil gerade in dieser Weise nach dem durch den Wert des Vorempfanges gekürzten Erbteil bestimmt, nimmt auch Strohal a. a O. S. 474 ff. an. Er nennt den kraft Gesetzes verminderten gesetzlichen Erbteil „den Anteil, den der Abkömmling im Falle gesetzlicher Erbfolge aus dem wirklichen Nachlaßbestande bei der Teilung erhalten würde."

[2]) Beispiel. Wirklicher Nachlaß = 10 000, die von einem der beiden Kinder anzurechnende Ausstattung = 2 000. Der in Rechnung zu stellende Nachlaß = 12 000, der gesetzliche Erbteil des Ausgleichungspflichtigen = 6 000. Hierauf sind 2 000 anzurechnen, also verbleiben 4 000, Pflichtteil ist die Hälfte = 2 000.

[3]) Im Beispiele der vorigen Anmerkung werden also die vorempfangenen 2 000 nicht von dem Pflichtteile als dem halben gesetzlichen Erbteile (also von 3 000) subtrahiert, so daß nur 1 000 übrig bleiben, sondern von den 6000, die hinterher halbiert werden. Es wird also nur der halbe Vorempfang vom Pflichtteile abgezogen.

[4]) Der Sinn dieser Begünstigung beruht allem Anscheine nach auf der Er-

Erblasser ist es dementsprechend eine viel größere Beschränkung seiner Testierfreiheit. Aber das ist es gerade, was man wollte. Man fand die Anrechnung der Konferenda, wie sie nach dem bisherigen, dem gemeinen und preußischen Recht gilt, zu ungünstig für die kollationspflichtigen und zugleich pflichtteilsberechtigten Subjekte.

Von selber ist nun durch diese Neuerung gegeben, daß die Pflichtteilsrechte mehrerer Geschwister auch ungleich hoch ausfallen können, nämlich sobald diese Geschwister ungleiche Vorausempfänge zu konferieren haben. Natürlich, denn je höher eine ausgleichungspflichtige Zuwendung ist, desto mehr vermindert sie für ihren Empfänger den Dividendus, von dem sein Pflichtteil die Hälfte ausmacht. Das hat freilich Ubbelohde[1]) für ganz begriffswidrig erklärt. Man wird ihm erwidern müssen, daß die Pflichtteile doch schließlich auch nach dem bisherigen Prinzip der Anrechnung ungleich hoch werden, und ob nun die Ungleichheit durch einen Abzug vom Quotienten, wie nach dem bisherigen Recht, oder durch einen Abzug vom Dividendus, wie nach dem neuen Recht, herbeigeführt werden soll, das zu bestimmen hat doch der Gesetzgeber freie Hand.[2])

Die Fassung des Abs. 1 ist freilich nicht gerade sehr durchsichtig.

Weiter ist bestimmt, daß ein Abkömmling, der durch Erbverzicht ausgeschlossen ist, bei der Berechnung außer Betracht bleibt.

Am schwierigsten ist der Fall des § 2316 Abs. 4, wo eine Zuwendung des Erblassers an einen Abkömmling, der sowohl ausgleichungspflichtig als auch anrechnungspflichtig ist, also nicht bloß unter den § 2316, sondern ebensogut unter den § 2315 fällt. Wenn z. B. einer Tochter eine Ausstattung vom Erblasser mit der Bestimmung gegeben war, daß die Empfängerin sie auf den Pflichtteil anrechnen sollte, dann war die Ausstattung Konferendum, weil sie Ausstattung ist, aber zugleich anrechnungspflichtige Zuwendung, weil sie mit der Bestimmung der Anrechnung gegeben war. Dieser Fall erledigt sich sehr einfach und sachgemäß, wenn man auf ihn lediglich das Anrechnungsprinzip des § 2315 anwendet.[3]) Dazu ist man vollauf berechtigt, denn dies

---

wägung, daß der Vorempfang als Bestandteil des gesetzlichen Erbteils gelten solle und daher, weil der Pflichtteil die Hälfte dieses Erbteils ist, auch nur zur Hälfte in den Pflichtteil einzurechnen sei. Will ihn der Testator ganz eingerechnet sehen, so ist denn auch noch die andere Hälfte vom Pflichtteilsbetrage abzuziehen (§ 2361 Abs. 4) s. unten.

[1]) Jahrb. f. Dogmat. Bd. 39 S. 141 ff. Gegen ihn auch Matthiaß, Lehrb. II § 159 Anm. 2 S. 510 und sehr scharf Strohal 3. Aufl. S. 478 Anm. 13.

[2]) Vgl. S. 213 Anm. 2 a. E.

[3]) Dies darf als herrschende Meinung bezeichnet werden, vgl. Strohal 3. Aufl.

Anrechnungsprinzip geht über das Ausgleichungsprinzip (um 50 Proz.) noch hinaus und absorbiert dasselbe. Bringt man also das Anrechnungsprinzip, das auf einen solchen Fall vollkommen paßt, zur Anwendung, so kann von einem abweichenden Ausgleichungsprinzip nicht mehr die Rede sein.

Aber so einfach hat es die Reichstagskommission nicht haben wollen, sondern sie hat das einfache und sachgemäße Verfahren verkannt. Sie meinte nämlich, daß, wenn eine Zuwendung ausgleichungspflichtig und zugleich anrechnungspflichtig sei, zunächst doch jedenfalls das Ausgleichungsprinzip des § 2316 Abs. 1 anzuwenden sei. Von diesem einmal eingenommenen Standpunkt aus erkannte sie dann allerdings richtig, daß, nachdem man das Ausgleichungsprinzip zur Anwendung gebracht hat, nicht etwa noch außerdem nach § 2315 eine Anrechnung der Zuwendung auf den Pflichtteil vorgenommen werden dürfe — natürlich nicht, weil ja sonst die Zuwendung erst vom Dividendus und auch noch vom Quotienten abgezogen werden würde, also der Empfänger der Zuwendung dann glücklich 150 Proz. derselben an seinem Pflichtteil verlieren würde.[1]) Deswegen sagt die Reichstagskommission in ihrem Bericht für das Plenum, der § 2316 enthalte am Schlusse eine Lücke, die durch die Vorschrift des Abs. 4 auszufüllen sei, d. h. durch die Vorschrift, daß, wenn die Zuwendung schon vom Dividendus, vom gesetzlichen Erbteil abgezogen sei, dann vom Quotienten nur noch ihre Hälfte abgezogen werden dürfe. Das ist freilich sehr richtig. Aber diese Vorschrift gebietet doch nur einen ganz nutzlosen, rechnerischen Umweg.[2]) Sie bestimmt, daß die Zuwendung, die zugleich Konferendum und anrechnungspflichtig ist, erst von dem gesetzlichen

§ 56 S. 473 ff. bes. S. 483 Anm. 24a über die scharfsinnigen, aber eigenartigen Ausführungen von Herzfelder in Staudingers Kommentar S. 617 ff., ferner Landsberg, Das R. d. B.G.B II S. 1255, auch die bei Strohal und Landsberg angeführte Literatur.

[1]) Im Beispiele auf S. 214 Anm. 2 ($N = 10000$, $V = 2000$, zwei Erben) würden dann von 6000 zuerst 2000 abzuziehen sein und von der Hälfte des Restes, in der bereits der halbe Abzug steckt, noch einmal die vollen 2000, so daß der Ausgleichungspflichtige nichts mehr als Pflichtteil übrig behielte.

[2]) Wer zwei Hälften einer Zahl hinter einander abzieht, erreicht dasselbe, als wenn er die ganze Zahl auf ein Mal abzieht. — Wenn N die Nachlaßmasse bezeichnet, V den Vorempfang und Z die Zahl der gleichberechtigten gesetzlichen Erben, so läßt sich Ecks Ausführung in die Formel kleiden:

$$\frac{\frac{N+V}{Z} - V}{2} - \frac{V}{2} = \frac{N+V}{2Z} - V$$

Erbteil, d. h. von dem durch Zwei zu teilenden Dividendus und zweitens ihre Hälfte von dem Quotienten, dem Pflichtteil abgezogen werden soll.[1]) Das kann aber doch niemals ein anderes Resultat ergeben, als wenn man einfach die Zuwendung vom Dividendus nicht in Abzug bringt, wohl aber dann von dem durch Division mit Zwei erzielten Quotienten ganz abzieht.

Man kann dreist sagen: § 2316 Abs. 4 beruht auf einem Mißverständnis, durch das ein ganz unnützer Umweg vorgeschrieben wird, zu dem sich die Praxis wahrscheinlich nicht bequemen wird, da man dasselbe richtige Resultat viel einfacher erreicht, wenn man den im Abs. 4 geregelten Fall nicht erst nach dem Ausgleichungsprinzip und dann zur Hälfte noch nach dem Anrechnungsprinzip behandelt, sondern lediglich ganz nach dem Anrechnungsprinzip des § 2315.[2])

Nach der bezeichneten Unterscheidung zwischen Ausgleichungsprinzip und Anrechnungsprinzip ist es von sehr verschiedener Bedeutung, ob der Erblasser einen Abkömmling verpflichtet, eine Zuwendung zur Ausgleichung zu bringen, oder aber sie auf den Pflichtteil anzurechnen oder endlich auf den Erbteil. Muß der Abkömmling die Zuwendung zur Ausgleichung bringen, so besteht seine Obliegenheit nur in Anrechnung derselben auf den Erbteil gegenüber den miterbenden Geschwistern, ist also eine ganz beschränkte Verpflichtung. Muß

---

[1]) Im Beispiele der Anm. 1 S. 216 ergibt 6000 — 2000 = 4000. Als Pflichtteil gilt 2000 — 1000 = 1000.

[2]) Eck hob hierbei hervor, daß dies der Ansicht mancher widerspreche, namentlich derjenigen von Gradenwitz. Nach Ecks Meinung hätte § 2316 Abs. 4 lauten müssen: „Ist eine nach Abs. 1 zu berücksichtigende Zuwendung zugleich nach § 2315 auf den Pflichtteil anzurechnen, so gilt hier nicht § 2316, sondern 2315." In der Regel wäre die Sache dadurch vereinfacht worden. Wenn aber der ausgleichungspflichtige Erbe neben seinem unter § 2315 fallenden Vorempfange noch einen andern Ausgleichungsbetrag erhalten hat, oder wenn neben ihm noch ein anderer Erbe mit einem solchen Betrage, der nicht unter § 2315 fällt, steht, so muß doch jedenfalls der § 2316 bei diesem Nachlasse berücksichtigt werden. Dies mag den Abs. 4 entschuldigen, der ja im Grunde überhaupt keinen andern Zweck hat, als das von Eck verteidigte Ergebnis gegen abweichende Meinungen zu sichern. Der Umweg, den er vorschlägt, ist jedenfalls nicht so groß, daß eine kalkulatorische Kraft dadurch ermüdet werden könnte. Noch sehr viel schroffer als Eck beurteilt Strohal den Absatz 4 a. a. O. S. 487. „Der bei der Abfassung des Abs. 4 von § 2316 begangene Fehler besteht also darin, daß man dabei den Fall außer Betracht gelassen hat, in welchem bei der gesetzlichen Erbfolge neben Abkömmlingen auch dessen überlebender Ehegatte erbberechtigt sein würde" (Ähnlich die dort S. 487 Angeführten). Eck scheint freilich anzunehmen, daß sich die Vorschrift auch auf diesen Fall bezieht Dem möchte ich beistimmen. Lege non distinguente nostrum non est distinguere, mögen sich immerhin daraus vielleicht Unebenheiten ergeben.

er aber die empfangene Zuwendung auf seinen Erbteil anrechnen, dann hat diese Anrechnung auf den Erbteil nicht bloß miterbenden Abkömmlingen gegenüber zu erfolgen, sondern auch fremden Miterben, coheredes extranei, gegenüber. Das geht einen Schritt weiter.

Aber beide Male wird doch der Pflichtteil nur durch eine Verminderung des gesetzlichen Erbteils berechnet. Muß der Abkömmling aber die Zuwendung auf den Pflichtteil anrechnen, so unterliegt er dem § 2315, nach dem er viel ungünstiger gestellt ist. Hiernach ist zu sagen, daß im Zweifel, nicht wie nach dem bisherigen Recht, aus einer der beiden ersten Wendungen: Mein Sohn soll verpflichtet sein, das Empfangene zur Ausgleichung zu bringen oder auf den Erbteil anzurechnen, keineswegs geschlossen werden darf, daß der Abkömmling sich auch die Anrechnung auf den Pflichtteil gefallen lassen muß.

Das hat die Reichstagskommission ganz richtig erkannt und darum aus der Reichstagsvorlage den § 2288 Abs. 1 Satz 2 mit Recht weggestrichen, der aus Entwurf I herübergekommen war und bestimmt hatte, daß die Anrechnung auf den Erbteil allemal Anrechnung auf den Pflichtteil bedeute. So ist es denn nun der Willensauslegung überlassen, zu ermitteln, was der Erblasser mit einer solchen Wendung wie: „Mein Sohn soll das Empfangene zur Ausgleichung bringen" oder „es sich auf den Erbteil anrechnen" oder endlich „auf den Pflichtteil," gemeint habe, insbesondere ob er mit einer der ersten beiden Wendungen die letztere, offenbar am weitest tragende habe ausdrücken wollen.[1])

§ 2316 Abs. 2 zieht nun eine Konsequenz daraus, daß ausgleichungspflichtige Vorausempfänge (Konferenda eines Miterben) durch ihre Hinzurechnung zum Nachlaß diesen Nachlaß fiktiv vergrößern und also auf den Wert der Erbteile und Pflichtteile anderer Miterben erhöhen. Danach kann ein Pflichtteilsberechtigter auf einen Bruchteil des Nachlasses eingesetzt sein, der die Hälfte seines gesetzlichen Erbteils erreicht oder ganz übersteigt, aber doch hinter dem Werte seines Pflichtteils zurückbleibt. Dann kann er den Mehrbetrag als Pflichtteil verlangen.

Der Nachlaß beträgt z. B. 20000 M. und der Erblasser X. hat seine zwei Söhne A. und B. hinterlassen. Den jüngeren B. hat er auf ein Viertel eingesetzt, d. h. also auf die Quote, die seinem

---

[1]) Man wird vielleicht dies in der Regel bei rechtsunkundigen Parteien anzunehmen geneigt sein, weil es das einfachste und der Testierfreiheit des Erblassers günstigste ist. Doch ist es wohl richtiger anzunehmen, daß ein Testator im Zweifel seine Testierfreiheit nur so weit wahrt, als er es klar bestimmt (In dubio minus).

Pflichtteil entspricht, also auf 5000 M. Wenn nunmehr der ältere Bruder A. eine Ausstattung von 10000 M. voraus empfangen hat, so wird durch die Hinzurechnung dieser Ausstattung zum Nachlaß der Nachlaß fiktiv, rechnerisch auf 30000 M. erhöht. Also beträgt der Pflichtteil des B. ein Viertel von diesem fiktiven Nachlaß, d. h. 7500 M. Demnach hat er noch 2500 M. von seinem älteren Bruder zu fordern.

§ 2316 Abs. 3 betrifft die Frage, ob ein Pflichtteilsberechtigter sich gefallen lassen muß, daß der Erblasser die Ausstattung eines Abkömmlings, die an sich ausgleichungspflichtig wäre, von der Berücksichtigung bei Berechnung des Pflichtteils ausschließt. Natürlich nicht, sofern dadurch der Pflichtteil eines Berechtigten verkürzt werden würde. Da die Regeln über die Berechnung des Pflichtteils dem Pflichtteilsberechtigten einen gewissen Betrag sichern sollen, so kann der Erblasser diesen Betrag dadurch nicht heruntersetzen, daß er einen andern Ausgleichungspflichtigen von der Einwerfung dispensiert.

Bestritten ist, ob das, was § 2316 Abs. 3 von der Ausstattung, dem kapitalistischen Konferendum bestimmt, nicht eben so gut auf das im § 2050 Abs. 2 erwähnte Konferendum zu erstrecken sei, d. h. auf Zuschüsse, die zu dem Zweck gegeben waren, als Einkünfte verwendet zu werden, sowie Aufwendungen für die Vorbildung zu einem Berufe, soweit sie das den Vermögensverhältnissen des Erblassers entsprechende Maß überstiegen haben. Nach dem Wortlaut des § 2316 Abs. 3 ist bloß von einer Zuwendung der im § 2050 Abs. 1 bezeichneten Art die Rede, das ist bloß die Ausstattung, per argumentum a contrario würde also ein anderes Konferendum dem § 2316 Abs. 3 nicht unterliegen. Allein die Entstehungsgeschichte lehrt, daß hier bloß ein Versehen zu Grunde liegt. § 2050 Abs. 1 umfaßte nämlich ursprünglich sowohl die Ausstattungen als die nichtkapitalistischen Zuwendungen, und in diesem Sinne wurde die Verweisung des § 2316 Abs. 3 formuliert. Später hat man den Abs. 1 des § 2050 in zwei Absätze auseinandergerissen. So ist die Verweisung zu enge geraten, und es fragt sich nun, wie wir interpretieren müssen. Ich glaube doch, daß die inneren Gründe hier die Rücksicht auf den Wortlaut überwiegen. Strohal[1]) ist derselben Ansicht.

---

[1]) 3. Aufl. S. 480. Dieser Rückgriff auf die Entstehungsgeschichte gegenüber einem klaren Texte ist nicht unbedenklich.

3. Abwälzung der Pflichtteilslast.

§ 34.

Strohal[1]) hat den Ausdruck der Überschrift zuerst gebraucht und Küntzel hat ihn mit Recht übernommen. Die Pflichtteilslast trifft zwar im allgemeinen den Erben, und wenn mehrere Erben da sind mehrere Miterben. „Der Erbe, der den Pflichtteil auszuzahlen hat, kann aber unter Umständen verlangen, daß ein dritter Bedachter, z. B. ein Vermächtnisnehmer ihm diese Last tragen helfe" [2]) (§§ 2318 bis 2324).

1. Der Erbe kann nach § 2318 Abs. 1 verlangen, daß der Vermächtnisnehmer ihm die Pflichtteilslast verhältnismäßig tragen helfe nach dem Wertverhältnis seiner Erbquote und des Vermächtnisses zu einander. Abweichungen sind

a) Abs. 2. Wenn der Vermächtnisnehmer selber pflichtteilsberechtigt ist, so kann die Abwälzung auf ihn nicht unbedingt pro rata stattfinden, sondern nur soweit, daß sein Pflichtteil unverkürzt bleibt.

b) Abs. 3. Andererseits kann der Erbe, der selber pflichtteilsberechtigt ist, die Pflichtteilslast auf den Vermächtnisnehmer sogar in höherem Maße als bloß pro rata abwälzen, nämlich so, daß ihm, dem Erben, sein Pflichtteil verbleibt, „d. h. er braucht nichts von seinem eigenen Pflichtteil, soweit er ihm hinterlassen ist, abzugeben".[3])

2. Nach § 2319 kann ein Miterbe, der selber pflichtteilsberechtigt ist, nach der Teilung andere Pflichtteilsberechtigte mit ihren Ansprüchen insoweit abweisen, daß ihm sein eigener Pflichtteil verbleibt.

3. § 2320. Wer, wie das B.G.B. sich ausdrückt, an Stelle eines Pflichtteilsberechtigten Erbe wird, mit anderen Worten, dessen Erbportion bekommt, z. B. an Stelle eines Sohnes, der ausgeschlagen hat oder vom Erblasser ausgeschlossen worden ist, der Sohn dieses Sohnes, oder auch bei testamentarischer Erbfolge der Substituierte, ist den andern Miterben gegenüber verpflichtet, in Höhe des von ihm erlangten Vorteils die Pflichtteilslast allein zu tragen und ebenso auch ein dem Pflichtteilsberechtigten zugewendetes Vermächtnis.

Analog sind dann weiter im § 2321 die Fälle behandelt, wo jemand dadurch einen Vorteil zieht, daß ein Pflichtteilsberechtigter ein

---

[1]) 3. Aufl. S. 458.

[2]) Vorbereitungsheft.

[3]) Vorbereitungsheft.

Vermächtnis ausschlägt. Dann ist der Onerierte den andern gegenüber, die für den Pflichtteil haften, in Höhe seines Vorteils die Pflichtteilslast allein zu tragen verpflichtet.

4. Anders gestaltet ist der Fall des § 2322, wo jemandem zwar die Ausschlagung einer Erbschaft oder eines Vermächtnisses durch den Pflichtteilsberechtigten zu statten kommt, aber damit zugleich auch die Last eines Vermächtnisses zufällt, mit dem der Ausschlagende beschwert gewesen war. Haftet er in diesem Falle für den Pflichtteil des Ausschlagenden, so kann er, um den Betrag dieses Pflichtteils decken zu können, das Vermächtnis kürzen.

5. Endlich fällt nach § 2323 das im § 2318 erwähnte Recht des Erben, dem Vermächtnisnehmer wegen der Pflichtteilslast einen Abzug zu machen, immer insoweit weg, als er, der Erbe, die Pflichtteilslast nicht zu tragen hat, sondern nach §§ 2320 ff. von sich abwälzen kann. Alle diese Regeln über die Abwälzung der Pflichtteilslast sind nur dispositive (§ 2324), so daß der Erblasser abweichende Anordnungen treffen kann.

Im bisherigen Recht hat man wohl auch schon durch Willensinterpretation erreicht, was das B.G.B. jetzt ausdrücklich vorschreibt.

4. Entziehung und Schmälerung des Pflichtteils.[1]) (§§ 2333—2338.)

§ 35.

Das Wort „Enterbung" ist im B.G.B. vermieden, weil es ja streng genommen natürlich nur eine Ausschließung vom Erbrecht bedeutet, der Pflichtteilsanspruch aber, wie man weiß, ein reines Forderungsrecht ist, also einem vom Erbrecht Ausgeschlossenen immer noch ein Pflichtteilsanspruch gewährt sein kann. Darum redet das B.G.B. immer von „Entziehung des Pflichtteilsrechts", d. i. gänzliche Ausschließung von der Erbschaft. Aber diese Ausdrucksweise ist unbequem; denn, weil „enterben" den Akkusativ regiert, so kann man das Passivum bilden und von einem enterbten Sohne reden, ebenso ein Substantivum: die Enterbung eines Sohnes. Das Wort „entziehen" regiert aber den Dativ und macht Sprachbildungen der angegebenen Art unmöglich.

Ein geringerer Grad der Entziehung des Pflichtteils ist noch die Beschränkung des Pflichtteils (§ 2338).

---

[1]) Vgl. Strohal 3. Aufl. § 57 S. 495 ff.

Das Recht zur Entziehung wird nur durch eine Schuld oder — wie das B.G.B. sich ausdrückt — durch eine Verfehlung des Pflichtteilsberechtigten begründet. Ohne solche Verfehlung kann bloß eine Beschränkung in guter Absicht, bona mente, erfolgen (§ 2338).

Die Gründe aber, welche den Erblasser zur Entziehung des Pflichtteils einem Abkömmling gegenüber berechtigen, sind im § 2333 auf nur 5 zurückgeführt. Justinian hatte bekanntlich 14, das Pr. A.L.R. 9 (A.L.R. II, 2 §§ 399 ff.). Dafür sind die Gründe des B.G.B. zum Teil sehr weitgreifend.

Die ersten 4 Nummern betreffen Verletzungen, die der Pflichtteilsberechtigte dem Erblasser zufügt:

1. Nachstellung nach dem Leben des Erblassers, des Ehegatten desselben oder eines andern Abkömmlings.

2. Vorsätzliche körperliche Mißhandlung des Erblassers oder dessen Ehegatten.

3. Verbrechen oder schweres vorsätzliches Vergehen gegen den Erblasser oder dessen Ehegatten.

4. Böswillige Verletzung der Unterhaltspflicht des Abkömmlings gegenüber dem Erblasser.

Unter Nr. 5 ist nicht eine Verletzung des Erblassers genannt, sondern sonstiges ehrloses oder unsittliches Treiben wider den Willen des Erblassers (allgemeiner als Pr. A.L.R. II, 2 § 409). So z. B. wenn der Sohn etwa als Offizier kassiert wird oder wegen eines Verbrechens ins Zuchthaus kommt.

Unter Nr. 5 würde auch der von Suarez behandelte Fall gehören. Wenn ein Sohn die vom Vater verwaltete amtliche Kasse bestiehlt, sodaß der Vater darüber sein Amt verliert, so kann der Vater ihn enterben.

Aber das alles muß wider den Willen des Erblassers geschehen sein. Wenn der Erblasser etwa dem Abkömmling Anleitung zur Unsittlichkeit gegeben hat, wenn der Vater oder die Mutter die Tochter verkuppelt hat, dann kann daraus kein Enterbungs- oder Entziehungsgrund von seiten eines parens entnommen werden.

Nach § 2336 Abs. 4 ist die Entziehung unwirksam, wenn der Abkömmling sich von dem ehrlosen oder unsittlichen Lebenswandel dauernd abgewendet hat. Wenn der Sohn im Zuchthaus sitzt und von dem Anstaltsgeistlichen ein Zeugnis beibringt, daß er sich im Zuchthaus gut und tadellos geführt habe — so genügt das aber wohl nicht, um seinen Pflichtteilsanspruch zu rechtfertigen. Eine dauernde Abwendung von seinem früheren Lebenswandel hat er damit noch nicht betätigt.

Weggefallen ist, was man nur billigen kann, die vom Pr. A.L.R. als halber Enterbungsgrund genannte Heirat eines Kindes wider den Willen des Vaters.[1])

Die Gründe, aus denen umgekehrt der Abkömmling Vater oder Mutter enterben kann, gibt § 2334 an. Drei Nummern des § 2333 sind wiederholt: Lebensnachstellung, Verbrechen oder schweres Vergehen gegen den Erblasser und böswillige Verletzung der Unterhaltspflicht. Hier kehrt nicht wieder der ehrlose oder unsittliche Lebenswandel. Also wenn der Vater im Zuchthaus sitzt oder die Mutter sich im Hurenhaus befindet, so bleiben diese doch gegen den Abkömmling pflichtteilsberechtigt, selbst wenn der Abkömmling dadurch, z. B. weil er Offizier ist, genötigt worden ist, Abschied zu nehmen, der Vater ihn also um seine ganze Existenz gebracht hat. Endlich sind die Gründe, aus denen ein Ehegatte dem andern den Pflichtteil entziehen kann, nach § 2335 dieselben Verfehlungen, derentwegen der Erblasser hätte auf Scheidung klagen können.

Die Entziehung kann nur durch letztwillige Verfügung erfolgen (§ 2336 Abs. 1), also in einem Erbvertrag nur als letztwillige Verfügung ohne vertragsmäßig bindende Kraft.

Der Grund der Entziehung muß zur Zeit der Errichtung der letztwilligen Verfügung bestehen und in der Verfügung angegeben werden. Dies scheint dem zu widersprechen, daß der Pflichtteilsberechtigte, der sich dauernd vom unsittlichen Lebenswandel abwendet, die Entziehung unwirksam macht. Das Gesetz will aber nur die Unzulässigkeit einer Entziehung de futuro aussprechen. Also kann der Vater nicht sagen, wenn mein Sohn zum Verbrecher wird und ins Zuchthaus kommt, oder meine Tochter ein uneheliches Kind bekommen sollte, dann soll ihnen ihr Pflichtteil entzogen sein. Warum das nicht zulässig sein soll, ist nicht verständlich. Nach römischem und nach preußischem Recht ist es statthaft, denn, wie Dernburg[2]) ganz richtig bemerkt, ist es mitunter eine ganz heilsame Warnung, die der Vater für seine Kinder ausspricht.

Nach B.G.B. bleibt die Entziehung unwirksam, wenn der zukünftige Fall auch eintritt. Will man formalistisch sein, so muß man sagen: bekommt die Tochter nachträglich nach der Verfügung ein Kind, so ist die Entziehung unwirksam, weil nicht in futurum enterbt

---

[1]) A.L.R. II, 2 § 412.

[2]) Preuß. Privatrecht Bd. III § 202 Anm. 29 S. 562. Für das B.G.B. läßt sich anführen, daß ein unbegründetes Mißtrauen der Eltern gegen ihre Kinder oft nicht minder verhängnisvoll wirkt, als ein nicht gerechtfertigtes blindes Vertrauen.

werden kann; hatte sie schon eins, ohne daß es der Erblasser wußte, so ist das ein Fall, auf den der Erblasser seinen Willen nicht gerichtet hatte. Aber da würde allerdings anders zu interpretieren sein.[1])

Endlich liegt der Beweis des Grundes dem Gegner des Pflichtteilsberechtigten ob. Nicht der Pflichtteilsberechtigte hat seine Reinheit zu beweisen. Damit ist eine gemeinrechtliche Streitfrage entschieden.

Nach § 2337 erlischt durch die Verzeihung das Recht des Erblassers zur Entziehung des Pflichtteils, ja, durch die Verzeihung wird sogar die schon angeordnete Entziehung wieder unwirksam, in ähnlicher Weise wie bei der Erbunwürdigkeit.

Die exheredatio bona mente facta ist zwar beibehalten, aber sehr beschränkt, nämlich nur gegenüber Abkömmlingen. Als Grund ist nicht mehr, wie im gemeinen und preußischen Recht, etwa Geistesschwäche oder ganz allgemein das Beste des Pflichtteilsberechtigten, für dessen Interesse man sorgen will, als ausreichender Grund anerkannt. Nein, sondern bloß Verschwendung oder Verschuldung des Abkömmlings in dem Grade, daß sein späterer Erwerb, zu dem auch die künftige Erbschaft an erster Stelle zu rechnen ist, erheblich gefährdet erscheint.

Das Reichsgericht nahm eine exheredatio bona mente an, die sich darauf gründete, daß ein Sohn unter dem Pantoffel seiner putzsüchtigen Frau stand. Das wird in Zukunft nur möglich sein, wenn etwa der Sohn infolge der Putzsucht seiner Frau derart verschuldet oder zu einem Verschwender geworden ist, daß dadurch sein späterer Erwerb gefährdet wird.

Aber auch der Inhalt der exheredatio bona mente ist sehr eng begrenzt:

a) Der Erblasser kann anordnen, daß die gesetzlichen Erben des Abkömmlings auf seinen Todesfall als Nacherben „oder Nachvermächtnisnehmer" berufen werden. Das klingt ja so, als ob nur zur Erhaltung des Vermögens für die Familie die exheredatio bona mente zulässig sein sollte.

b) Außerdem aber kann der Erblasser mit ersterer Verfügung oder in einer zweiten die Verwaltung des Hinterlassenen einem Testamentsvollstrecker übertragen. Dann kann ja der Enterbte keinerlei Verfügung über die Substanz treffen. Aber der Abkömmling hat auch in einem solchen Falle den Anspruch auf den jährlichen Reinertrag, mag dieser noch so groß sein.

---

[1]) D. h. jedenfalls zu Gunsten der Entziehung.

Nach § 863 C.P.O. ist die Pfändung der Nutzungen der Erbschaft unzulässig, soweit sie zur Erfüllung der dem Schuldner seinem Ehegatten, seinem früheren Ehegatten oder seinen Verwandten gegenüber gesetzlich obliegenden Unterhaltspflicht und zur Bestreitung seines standesmäßigen Unterhalts erforderlich sind.

Das soll auch für den Fall des § 2338 gelten. Wenn also der bona mente exheredatus durch Ernennung eines Testamentsvollstreckers beschränkt ist, so ist sein Anspruch auf den jährlichen Reinertrag in denselben Grenzen der Pfändung seiner Gläubiger entzogen.

5. Anspruch auf Ergänzung des Pflichtteils. (§§ 2325—2331.)[1]

§ 36.

Das Pflichtteilsrecht beschränkt den Erblasser unter Lebenden grundsätzlich nicht. Aber Schenkungen des Erblassers an dritte Personen geben doch dem Pflichtteilsberechtigten wie nach römischem Recht die bekannte querela inofficiosae donationis, so nach dem B.G.B. einen Anspruch auf Ergänzung des Pflichtteils (§ 2325), d. h. der Pflichtteilsberechtigte kann neben dem ordentlichen Pflichtteil, der von dem effektiven Nachlaß berechnet wird, noch als außerordentlichen Pflichtteil den Betrag verlangen, um welchen der ordentliche Pflichtteil sich erhöht, wenn der geschenkte Gegenstand zum Nachlaß hinzugerechnet wird.[2])

Nur solche Schenkungen bleiben nach § 2330 außer Betracht, die einer sittlichen Pflicht oder einer auf den Anstand zu nehmenden Rücksicht entsprechen, ferner solche Schenkungen, seit deren Erfüllung zur Zeit des Erbfalls bereits 10 Jahre verstrichen sind (§ 2325 Abs. 3).[3]) Bei Schenkungen unter Ehegatten werden diese 10 Jahre erst seit Auflösung der Ehe gerechnet.

Die Schranken, die das bisherige Recht dem Anspruch zieht, sind beinahe völlig abgeschwächt oder beseitigt. Zunächst erfordert das gemeine Recht, wenn es auch bestritten ist, Vorsatz des Erblassers, den Pflichtteilsberechtigten zu beeinträchtigen, Inoffiziosität der Donation

---

[1]) Vgl. Strohal 3. Aufl. § 58 S. 505 ff.

[2]) Das Reichsgericht stellt mit Recht die Errichtung einer Stiftung der Schenkung gleich. Entsch. d. R.G. Bd. 54 Nr. 102 S. 399. — Nach dem B.G.B. darf niemand mehr denjenigen Teil seines Vermögens durch Schenkungen antasten, der den Gegenstand der Hoffnungen seiner späteren Pflichtteilserben bildet.

[3]) Tractu temporis convalescunt.

oder doch mindestens ein Mißverhältnis der Schenkung zu dem damaligen, zur Zeit der Schenkung vorhandenen Vermögen, sodaß der Schenker in diesem damaligen Vermögen nicht einmal den Pflichtteil des Berechtigten zurückbehielt.[1]) Anders das B.G.B. Wenn der Schenker neun Jahre vor seinem Tode, als er noch 100 000 M. im Vermögen hatte, 10 000 M. „an einen Freund oder eine Freundin" verschenkt, also vom damaligen Vermögen viel mehr als den Pflichtteil seiner Kinder zurückbehält, dann aber infolge von Unglücksfällen nichts hinterlassen hat, so sind die 10 000 M. in den jetzt Null betragenden Nachlaß hineinzurechnen, es bekommen die Kinder die Hälfte davon als Pflichtteil.

Der Pflichtteilsberechtigte braucht auch zur Zeit der Schenkung noch gar nicht existiert zu haben. Wenn der Erblasser z. B. als Junggeselle eine größere Summe verschenkt hat und dann erst heiratet und ein Kind erzeugt, so kann das Kind die lange vor seiner Erzeugung gemachte Schenkung zur Ergänzung seines Pflichtteils in den Nachlaß des Vaters hineinziehen.

Das preußische Recht hatte zwar das Erfordernis eines Mißverhältnisses zwischen Schenkung und dem damaligen Vermögen weggestrichen, aber dafür hat es nur Schenkungen aus den letzten drei Jahren für widerruflich erklärt. Aber das B.G.B. macht aus den drei Jahren des Pr. A.L.R. mehr als dreimal so viel, 10 Jahre, und bei Ehegatten müssen die 10 Jahre nicht seit der Schenkung, sondern erst seit der Eheauflösung verstrichen sein. Also der Erblasser schenkt z. B. ein Jahr nach seiner Verheiratung seiner Frau, als sie ihm einen Sohn geboren hat, und lebt dann noch 2 mit ihr zusammen bis zur silbernen Hochzeit. Der Sohn ist inzwischen 24 Jahre alt geworden. Jetzt kann der Sohn die vor 24 Jahren gemachte Schenkung noch in den Nachlaß hineinziehen.

Strohal[2]) freilich findet umgekehrt die gemachte Zeitgrenze ungerecht, wenigstens für den Fall, wo der Schenker trotz des Vorhandenseins eines Pflichtteilsberechtigten größere Summen wegschenkte, vielleicht sogar in der Absicht, diesen zu beeinträchtigen. Er beruft sich darauf, daß auch der Vertragserbe solche dolose Schenkungen noch aus früherer Zeit als aus den letzten 10 Jahren anfechten könne. Dieser hat aber den Erblasser durch Vertrag gebunden, sein Eigentum nicht zu mißbrauchen. Anders der Pflichtteilsberechtigte. Soviel ist allerdings richtig,

---

[1]) Durch eine Spaltung der Schenkungen war dies leicht zu umgehen.

[2]) 3 Aufl. S. 507.

daß die zehnjährige Grenze ganz außerordentlich ungerecht wirken kann. Ein Vater schenkt z. B. am 1. Januar 1900 aus Freude darüber, daß er das Inkrafttreten des B.G.B. noch erlebt hat, seinem ältesten Sohn, der ebenfalls Jurist ist, 20000 M. Drei Tage später bittet der zweite Sohn den Vater, ihn nicht zurückzusetzen, und er bekommt nun, drei Tage später als der älteste Sohn, ebenfalls 20000 M. Der Vater aber stirbt am 2. Januar 1910 und hinterläßt so gut wie nichts. Dann behält der ältere Sohn, weil seit seiner Schenkung bereits 10 Jahre um sind, die vollen 20000 M. für sich. Außerdem kann er vom jüngeren Sohne, bei dem noch nicht ganz 10 Jahre verstrichen sind, verlangen, daß dieser ihm die geschenkten 20000 M. zum Nachlaß hinzurechnen und 5000 M. als Pflichtteil an den älteren Bruder abgebe.[1])

Ein Schenker, der an einen von mehreren Pflichtteilsberechtigten etwas verschenkt und noch 10 Jahre zu leben hofft, wird daher gut tun, wenn er es will, sich auszubedingen, daß die Schenkung dem Beschenkten auf den Pflichtteil angerechnet werden dürfe.

Der Zeitpunkt, nach welchem der Wert der zuzurechnenden Schenkung sich bestimmt, ist nach § 2325 Abs. 2 bei verbrauchbaren Sachen der Zeitpunkt der Schenkung selber, dagegen bei unverbrauchbaren Sachen der Zeitpunkt des Erbfalls.

Wenn der Vater z. B. jemandem ein Grundstück geschenkt hat, dieser es kulpos auf die allertörichste Weise devastiert und dann der Erbfall eintritt, so müßte der Geschenknehmer des Grundstücks dasselbe nur nach seinem jetzigen Wert, nach dem Wert, den es zur Zeit des Erbfalls hat, zum Nachlaß zurechnen. Nur wenn umgekehrt der Wert seit der Schenkung gestiegen ist, dann soll die unverbrauchbare Sache nur nach dem geringeren Wert, den sie zur Zeit der Schenkung hatte, angerechnet werden.

Der Pflichtteilsberechtigte hat ein Recht auf Ergänzung des Pflichtteils nach § 2326 auch dann, wenn ihm die volle Hälfte seines gesetzlichen Erbteils vom Nachlaß hinterlassen ist. Damit ist er eben noch nicht voll befriedigt, weil die Hineinrechnung der Schenkungen in den Nachlaß nicht berücksichtigt war. Ja, auch wenn der Pflichtteilsberechtigte mehr als die Hälfte seines gesetzlichen Erbteils vom Nachlaß erhalten hat, so fällt sein Anspruch nur in der Höhe dieses Mehr hin-

[1]) Derartige unliebsame Folgen haften an allen willkürlichen Fristbestimmungen. Die Frist erleichtert den zu Schenkungen Geneigten den Blick in die Zukunft, der ihnen aus Rücksicht auf die Pflichtteilsberechtigten aufgezwungen ist.

weg, nicht für den Rest, der noch zu dem größeren Pflichtteile fehlt, der sich ergibt, falls man die Schenkungen zu dem Nachlasse hinzurechnet.

Passivsubjekt ist aber zunächst — das ist von besonderer Wichtigkeit — nicht der dritte Beschenkte, wie im gemeinen und preußischen Recht. Wenn der Pflichtteilsberechtigte nun selber Teilerbe ist, dann ist Passivsubjekt des Ergänzungsanspruchs natürlich ein Miterbe. Das ist zwar nirgends ausgesprochen, folgt aber aus der Fassung des § 2325. Von wem der Pflichtteilsberechtigte den Betrag verlangen kann, ist freilich nicht gesagt, im Sinne des Gesetzgebers aber kann er es zweifellos von demjenigen, der grundsätzlich für den Pflichtteil haftet, d. h. vom Erben.

Erst in zweiter Linie kann auch der Beschenkte mit dem Ergänzungsanspruch belangt werden. Wenn nämlich der Erbe selber pflichtteilsberechtigt ist, dann kann er nach § 2328 die Ergänzung soweit verweigern, daß ihm sein eigener Pflichtteil nebst Ergänzung verbleibt. An Stelle des Erben, der sich weigert und sich weigern darf, die Ergänzung zu leisten, tritt dann nach § 2329 der Beschenkte als Passivsubjekt ein. Er haftet dann zur Befriedigung des verkürzten Pflichtteilsberechtigten auf Herausgabe des Geschenks nach den Regeln über die ungerechtfertigte Bereicherung.

Aber der Beschenkte kann, statt das Geschenk herauszugeben, diese Verpflichtung von sich abwenden durch Zahlung des zur Vervollständigung des Pflichtteils fehlenden Betrags (§ 2329 Abs. 2), Abfindung des Pflichtteilsberechtigten in bar.

Wenn aber der Erblasser mehrere Schenkungen vorgenommen hat (§ 2329 Abs. 3), so sind, wie man hinzudenken muß, alle diese Schenkungen aus den letzten 10 Jahren in den Nachlaß einzurechnen. Aber es haftet zunächst auf Ergänzung des Pflichtteils immer der zuletzt Beschenkte, und erst soweit, als durch die Haftung des Letztbeschenkten der Ergänzungsanspruch nicht bereits gedeckt wird, kann der Anspruch auch gegen den nächst früher Beschenkten gerichtet werden.[1])

Das Recht, sich an den Beschenkten zu halten, bleibt dem verkürzten Pflichtteilsberechtigten noch in einem zweiten Falle nach § 2329 Abs. 1 Satz 2; auch der Alleinerbe, der den ganzen Nachlaß einsteckt, kann doch immer noch in seinem Pflichtteil verkürzt sein. Durch Einrechnung der in den letzten zehn Jahren gemachten Schenkungen kann sich gegenüber dem Nachlaß ein bedeutendes Plus ergeben.

---

[1]) Je näher die Schenkung dem Tode voranging, desto rücksichtsloser war sie gegen den Pflichtteilserben.

Besondere Schwierigkeiten ergeben sich noch, wenn der Pflichtteilsberechtigte auch selber ein Geschenk vom Erblasser erhalten hatte (§ 2327.)

Hat der Pflichtteilsberechtigte allein ein solches Geschenk erhalten, dann darf er es nicht dem Nachlaß hinzurechnen und so seinen Pflichtteil künstlich steigern. Der Grund hiervon steckt wohl im § 2325: „Hat der Erblasser einem Dritten eine Schenkung gemacht, so kann der Pflichtteilsberechtigte als Ergänzung des Pflichtteils den Betrag verlangen" 2c. Der Dritte kann nicht der Pflichtteilsberechtigte selber sein, denn der ist ja erst der Zweite. Wenn ihm ein Geschenk gemacht ist und ihm allein, so hat er es also nicht einzurechnen.

Hat aber ein Pflichtteilsberechtigter neben einem Dritten ein Geschenk erhalten, dann greift allerdings § 2327 ein: „Hat der Pflichtteilsberechtigte selbst ein Geschenk vom Erblasser erhalten" — das ist zu interpretieren: „Hat auch der Pflichtteilsberechtigte neben einem Dritten ein Geschenk vom Erblasser erhalten" — „so ist das Geschenk in gleicher Weise wie das dem Dritten gemachte Geschenk dem Nachlasse hinzuzurechnen und zugleich dem Pflichtteilsberechtigten auf die Ergänzung anzurechnen". Aber nur auf die Ergänzung und nicht auf den Gesamtbetrag des ordentlichen und außerordentlichen Pflichtteils. Das kann einen großen Unterschied machen.

Übrigens muß auch hier wieder, wenn der Pflichtteilsberechtigte ein Abkömmling ist und sein parens ein Geschenk erhalten hat, nach § 2327 Abs. 2 der Abkömmling dies gelten lassen, als wäre es von ihm selbst empfangen.

Der Anspruch des Pflichtteilsberechtigten gegen den Beschenkten verjährt nach § 2332 Abs. 2 bezw. 3 in drei Jahren seit Eintritt des Erbfalls.

Kapitel VI. Erbschaftskauf.[1])

(§§ 2371—2385.)

§ 37.

Diese Lehre stimmt im wesentlichen mit dem bisherigen Rechte überein und kann über sie kurz hinweggegangen werden. Nur zwei wichtige Punkte sind herauszuheben:

1. Der Verkauf einer dem Verkäufer angefallenen Erbschaft.

---

[1]) Strohal 2. Aufl. S. 576 ff. Weitere Literatur bei Landsberg, Das Recht des B.G.B. II. S. 1215.

2. Der Verkauf oder sonstige Veräußerung einer ihm nicht angefallenen, sondern von ihm durch Vertrag erworbenen Erbschaft (§ 2385).

Die Form des Erbschaftsverkaufs ist gerichtliche oder notarielle Beurkundung (§ 2371). Die Wirkung des Erbschaftsverkaufs ist nach § 2374 eine obligatorische.

Nach § 2033 kann jeder Miterbe vor der Auseinandersetzung über sein Erbteil verfügen, d. h. mit dinglicher Kraft, nicht bloß obligatorisch, der Miterbe kann vor der Auseinandersetzung sein Recht selber und damit das Eigentum u. s. w. auf einen andern übertragen, und zwar durch abstrakten Vertrag, ohne die causa angeben zu müssen. Hat der Miterbe dies zufolge eines Verkaufes getan und dabei die Verkaufskausa nicht mitangegeben, so ist auf den vorliegenden Formmangel wohl § 313 zur entsprechenden Anwendung zu bringen.[1]) Also wenn das Miterberecht und kraft desselben das Miteigentum mit dinglicher Kraft übergeht, so ist dadurch in ähnlicher Weise, wie die Auflassung den formlosen Grundstücksverkauf heilt, der Mangel, der durch Nichtbeobachtung der vorgeschriebenen Kaufform mituntergelaufen war, geheilt und der Kauf seinem ganzen Inhalte nach giltig geworden.

Im gemeinen Recht ist es sehr streitig, was dem Käufer mit der Erbschaft alles gebühre. Nach dem B.G.B. gebühren dem Käufer mit der Erbschaft zugleich die Vorteile aus dem Wegfall eines Vermächtnisses, das dem Verkäufer auferlegt war, und aus der Kollationspflicht eines Miterben nach § 2372 („wohl auch aus dem Wegfall eines Nacherben“)[2]). Dagegen gebühren dem Käufer nach § 2373 nicht solche Erweiterungen, die durch Wegfall eines Miterben eintreten infolge Anwachsung oder Erhöhung des gesetzlichen Erbteils, und natürlich kommt ihm auch das Vorausvermächtnis, das dem Verkäufer zugewendet war, nicht zu; denn das steht ganz außerhalb des Erbteils, den der Verkäufer verkauft hat. Ebenso verbleiben dem Verkäufer Familienbilder und Familienpapiere.

Die Wirkung des Erbschaftsverkaufs ist nicht, wie man vielleicht erwarten könnte, Eintritt des Käufers in die Erbenstellung,[3]) sondern nach § 2374 nur eine Obligation der Parteien, den Erfolg der Erbenqualität in der Person des Käufers herzustellen. Also kann der Käufer nur Herausgabe der Erbschaftsgegenstände verlangen, aber freilich nach den Regeln des Surrogationsprinzips, so daß der Verkäufer auch

---

[1]) Diese entsprechende Anwendung einer Ausnahmevorschrift ist nicht unbedenklich.

[2]) Vorbereitungsheft.

[3]) Die Formvorschriften für Rechtsübertragungen sollen also nicht dadurch außer Betracht kommen, daß ein Recht als Stück einer Erbschaft veräußert wird.

herauszugeben hat, was er vor dem Verkauf auf Grund des Erbschaftsrechts oder als Ersatz für Zerstörung, Beschädigung eines Erbschaftsgegenstandes oder durch ein Rechtsgeschäft in Bezug auf die Erbschaft erworben hat.

Nach § 2375 muß der Verkäufer für verbrauchtes und unentgeltlich veräußertes Gut Ersatz leisten, außer, soweit der Käufer beim Abschlusse des Vertrags um den Verbrauch oder die unentgeltliche Veräußerung wußte. Jedoch verbleiben nach § 2379 Nutzungen und die Lasten mit Einschluß der Zinsen von Nachlaßverbindlichkeiten für die Zeit bis zum Verkauf dem Verkäufer. Nur gewisse Lasten, nämlich solche, die auf dem Stammwert der Erbschaftsgegenstände ruhten, und die von der Erbschaft zu entrichtenden Abgaben treffen allerdings den Käufer.

§ 2377 bestimmt, daß die durch Konfusion erloschen gewesenen Rechtsverhältnisse „im Verhältnis der Kontrahenten" als nicht erloschen gelten.

§ 2376 reproduziert die bekannten Regeln über die Gewährleistung, daß der Verkäufer nur für Mängel im Recht zu haften hat, aber nicht für Fehler einer einzelnen Erbschaftssache. „Andererseits hat der Verkäufer ein Recht auf Ersatz der notwendigen Verwendungen und der nützlichen, soweit der Wert der verkauften Erbschaft dadurch erhöht ist."[1])

Die Gefahr des zufälligen Unterganges und einer zufälligen Verschlechterung der Erbschaftsgegenstände geht nach § 2380 schon mit dem bloßen Verkauf über. Das ist ein Bruch mit dem Prinzip, wonach erst mit der dinglichen Übertragung, mit dem Übergange die Gefahr übergeht.[2]) Dafür gehen mit diesem Augenblick aber auch die Nutzungen und Lasten als Kehrseite der Gefahr über.

Die Schuldenhaftung verbleibt zunächst dem Verkäufer, er ist eben nicht durch Universalsukzession der Erbschaft ledig geworden. Er kann nur vom Käufer verlangen, daß dieser die Nachlaßverbindlichkeiten erfülle (§ 2378). Den Gläubigern haftet der Verkäufer weiter. Aber auch der Käufer haftet vom Abschluß des Vertrags an den Gläubigern nach § 2382 im ganzen und auch für diejenigen Schulden, zu deren Erfüllung er dem Verkäufer gegenüber verpflichtet war, z. B. Pflichtteile, Vermächtnisse oder Zinsen von Nachlaßverbindlichkeiten.[3])

---

[1]) Vorbereitungsheft.

[2]) Das Geschäft über das Ganze soll an dem Untergang des einzelnen Stücks nicht scheitern. Keineswegs dann, wo dies dem Wunsch des Käufers entspricht. Da aber letzterer im einzelnen Fall oft zweifelhaft sein wird, so hilft eine allgemeine Regel.

[3]) Zur Begründung dieser Haftung vgl. W. v. Blume, Der Erbschaftskauf des preußischen Landrechts 1892 (Göttinger Dissertation).

Danach ist auch nicht einmal durch konträre Vereinbarung der Parteien diese Haftung des Käufers den Gläubigern gegenüber auszuschließen. Wenn der Verkäufer unbeschränkt haftet, also die Vorsichtsmaßregeln zur Beschränkung der Haftung versäumt hatte, haftet auch der Käufer den Gläubigern gegenüber unbeschränkt (§ 2383 Abs. 1 Satz 2). Demgegenüber ist zwar bestimmt, daß die Regeln von der Erbenhaftung auch für den Käufer gelten, er kann sich eine Inventarfrist stecken lassen, er kann den Offenbarungseid leisten.

Zur Erleichterung für die Nachlaßgläubiger bestimmt § 2384, daß der Verkäufer den Verkauf und den Namen des Käufers unverzüglich dem Nachlaßgerichte anzeigen muß und daß dieses die Einsicht in die ihm erstattete Anzeige jedem Interessenten zu gewähren hat.

Sehr gefährlich sind diese Regeln für den Verkäufer, indem er Aktiva abgibt, aber dem Gläubiger immer noch weiter haftet. Indessen wenn er seine Haftung auf die Herausgabe dessen beschränkt hatte, was sich in seinen Händen befindet, und er alle Aktiva aus den Händen weggegeben hat, so ist praktisch seine Haftung gleich null. Aber am meisten gefährdet ist der Käufer. Man erwäge, daß er den Gläubigern schon vom Abschluß des Vertrages an haftet (§ 2382). Also vielleicht eher als er irgend ein Aktivum in die Hände bekommen hat.

Daher hat er alle Ursache, in dem Augenblick, wo er abschließt, sich auch die Erbschaftswerte tradieren zu lassen, sonst kann er in die Lage kommen, die Nachlaßgläubiger aus seinem eigenen Vermögen zu befriedigen, und wenn der Verkäufer die Aktiva bei Seite zu bringen weiß, hat er womöglich das Nachsehen.

Endlich mildert § 2385 Abs. 1 die Haftung des Schenkers einer Erbschaft. Dieser braucht nicht für Gegenstände Werterſatz zu leisten, die er verschlechtert oder unentgeltlich veräußert hatte.

Das stimmt mit den allgemeinen Regeln der Haftung des Schenkers überein.

Erster Anhang.[1]

Das internationale Privatrecht.

Literatur: 1. Hugo Neumann (Berliner Rechtsanwalt): Das internationale Privatrecht. Berlin 1896. Eine von der juristischen Gesellschaft zu Berlin gekrönte Preisschrift mit einem Gesetzentwurf über das internationale Privatrecht. Sie berücksichtigt die Reichstagsvorlage fortlaufend.

2. Theodor Niemeyer: Das internationale Privatrecht. Guttentag, Berlin 1896. (Vortrag.)[2])

3. Cäsar Barazetti: Das internationale Privatrecht nach dem B.G.B. Hannover 1897. Nicht umfassend, aber übersichtlich.

4. Ernst Zitelmann: Das internationale Privatrecht. Bd. I (allgemeine Grundlagen) und Bd. II, 1. Leipzig 1897.[3]) Sehr eingehend und scharfsinnig, originell gedacht, gewinnt seine Ergebnisse mehr aus allgemeinen Theorien heraus, als aus den Vorschriften des B.G.B.[4]) (S. 234).

Einen Entwurf des internationalen Privatrechts nebst Motiven hatte zwar schon die erste Kommission für das B.G.B. durch den badischen Ministerialrat Dr. Gebhard ausarbeiten lassen und neben dem Entwurf des B.G.B. selber dem Reichskanzler eingereicht. Er

---

[1]) Die beiden nachfolgenden Anhänge wurden von Eck am Schlusse des Ganzen, also hinter dem Familienrechte vorgetragen (vgl. das Vorwort zum zweiten Bande).

[2]) Seitdem erschien: Niemeyer, Das internationale Privatrecht des B.G.B. 1901.

[3]) Seitdem erschien noch Bd. II, 2 im Jahre 1903. Die Grundgedanken dieses Werkes, das wegen der ebenso eigenartigen, wie eindringenden Behandlung seines Gegenstandes mit Recht für eine höchst verdienstvolle Schöpfung gilt, sind nicht ohne Widerspruch geblieben. Vgl. Cosack, Lehrbuch 4. Aufl. Bd. 1 § 12 S. 41; Enneccerus, 3. Aufl. Bd. I § 73 S. 180 Anm. 1. — Zitelmanns Satz, daß jeder Staat völkerrechtlich befugt sein müsse, die Erfüllung eines Anspruches zu befehlen, ist m. E. ein höchst beachtenswerter Widerspruch gegen die Irrlehre von der Omnipotenz der Gesetzgebungsgewalten und auch im einzelnen eine Schutzwehr gegen

wurde von der Reichsregierung, wie es scheint, aus Gründen der Politik bei Seite gelegt. Die zweite Kommission stellte einen neuen Entwurf auf und veröffentlichte ihn als Buch VI des Entwurfs eines B.G.B. in 30 Paragraphen unter der eigenartigen und charakteristischen Überschrift: „Anwendung ausländischer Gesetze". Motive aber sind, wie dem ganzen zweiten Entwurf des B.G.B., so auch diesem neu geschaffenen Teile nicht beigegeben worden. Indessen schon die Überschrift und der Text lassen erkennen, daß man hier nicht bloß für die Anwendung inländischen Rechts die Grenze ziehen wollte, sondern auch für die dem inländischen Recht nicht unterliegenden Tatbestände das

undurchführbare Theorien. Nur darin muß man Cosack beistimmen, daß dieser Satz nicht auf alle Fragen des internationalen Privatrechts eine Antwort gibt. Cosack will „jede Rechtsfrage nach dem Rechte desjenigen Staats beurteilen, der das größte öffentliche Interesse daran hat, jene Frage nach eigenem Interesse zu beantworten". Dies ist aber höchstens ein Gesetzgebungsmotiv, aus dem der Forscher nicht einen Rechtssatz prägen darf, so lange nicht eine rechtsgeschichtliche Erzeugungstatsache erwiesen ist. Auch läßt es uns im Stich, wo mehrere Staaten einer Civilrechtssache mit derselben Teilnahme oder, was noch häufiger der Fall sein wird, mit derselben Gleichgiltigkeit gegenüberstehen. Ähnliches gilt von den Formulierungen bei Enneccerus, Lehrbuch I 3. Aufl. S. 181, und der Meinung Dernburgs, Das Bürg. R. Bd. 1 § 35 Nr. 2, 3 S. 93, der auf die für das Rechtsverhältnis wichtigste örtliche Beziehung sehen und bei der Undurchführbarkeit dieses Gesichtspunktes auf das heimische Recht zurückgreifen will. — Der Herausgeber (Allg. T. S. 88 ff.) vertritt die Meinung, daß das internationale Privatrecht aus den (nach Raum und Zeit) verschiedenen Gesetzgebungszielen zu entwickeln ist, die man mit der Anwendung ausländischen Rechts im Inlande verfolgt hat und noch verfolgt. Den Ergebnissen der Forschungen Zitelmanns würde dadurch kein Abbruch geschehen; vielmehr würde jede eingehendere Durchführung des vom Herausgeber angeregten Gedankens diese Ergebnisse zu verwerten haben.

[4]) Vgl. hierzu ferner Dernburg, Bürg. R. Bd. I §§ 34 ff. S 88 ff. (daselbst auch weitere Literatur) und des Herausgebers allgemeinen Teil § 10 S. 22 ff.; Kohler, Lehrbuch des bürg. R. Bd. I §§ 9 ff. II. Abschn. S. 29 ff.: Mehrheit von Rechtsordnungen, Kap. 1: Nebeneinanderbestehen. Kohler (§§ 36 ff.) geht davon aus, daß das zwischenstaatliche Privatrecht dem Völkerrecht zu überweisen und, wie es jetzt schon zum Teile durch den Haager Vertrag geschehen ist, gänzlich durch Staatsverträge zu sichern ist, worin ihm gewiß beizupflichten ist. Eine Regelung dieser Fragen durch die Einzelstaaten hat demnach nur einen provisorischen Charakter. Kohler vergleicht sie mit amtlichen Anordnungen, die neben dem Gesetzesrechte mit zwingender Kraft stehen und gibt ihnen in diesem Sinne geradezu den Namen „Amtsrecht". Daraus zieht er eine wichtige Folgerung für die Rückverweisungen (§ 45), vgl. unten S. 256 Anm. 1. Über die undurchführbare Unterscheidung der Bearbeiter dieses Rechtszweiges in Nationalisten und Internationalisten (Dernburg, Bürg. R. Bd. I § 34, VI S. 91), vgl. Enneccerus, Lehrbuch des bürg. R. 3. Aufl. Bd. I § 70 Anm. 5 S. 170, auch weitere Literatur bei Cosack 4. Aufl. Bd. I S. 38 § 12 Anm. 1.

maßgebende ausländische Recht zu bezeichnen beabsichtigte. Der Grundgedanke dabei war ein sehr weitherziger, die grundsätzliche Gleichstellung des ausländischen Rechts mit dem inländischen, welche beide, soweit sie von deutschen Gerichten angewendet werden sollten, von der Kommission näher bestimmt wurden. Dann aber fand der Bundesrat, wie es scheint, daß dieser von der Kommission ausgearbeitete Entwurf eines internationalen Privatrechts dem ausländischen Recht viel zu weitgehende Geltung beilegte. Deswegen gestaltete er den Entwurf nach der entgegengesetzten Richtung um, namentlich durch sehr starke Streichungen, aber auch durch positive Abänderungen, und zwar immer in dem Sinne, daß der Entwurf grundsätzlich nur die Maßgeblichkeit des deutschen Rechts möglichst ausdehnen sollte. Man ließ nun die Bestimmungen über das Schuldrecht und auch über das Sachenrecht beinahe ganz weg, so daß der Entwurf fast nur noch eine Regelung des Persönlichkeitsrechts, des Familienrechts und des Erbrechts enthielt, m. a. W. zu einem Personalstatut zusammenschrumpfte, und zwar im wesentlichen nur für Deutsche. Dagegen traf der Entwurf für Ausländer nach dieser Umgestaltung teils nur noch gelegentliche Bestimmungen um des Zusammenhangs willen, teils Ausnahmevorschriften, sofern sie im deutschen Interesse geboten schienen. Zugleich schied er die ganze Materie, wie bekannt, aus dem B.G.B. selber wieder aus und verwies sie in das Einführungsgesetz, wahrscheinlich, um für den Abschluß von Staatsverträgen der Reichsregierung freiere Hand zu lassen, indem sie bei solcher Gelegenheit Bestimmungen des Einführungsgesetzes leichter würde ändern lassen können, als Vorschriften des B.G.B. selber. Eine Begründung dieses umgestalteten Entwurfs ist nicht veröffentlicht und auch der Reichstagsvorlage eine Begründung nicht beigegeben worden. Aber die Reichstagskommission und der Reichstag haben auch ohne solche Begründung die sämtlichen vorgeschlagenen Bestimmungen mit ein paar stilistischen Änderungen angenommen. Sie haben dabei nicht einmal einen positiven Fehler, der mit untergelaufen war, korrigiert.[1]) So sind die Art. 7—31 des Einf.Ges. zum B.G.B. zu stande gekommen.

Eine vollständige Regelung des internationalen Privatrechts enthalten sie nun keinesfalls und insofern bilden sie denn auch materiell gar keine Kodifikation dieser Materie. Andererseits heben auch sie nach dem Kodifikationsprinzip des B.G.B. das bestehende Landesrecht über das internationale Privatrecht auf. Die Folge davon ist nun, daß so

[1]) Eck denkt hier sicherlich an Art. 17 Abs 2, vgl. unten S 246.

eine höchst erhebliche Lücke entsteht, indem die Landesgesetze über so und so viel Punkte beseitigt wurden, für welche das B.G.B. keinerlei Vorschriften enthält. Die Ausfüllung dieser Lücke muß nun aus der Natur der Sache und aus allgemeinen Prinzipien entnommen werden, bis allmählich ein Gewohnheitsrecht ergänzend in dem neuen B.G.B. hinzugetreten sein wird. Wie aber diese Ergänzung des B.G.B. doch recht schwierig sein wird, so ist ebenso schwierig auch die Auslegung und die Anwendung der in den Art. 7—31 aufgestellten Regeln. Nur aus den Beratungsprotokollen der zweiten Kommission für das B.G.B. sind in dem bekannten Buch von Reatz kurze Auszüge abgedruckt.[1]) Aber auch diese Auszüge sind bei der Richtung, die später in direktem Gegensatz zur zweiten Kommission der Bundesrat verfolgt und dem Gesetze gegeben hat, nur wenig benutzbar. Also stehen wir hier Vorschriften gegenüber, die im wesentlichen aus dem Schoße des Bundesrats ebenso fertig und überraschend entsprungen sind, wie etwa Athena aus dem Haupte des Zeus.

Geschichtlich hat sich das internationale Privatrecht ja erst allmählich aus der Anerkennung des ausländischen Rechts neben dem inländischen entwickelt, die den Römern noch fremd war,[2]) aber nur bei den Germanen zugleich mit dem Eindringen des Christentums beginnt. Dabei sind nun nacheinander befolgt worden: zunächst das altgermanische Prinzip der Personalität, dem zufolge jede Person in allen Rechtsbeziehungen nach ihrem Stammesrecht beurteilt wurde: der Franke, wo er sich auch befinden mochte, bei Burgunden oder Goten, nach fränkischem Recht, und auch der Römer, der im germanischen Reich lebte, nach römischem Recht. Später ist dieses Personalitätsprinzip abgelöst worden durch das Territorialitätsprinzip, das zuerst Bartolus aufgestellt und später Savigny vertieft und innerlich begründet hat. Der Inhalt dieses Territorialitätsprinzips ist dahin zu bestimmen, daß jede Rechtsquelle ein räumlich begrenztes Gebiet und damit auch die diesem Gebiet angehörigen Rechtsverhältnisse beherrscht.[3]) Auf jedes Rechtsverhältnis aber, das einem bestimmten Gebiete angehört, ist nun

[1]) Reatz, Der Entwurf des B.G.B. in zweiter Lesung, Bd. 2 1895 S. 475 ff. Inzwischen sind die Protokolle veröffentlicht.

[2]) In dieser Allgemeinheit geht der Text sicherlich zu weit.

[3]) Die Fragestellung Savignys, die sich auf den Sitz jedes Rechtsverhältnisses richtet, brachte das internationale Recht in Fühlung mit dem zur Herrschaft gelangten Privatrechtssystem. Darin beruht das Geheimnis ihres Erfolges, der ihr auch heutzutage nicht fehlt, und nicht davon abhängt, ob man im einzelnen Savignys Antworten auf diese Frage bestimmt oder nicht.

das Recht dieses Gebiets nicht bloß dann anzuwenden, wenn innerhalb desselben das Rechtsverhältnis zur Beurteilung gelangt, sondern auch dann, wenn dies in einem fremden Gebiete geschieht.[1]) Es kommt da nur noch darauf an zu bestimmen, welcher Grund über die Gebietsangehörigkeit des einzelnen Rechtsverhältnisses oder über dessen Sitz und Schwerpunkt entscheidet, oder wie v. Bar es in seinem Werke über das internationale Privatrecht ausdrückt, welcher Grund über die Stelle entscheidet, wo der Stamm des Rechtsverhältnisses wurzelt, während seine Äste und Zweige sich in andere Gebiete hinüberstrecken mögen.

So verstanden ist das Territorialitätsprinzip auch in dem B.G.B. keineswegs preisgegeben, obwohl man das öfter zu lesen bekommt. Im Schoße der zweiten Kommission selber und auch bei Niemeyer wird beständig damit operiert, daß das Territorialitätsprinzip durchbrochen zurückgedrängt und wieder beseitigt sei u. s. w. Aber mit Unrecht! Denn auch das neue Gesetz bestimmt das anzuwendende Recht nach Maßgabe der Gebietsangehörigkeit der Rechtsverhältnisse, und das ist doch eben der Inhalt des Territorialitätsprinzips.[2]) Als Hauptgrund, welcher über die Gebietsangehörigkeit eines Rechtsverhältnisses entscheidet, erscheint freilich in dem neuen Gesetz ein anderer als in dem bisherigen Recht, nämlich nicht mehr der Wohnsitz der Person, sondern ihre Nationalität, genauer ihr Staatsbürgertum, ihre Staatsangehörigkeit. Als Personalstatut tritt also jetzt an Stelle der lex domicilii, des Wohnsitzrechts, eine lex originis, das Heimatrecht. Diese Wandlung, die die Staatsangehörigkeit oder das Heimatsrecht einer Person in den Vordergrund stellt, entspricht wohl dem Zuge unserer Zeit; denn die meisten ausländischen Staaten haben schon jetzt dieses Heimatrecht für geltend erklärt. Die Folge war daher die, daß, wenn ein Deutscher in diesen Ländern seinen Wohnsitz hatte, seine Rechtsverhältnisse zwar von den dortigen ausländischen Gerichten nach deut-

[1]) Eck verkennt nicht, wie aus dem folgenden Texte hervorgeht, daß der inländische Gesetzgeber dem auswärtigen Richter nichts anzubefehlen vermag, sondern nur dadurch auf ihn einwirken kann, daß er Staatsverträge, internationale Gewohnheitsrechtsbildungen und Gegenmaßregeln gleicher Art hervorzurufen im Stande ist.

[2]) In Wahrheit kann dasselbe Rechtsverhältnis an mehreren Gebieten in Beziehung stehen. Hier ist es Sache des Gesetzgebers, eine Auswahl zu treffen, nicht eine schon vorhandene Sachlage blos anzuerkennen. Das Rechtsverhältnis sitzt dann endgültig da, wo der Gesetzgeber es hinsetzt. Dies hängt aber von der Politik ab, die der Staat zur Zeit gegenüber den Verkehrsbeziehungen zum Auslande für erwünscht hält, soweit sie durch Gesetz und Gewohnheitsrecht anerkannt wird.

schem Recht als nach dem Rechte seiner Heimat beurteilt wurden, aber auffallenderweise seine Rechtsverhältnisse von deutschen Gerichten nach dem dortigen Recht, als dem Recht des Wohnsitzes. Das ist unbefriedigend und stärkt sehr wenig das Bewußtsein von der Bedeutung des deutschen Rechts. Auch innerhalb Deutschlands war zum Teil das Heimatrecht bereits durchgedrungen, so namentlich im sächsischen B.G.B. Daher wird die Annahme des Heimatrechts oder des Prinzips der Staatsangehörigkeit in dem B.G.B., wie Niemeyer[1]) es ausdrückt, zur internationalen Harmonisierung des Rechts erheblich beitragen.

Einzelne Anwendungen dieses Heimatrechtes haben wir auch schon jetzt in bekannten deutschen Reichsgesetzen, z. B. in der Wechselordnung Art. 84, wonach die Wechselfähigkeit eines Ausländers nach dem Rechte desjenigen Staates, dem er angehört, beurteilt wird. Ebenso wird in den Gesetzen zum Schutz des Urheberrechts vom 11. Juni 1870 und 9. Januar 1876 auf die Staatsangehörigkeit eines Urhebers Rücksicht genommen; auch vielfach in Staatsverträgen. Außerdem kann man auch als inneren Grund anführen, daß die Staatsangehörigkeit einer Person nicht so sehr von Willkür und Zufall abhängig ist, wie der Wohnsitz, den die Person jeden Augenblick wechseln kann. Aus diesen Gründen also ist sie zum maßgebenden Moment erhoben worden, und die meisten Schriftsteller haben den lautesten Beifall gezollt. Das altgermanische Prinzip der Personalität erwacht damit zu neuem Leben. Niemeyer[2]) bemerkt, daß ebenso, wie der römische Bürger einst im römischen Reich überall sich auf sein ius civile berufen konnte mit den stolzen Worten: civis Romanus sum, nun auch den Deutschen sein Heimatrecht künftig überall hin begleitet. Das klingt zum Teil einseitig und stark übertrieben; denn unser Reich ist kein Weltreich wie das römische, und wir können daher unsere Vorschriften immer nur durchsetzen, wenn der Streit um ihre Anwendung vor einem deutschen Gerichte verhandelt wird. Aber dies ist in der Regel wieder davon abhängig, daß eine Person im Inlande ihren Wohnsitz oder doch wenigstens Vermögen hat, da ja die Staatsangehörigkeit einen Gerichtsstand bei uns bis jetzt und auch nach der neuen C.P.O. nicht begründet.

Wenn aber eine Person beides, Wohnsitz und Vermögen, nicht im Inlande, sondern nur im Auslande hat, dann wird es sehr darauf

[1]) a. a. O. S. 13.
[2]) a. a. O. S. 15.

ankommen, ob, wie Endemann es ganz richtig ausdrückt, die Ausländer und das ausländische Gericht unsern prononziert deutschen Standpunkt werden gelten lassen.[1])

Vielleicht werden ausländische Staaten gerade durch diesen Standpunkt, den unsere neueste Gesetzgebung einnimmt, veranlaßt werden, auch ihrerseits das Heimatrecht ihrer Bürger noch stärker zu betonen und gegen die Ausländer überhaupt oder doch gegen die Deutschen gewisse Ausnahmevorschriften zu erlassen. Außerdem muß man erwägen, daß die Maßgeblichkeit dieses Heimatrechtes auch praktische Mängel zeigt; denn die Staatsangehörigkeit ist für Dritte durchaus nicht so leicht erkennbar, wie der Wohnsitz einer Person. Ja, oft ist die Staatsangehörigkeit der Person selber, um die es sich handelt, ganz außerordentlich zweifelhaft, wie jeder aus der Praxis weiß. Und schließlich, wenn die Staatsangehörigkeit nicht nachweisbar ist, oder wenn jemand mehreren Staaten angehört, oder wenn es sich um verschiedene Rechte innerhalb desselben Staates handelt, dem eine Person angehört, so muß schließlich doch wieder aushilfsweise auf das Moment des Wohnsitzes zurückgegriffen werden.[2]) So wird denn auch in Zukunft die lex domicilii keineswegs völlig beseitigt. Das Nationalitätsprinzip ist für Ausländer keineswegs immer als der dem Rechte der Inländer entsprechende Grundsatz aufgestellt wird, sondern bald ist gar nichts bestimmt, bald nur eine Durchbrechung der Satzung, welche dem für Deutsche geltenden Prinzip korrespondieren würde.

Über die einzelnen Artikel sagt Endemann[3]) nicht mit Unrecht, daß durch dieses System des B.G.B. ein Bild entsteht, wie es bunter gar nicht gedacht werden kann. Zwar die Vorschriften über das deutsche Recht kann man leicht in sein Gedächtnis aufnehmen, aber alle Einzelbestimmungen über ausländische Rechte sind in der Tat schwer festzuhalten.

1. Nach Art. 7 E.G. bestimmt sich die Geschäftsfähigkeit einer Person nach den Gesetzen des Staates, dem sie angehört. Das ist

---

[1]) In den Wein der Begeisterung für das Heimatrecht hat Endemann auch sonst noch Wasser gegossen, Lehrbuch Bd. 1 § 20 Anm. 9. Auch der Herausgeber zweifelt, ob nicht in der Absonderungspolitik, die es verfolgt, nur ein notwendiges, durch Rücksichten der Retorsion aufgezwungenes Übel zu sehen ist, eine Folge der Entfremdung der Völker untereinander. Für das Heimatrecht mit Entschiedenheit Kohler a. a. O. S. 49.

[2]) Innerhalb der Staaten erscheinen die Grenzpfähle der Rechtsgebiete nicht so wichtig, wie an der Landesgrenze. Nach außen treibt man eine Absonderungspolitik, wo man im Innern einer Verschmelzungspolitik folgt.

[3]) Bd. 1 § 22 9. Aufl. S. 93.

ganz allgemein ausgesprochen; hier nicht bloß für einen Deutschen, sondern auch für einen Ausländer. Eine naheliegende Konsequenz ist, daß auch die Volljährigkeitserklärung immer nur von dem Heimatstaat und nur nach dessen Recht erfolgen kann. Z. B. kann ein achtzehnjähriger Deutscher, der in Amerika wohnt, wenn und weil er ein Deutscher ist, in Deutschland für volljährig erklärt werden. Aber an dieses Prinzip sind fünf Ausnahmen angehängt, die meistens ihre Spitze gegen die Ausländer und deren Heimatrecht richten:

a) Art. 7 Abs. 2 behandelt, was nur angemessen ist, die Volljährigkeit eines Ausländers als ein erworbenes Recht. Daher bleibt ein Ausländer volljährig, auch wenn er Reichsangehöriger wird und nun nach deutschem Recht nicht volljährig sein würde. Das ist sehr wohl gerechtfertigt.

b) Nach Art. 7 Abs. 3 ist die Geschäftsunfähigkeit eines Ausländers für ein im Inlande von ihm vorgenommenes Geschäft unschädlich. Der Ausländer gilt für dieses Geschäft, das er im Inlande vorgenommen hat, stets insoweit als geschäftsfähig, als er es nach deutschem Gesetze sein würde; nur nicht bei familienrechtlichen und erbrechtlichen Geschäften und bei Geschäften über ein ausländisches Grundstück. Dieser Grundsatz galt bisher nur beim Wechselrecht (Art. 84), wonach der Ausländer, der im Inlande Wechsel ausstellt, als geschäftsfähig gilt, wenn er es nach inländischem Recht sein würde. In Rußland wird z. B. die Volljährigkeit erst mit dem 25. Lebensjahre erworben. Wenn nun ein 21 jähriger Russe, der durch Berlin durchreist und mit seinem Vater oder Vormund im Hotel wohnt, bei einem Juwelier einen Schmuck für 10 000 M. kauft, den er etwa einer Schauspielerin schenken will, so ist dieser Vertrag giltig, weil der 21 jährige Russe nach deutschem Gesetz geschäftsfähig sein würde, und zwar auch, wenn der Juwelier weiß, daß sein Mitkontrahent geschäftsunfähig ist, wenn also der Russe z. B. ihn auffordert, die Rechnung über die 10 000 M. an seinen Vormund zu schicken. Wenn der Juwelier den Schmuck zurückerhält und gegen den durch seinen Vormund vertretenen Russen auf Zahlung gegen Empfang des Schmuckes klagt, so muß er nach Art. 7 durchdringen.

c) Die dritte Ausnahme in Art. 8 betrifft eine Entmündigung und damit eine Entziehung der Geschäftsfähigkeit. Die Verwandlung der Geschäftsfähigkeit in Geschäftsunfähigkeit oder beschränkte Geschäftsfähigkeit dürfte folgerichtig von dem Standpunkt des B.G.B. aus doch nur gegen den Inländer stattfinden, weil die Geschäftsfähigkeit sich ja nach der Staatsangehörigkeit bestimmt. Aber Art. 8 läßt die Entmündigung auch gegen einen Ausländer zu, der seinen Wohnsitz oder doch seinen Aufenthalt im Inlande hat. Wir haben hier statt Heimatrecht auf einmal wieder Wohnsitzrecht, und zwar zu Ungunsten der Ausländer.

d) Die Todeserklärung könnte folgerichtig nur gegen einen Deutschen ergehen. Aber Art. 9 läßt zu einer Todeserklärung im Inlande zunächst genügen, daß der Verschollene bei Beginn der Verschollenheit ein Deutscher war. Nach Abs. 2 kann auch ein Ausländer in Deutschland für tot erklärt werden mit Wirkung für die den deutschen Gesetzen unterliegenden Rechtsverhältnisse und für das im Inlande befindliche Vermögen;[1]) nach Abs. 3 auch dann, wenn er nur seinen letzten Wohnsitz im Inlande hatte, also ohne daß er im Inlande Vermögen hat und seine Ehefrau im Inlande geblieben oder ins Inland zurückgekehrt und eine Deutsche ist oder doch bis zu ihrer Verheiratung gewesen ist.

Diese Ausnahmen von der Geltung ausländischen Heimatrechts gehen in der Tat sehr weit. Man wird wohl erwarten dürfen, daß andere Staaten entsprechende Ausnahmevorschriften gegenüber Deutschen erlassen, z. B. deren Todeserklärung in einem auswärtigen Gebiet fortan gestatten. Denn wenn wir z. B. einen Griechen künftig für tot erklären können mit Wirkung für sein hiesiges Vermögen, so müssen auch die Griechen einen Deutschen für tot erklären können mit Wirkung für sein in Griechenland befindliches Vermögen.

e) Nach Art. 23 kann auch eine Vormundschaft oder Pflegschaft über einen Ausländer angeordnet werden, wenn der Ausländer entweder nach seinem Heimatrecht der Fürsorge bedarf, oder im Inlande entmündigt ist und der Heimatstaat die Fürsorge nicht übernimmt. Danach kann also ein Ausländer, der im Inlande entmündigt ist, bei uns auch zwangsweise in eine Irrenanstalt gebracht werden. Nur wird allerdings vorher der Heimatstaat gefragt werden müssen, ob er etwa die Fürsorge übernehmen will; und erst wenn er ablehnt, wird mit dem Ausländer, wie angegeben, zu verfahren sein.[2])

Andere Ausnahmen siehe unten bei den einzelnen Materien.

2. Recht der Vereine.

Bei einem Vereine fallen natürlich Wohnsitzrecht und Heimatrecht allemal zusammen, weil sich nach dem Sitz des Vereins zugleich auch seine

[1]) Soweit und nicht weiter reicht das Bedürfnis der Fürsorge für das inländische Rechtsleben.

[2]) Eck sieht natürlich hier von außerordentlichen Maßregeln ab, die etwa durch eine Notlage geboten sind.

Staatsangehörigkeit bestimmt. Für die Rechtsfähigkeit eines Vereins ist zwar im allgemeinen das Recht des Staates maßgebend, dem er angehört, aber Art. 10 macht ein Ausnahme bei dem einem fremden Staate angehörigen Verein. Falls ein solcher ausländischer Verein im Inlande nur durch Eintragung in das Register oder durch staatliche Verleihung rechtsfähig werden könnte, so bedarf es für seine Rechtsfähigkeit einer besonderen Anerkennung durch Beschluß des Bundesrats. Das ist wiederum eine Durchbrechung des Heimatrechts.

3. Welches Recht für die Wirkung einer Obligation im allgemeinen maßgebend sei, ist im B.G.B. merkwürdigerweise mit keiner Silbe erwähnt, eine absichtliche Lücke. Aber auch nicht einmal bei einer Deliktsobligation haben wir eine Bestimmung. Der Entwurf II § 2243 ließ hier das Recht des Tatorts, also die lex loci delicti commissi entscheiden, aber der Bundesrat hat dies gestrichen, warum, weiß man nicht. Dafür hat er einen Satz in das Gesetz hineingebracht, der seltsamerweise die gestrichene Regel als geltend stillschweigend voraussetzt und sie durch eine Ausnahme zu Ungunsten des ausländischen Rechts durchbricht. Denn Art. 12 bestimmt, daß ein Deutscher wegen einer im Auslande begangenen unerlaubten Handlung nicht weiter haftet, als nach deutschen Gesetzen. Also findet zwar prinzipiell das ausländische Recht auf ihn Anwendung, also das Recht des Tatorts, aber nur insoweit, als es nicht strenger ist als das deutsche Recht. Wenn ein Deutscher z. B. in Rußland einen Wucher verübt, der ihn dort zu mehrfachem Schadensersatz oder zur Zahlung einer poena privata an den Bewucherten verpflichtet, so kann er nach deutschen Gesetzen doch nur auf einfachen Ersatz belangt werden, und wenn die begangene Handlung in Deutschland gar nicht als Wucher erscheint, so kann er gar nicht belangt werden.[1] Dagegen kann der Ausländer, z. B. der Russe, der in Deutschland eine Handlung begeht, die bei uns einen Wucher darstellt, aber in Rußland nicht, in Deutschland auf vollen Ersatz belangt werden.

Art. 12 enthält zwar nur diese eine Bestimmung über einen Deutschen, aber man wird doch herausinterpretieren müssen, daß dieses analog für den Ausländer im Inlande gelten muß, obwohl das E.G. eine solche allgemeine Bestimmung nicht enthält. Man versteht es hiernach, wenn manche Autoren, z. B. Endemann,[2]) sagen, das B.G.B.

---

[1]) Das Reichsgebiet wird in solchen Fällen zum Asyl. Eine Befürchtung von Retorsionen liegt nahe.

[2]) Lehrbuch Bd. I 9. Aufl. § 20 S. 83 Anm. 8 S. 84.

enthalte eigentlich gar kein internationales Privatrecht, sondern bloß eine Reihe von Sätzen, welche bestimmt sind, Konsequenzen aus der Staatsangehörigkeit zu ziehen. Aber im übrigen überlasse das B.G.B. das internationale Privatrecht der Regelung durch Theorie und Praxis. Das Urteil ist schon nach dem Gesagten nicht ungerechtfertigt.

4. Die Eheschließung wird zwar im allgemeinen nach dem Heimatrecht beurteilt, aber doch mit allerlei Unterscheidungen. Für die Eingehung der Ehe, genauer für die materiell-rechtlichen Erfordernisse der Ehe ist nach Art. 13 Abs. 1 in Ansehung jedes Verlobten, dessen Heimatrecht maßgebend, wenn auch nur einer der beiden Verlobten ein Deutscher ist oder die Ehe im Inlande geschlossen wird. Wenn z. B. eine Dame aus Mecklenburg einen französischen Grafen in London heiratet, dann kann jeder der beiden Gatten etwa wegen eines Irrtums über eine persönliche Eigenschaft des andern die Ehe alsdann anfechten, wenn sein Heimatrecht ihm wegen eines solchen Irrtums ein Anfechtungsrecht gibt.

Soweit statuiert Art. 13 in der Tat eine Gleichstellung von Ausländern und Inländern und von ausländischem und inländischem Recht. Aber Abs. 2 und Abs. 3 durchbrechen wieder diese Regel. Wenn die Todeserklärung eines Ausländers nach Art. 9 Abs. 2 im Inlande stattgefunden hat mit Rücksicht auf seine im Inlande befindliche Ehefrau, die entweder noch Deutsche ist oder es bis zur Ehe gewesen ist, dann wird auch die Eingehung einer neuen Ehe dieser Frau des für tot Erklärten nach deutschem Recht beurteilt. Also trotzdem, daß der Ehemann Ausländer war, und die Frau selber jetzt vielleicht nicht mehr eine Deutsche ist, so genügt, daß sie im Inlande wohnt und einmal eine Deutsche war, um ihre neue Ehe dem deutschen Recht zu unterwerfen. Ferner: Bei einer Eheschließung, die im Inlande stattfindet, ist für die Form ausschließlich das deutsche Recht maßgebend (Art. 9 Abs. 3). Ganz allgemein, also auch wenn beide Verlobte Ausländer sind. Damit ist wiederum die Maßgeblichkeit des Heimatrechts der Ausländer durchbrochen.

Wenn also etwa zwei Angehörige eines Landes, in dem noch kirchliche Eheschließung gilt, wie in Rußland, in Deutschland sich nur kirchlich trauen lassen, so ist die Ehe in Deutschland null und nichtig, natürlich, wenn nicht die Civileheschließung vorangegangen ist. Ebenso ist eine Eheschließung nichtig — das bringt die Entscheidung einer jetzt schwebenden Kontroverse mit sich —, wenn sie etwa ein ausländischer Konsul zwischen Bürgern seines Landes auf Grund seiner Landesgesetze vornimmt, ausgenommen nur den Fall, wo ein Staatsvertrag für solche Eheschließungen vor dem Konsul eine Ausnahme begründet.

Diese Ausnahmen kehren also ihre Spitze gegen die Ausländer

5. Für die persönlichen Rechtsbeziehungen zwischen Gatten, die Deutsche sind, ist nach Art. 14 deutsches Recht maßgebend, auch wenn die Deutschen ihren Wohnsitz nicht im Inlande haben, und sogar auch dann, wenn der Mann, aber nicht auch die Frau, die Reichsangehörigkeit verloren hat. Dagegen ist über die persönlichen Rechtsbeziehungen ausländischer Ehegatten in Art. 14 etwas allgemeines ganz und gar nicht bestimmt. Für Ausländer finden wir nur die Beschränkung, nämlich daß das Aufhören der Reichszugehörigkeit des Ehemannes an der bisherigen Sachlage nichts ändert. Obwohl der Ehemann Ausländer geworden ist, kann doch, weil seine Frau Deutsche geblieben ist, nicht das Heimatrecht des Ehemanns Anwendung finden, sondern nur das Recht der Frau, das deutsche Recht.

6. Auch für das eheliche Güterrecht wird in Art. 15 wieder nur so viel bestimmt, daß es nach deutschen Gesetzen beurteilt wird, wenn nur der Ehemann zur Zeit der Eheschließung ein Deutscher war. Der Deutsche, gleichviel wo er heiratet, wo er seinen Wohnsitz nimmt, gleichviel ob er ein Deutscher bleibt oder nicht, lebt doch unwandelbar nach deutschem ehelichen Güterrecht. Damit ist die denkbar stärkste Unwandelbarkeit des ehelichen deutschen Güterrechts proklamiert, die nicht bloß Wohnsitzwechsel, sondern auch Staatsangehörigkeit überdauert.

Wie aber steht es mit dem ehelichen Güterrecht für einen Ausländer? Darüber ist wieder etwas allgemeines nicht gesagt; aber es läßt sich aus Art. 15 Abs. 2 per argumentum a contrario schließen, daß auch für sein Güterverhältnis das Heimatrecht, das er bei Eingehung der Ehe hatte, maßgebend bleiben soll. Nach Art. 15 Abs. 2 soll das Güterrecht, das sich nach seinem Heimatrecht bestimmt, nach Eingehung der Ehe fortdauern, wenn er zum deutschen Recht durch nachträglichen Erwerb der deutschen Reichsangehörigkeit in Beziehung tritt, oder dadurch, daß er seinen Wohnsitz im Inlande nimmt. Nur für den Fall zeigt der Gesetzgeber ein Interesse daran, über die Ausländer und deren Güterrecht etwas zu bestimmen. Wenn aber von den erwähnten Ereignissen ab für das eheliche Güterrecht die Gesetze des Staates maßgebend sind, dem der Mann zur Zeit der Eheschließung angehörte, dann müssen sie doch wohl auch bis dahin maßgebend gewesen sein.

Aber nun folgt eine Beschränkung. Ein Ehevertrag soll dem Ausländer, der seinen Wohnsitz im Inlande genommen oder die Reichsangehörigkeit erworben hat, auf jeden Fall gestattet sein, selbst wenn sein Heimatrecht ihm einen solchen Ehevertrag versagte.

In demselben Sinne werden Ehegatten, die Ausländer sind oder die erst nachträglich die Reichsangehörigkeit erwerben, wenn sie ihren Wohnsitz im Inlande haben, trotz der Unwandelbarkeit ihres ehelichen Güterrechts durch Art. 16 Abs. 1 der Vorschrift des § 1435 B.G.B. unterworfen, wonach eine Änderung des gesetzlichen Güterstandes in das Güterrechtsregister eingetragen werden muß, um gutgläubigen Dritten gegenüber Geltung zu erlangen. Ebenso gelten nach Art. 16 Abs. 2 bei solchen in das Inland übergesiedelten Gatten auch die Vorschriften des deutschen Rechts über die Schlüsselgewalt der Frau, über die praesumtio Muciana und über den Betrieb eines Erwerbsgeschäfts, jedoch nur Dritten gegenüber, soweit als sie ihnen günstiger sind wie die ausländischen Gesetze, also nicht unter den Gatten selber.

7. Endlich sind auch für das Ehescheidungsrecht die Gesetze des Staates maßgebend, dem der Mann zur Zeit der Klageerhebung angehört (Art. 17 Abs. 1).[1] Diese Regel ist wieder eine solche, die nicht bloß für Deutsche, sondern auch für Ausländer gilt, denn sie ist ganz allgemein hingestellt. Ja hier wird sogar ausnahmsweise noch besonders Rücksicht genommen auf eine frühere Zugehörigkeit zu einem anderen Staate, denn nach Abs. 2 kann eine während dieser Zugehörigkeit geschehene Tatsache als Scheidungsgrund im Inlande nur dann geltend gemacht werden, wenn sie auch in jenem andern Staate einen Scheidungsgrund bildete. Dadurch soll offenbar verhütet werden, daß ein Ausländer nach Deutschland zieht, um sich dort auf Grund einer Tat-

[1] Nach älteren Entscheidungen des Reichsgerichts konnte aus Art. 17, 1 wieder in Deutschland eine Scheidung von Tisch und Bett erfolgen (anders § 77 R.G. vom 6. Februar 1875), falls z. B. ein Österreicher darauf klagte (Entsch. des R.G. Bd. 47 Nr. 30 S. 136 Bd. 48 Nr. 39 S. 145 ff.). Von dieser älteren Praxis ist das Reichsgericht gegenüber widersprechenden Entscheidungen der Civilsenate abgegangen, Bd. 55 Nr. 87 S. 345 ff. (Beschluß der vereinigten Civilsenate). Die Fortdauer des Art. 77 des R.G. vom 6. Februar 1875 läßt es dahingestellt und folgert die Unzulässigkeit jeder Scheidung von Tisch und Bett für Ausländer, die diesen „eine durch nichts zu rechtfertigende Bevorzugung" gewähren würde, aus dem Worte „Scheidung" in Art. 17, dessen Bedeutung in eingehender Rücksicht auf die Vorgeschichte des Gesetzestextes erörtert wird. — Das Reichsgericht bezieht den Abs. 1 des Art. 17 auch auf die Folgen der Scheidung, insbesondere auch auf die Ehescheidungsstrafen (Entsch. des R.G. Bd. 41 Nr. 51 S. 190, 191).

sache scheiden zu lassen, die nach seinem bisherigen Heimatrecht zur Scheidung nicht ausgereicht haben würde.

Zwei Begünstigungen des deutschen Rechts enthalten Abs. 3 und Abs. 4 des Art. 17. Auch wenn bei Erhebung der Klage die Reichsangehörigkeit des Mannes erloschen ist, die Frau aber eine Deutsche ist, findet das deutsche Scheidungsrecht Anwendung. Dann kann die Ehe, wenn die Frau klagt, nach ihrem Heimatrecht geschieden werden, wenn aber der Mann klagt, nicht nach seinem Heimatrecht; denn das deutsche Recht hat hier nach Abs. 3 die Prävalenz. Abs. 4 schlägt denselben Ton an. Nämlich die Scheidung und auch die Aufhebung der ehelichen Gemeinschaft kann nicht auf Grund eines ausländischen Gesetzes allein erfolgen, sondern nur dann, wenn auch nach deutschem Recht die Scheidung zulässig sein würde. Also eine Scheidung kann in Deutschland nie aus einem durch deutsches Recht nicht anerkannten Scheidungsgrunde ausgesprochen werden.

In Abs. 2 des Art. 17 ist übrigens ein offenbares Versehen enthalten. Er spricht von Scheidungs- und Trennungsgründen. Letzterer Ausdruck stammt aus dem Entwurf II her, der neben der Scheidung noch eine Trennung von Tisch und Bett einführen wollte. Aber diese Trennung ist durch den Bundesrat gestrichen worden, und später ist an ihre Stelle ein anderes Institut, die Aufhebung der ehelichen Gemeinschaft, gesetzt worden. Allein Bundesrat, Reichstagskommission und auch Reichstag haben es nicht bemerkt, daß statt Trennungsgrund vielmehr hätte gesagt werden müssen: Grund zur Aufhebung der ehelichen Gemeinschaft.

8. Ebenso wie im Eherecht wird nun auch für das Rechtsverhältnis der Kinder beinahe immer das deutsche Recht in den Vordergrund geschoben, so gleich in Art. 18. Die eheliche Abstammung eines Kindes wird nach deutschem Recht beurteilt, wenn der Ehemann zur Zeit der Geburt ein Deutscher war oder bei seinem Tode, der vor der Geburt des Kindes erfolgt ist, ein Deutscher gewesen ist. Das Heimatrecht des Ehemannes entscheidet auch für das Kind; und wenn er das Recht, ein Kind zu einem ehelichen zu machen, ausübt, so ist dies Heimatrecht maßgebend.

Wie aber bestimmt sich die Ehelichkeit des Kindes, wenn der Ehemann ein Ausländer war, und, während er im Inlande seinen Wohnsitz hatte, das Kind gezeugt und geboren wird? Darüber herrscht wieder tiefes Schweigen im B.G.B. Fischer-Henles Handausgabe sagt,[1]) man

[1]) 4 zu Art. 18.

werde diese Frage wohl auch nach dem Nationalitätsprinzip entscheiden müssen, weil man dieses, welches das B.G.B. doch nirgends zu Gunsten der Ausländer allgemein aufgestellt hat, kraft Analogie supponieren könne, indem man sagt: was den Deutschen allgemein recht ist, ist in dubio den Ausländern billig. Aber das ist ein Analogieschluß, für den das Gesetz einen unmittelbaren Anhalt nicht gewährt.

Ebenso sagt Art. 19: Das Rechtsverhältnis zwischen den Eltern und einem ehelichen Kinde wird nach deutschem Recht beurteilt, wenn der Vater reichsangehörig ist oder auch nur nach dessen Tode die Mutter es ist. Also, möchte man abstrahieren, ist die Staatsangehörigkeit der Eltern entscheidend für ihr Verhältnis zu einem ehelichen Kinde und, wechseln sie die Staatsangehörigkeit, müßte sich auch das Rechtsverhältnis zu ihrem Kinde ändern. Das wird aber durch Art. 19 Satz 2 abgeschnitten. Um des Kindes willen wird sein Rechtsverhältnis mit den Eltern, obwohl diese ausländische Staatsbürger geworden sind, nach den Gesetzen des Staates, dem das Kind allein angehört, beurteilt.

Etwas weiteres über das Rechtsverhältnis zwischen ausländischen Eltern und ihren Kindern ist wieder nichts gesagt.

Art. 20 wiederholt nun genau dieselben Gedanken bei einem unehelichen Kinde.

Während in den Art. 19 und 20 über Ausländer keine allgemeine Bestimmung gegeben ist, kommt eine solche wieder zum Vorschein in Art. 21. Danach bestimmt sich die Unterhaltspflicht des Vaters gegenüber dem unehelichen Kinde und seine Verpflichtung, der Mutter die Kosten der Schwangerschaft, der Entbindung und des Unterhalts zu ersetzen, nach den Gesetzen des Staates, dem die Mutter zur Zeit der Geburt des Kindes angehört (entsprechend der preußischen Praxis). Also an Stelle des Wohnsitzes des Vaters tritt die Staatsangehörigkeit der Mutter. Da dies allgemein ausgesprochen ist, gilt dies auch für eine ausländische Mutter und deren Kind. Aber der hinkende Bote folgt alsbald (Art. 21 Satz 2). Nämlich die Mutter und das Kind haben niemals weitergehende Ansprüche als nach deutschen Gesetzen. Das ist ein weitgehender Satz. Ist hiernach die Mutter Französin, so hat sie selber und ihr Kind von dem deutschen Schwängerer zufolge ihres französischen Heimatrechtes nichts zu fordern, denn danach gilt bekanntlich der Satz: la recherche de la paternité est interdite. Ist aber die Mutter etwa eine Schweizerin, so müßte folgerichtig sie und ihr Kind zufolge des schweizerischen Rechts mehr zu fordern haben als nach deutschem Recht, denn der Entwurf des schweizerischen B.G.B. bestimmt im Anschluß an das geltende Recht, daß der Mutter auch eine Genugtuung für erlittene Unbill gewährt werden muß. Allein nach Art. 21 2. Hälfte würde auch die geschwängerte Schweizerin nicht mehr zu fordern haben, als das deutsche Recht ihr zuspricht. Offenbar ist das wieder eine äußerst weitgehende Begünstigung der Deutschen und des deutschen Rechts, und man könnte sich nicht wundern, wenn ausländische Staaten mit einer entsprechenden Retorsion antworteten.[1])

9. Nach Art. 22 wirken auch die Legitimationen und Adoptionen, wenn der Vater reichsangehörig ist, nach deutschen Gesetzen. Wenn der Vater, der legitimiert oder adoptiert ein Ausländer ist, so fehlt wiederum eine allgemeine Bestimmung. Es folgt nur die Beschränkung, daß jene Akte unwirksam sind, wenn nicht die nach deutschen Gesetzen erforderliche Einwilligung erfolgt ist, die je nachdem von dem Ehegatten des zu Adoptierenden oder von dem legitimierten Kinde u. dgl. m. zu erteilen ist. Also werden auch hier wieder die Ausländer nur „in der Form"[2]) berücksichtigt.

10. Über die Vormundschaft (Art. 23) ist schon früher gesprochen worden, worauf hier verwiesen wird.

11. Das Erbrecht ist in den Art. 24—26 des E.G. geregelt. Nach Art. 24 wird ein Deutscher stets nach deutschen Gesetzen beerbt, also nach seinem Heimatrecht, ohne Unterscheidung, ob er ein Testament hinterlassen hat oder nicht. Das deutsche Recht bleibt auch dann maßgebend, wenn der Deutsche seinen Wohnsitz im Auslande hat. Damit ist also im Gegensatz zu den meisten bisherigen deutschen Rechten, insbesondere zum preußischen Recht, die maßgebende Kraft des Wohnsitzrechtes beseitigt und statt dessen das Heimatrecht zum Prinzip erhoben. Aber für zwei Ausnahmefälle wird durch denselben Art. 24 Abs. 2 und 3 auch das ausländische Recht zur Geltung gebracht oder genauer mit verwertet:

a) Hatte der deutsche Erblasser seinen Wohnsitz im Auslande, so hat dies die Folge, daß seine Erben eine Beschränkung ihrer Schuldenhaftung nicht bloß aus dem inländischen Recht ableiten können, was doch sonst für einen Erbfall maßgebend ist, sondern aus den Gesetzen, die am Wohnsitz des Verstorbenen gelten, also auch aus der lex do-

---

[1]) Auch hier wird das Reichsgebiet zum Asyl. Vgl. oben S. 242 Anm. 1.

[2]) So der wahrscheinlich entstellte Text. Es soll wohl heißen „in der Feststellung der erforderlichen Geschäftsform".

micilii des Erblassers. Diese Ausnahme kommt nach dem Wortlaut des E.G. nicht bloß inländischen, sondern auch ausländischen Erben des deutschen Erblassers zugute. Sie ist geradezu geboten; denn an dem ausländischen Wohnsitz des Erblassers sind vielleicht die deutschen rechtlichen Mittel und Wege, durch die der Erbe seine Schuldenhaftung beschränken kann, gar nicht zugänglich. Es gibt dort vielleicht keine gerichtliche Nachlaßverwaltung o. dgl. m. Deshalb muß es eben genügen, wenn der Erbe auch nur die am ausländischen Wohnsitz des Erblassers erforderlichen Voraussetzungen für eine beschränkte Schuldenhaftung erfüllt hat, z. B. wenn er weiter nichts getan, als ein Inventar errichtet hat, aber nach dem Recht des ausländischen Wohnsitzes, das hier genügt. Es klingt das einigermaßen an den Satz: locus regit actum an. Wenn an diesem Wohnsitz die Haftung des Erben sogar ohne weiteres von Rechts wegen beschränkt ist, etwa auf die Höhe der Erbaktiva, so genießt diesen Vorzug auch der Erbe des dort domizilierten Erblassers ohne weiteres, obwohl dies nicht ausgesprochen ist.

Nicht so natürlich wie dieser Abs. 2 ist die zweite Ausnahme in Abs. 3 des Art. 24;

b) Wenn der deutsche Erblasser, noch ehe er reichsangehörig wurde, also noch als Ausländer, eine Verfügung von Todes wegen errichtet, oder eine solche aufgehoben hat, so soll diese Handlung nach seinem damaligen Heimatrecht, also nach ausländischem Recht, beurteilt werden. Die als Ausländer erlangte Testierfähigkeit behält er nach Erlangung seiner Reichsangehörigkeit, auch wenn ihm das nach deutschem Recht erforderliche Alter zur Testamentserrichtung fehlt. Dabei genügt aber als Form seiner Handlung die am Errichtungsorte vorgeschriebene. Wenn also etwa ein afrikanischer Neger hier in Berlin die Reichsangehörigkeit erwirbt, so bleibt sein vorher in Afrika gültig errichtetes Testament auch hier wirksam, auch wenn er dort etwa schon mit dem 12. Jahre die Testierfähigkeit erlangt und diese ausgenützt hat. Das möchte man noch hinnehmen. Aber wenn dieser Neger in Afrika auch nur hätte testieren können, es aber nicht getan hat, so kann er es hier noch immer auch vor Erreichung des 16. Lebensjahres, was doch sonst für Deutsche erforderlich ist. Diese bloße Testierfähigkeit, die er unbenützt gelassen hat, behandelt der Gesetzgeber wie ein ius quaesitum!

2. Noch viel merkwürdiger ist Art. 25. Er beginnt damit, daß auch in dem umgekehrten Falle wie in Art. 24, also bei Beerbung eines Ausländers, der seinen Wohnsitz im Inlande hatte, das Heimatrecht

des Erblassers gilt. Das scheint bei erster Betrachtung die einfache Kehrseite der für Inländer geltenden und im vorherigen Artikel ausgedrückten Regel zu sein, und man kann dabei nur die Beschränkung auffallend finden, daß der Ausländer, der nach seinem Heimatrecht beerbt wird, seinen Wohnsitz im Inlande gehabt haben muß. Man möchte meinen, wenn er seinen Wohnsitz im Auslande gehabt hat und im Inlande sich nur aufgehalten hat, müßte um so viel mehr sein Heimatrecht maßgebend sein. Aber wenn man die Entstehungsgeschichte des Artikels prüft, so ersieht man, daß der Bundesrat diesen ganzen ersten Satz des Art. 25 nebst jener Beschränkung offenbar bloß um der Ausnahme willen aufgenommen hat, die in Abs. 2 angehängt wird, und wieder eine sehr starke Begünstigung des Deutschtums enthält. Nach Satz 2 dieses Artikels kann auf den Nachlaß eines solchen in Deutschland domiziliert gewesenen Ausländers ein deutscher Erbe Ansprüche erheben, nicht bloß, wie es folgerichtig wäre, nach dem Heimatrecht des Erblassers, sondern auch nach deutschem Recht. Durch Berufung auf das deutsche Recht kann er die Erben ausschließen, die nach dem Heimatrecht des Erblassers vor oder neben ihm, dem deutschen Erbprätendenten, berufen sein würden. Also wenn ein hier domizilierter Nordamerikaner stirbt und in Amerika einen Onkel hinterläßt, der nach amerikanischem Recht als Verwandter dritten Grades Alleinerbe sein würde, daneben aber auch einen deutschen Großneffen hinterläßt, also einen Verwandten vierten Grades, der nach deutschem Recht als Mitglied der zweiten Parentel dem Onkel vorgeht, so schließt dieser deutsche Großneffe darum, weil er Deutscher ist, den amerikanischen Onkel aus, während der Großneffe, ohne Deutscher zu sein, nach dem Heimatrecht des Erblassers diesen Vorzug vor dem Onkel nicht genießen, vielmehr von ihm ausgeschlossen werden würde. Wäre nun umgekehrt der Onkel ein Deutscher und der Großneffe ein Amerikaner, dann könnte der deutsche Onkel statt seines deutschen Rechts das amerikanische für sich geltend machen und damit vor deutschen Gerichten über den Großneffen seinerseits siegen. Kurz zusammengefaßt: Für den deutschen Erbprätendenten gilt allemal dasjenige Erbrecht, das ihm günstiger ist. Man muß erwägen, daß das nicht bloß ein Gesetzesbuchstabe ist, sondern es wird, da ein in Deutschland domizilierter Ausländer doch wohl meist auch Vermögen in Deutschland hinterlassen wird, der Anspruch der deutschen Erben vor deutschen Gerichten regelmäßig auch mit praktischem Erfolge durchzuführen sein.

Ein Seitenstück dieser enormen Begünstigung der Deutschen finde ich nur in der zwischen Deutschland und Rußland geschlossenen Konvention vom 12. November 1874, die den Titel führt: „Über die Regulierung von Hinterlassenschaften“.[1]) Da heißt es in Art. 10: „Ansprüche, welche sich auf die Teilung des beweglichen Nachlasses sowie auf das Recht der Erbfolge in das bewegliche Vermögen beziehen, das in einem der beiden Länder von Angehörigen des anderen Landes hinterlassen wird, werden von den Gerichten oder sonst zuständigen Behörden des Staates, dem der Verstorbene angehörte, und nach den Gesetzen dieses Staates entschieden; es müßte denn ein Untertan des Landes, in dem der Nachlaß eröffnet ist, auf die gedachte Hinterlassenschaft Ansprüche zu erheben haben. In diesem letzteren Falle soll die Prüfung dieses Anspruchs an die Gerichte oder sonstigen Behörden des Landes anheimfallen, in welchem der Nachlaß eröffnet worden ist und diese haben nach den Gesetzen dieses Landes über die Rechtmäßigkeit der Ansprüche des Reklamanten und eintretendenfalls über die Rate zu entscheiden, die ihm zugeteilt werden soll.“

Diese Bestimmung hat anscheinend dem Bundesrat so gefallen, daß er sie für den deutschen Erben auch, abgesehen von einer Konvention, eigenmächtig verallgemeinert hat.

Nur dann fällt nach Art. 25 Satz 2 diese Begünstigung des Deutschen fort, wenn in dem Heimatstaat des bei uns domizilierten Ausländers für die Beerbung eines dort domizilierten Deutschen ausschließlich die deutschen Gesetze gelten. Das ist nun der Fall z. B. in Italien, in Spanien, auch in einzelnen Kantonen der Schweiz, z. B. in Zürich, die bei der Beerbung das Heimatrecht des Erblassers schlechthin für maßgebend erklären. In dieser Hinzufügung am Schluß des Art. 25 tritt m. E. die diplomatische Tendenz einer Begünstigung der Deutschen deutlich zutage, die Tendenz, auch andere Staaten dazu einzuladen oder anzulocken, daß sie die in ihrem Gebiet domizilierenden Deutschen lediglich nach deutschem Recht beerben lassen sollen. Ob diese es tun werden, oder ob sie nicht umgekehrt bei Beerbung eines solchen in ihrem Gebiet domizilierenden Deutschen ihren Staatsbürgern dieselbe Begünstigung einräumen werden, die Art. 25 den Deutschen einräumt, das wird man abwarten müssen. Die Wahrscheinlichkeit spricht nicht dafür. Außerdem domizilieren wahrscheinlich viel mehr Deutsche in Rußland und Amerika als Amerikaner und Russen bei uns. Also würde eine solche Begünstigung, die andere Staaten ihren Staatsbürgern einräumen, ihnen wahrscheinlich mehr Früchte

[1]) Vgl. das Reichsgesetzblatt von 1875 S. 136.

abwerfen, als wenn sie die Bestimmungen träfen, zu denen sie der Schlußsatz des Art. 25 einläd.

Art. 25 läßt, bei Licht besehen, noch eine Menge Zweifel offen, so daß sich die schönsten Kontroversen entwickeln werden. Zunächst drängt sich die Frage auf, wie es sich verhält, wenn der Ausländer in Deutschland nicht seinen Wohnsitz, sondern bloß seinen Aufenthalt hatte. Man denke an den berühmten Fall in den Entscheidungen des Reichsgerichts Bd. 31 Nr. 40. Ein geborener Deutscher, der dann seinen Wohnsitz in Missouri genommen hatte und da steinreich geworden ist, hatte seinen dortigen Wohnsitz aufgegeben und lebte nun Jahrzehnte in Deutschland, aber immer ohne Wohnsitz, nur in Hotels, weil er unter keinen Umständen bei uns Steuern bezahlen wollte. Als er endlich nach beinahe 30jährigem Aufenthalt ohne Wohnsitz in Deutschland starb, erhob sich ein Streit zwischen den deutschen und amerikanischen Verwandten. In Deutschland lebten Bruderkinder von ihm, die nun nach gemeinem Recht Erbansprüche erhoben, in Missouri aber Schwesterenkel von ihm, die nach deutschem, aber nicht nach amerikanischem Recht zurücktreten würden.

Das Reichsgericht hat entschieden, daß, da der Erblasser keinen Wohnsitz hatte, das Recht des letzten Wohnsitzes, also das von Missouri entscheiden solle und daß danach nicht bloß die deutschen Bruderkinder, sondern auch die amerikanischen Schwesterenkel nach amerikanischem Recht zur Sukzession gelangen sollten.

Man setze, dieser Fall wiederhole sich; Niemeyer will das Vorrecht [1]) des deutschen Erben gelten lassen, wenn sich die inländischen Gerichte mit der Regulierung seiner Nachlassenschaft zu befassen haben. Dieser Grund scheint mir wenig einleuchtend. Die Gerichte lassen sich doch aus dem Nachlaß die Kosten bezahlen. Daß man den Deutschen außerdem noch ein Privileg einräumen sollte, das im E.G. nicht steht, ist unschlüssig.

Außerdem macht Art. 25 geradezu den Wohnsitz des Ausländers im Inland zur Bedingung jener Begünstigung, weil durch den Wohnsitz das Vermögen dem inländischen Recht vielmehr unterworfen wird als durch einen bloß vorübergehenden Aufenthalt. Man setze, daß jener reiche Amerikaner sich nicht 30 Jahre in Deutschland aufgehalten hat, sondern nur durch Deutschland hindurchgefahren sei und sein Vermögen etwa in einer Reisetasche mit sich geführt habe, während er in der Eisenbahn von einem tötlichen Schlage getroffen wurde. Wollte man

[1]) a. a. O. S. 24.

dann die nach deutschem Recht Erbberechtigten vorgehen lassen, so würde man damit den nationalen Egoismus noch ein gutes Stück weiter treiben, als das E.G. ihn bereits getrieben hat.

Darum ist m. E. die Frage zu verneinen. Ein solcher Vorzug der deutschen Erbprätendenten würde an das mittelalterliche droit d'aubaine erinnern, nach dem der Fremde allemal seinen Nachlaß dem Staate hinterließ, in dessen Gebiet er starb o. dgl. m.

Wenn jener hier domizilierte und hier verstorbene Amerikaner einen Onkel in Amerika hinterläßt und daneben noch zwei Großneffen, einen deutschen und einen amerikanischen, und diese Verwandten nun alle drei sich bei einem deutschen Nachlaßgerichte mit ihren Erbprätentionen melden, dann bekommt nach dem Art. 25 der deutsche Großneffe jedenfalls eine Hälfte, weil er das deutsche Erbrecht zur Geltung bringen kann. Wo aber bleibt die zweite Hälfte? Bekommt diese der amerikanische Großneffe? Das wird kaum zu bejahen sein, denn er kann nicht verlangen, nach deutschem Recht seinen Großonkel zu beerben, da er Amerikaner ist. Also bekommt sie der amerikanische Onkel? Dann kommen wir zu der sonderbaren Erscheinung, daß jener Erblasser halb nach deutschem Recht beerbt wird und halb nach amerikanischem. Oder muß man am Ende dem deutschen Großneffen schließlich auch die zweite Hälfte zusprechen, weil er sich zur Ausschließung des amerikanischen Onkels auf das deutsche Recht berufen kann und zur Ausschließung des zweiten Großneffen auf das amerikanische Recht? Diese Entscheidung entspräche wohl dem Geiste, in dem der Bundesrat den Art. 25 verfaßt hat, am meisten. Ich würde die zweite Hälfte kraft amerikanischem Recht dem Onkel zusprechen und keinen Anstoß daran nehmen, daß der Erblasser nach zwei verschiedenen Rechten beerbt wird. Das ist die Konsequenz der Anomalie, die der Bundesrat in Art. 25 ausgesprochen hat.

In Zusammenhang mit Art. 25 steht die Vorschrift des Art. 26 über den Fall, wo im Ausland ein Nachlaß eröffnet ist und dann aus diesem Nachlaß Aktiva durch Vermittelung deutscher Behörden, z. B. des deutschen Konsuls in das Inland gelangt sind, um hier den nach ausländischem Recht berechtigten Personen ausgehändigt zu werden. Dann kann der Aushändigung an diese Personen kein Dritter darum widersprechen, weil er ein Erbrecht habe, sondern die deutschen Behörden sollen das übernommene Mandat der Aushändigung an die nach ausländischem Recht berufenen Personen ausführen können ohne Rücksicht auf einen solchen Widerspruch. Aber damit ist der Anspruch dieses Erbprätendenten als solcher noch nicht materiell verworfen, sondern es ist nur das Verfahren für die deutschen Behörden vereinfacht, die sich um diese Ansprüche nicht zu kümmern brauchen.

Es sind nun noch einige andere Vorschriften allgemeinen Inhalts zu besprechen. Zunächst der bisher übersprungene Art. 11, der im wesentlichen bisheriges Recht reproduziert. Nach ihm bestimmt sich die Form eines Rechtsgeschäftes zwar zunächst nach den Gesetzen des Ortes, wo das Rechtsgeschäft wirksam werden sollte, denn so ist wohl die etwas dunkle Wendung zu verstehen. „Die Form eines Rechtsgeschäftes bestimmt sich nach den Gesetzen, welche für das den Gegenstand des Rechtsgeschäftes bildende Rechtsverhältnis maßgebend sind." Das „den Gegenstand des Rechtsgeschäftes bildende Rechtsverhältnis" ist eine ganz neue Ausdrucksweise. Es wird wohl nichts anderes sein als die rechtliche Wirkung, die das Rechtsgeschäft hervorzubringen bestimmt ist,[1]) und da, wo diese Wirkungen eintreten sollen, muß das Geschäft auch den dort geltenden Gesetzen seiner Form nach genügen.[2]) Ist z. B. ein in Deutschland wirksam werdender sollender Vertrag, der nun, weil er nach dem E.G. keiner Form bedarf, auch im Ausland nur mündlich geschlossen ist, auch dann klagbar, wenn die Gesetze dieses Auslandes, also des Errichtungsortes Schriftlichkeit vorschreiben sollten? Ein Kreditvertrag, der nach schweizerischem Recht, aber nicht auch nach dem B.G.B. schriftlicher Form bedarf, kann, wenn er nur in Deutschland zu erfüllen ist, auch in der Schweiz mündlich geschlossen worden und ist dann wirksam, weil das Gesetz des Erfüllungsortes seine Form bestimmt. Indessen fügt nun ebenso, wie schon das bisherige Recht, das den Satz locus regit actum bekanntlich fakultativ ausgebildet hat, auch Art. 11 Abs. 1 Satz 2 dieselbe Erleichterung hinzu, nämlich daß auch die Beobachtung der am Errichtungsort geltenden Formen genügt.[3]) Also kann der Disponent, der Urheber des Geschäfts, sich auch künftig auf die am Errichtungsort geltenden Formen beschränken. Z. B. ein Mietvertrag über ein in Berlin belegenes Haus für eine Dauer von mehr als einem Jahr müßte nach dem B.G.B. schriftlich errichtet werden. Aber wenn er in der Schweiz geschlossen wird, so kann er auch mündlich errichtet werden, weil eben dort dieser Vertrag einer Form nicht bedarf.

---

[1]) M. E. die rechtliche Beziehung, welche infolge des Geschäfts entstehen soll.

[2]) Es genügt hiernach bei Testamenten die Beobachtung der Form des Rechtes, das am Wohnsitz zur Zeit der Testamentserrichtung gilt. So Entsch. des R.G. Bd. 43 Nr. 38 S. 159.

[3]) Um den Abschluß des Geschäfts im Auslande zu erleichtern, unter Umständen sogar um ihn überhaupt zu ermöglichen, s. den folgenden Text.

Cosack [1]) bildet hier ein treffendes Beispiel. Wenn zwei Bürger aus Metz einen Spaziergang über die französische Grenze nach Pont-à-Mousson machen und dort sich einer für die Zechschuld des andern verbürgt, aber nur mündlich, so gewinnt der Wirt auf Grund dieser Verbürgung seine Klage, obwohl das deutsche B.G.B. für Bürgschaften Schriftlichkeit verlangt, weil die mündliche Abrede den in Frankreich geltenden Formen genügt.

Die Ehe, die Deutsche im Auslande in den dortigen Formen schließen, ist giltig, wäre sie auch in Afrika nach den dortigen Formen geschlossen, wie etwa in Meyerbeers Afrikanerin Vasco de Gama die Selica heiratet. Die Ehe würde nach dem B.G.B. wirksam sein und eine weitere Ehe mit seiner Geliebten Ines Bigamie darstellen.

Auch ein Erbvertrag oder ein Ehevertrag, die im Auslande nicht vor Gericht oder Notar geschlossen sind, wie es das B.G.B. verlangt, sondern nur unter Beobachtung der dortigen Formen, vielleicht mit einfacher Schriftlichkeit, sind im Inlande wirksam.[2])

Wie diese Beispiele ergeben, ist das Prinzip: locus regit actum hiernach keineswegs ohne Gefahr. Wenn ein Ehemann vielleicht auf einer Schweizer Reise in einem Kanton, der für den Ehevertrag einfache Schriftlichkeit erfordert, seine Frau zur Einführung der allgemeinen Gütergemeinschaft an Stelle der Gütertrennung bestimmt, in der sie bisher gelebt haben, so genügt auch für das Inland die Errichtung dieses Ehevertrags in der durch das Gesetz des Errichtungsortes vorgeschriebenen Form, also einfache Schriftlichkeit. Damit können freilich die Kautelen, die die inländischen Gesetze aufstellen, sehr wohl umgangen werden. Aber das ist auch nach dem bisherigen Recht möglich. Andererseits würde der Übelstand noch viel größer, wenn man das Prinzip: locus regit actum streichen wollte. Dann könnten Eheverträge, die in Deutschland erfüllt werden sollen, in einzelnen Fällen im Auslande gar nicht geschlossen werden, weil dort die Form nicht möglich ist, die das deutsche Gesetz verlangt. So muß man die gefährlichen Konsequenzen mit in Kauf nehmen.

---

[1]) Vgl. Lehrbuch Bd. I 4. Aufl. S. 43. (Ein ähnliches Beispiel, nicht das im Texte erwähnte.)

[2]) Aus dieser Rücksicht auf Personen, die im Auslande Rechtsgeschäfte schließen wollen, ergibt sich, daß das Einführungsgesetz für das Vermögensrecht verkehrsfreundliche Ziele verfolgt, während es im Personenrecht den Ausländern gegenüber Absonderungstendenzen huldigt. Bei Börsentermingeschäften ist der Grundsatz locus regis actum absichtlich von § 68 des Börsengesetzes durchbrochen worden, um zu verhüten, daß Inländer unter Umgehung der Eintragung ihre Börsentermingeschäfte in das Ausland verlegen (Entsch. des R.G. Bd. 55 Nr. 44 S. 185).

Indessen enthalten Art. 11 Abs. 2 und Art. 13 noch zwei Ausnahmen von der fakultativen Regel: locus regit actum.

a) Dieser Satz gilt nicht bei Rechtsgeschäften über ein Recht an einer Sache, also bei Rechtsgeschäften über ein dingliches Recht. Hier muß die Form des Ortes der Wirksamkeit beobachtet werden. Also nicht bloß, wie man selbstverständlich finden möchte, bei Grundstücken und grundbuchmäßigen Rechten, über die ein Geschäft geschlossen wird, sondern auch bei beweglichen Sachen. In Frankreich z. B. kann bekanntlich Eigentum an Mobilien durch bloßen Vertrag übertragen werden. Aber wenn die Sache, die etwa ein Deutscher auf der bevorstehenden Ausstellung in Paris einem andern Deutschen übereignen will, sich in Deutschland befindet, dann genügt der bloße in Paris geschlossene Vertrag nicht, sondern hier muß die lex rei sitae beobachtet werden. Man wird vielleicht denken, daß dann der Deutsche, der das Eigentum übertragen wolle, es mit dem constitutum possessorium bewirken könne. Wenn er selber den Besitz hat, allerdings. Aber wenn er den Besitz nicht hat, wenn er z. B. ein Gemälde, das er zuhause in seiner Wohnung hat, in Paris einem andern übereignen will, und nicht weiß, daß ihm das Gemälde in der Nacht vorher entwendet worden ist, so kann er mit dem constitutum possessorium auch kein Eigentum übertragen.

Es ist zu betonen, daß die Ausnahme nur von einem Recht an einer Sache gilt. Also ein Mietvertrag würde nicht darunter fallen, denn die Miete ist im B.G.B. nach der richtigen Auffassung ein obligatorisches Recht.

b) Die zweite Ausnahme in Art. 13 Abs. 3 geht umgekehrt dahin, daß der Satz locus regit actum bei einer Eheschließung im Inlande nicht bloß fakultativ, sondern sogar obligatorisch gilt. Da muß die inländische Form beobachtet werden und es genügt nicht die Form, die am Ort der Wirksamkeit der Ehe gesetzlich vorgeschrieben ist. Ein Mann, der in Rußland seinen Wohnsitz hat und eine Berlinerin heiratet, kann in Berlin nicht nach russischem Ritus wirksam eine Ehe schließen, sondern nur nach der Regel: locus regit actum, im Sinne des Ortes, an dem der Geschäftsabschluß erfolgt.

Art. 27 betrifft die Rückverweisung, ein in letzter Zeit enorm viel behandeltes Thema.[1]) Die Verweisung auf ein ausländisches Recht, be-

[1]) Literatur s. bei Niemeyer, Das internationale Privatrecht, 1901, S. 79. Über Weiterverweisungen an ein drittes Recht vgl. Dernburg, Bürg. R. Bd. I § 36 S. 97, und Enneccerus Bd. I § 72 S. 177. — Es liegt in der Zurückverweisung

sonders auf das Heimatrecht einer Person, hat eine Schwierigkeit im Gefolge, wenn nach diesem ausländischen Recht selber wieder das inländische Recht maßgebend sein müßte. Man setze: Ein in Deutschland domizilierter Schweizer verstirbt. Dann verweist unser E.G. bezüglich der Erbfolge auf das Heimatrecht des Erblassers. Aber das schweizerische Heimatrecht bestimmt wieder, daß die Erbfolge nach dem Wohnsitz zu regeln ist. Das führt dann wieder zurück auf das deutsche Recht. Hier scheint also eine Art juristisches Spiegelkabinett zu entstehen, oder beide Gesetzgeber scheinen mit einer Sache Fangball zu spielen, indem einer dem andern die Entscheidung zuschiebt. Darum haben neuerdings eine ganze Anzahl gelehrter Ausländer und Inländer, von den Inländern am schärfsten Dr. Cahn (Jahrbücher für Dogmatik Bd. 30 S. 23) diese ganze Zurückverweisung für ein Unding erklärt und behauptet, das inländische Recht, welches auf das ausländische verweise, entscheide in Wahrheit damit bereits die Frage auf Grund des ausländischen Rechtes, und es könne also gar nie zu einer Zurückverweisung von seiten des ausländischen Rechtes kommen. Prinzipieller ausgedrückt: Die Verweisung, die das inländische Recht auf das ausländische vornimmt, sei nichts anderes als die Vorschrift für den inländischen Richter den ausländischen Rechtssatz unmittelbar anzuwenden und sich in keinem Falle wieder zurückverweisen zu lassen. Diese Theorie teilen auch viele Ausländer.

Gegen diese Lehre hat unlängst v. Bar in Böhms Zeitschrift für internationales Privatrecht Bd. 8 S. 177 ff. einen, wie ich glaube, überzeugenden Aufsatz veröffentlicht. Und jedenfalls hat das E.G. Art. 27 die Cahnsche Lehre verworfen. Da ist bestimmt, daß die Zurückverweisung, die das fremde Recht enthält, von Deutschland anzunehmen und nun nach deutschem Recht zu entscheiden sei. Also wäre jener Schweizer nach deutschem Recht zu beerben.

Hier ist, was der Bundesrat mit Vorliebe erstrebt, die Anwendung des deutschen Rechtes erweitert und auf einen bisher streitigen Fall ausgedehnt. Die Folge ist freilich eine verschiedene Behandlung der Ausländer in Deutschland, je nachdem das Heimatrecht des einzelnen

etwas von der Regel: beneficia non obtruduntur. Wenn der fremde Staat, dem wir eine Sache rücksichtsvoll überweisen, sie nicht haben will, sondern bescheiden zurücktritt, so wollen wir ihm nicht im Wege stehen. Deshalb vermag ich ungeachtet der sehr beachtenswerten Ausführungen Kohlers (Lehrbuch Bd. I S. 43) nicht die ganze Zurückweisung für einen Mißgriff zu erklären. Auch die oben S. 245 Anm. 1 angeführten Entscheidungen des R.G. stehen hinsichtlich der Rückverweisung auf dem von Eck vertretenen Standpunkte.

Ausländers die Verweisung auf die lex domicilii vornimmt oder nicht. Niemeyer hat eine Anzahl solcher Beispiele zusammengestellt.[1]) Man setze:

1. Eine 15jährige Argentinierin will in Deutschland, wo sie domiziliert ist, zur Ehe schreiten. Nach argentinischem Recht tritt Ehemündigkeit weiblicher Personen schon mit dem 12. Jahre ein, und nach dem B.G.B. ist die Eingehung der Ehe in Ansehung eines jeden Verlobten nach dessen Heimatrecht zu beurteilen. Aber nach argentinischem Gesetz ist die Geschäftsfähigkeit nach dem Wohnsitzrecht zu beurteilen. Infolgedessen ist also hier das deutsche Recht maßgebend. Die 15jährige Argentinierin kann also hier ihre Ehe nicht schließen. Dagegen würde in einem ganz gleich liegenden Fall, wenn es sich um eine 15jährige Italienerin handelte, die Entscheidung entgegengesetzt lauten, da das italienische B.G.B. weibliche Personen mit 15 Jahren ehemündig werden läßt und die Fähigkeit zur Eheschließung nach dem Heimatrecht bestimmt, nicht aber nach dem Wohnsitzrecht.

So kann die 15jährige Italienerin bei uns genau das tun, was die 15jährige Argentinierin nur in ihrer Heimat schon seit drei Jahren tun konnte.

2. Ein englisches Ehepaar nimmt sein erstes und bis jetzt einziges Domizil in Deutschland. Nun ist nach dem E.G. für das eheliche Güterrecht im allgemeinen das Heimatrecht des Ehemanns maßgebend. Das wäre also das englische Recht. Aber das englische Common Law erklärt hinsichtlich des ehelichen Güterrecht die lex domicilii für maßgebend, verweist also hier auf deutsches Recht. Dann akzeptieren wir die Verweisung und das englische Ehepaar lebt nach dem deutschen Güterstand der ehemännlichen Verwaltung und Nutznießung. Dagegen würde für ein französisches Ehepaar unter ganz gleichen Umständen die Entscheidung wieder umgekehrt lauten. Sie würden nach französischem Güterrecht leben; denn das französische Recht enthält keine Vorschrift, welche auf die lex domicilii verweist.

Endlich: Ein Bürger der Vereinigten Staaten von Amerika stirbt, während er in Deutschland sein Domizil hat. Nun ist nach dem E.G. für die Erbfolge regelmäßig das Recht des Heimatstaates, hier also das amerikanische Recht maßgebend. Da nun aber nach dem nordamerikanischen Common Law für das Erbrecht das Recht des letzten Wohnsitzes maßgebend ist, so tritt Rückverweisung an Deutschland ein. Diese wird akzeptiert und der Amerikaner nach deutschem Recht beerbt.

---

[1]) a. a. O. S. 26, 27.

Die Erbfolge eines Franzosen, Italieners oder Spaniers müßte dagegen unter ganz gleichen Umständen nach deren Heimatrecht beurteilt werden.

Niemeyer fügt hinzu:[1]) man sieht, daß hiernach die in Deutschland wohnenden Ausländer in zwei große Klassen zerfallen, in solche, die nach ihrem Heimatrecht und solche, die nach deutschem Recht beurteilt werden. Zu der ersten Klasse gehören: Holländer, Spanier, Griechen, Franzosen usw.; zur zweiten Klasse: Engländer, Nordamerikaner, Dänen, Norweger, Schweden, Argentinier usw. Es wird in Zukunft allerdings öfters Aufsehen erregen, daß Ausländer in Deutschland mit ganz ungleichem Maß gemessen werden.

Entsprechend ist zu entscheiden im Falle der Weiterverweisung, den das E.G. gar nicht erst erwähnt. Der Fall wird freilich etwas kompliziert. Setzen wir, ein in Deutschland domizilierter Ausländer stirbt und der größte Teil seines Vermögens befindet sich weder in Deutschland noch in seinem Heimatland, sondern ist etwa auf der englischen Bank deponiert. Sein Heimatrecht, das zunächst für die Beerbung maßgebend sein müßte, verweist für die Erbfolge etwa auf das Recht des Ortes, wo sein Nachlaßvermögen sich befindet, und das Recht dieses Ortes verweist wieder auf das Recht des Wohnsitzes. Dann kommen wir wieder nach Deutschland zurück. Das E.G. entscheidet den Fall nicht ausdrücklich, aber es wird nach Art. 27 analog zu entscheiden sein. Deutschland wird wieder diese Weiterverweisung akzeptieren und jener Ausländer wird nach deutschem Recht beerbt werden.

Eine Ergänzung des Prinzips der Staatsangehörigkeit enthält für Heimatlose Art. 29, wonach, wenn eine Person keinem Staate angehört, das Recht des letzten Heimatstaates eintritt, und wenn auch ein solches fehlt, das Recht des Wohnsitzes, in dritter Linie das des Aufenthalts, endlich in letzter Linie das Recht desjenigen Wohnsitzes oder Aufenthalts, den die Person zu der maßgebenden Zeit gehabt hat. In dieser Art pflegte man sich auch bisher schon zu helfen. Da, wo nicht der Wohnsitz primär das Recht bestimmt, ließ man es subsidiär eintreten, wenn das Heimatrecht versagte.

Eine Durchbrechung des Personalstatutes, mag es Heimatrecht oder Wohnsitzrecht sein, wird unvermeidlich — das wird schon im bisherigen Recht angenommen —, wenn einzelne Gegenstände sich nicht im Bereich desjenigen Staates befinden, dessen Recht der Regel nach

[1]) a. a. O. S. 27.

maßgebend sein müßte; wenn sie sich vielmehr auf dem Gebiete eines andern Staates befinden, der sie als besonderes Vermögen behandelt und besonderen zwingenden Vorschriften unterwirft, so läßt Art. 28 das Personalstatut zu Gunsten der lex rei sitae zurücktreten. Z. B. läßt das russische Recht bekanntlich Erbfolge in russische Grundstücke nur nach russischem Recht stattfinden, das nordamerikanische Recht läßt die Vertretung eines ausländischen Mündels bei Verfügungen über amerikanische Grundstücke durch keinen anderen Vormund zu als durch einen nach dem Recht des Grundstücksortes bestellten. Dadurch wird also das allgemeine Erbrecht resp. das allgemeine Vormundschaftsrecht ausgeschlossen.[1])

Ganz ebenso soll nun auch das deutsche Fideikommißrecht oder Anerbenrecht in Bezug auf das im Inland befindliche Vermögen dem durch die Staatsangehörigkeit des Erblassers bestimmten Recht vorgehen. Um ein berühmtes Beispiel zu erwähnen: Wenn der Fideikommißbesitzer Fürst Blücher das preußische Staatsbürgerrecht und die Reichsangehörigkeit aufgegeben hat, englischer Untertan geworden ist und nun nach seinem Tode nach englischem Recht beerbt wird, so wird doch das Fideikommißvermögen, das er im Inlande hinterläßt, von der Erbfolge ausgeschieden und besonderen Vorschriften unterworfen.

Die Anwendung des ausländischen Rechts im Inlande wird auch noch dann ausgeschlossen, wenn dessen Anwendung gegen die guten Sitten oder gegen den Zweck eines deutschen Gesetzes verstoßen würde (Art. 30), also, wie die Franzosen sagen, gegen l'ordre public.[2])

Die Anwendung dieser angemessenen Regel kann zu großen Zweifeln führen. Gegen die guten Sitten würde z. B. die Anwendung des ausländischen Rechts verstoßen, wenn Sklaverei oder bürgerlicher Tod im Inlande geltend gemacht werden sollten. Wie aber steht es mit der Doppelehe eine Muhamedaners? Endemann[3]) will daran keinen Anstoß nehmen. Ich glaube aber, daß hier die Anwendung des ausländischen Rechts gegen die guten Sitten verstößt. Uns ist eben die Monogamie nicht bloß etwas rechtlich, sondern auch sittlich Gebotenes. Ob nicht

---

[1]) Eine Anerkennung der Machtgrenzen, die den Staaten bei der Antwort auf die Fragen des internationalen Rechts gezogen sind.

[2]) Auf ausländische Börsentermingeschäfte ist Art. 30 E.G. nicht ohne weiteres anzuwenden (Entsch. Bd. 55 Nr. 44 S. 185). Seine Anwendbarkeit auf die Scheidung von Tisch und Bett läßt die erwähnte Entscheidung der vereinigten Civilsenate (oben S. 245 Anm. 1) dahingestellt.

[3]) Lehrbuch 9. Aufl. § 21 Anm. 28 S. 92.

die Kinder aus besonderen Gründen als legitime behandelt werden könnten, ist eine andere Frage. Die Frauen aber dürften im Inlande ihre Rechte als Ehefrauen nicht geltend machen.

Auch die Zulässigkeit eines wucherischen Geschäftes wäre so zu beurteilen. Ein solches ist gegen die guten Sitten; darum kann jemand, der durch ein Geschäft im Auslande bewuchert worden ist, im Inlande gewiß nicht auf Erfüllung verklagt werden.

Zweifelhafter wird die Sache, wenn es sich darum handelt, ob die Anwendung des ausländischen Rechtes gegen den Zweck eines deutschen Gesetzes verstoßen würde. Wenn ein Ausländer z. B. gegen seine Braut auf Erzwingung eines Eheversprechens klagt, weil nach dem Recht seiner Heimat ein solches Versprechen klagbar ist, so müßte die Klage zurückgewiesen werden, weil sie gegen den Zweck eines deutschen Gesetzes verstößt, das eben die Ehe nur als Sache freier Neigung zu stande kommen lassen will. Wenn ferner eine Klage erhoben wird aus einem Anspruch, der nach ausländischem Recht unverjährbar ist, während die deutsche Verjährungsfrist längst verstrichen sein würde, so könnte man auch da die Unverjährbarkeit nicht gelten lassen, ohne gegen den Zweck des deutschen Verjährungsgesetzes zu verstoßen. In Frankreich ist eine Klage aus gewissen Spielkontrakten zulässig, aus dem jeu de la paume usw. Wenn nun jemand in Deutschland eine Summe einklagt, die er im Ballspiel in Frankreich von einem andern gewonnen hat, so ist es zweifelhaft, ob dies zulässig ist. Man setze z. B., die beiden Metzer, die nach Pont-à-Mousson gegangen sind,[1]) da eine Zechschuld kontrahiert haben und sich für deren Bezahlung mündlich verbürgt haben, hätten daneben Lawn Tennis gespielt und der eine hätte von dem andern eine Summe gewonnen, die er in Deutschland einklagt unter Berufung darauf, daß der Vertrag in Frankreich geschlossen sei, die Summe auch dort bezahlt werden sollte. Ich glaube, daß dies dem Zweck eines deutschen Gesetzes, das den Richter nicht mit Spielhändeln befassen will, widerspricht. Wenn selbst bei Differenzgeschäften die Klage ausgeschlossen ist, müßte man sie bei anderen Spielkontrakten noch viel mehr ausschließen.

Zum Schluß gestattet Art. 31 auch Retorsion oder Vergeltung. Der Reichstag kann mit Zustimmung des Bundesrats bestimmen, daß gegen einen ausländischen Staat, sowie dessen Angehörige und ihre Rechtsnachfolger ein Vergeltungsrecht zur Anwendung gebracht werde. Der Wortlaut ist genau derselbe, den wir schon in andern Reichs-

---

[1]) Vgl. oben S. 255 Anm. 1.

gesetzen haben, z. B. im Reichspatentgesetz vom 7. April 1891 § 12 und auch im Reichsgesetz zum Schutz der Warenbezeichnungen vom 12. Mai 1894 § 22, woselbst allerdings ein anderes formuliertes Wiedervergeltungsrecht anerkannt ist. Auch die K.O. kommt an zwei verschiedenen Stellen in Betracht.

Das Vergeltungsrecht bezieht sich aber nur auf eine rechtliche Zurücksetzung des Deutschen gegen andere. Wenn z. B. in Rußland und auch in den meisten Staaten von Nordamerika Ausländer kein Grundeigentum erwerben können, ließe sich daraufhin in Deutschland das gleiche hinsichtlich der Russen und Nordamerikaner festsetzen.

Es fragt sich, ob bei dem allgemein lautenden Ausdruck Vergeltungsrecht nicht am Ende auch eine Zurücksetzung ohne Rechtssatz bloß durch tatsächliche Praxis mit einbegriffen sein würde. Endemann behauptet das in der Tat.[1]) Die spanischen Erbschaftsschwindler, die beständig Deutsche ausbeuten und gegen die bei den spanischen Behörden niemals Hilfe zu finden ist, oder die betrügerischen holländischen Lotterieloshändler würden hiernach Deutschland das Recht zur Retorsion geben. Ich glaube aber nicht, daß der Reichskanzler eine mangelhafte Praxis gestatten und etwa den Oberreichsanwalt veranlassen kann, die Staatsanwälte anzuweisen, keine Anklage gegen deutsche Erbschaftsschwindler, die Spanier betrügen, zu erheben. Ebensowenig können Gerichte angewiesen werden, von ausländischen Gläubigern, Spaniern oder Holländern, grundsätzlich keine Klage anzunehmen.

Solche tatsächlichen Verletzungen können freilich ebenfalls vergolten werden, aber auch nur tatsächlich durch Repressalien. Das Vergeltungsrecht des Art. 31 ist dagegen ein enger Begriff und setzt eine rechtliche Zurücksetzung voraus.

Rückblick: Die Regelung des internationalen Privatrechts enthält zahlreiche Lücken, namentlich für Ausländer in großer Menge. Niemeyer[2]) teilt aus den verschiedensten Rechtsmaterien Beispiele mit, wo für Ausländer gar kein Recht im E.G. vorgeschrieben ist. Noch auffallender ist es, daß auch für Inländer ganz erstaunliche Lücken übrig bleiben. Man vergegenwärtige sich, was alles nicht besprochen worden ist. Es fehlt jede Vorschrift über Inhalt und Wirkung obligatorischer Verträge. Das ist gerade jetzt eine der brennendsten Kontroversen, die sehr gut hier hätte gelöst werden können, wie es auch die zweite

[1]) Lehrb. 9. Aufl. § 21 Anm. 29 S. 93.

[2]) S. 15 ff.

Kommission beabsichtigte. Es ist streitig, ob Inhalt und Wirkung obligatorischer Verträge nach dem Ort der Vertragsschließung bestimmt werden können. Das wollte die zweite Kommission und hat es auch in den Entwurf aufgenommen, aber der Bundesrat hat es gestrichen. Soll da der Wohnsitz des Schuldners maßgebend sein, wie es Bar verteidigt, oder der Erfüllungsort, was Savigny behauptet? Ich würde das letztere vorziehen.[1])

Weiter fehlt im E.G. auch jede Vorschrift über dingliche Rechte und Besitz. Der Entwurf des B.G.B. enthielt darüber Vorschriften (§ 2241 des Entwurfs II). Sie sind gestrichen worden. Warum, weiß nur der Bundesrat, publiziert ist darüber nichts. Gerade bei manchen dinglichen Klagen, beim Pfandrecht usw., könnte dies äußerst erheblich werden. Da käme man übrigens wieder auf die Frage, ob nicht die Anwendung des ausländischen Gesetzes unter Umständen gegen den Zweck eines deutschen Gesetzes verstoßen könnte. Wenn z. B. im Ausland ein Deutscher eine bewegliche Sache durch bloßen Vertrag verpfändet, also nicht als Faustpfand gegeben hat, und dann in das Inland zurückkehrt, so kann m. E. der Gläubiger sein Pfandrecht nicht geltend machen, weil die Anwendung des ausländischen Rechtes gegen den Zweck des deutschen Gesetzes verstoßen würde, welches Sichtbarkeit aller Pfandrechte bestimmt.[2])

Über Obligationen und unerlaubte Handlungen ist beinahe nichts gesagt, ebensowenig über die Verjährung. Die erste Frage würde sein, ob die Verjährung ein prozessualisches oder ob sie ein materielles Institut ist. Danach müßte sich das der Klage zu Grunde liegende Recht bestimmen. Gewiß ist im letzteren Sinne zu entscheiden.

Doch ich will die Einzelheiten nicht häufen.

Neben diesem lückenhaften Reichsrecht bleiben die den Landesgesetzen vorbehaltenen Materien maßgebend, also das für diese Materien geltende bisherige internationale Landesprivatrecht.

---

[1]) Man könnte auch an das Wort in dubio pro reo denken und das dem Schuldner günstigste Recht anwenden. M. E. läßt sich diese Frage überhaupt nicht aus dem Wesen der Schuldverhältnisse entscheiden. Doch spielte hier die Selbsttäuschung eine große Rolle. Man bildete sich ein, daß eine besondere Beziehung zwischen der Forderung und der Territorialgewalt ihres Erfüllungsortes bestehe und griff danach mit beiden Händen, um überhaupt in der Notlage zu einer Entscheidung zu kommen. Daraus entstand ein Gewohnheitsrecht, das wir als unentbehrlichen Helfer in der Not zu begrüßen haben

[2]) M. E. sehr bedenklich. Grenzüberschreitung der Pfandstücke bewirkt dann Pfandfreiheit.

Kurz, diese Regelung des internationalen Privatrechts ist kein Meisterwerk, wenigstens kein juristisches Meisterwerk; ob es ein diplomatisches Meisterwerk ist, wage ich nicht zu beurteilen. Es wird für die Juristen schwierige Arbeit aus diesem lückenhaften Recht erwachsen. Freilich begrüßt Niemeyer[1]) gerade dies mit großer Freude.[2]) Er meint, diese außerordentlichen Lücken werden die deutsche Jurisprudenz mächtig anregen, und in dieser Anregung liegt auch die Garantie glücklichen Gelingens. Man kann nur wünschen, daß die Zukunft ihm wirklich recht gebe.

[1]) a. a. O. S. 44.

[2]) Die Lückenhaftigkeit wird hoffentlich das Streben nach immer weitergreifenden Staatsverträgen verstärken.

Zweiter Anhang.

Übergangsvorschriften.[1]

Habicht: Die Einwirkung des B.G.B. auf zuvor entstandene Rechtsverhältnisse. (Jena 1899, 3. Aufl. 1903); eine äußerst gründliche Arbeit, klar und scharfsinnig, nur stellenweise etwas breit.[2])

Das E.G. regelt diese Lehre in den Art. 153—217 so ausführlich, wie bisher noch kein anderes Gesetzbuch. (Das preußische G.B. hatte nur 11 Artikel.) Sie war schon zur Zeit des ersten Entwurfs im E.G. geregelt. Infolgedessen beziehen sich auf diesen sowohl die Motive zum E.G. als auch die Kommissionsprotokolle. Daß Gesetze keine rückwirkende Kraft haben, das ist zwar nirgends allgemein ausgesprochen, aber stillschweigend zu Grunde gelegt,[3]) jedoch nicht als ein

[1]) Auf die Übergangsvorschriften bezieht sich Art. 85 E.G. nicht, daher sind auch die zu Gunsten der Landesrechte gemachten Vorbehalte auf sie nicht zu beziehen. Entsch. d. R.G. Bd. 55 Nr. 58 S. 256.

[2]) Vgl. auch Affolter, Das intertemporale Privatrecht 1901, System des deutschen bürgerlichen Übergangsrechts 1903 und darüber Kohler, Lehrb. des Bürg. R. Bd. I S. 57 Anm. Weitere Literatur siehe in Cosacks Lehrbuch Bd. I 4. Aufl. S. 44 § 13 Anm. 1.

[3]) Den Begriff der wohlerworbenen Rechte hat das B.G.B. nach den Mot. I 19 ff. (22) als Grundlage dieses Rechtszweiges abgelehnt, Entsch. Bd. 54 Nr. 44 S. 154, den Grundsatz der Nichtrückwirkung aber anerkannt, Bd. 46 Nr. 45 S. 174 (Fortdauer von Pfandrechten an Zubehörstücken), Bd. 51 Nr. 36 S. 160 (Fortgelten der erlaubten Privatgesellschaften des preußischen Rechts). Selbst antichretische Grundstückspfänder (Entsch. Bd. 47 Nr. 15 S. 56 ff.) und Revenuenhypotheken gelten als aufrecht erhalten (Bd. 48 Nr. 15 S. 52), vgl. auch Bd. 55 Nr. 88 S. 248 ff. Die Fortdauer des alten Rechts kann also sogar zur Erhaltung von Rechtsformen führen, die dem B.G.B. fremd sind; dagegen nicht zur Eintragung eines Nutzungspfandrechts (Entsch. Bd. 48 Nr. 18 S. 61), weil hier das dem B.G.B. fremde Recht nicht blos erhalten, sondern neu geschaffen werden soll.

naturrechtliches Gebot, auch nicht als ein solches, wie es manche amerikanische Staaten in ihrer Verfassung aufgenommen haben, so daß also eine Übertretung dieses Prinzips ein Gesetz nichtig machen würde, sondern nur als eine dem Wesen des Gesetzbefehls entsprechende Regel. Eben darum ist diese Regel auch in manchen Fällen anzuwenden, wo eine besondere Vorschrift im B.G.B. fehlt. Aber andererseits ist sie doch keineswegs über Ausnahmen erhaben, und das E.G. statuiert denn auch Ausnahmen von ihr in großem Umfange.

Bekanntlich ist der genauere Inhalt des Prinzips, daß Gesetze keine rückwirkende Kraft haben, sehr bestritten. Die bekannte Formulierung, daß Gesetze ein erworbenes Recht unberührt lassen, ist streng genommen zu eng. Wenn z. B. ein unter den alten Gesetzen formgerecht errichtetes Testament unter dem neuen Gesetz trotz erhöhter Anforderungen desselben gültig bleibt, so liegt doch, genau gesehen, nicht Fortdauer eines erworbenen Rechtes vor.[1]) Aber der Grundgedanke, der in jener Formel steckt, ist doch der richtige, daß nur ein durch einen speziellen Titel bereits entstandenes Rechtsverhältnis von einem neuen Gesetze unberührt bleibt, also grundsätzlich mit seinem bisherigen Inhalt fortdauert, daß dagegen gegenüber dem neuen Gesetze eine bloße Anwartschaft nicht ebenso standhält, z. B. auf eine Intestaterbschaft einer noch lebenden Person oder gar die einer ganzen Klasse beigelegte abstrakte Fähigkeit für gewisse Handlungen oder Rechte u. dgl. m. Diese kann man nicht als Rechtsverhältnisse, die durch einen speziellen Titel gegründet worden sind, behandeln.[2])

---

[1]) Beispiele der Regeln: tempus regit actum, die nicht blos Rechtsgeschäfte, sondern auch andere rechtswirksame Ereignisse betrifft, Entsch. des R.G. Bd. 49 Nr. 24 S. 94, Bd. 52 Nr. 27 S. 101 ff., Bd. 54 Nr. 67 S. 243 (Recht auf Wiedereinsetzung in den vorigen Stand), Bd. 52 Nr. 86 S. 329. (Die Unterbrechung einer Verjährung wird nach neuem Rechte wieder aufgehoben, selbst wenn die Verjährung unter dem alten Rechte unterbrochen worden war), Bd. 51 Nr. 17 S. 80 ff. (Entmündigung), Bd. 49 Nr. 24 S. 94 (Verjährungsbeginn), Bd. 54 Nr. 40 S. 135 (Besitzerwerb).

[2]) Man will einerseits das neue Recht nicht allzulange lahm legen und andererseits die Rechtsgenossen so wenig wie möglich verletzen. Beide Ziele sind unvereinbar. Darum muß eine Mittellinie gezogen werden, die ohne eine gewisse Willkür nicht möglich ist. Streng genommen empfindet der Rechtsgenosse auch schon die Zerstörung bloßer Hoffnungen oftmals ebenso schmerzlich, wie die Zerstörung wirklicher Rechte. Hieraus erklärt es sich, daß ausnahmsweise auch bloße Hoffnungen den wirklich erworbenen Rechten gleichgestellt werden. Im gleichen Sinne fällt auch nach der Meinung des Reichsgerichts die Möglichkeit, wechselseitige Testamente aufzuheben, völlig unter das alte Recht, unter dem das Testament errichtet ist, auch wenn sie unter der Herrschaft des neuen geschieht (Entsch. Bd. 50

Ein Anwendungsfall der Fortdauer des entstandenen Rechtsverhältnisses würde etwa der sein, daß ein privatschriftlicher Vertrag über ein Grundstück, der in Berlin noch vor dem 1. Januar 1900 geschlossen ist, dann auch nach diesem Zeitpunkt wirksam bleibt, obwohl das B.G.B. gerichtliche oder notarielle Beurkundung für Verträge über Grundstücke fordert. Aber eine Ausnahme von dieser Regel würde die vom B.G.B. nicht erwähnte authentische Deklaration sein. In ihr will der Gesetzgeber nichts neues bestimmen, sondern nur über alte Gesetze aufklären. Diese Aufklärung hat aber zwingende Kraft, und darum wird in diesem Falle Rückwirkung eintreten.

Daneben gibt es eine ganze Reihe von Fällen, wo ausdrückliche Ausnahmen gegenüber entstandenen Rechtsverhältnissen gemacht werden, z. B. Art. 171: „Ein zur Zeit des Inkrafttretens des B.G.B. bestehendes Miet-, Pacht- oder Dienstverhältnis bestimmt sich, wenn nicht die Kündigung nach dem Inkrafttreten des B.G.B. für den ersten Termin erfolgt, für den sie nach dem bisherigen Gesetz zulässig ist, von diesem Termine an nach den Vorschriften des B.G.B.".[1]) Also ändert es seinen Inhalt. Ebenso ändern das Besitzrecht und das Eigentumsrecht ihren Inhalt nach Art. 180 und Art. 181.[2])

Eine Kehrseite jenes grundsätzlichen Unberührtbleibens entstandener Rechtsverhältnisse ist nun die, daß ein Rechtsverhältnis, das nach dem bisherigen Recht aus einem gewissen Tatbestand nicht entstanden ist, auch nicht nachträglich durch das neue Recht entsteht, obwohl dies neue Recht den Tatbestand mit der Wirkung, es zu erzeugen, ausstattet. Wenn z. B. ein mündliches Versprechen, ein Darlehen von 150 Mark zu gewähren, in Preußen vor der Geltung des B.G.B. erteilt und darum unverbindlich ist, so bleibt es auch nach dem 1. Januar 1900 ungültig, obwohl vom 1. Januar ab Schriftform nicht mehr erforderlich sein würde. Auch hiervon macht das E.G. Ausnahmen. Z. B. er-

Nr. 73 S. 318). Dies ist nicht unbedenklich. Dagegen entspricht der Regel die Entscheidung, daß der badische Verschwender seine Prozeßfähigkeit durch das neue Recht verloren hat (Entsch. Bd. 46 Nr. 107 S. 380).

[1]) Näheres hierüber siehe weiter unten S. 284.

[2]) Dem neuen Rechte unterliegt hiernach der Überbau, sofern nicht der Überbauende nach altem Rechte bereits Eigentum erlangt hat (Entsch. Bd. 48 Nr. 56 S. 265, Bd. 52 Nr. 4 S. 16 ff.), ebenso die Eigentumsfreiheitsklage gegen Beeinträchtigungen, die den 1. Januar 1900 überdauert haben (Entsch. Bd. 51 Nr. 94 S. 408 ff.). Ähnliches gilt bei Besitzstörungen (Entsch. Bd. 50 Nr. 3 S. 11), den Rechten an einer Scheidemauer (Bd. 53 Nr. 78 S. 307 ff., daselbst Literatur S. 311), auch bei der Verwandlung von Sachen, die früher keine Zubehörstücke waren, in solche (Entsch. Bd. 53 Nr. 87 S. 350).

langt nach Art. 159 eine bereits vor dem Inkrafttreten des B.G.B. erfolgte Todeserklärung, auch wenn sie dem zurückgebliebenen Gatten nicht die Befugnis zur Wiederverheiratung gewährte, mit dem Inkrafttreten des B.G.B. auf einmal diese Wirkung nachträglich, m. a. W. ein Tatbestand, der eine gewisse Wirkung bezüglich der Wiederverheiratung nicht erzeugt hat, bekommt diese Wirkung, weil das neue Gesetz sie an diesen Tatbestand fortan knüpft.

Ebenso wie bei diesen Ausnahmen das neue Gesetz zurückgreift und die Wirkung von Tatbeständen, die unter das bisherige Gesetz fielen, anders bestimmt als das bisherige Gesetz, so kann das neue Gesetz auch umgekehrt für einen in seine eigene Herrschaftszeit fallenden Tatbestand die Wirkung des alten Gesetzes eintreten lassen.

Nach Art. 215 behält, wer vor dem Inkrafttreten des B.G.B. die Fähigkeit zur Errichtung einer Verfügung von Todes wegen erlangt, und eine solche errichtet hat, diese Fähigkeit, auch wenn er das nach dem B.G.B. erforderliche Alter von 16 Jahren noch nicht erreicht hat. Da wird für eine Altersstufe, die jemand in der Herrschaftszeit des B.G.B. erreicht, ihm die rechtliche Wirkung gewährt, welche das alte Gesetz eintreten ließ, nämlich die Testierfähigkeit.

Eine Schwierigkeit tritt natürlich ein, wenn ein Tatbestand zum Teil unter das alte Gesetz fällt und zum Teil unter das neue. Auch da wird, wenn möglich, das Rechtsverhältnis, soweit es unter dem alten Gesetz entstanden ist, nach diesem zu beurteilen sein, und so weit es unter dem neuen entsteht, nach dem letzteren. So z. B. möglich in folgendem von Cosack gebildeten Falle. Ein elternloser 15jähriger Knabe errichtet ein Testament noch im Dezember 1899 und enterbt darin seinen Großvater ohne jeden gesetzlichen Grund. Dann ist die Errichtung des Testaments noch nach dem Pr. A.L.R. zu beurteilen und also gültig, weil man im Landrecht mit 14 Jahren die Testierfähigkeit erlangt. Was dagegen die Enterbung des Großvaters betrifft, die nach dem Pr. A.L.R. unwirksam sein würde, aber nach dem B.G.B. vollkommen zulässig ist, weil Großeltern kein Pflichtteilsrecht mehr haben, so entsteht dieses Rechtsverhältnis,[1]) das Ausgeschlossensein der Großeltern, erst mit dem Tode des Knaben. Wenn er im Januar stirbt, wird es nach dem neuen Gesetz zu beurteilen sein; dann ist die Ausschließung der Großeltern gültig. Aber freilich wird diese Teilung bei manchen sukzessive entstandenen Verhältnissen unausführbar, wie

[1]) So der Text. Besser ließe sich wohl von einer Rechtsfolge reden, da es sich nur um eine zerstörte Anwartschaft handelt.

namentlich bei der Verjährung. Darum hat für diese das E.G. eine rein positive Lösung gegeben in Art. 169.

Eine Schwierigkeit anderer und ganz eigener Art, die von Habicht [1]) erörtert ist, kann dadurch entstehen, daß der 1. Januar 1900 bekanntlich nicht auf der ganzen Erde gleichzeitig beginnt, sondern in einem Lande früher, im andern später. Freilich für ganz Deutschland haben wir die mitteleuropäische Einheitszeit seit dem Gesetz vom 12. März 1893. Also kann es jetzt nicht mehr geschehen, daß zufolge der verschiedenen Ortszeit etwa in Memel ein Ereignis schon nach dem neuen Recht wirkte, während in Aachen ein gleichzeitig oder ein etwas später eingetretenes Ereignis nach dem alten Recht wirkte. Aber außerhalb Deutschlands wird noch der Eintritt des ersten Januar teils früher, teils später als bei uns erfolgen, sei es durch die Verschiedenheit des Kalenders, sei es infolge der Verschiedenheit der geographischen Lage der verschiedenen Länder. Erheblich ist dies bei Ereignissen, die in der Person eines im Auslande domizilierten Deutschen, z. B. am 31. Dezember 1899 sich vollziehen. Gerade mit der Einführung des Heimatrechtes wird diese Frage äußerst praktisch, ob ein solches Ereignis, wie namentlich der Tod eines Deutschen, der im Auslande erfolgt, als vor oder nach dem ersten Januar eingetreten zu behandeln ist. Zunächst kann darüber kein Zweifel sein, daß die Verschiedenheit des Kalenders in einem andern Lande für Deutsche nicht in Betracht kommen kann, daß also, wenn der 1. Januar 1900 bei uns eingetreten ist, auch der in Rußland sich aufhaltende oder wohnende Deutsche bereits vom deutschen Recht ergriffen wird, für ihn das B.G.B. bereits sein Heimatrecht wird, so gut, wie es schon jetzt unzweifelhaft ist, daß ein „am 1. Januar 1880 geborener“ [2]) Deutscher nach der Übersiedelung nach Rußland nicht erst, wenn auch in Rußland der 1. Januar 1901 erschienen ist, die Volljährigkeit erreicht, sondern wenn dies nach unserem einheimischen Kalender der Fall ist. Viel zweifelhafter ist es aber bei der geographischen Lage. Man setze folgenden Fall, der einem bei Habicht gebildeten ähnelt. Auf einem amerikanischen Dampfer, der zwischen New-York und Rio de Janeiro läuft, stirbt ein Deutscher am späten Abend des 31. Dezember 1899. Dann ist auf der westlichen Hemisphäre, auf der er sich befindet, der 1. Januar noch nicht angebrochen, während er in Deutschland bereits eingetreten ist. Dieser Mann wird nicht nach dem alten Recht, also nach dem Recht seines Domizils,

[1]) 3. Aufl. S. 37 ff.

[2]) Eingeschoben.

beerbt. Wenn er z. B. Hannoveraner ist und eine Witwe und einen Vetter hinterläßt, so würde nach dem dort geltenden gemeinen Recht die Witwe gar nichts und der Vetter alles bekommen. Er wird vielmehr nach dem neuen Recht beerbt, wonach die Witwe alles bekommt und der Vetter gar nichts. Es wird also hier ebenso wie bei der Kalenderverschiedenheit zu entscheiden sein.

Die einzelnen Vorschriften der Art. 153—217 werden als Übergangsbestimmungen entsprechend der Überschrift des ganzen Abschnitts in absehbarer Zeit von selber ihre Kraft verlieren. Aber es gibt auch solche, die einen am 1. Januar bestehenden Rechtszustand auf unbestimmte Zeit hinaus konservieren wollen, so namentlich die Art. 164 bis 167. Danach bleiben in Kraft die Sondergesetze über Realgemeinden und ähnliche Verbände, über bayerische und sächsische Vereine, die bereits registriert worden sind, und über die preußischen landschaftlichen und ritterschaftlichen Kreditanstalten. Das sind also genau genommen keine Übergangsvorschriften.[1]) Indessen, da sie im E.G. mit den wahren Übergangsvorschriften durcheinander gemischt sind, können wir sie auch nicht trennen.

In den Art. 153—169 ist der allgemeine Teil geregelt, dann folgt in Art. 170—179 das Obligationsrecht, dann das Sachenrecht u. s. w. Art. 153 betrifft die Materie der Volljährigkeit. Glücklicherweise ist die Frage nach der Fortdauer einer bereits vor dem Inkrafttreten des B.G.B. errichteten Volljährigkeit gegenstandslos, weil das Alter der Volljährigkeit nach dem B.G.B. kein anderes ist, als das schon jetzt für ganz Deutschland reichsgesetzlich bestimmte. Aber die Fortwirkung einer Volljährigkeitserklärung kann allerdings in Frage kommen. Darauf bezieht sich Art. 153, nach dem eine Person, die vor dem Inkrafttreten des B.G.B., obwohl noch unter 21 Jahren, für volljährig erklärt ist, oder sonst die Stellung eines Volljährigen erlangt hat, z. B. durch den Satz: „Heirat macht mündig" in Württemberg, vom 1. Januar ab einem Volljährigen gleich steht. Der Grund dafür ist nicht der, daß die Volljährigkeit wie ein erworbenes Recht gefaßt würde, sondern lediglich praktische Zweckmäßigkeit, weil ein bereits für volljährig Erklärter eine Rechtseinbuße erleiden würde, wenn er wieder minderjährig werden sollte.[2]) Da nun aber das B.G.B. die Beschränkungen des für volljährig Erklärten, die zur Zeit noch in mehreren deutschen Ländern bestehen, so auch in Preußen, namentlich

[1]) Sie regeln immerhin die Art des Übergangs vom alten Rechte zum neuen.

[2]) Der erworbene Rechtsvorteil ist hier aus dem oben S. 266 Anm. 2 a. E. angegebenen Grunde dem erworbenen Rechte gleichgestellt.

in der Verfügung über Liegenschaften, nicht mehr kennt, so ist die unmittelbare Folge, daß der bereits für volljährig Erklärte in manchen Ländern mit dem 1. Januar noch freier zu stehen kommt als bisher, indem von selber für ihn diese Beschränkungen wegfallen. Indessen hat man daran keinen Anstoß genommen, weil, wie die Motive sagen, vor der Volljährigkeitserklärung seine Reife geprüft worden sein muß.

Entsprechendes bestimmt Art. 154 über die Emanzipation des französischen und badischen Rechts, falls der Emanzipierte 18 Jahre alt ist, sonst bekommt er wieder einen Vormund. Daran sieht man am deutlichsten, daß die Selbständigkeit nicht wie ein ius quaesitum behandelt ist.[1])

Eine Person, die nach dem alten Recht wegen Geisteskrankheit oder wegen Verschwendung entmündigt ist, steht einfach den nach den Vorschriften des B.G.B. Entmündigten gleich (Art. 155). Darin liegt ja prinzipiell eine gewisse Rückwirkung, indem die Rechtsstellung einer Person, die bereits begründet war, verändert wird. Allein die Veränderung ist minimal, sie beschränkt sich eigentlich darauf, daß in den Ländern, wo man lichte Zwischenräume bei Geisteskranken berücksichtigte, diese Bestimmungen nach dem neuen Gesetz wegfallen.

Art. 157 betrifft wieder ein rein französisches Rechtsinstitut, den erwählten Wohnsitz, le domicile élu.

In den Art. 158—162 finden sich einige Bestimmungen über die Todeserklärung, die noch vor dem Inkrafttreten des B.G.B. erfolgt ist, und verwandte Institute, die in einzelnen Partikularrechten noch bestehen. Der Grundsatz entspricht dem Prinzip der Nichtrückwirkung. Eine solche vor dem Inkrafttreten des B.G.B. bereits erfolgte Todeserklärung äußert ihre Wirkungen nach bisherigem Recht in Bezug auf den Todeszeitpunkt und die Erstreckung der Todeserklärung über das Vermögensrecht hinaus auf persönliche und familienrechtliche Beziehungen usw. (Art. 158). Aber in zwei Punkten wird vom Prinzip abgewichen und eine gewisse Rückwirkung bestimmt:

a) Während das Band der bestehenden Ehe zwischen dem für tot Erklärten und dem zurückgebliebenen Gatten nicht nach allen bisherigen Rechten durch die Todeserklärung gelöst wird, steht nach Art. 159 des E.G. die Wiederverheiratung dem Gatten des für tot Erklärten allemal frei.

b) Nach Art. 160 sollen für gewisse Rechtsverhältnisse, die nach dem B.G.B. durch die Todeserklärung schlechterdings endigen, wie elterliche

[1]) Man könnte auch sagen, daß sie nur teilweise so behandelt worden sei.

Gewalt, Vormundschaft, Pflegschaft über den Verschollenen, dessen Ämter als Vormund, Pfleger usw. allemal auch bei einer schon vor dem 1. Januar 1900 erfolgten Todeserklärung endigen.

Das sind zwei Sätze, welche eine Einwirkung auf ein bereits vor dem 1. Januar 1900 geschaffenes Rechtsverhältnis enthalten.

Andererseits verleiht Art. 161 dem bisherigen Recht noch eine Fortwirkung über die Regel hinaus. Denn für ein am 1. Januar 1900 auch nur anhängiges Verfahren soll das bisherige Recht in weitem Umfange maßgebend bleiben.

Die Bestimmungen, die sich anknüpfen (Art. 161 Abs. 2, 162), sind überwiegend auf Partikularrechte, französisches und badisches Recht gemünzt.

Die Art. 163—167 betreffen die juristischen Personen. Für die beim Inkrafttreten des B.G.B. bereits bestehenden juristischen Personen ist hinsichtlich ihrer Entstehung selbstverständlich das bisherige Recht maßgebend (Art. 163). Auf die bestehenden juristischen Personen finden auch die Vorschriften der §§ 25—53 über Vereine und die §§ 85—89 über Stiftungen Anwendung. Dabei sind nicht mit zitiert die Vorschriften über die Eintragung der Vereine in den §§ 55—79 und auch nicht die Vorschriften über die Entstehung von Stiftungen in den §§ 80—84. Natürlich können diese Vorschriften auf die am 1. Januar 1900 bereits bestehenden juristischen Personen nicht Anwendung finden.

Betrachtet man Art. 163 zunächst seinem Wortlaut nach, so scheint es — und so sprechen sich auch die Schriftsteller überwiegend aus — als ob danach die bestehenden juristischen Personen im allgemeinen sofort dem neuen Recht unterliegen sollten. In der Handausgabe von Fischer und Henle wird ganz ausdrücklich hinzugefügt,[1]) daß das neue Recht auch auf die bestehenden juristischen Personen Anwendung finden soll hinsichtlich ihrer Organisation, ihrer Beschlußfassung, ihrer Vertretung, ihrer Haftung usw. Das würde zwar für die bestehenden Vereine die etwas unbequeme Folge haben, daß die meisten ihre Statuten dem neuen Recht entsprechend umgestalten müßten, andererseits aber würde dies eine für die Juristen und für das Publikum recht erfreuliche Gleichmäßigkeit des Vereinsrechtes vom 1. Januar 1900 ab herbeiführen.

Leider kann man bei näherer Betrachtung diese Meinung nicht teilen, vielmehr verwandelt sich das Bild bei genauerem Zusehen direkt in das Gegenteil, und es bleibt für bestehende Vereine das bisherige

[1]) In vorsichtiger Beschränkung vgl. 6. Aufl. Nr. 1 u. 2 zu Art. 163.

Recht im allerweitesten Umfange aufrecht erhalten. Der Rechtszustand wird dadurch erstaunlich verwickelt und ungleich, wie das in der Literatur namentlich Habicht[1]) mit einem Scharfsinn ausführt, der, man möchte sagen, in beinahe unerfreulicher Weise überzeugend auf den Leser einwirkt. Wir müssen, um dies richtiger zu würdigen, verschiedene Gruppen von Vereinen sondern.

1. Es bleiben vom neuen Gesetz beinahe ganz unberührt die sog. Körperschaften, Stiftungen und Anstalten des öffentlichen Rechts, die am 1. Januar 1900 bereits bestehen, ebenso wie die neu zu errichtenden; denn für diese öffentlich-rechtlichen Personen trifft ja das B.G.B. überhaupt nur zwei Bestimmungen (§ 89), nämlich die Haftung für außerkontraktliche Beschädigungen (§ 31) und die Haftung des Vorstandes, wenn er den Konkurs, soweit er bei einer solchen öffentlich-rechtlichen Person zulässig ist, nicht rechtzeitig anmeldet (§ 42 Abs. 2). Da diese beiden Sätze sogar für Personen des öffentlichen Rechts gelten, von dessen Regelung sich doch sonst das B.G.B. mit peinlicher Sorgfalt zurückgehalten hat, so gelten sie darum entschieden umsomehr für alle privatrechtlichen Personen, auch wenn diese sonst dem Vereinsrecht des B.G.B. entzogen sind. Im übrigen bleibt die Gruppe der öffentlich-rechtlichen juristischen Personen vom neuen Rechte unberührt.

2. Auch auf allen den Gebieten, die dem Sonderrecht vorbehalten sind, behalten die Vereine ihr bisheriges Sonderrecht. Z. B. die Wald- und Wiesengenossenschaften, die Deich- und Sielverbände, die Gewerkschaften des Bergrechts, die Versicherungsgesellschaften auf Gegenseitigkeit usw. Diese Sonderrechte werden selbst durch zwingende Vorschriften, die das B.G.B. über Vereine aufstellt, nicht berührt. Wenn z. B. § 39 des B.G.B. den Mitgliedern eines Vereins allemal die Freiheit des Austritts gewährleistet, so kann trotzdem bei Deichverbänden und Wiesengenossenschaften der Austritt ausgeschlossen sein, wie er es in der Tat auch regelmäßig ist. Wenn weiter § 39 Abs. 2 des B.G.B. die Maximaldauer der Kündigung, die für den Austritt in der Satzung festgesetzt werden darf, auf zwei Jahre beschränkt, so kann trotzdem bei Versicherungsgesellschaften auf Gegenseitigkeit die Kündigung auf mehr als zwei Jahre ausgeschlossen sein. Oder wenn nach § 29 bei einem Fehlen der erforderlichen Vorstandsmitglieder das Amtsgericht dieselben zu ernennen hat, so gilt das doch wieder nicht für Gewerkschaften, denn für diese hat nach dem preußischen Berggesetz

[1]) 3. Aufl. S. 104 ff.

die Bergbehörde, wenn nötig, einen Repräsentanten zu bestellen. So weit aber freilich kein Sonderrecht für solche Vereine besteht, also bisher nur das allgemeine Landesrecht eingriff, tritt allerdings an Stelle der bisherigen allgemeinen Landesrechte nunmehr das Recht des B.G.B. (Art. 4 des E.G.). So ist z. B. die Ausschließung eines Mitgliedes von der Abstimmung wegen Kollision seiner Interessen mit denen der Gesellschaft für die Gewerkschaften im preußischen Berggesetz nicht durch irgend eine Sondervorschrift geregelt, sondern dafür gilt bis jetzt nur die allgemeine Vorschrift des Pr. A.L.R. Aber an Stelle dieser letzteren tritt nun die Vorschrift des § 34 des B.G.B. über die Ausschließung vom Stimmrecht bei Interessenkollision.

Das Landesrecht kann übrigens für solche Vereine auch immer noch neue Sondervorschriften erlassen, und so weit solche erlassen sind, treten auch die allgemeinen Regeln des B.G.B. zurück. Dies alles gilt ebenso für bereits bestehende wie für neu zu errichtende Vereine, welche diesen den Landesrechten vorbehaltenen Gebieten angehören.

3. Das E.G. hat aber auch selber in den Art. 164—166 bestimmt, daß für Vereine gewisser Art, die am 1. Januar 1900 bereits bestehen, ein Teil des geltenden Landesrechtes weiter gilt und auch durch neues Landesrecht abgeändert werden kann. Für die bestehenden Realgemeinden und ähnliche Verbände mit Nutzungsrecht der Mitglieder an Grundstücken, Mühlen, Brauereien u. s. w. (Art. 164) für die bayerischen und sächsischen Personenvereine, die nach dem bayerischen Gesetz vom 29. April 1869 (Art. 165) und nach dem sächsischen Gesetz vom 15. Juni 1868 (Art. 166) durch Eintragung in das Register bereits vor dem 1. Januar 1900 Rechtsfähigkeit erlangt haben, bleibt das Sonderrecht der bezeichneten Landesgesetze in Kraft.

Aber eben nur der so begrenzte Teil des Landesrechtes bleibt in Kraft und nicht des Landesvereinsrecht überhaupt. Außerdem bleibt jener Teil des Landesrechtes auch nur für die am 1. Januar 1900 bereits bestehenden Vereine in Kraft, nicht auch für die später zu errichtenden. Also wird es künftig beim Kontrahieren mit einem sächsischen Verein für den Mitkontrahenten von großer Wichtigkeit sein, ob der sächsische Verein schon vor dem 1. Januar 1900 bestanden hat oder nicht. Z. B. kann die Vollmacht des Vorstandes nach dem bisherigen sächsischen Vereinsrecht überhaupt nicht beschränkt werden. Das wird also für die am 1. Januar 1900 bestehenden Vereine weiter gelten, dagegen kann nach § 26 Abs. 2 des B.G.B. die Vollmacht in der Satzung beschränkt werden und das wird für die in Sachsen nach dem 1. Januar 1900 zu gründenden Vereine gelten.

Abweichend von der Gruppe 3 werden

4. in Art. 167 die landschaftlichen und ritterschaftlichen Kreditanstalten behandelt. Für diese werden die sie betreffenden landesgesetzlichen Vorschriften überhaupt aufrecht erhalten, also nicht bloß das Vereinsrecht, sondern auch namentlich ihre das Grundbuch und Hypothekenrecht betreffenden statutarischen Bestimmungen, z. B. über Eintragung und Löschung von Pfandbriefen, Darlehen u. s. w. So ist bei den durch Amortisation zu tilgenden Pfandbriefen nach dem bisherigen Rechte dem Grundeigentümer die Verfügung über die durch die Amortisation freiwerdende Hypothekenstelle versagt und somit die Entstehung einer Eigentümerhypothek ausgeschlossen, die nach dem B.G.B. eintreten würde. Das bleibt bei diesen ritterschaftlichen und landschaftlichen Kreditanstalten auch in Zukunft rechtens. Auch die Grundbuchordnung[1]) und das Zwangsversteigerungsgesetz[2]) erkennen die Sonderstellung dieser Kreditanstalten an.

5. Wiederum anders werden die Vereine behandelt, deren Rechtsfähigkeit auf staatlicher Verleihung beruht (Art. 82 des E.G.). Art. 82 steht nicht unter den Übergangsvorschriften und doch gehört er wenigstens zur Hälfte dahin. Bei näherer Betrachtung stößt er ein gewaltiges Loch in Art. 163, der für bestehende Vereine scheinbar das neue Recht ohne weiteres in Kraft setzt. Nach Art. 82 sollen unberührt bleiben die Vorschriften der Landesgesetze über die Verfassung solcher Vereine, deren Rechtsfähigkeit auf staatlicher Verleihung beruht. Was bedeutet das? Die Erläuterung, die aus den Protokollen der zweiten Lesung der Reichstagsvorlage als Material beigegeben war, ist teils in sich widerspruchsvoll und kaum zu verstehen, teils auch, wie Habicht[3]) ganz genau darlegt, in direktem Widerspruch mit dem Text der Reichstagsvorlage. Die Reichstagskommission und der Reichstag selbst haben daran merkwürdigerweise gar keinen Anstoß genommen, oder sie haben diesen Widerspruch überhaupt nicht bemerkt und die Vorlage unverändert zum Gesetz erhoben. Die Erläuterung besagt, daß es für die bereits bestehenden, konzessionierten Vereine nur einer Übergangsvorschrift bedürfen werde, und deshalb Art. 82 nur für die Zukunft der Landesgesetzgebung vorbehalte, einzelne Bestimmungen des Vereinsrechtes von

[1]) § 83.

[2]) E.G. z. Zwangsv.G. § 2.

[3]) Vgl. Protokolle VI S. 399 ff. und dazu Habicht, Die Einwirkung des B.G.B. auf zuvor entstandene Rechtsverhältnisse, 3. Aufl. S. 113 Anm. 2, der unter Berichtigung seiner ersten Auflage feststellt, daß die von ihm den Protokollen zugeschriebenen Unrichtigkeiten nunmehr lediglich dem Verfasser der Materialien zum 3. Abschn. eines Entw. z. B.G.B. zur Last zu schreiben sind.

der Anwendung auf konzessionierte Vereine auszuschließen. In Wahrheit aber ist eine solche Übergangsvorschrift im E.G. gar nicht enthalten, und Art. 82 macht keineswegs bloß einen Vorbehalt für die Zukunft, sondern bestimmt sonnenklar, daß die Vorschriften der Landesgesetze über die Verfassung solcher konzessionierter Vereine unberührt bleiben. Dies bedeutet doch aber nach dem ganz konsequenten Sprachgebrauch des E.G., daß die gegenwärtigen Vorschriften von selber ihre bisherige Geltung behalten, ohne daß dabei unterschieden ist zwischen bereits bestehenden und künftig zu errichtenden konzessionierten Vereinen.

Damit ist also die Anwendung des neuen Vereinsrechtes auf konzessionierte Vereine trotz des Art. 163 sehr erheblich eingeschränkt. Wenn man den Art. 82 nach dieser Betrachtung liest, so möchte man meinen, daß für konzessionierte Vereine von dem neuen Recht überhaupt nichts übrig bleibt. Indessen ist er in dieser Allgemeinheit, wie es der Wortlaut zu besagen scheint, nicht zu deuten. Der Artikel soll nicht besagen, daß für die konzessionierten Vereine alle, die Verfassung betreffenden Vorschriften der Landesgesetze aufrecht erhalten bleiben, so daß das B.G.B. beinahe gar keine Anwendung auf sie finden würde, sondern, wie die Materialien ergeben, sind auch hier wieder nur die besonderen für diese Vereine erlassenen Vorschriften für fortbestehend erklärt. Diese besonderen Vorschriften wollte man eben wie Bestandteile der Vereine für sie beibehalten. Das sind also die Vorschriften, wie sie auch das Pr. A.L.R. im Sinne hat (II, 6 § 26).

Danach behalten also in Preußen, wo alle bestehenden Vereine ihre Rechtsfähigkeit durch staatliche Verleihung haben, diese auch künftig ihre bisherige, durch ihr Statut gegebene Verfassung. Z. B. die juristische Gesellschaft, der deutsche Juristentag u. a. m., die juristische Persönlichkeit besitzen, behalten auch in Zukunft die Vorschriften ihrer Statuten, welche mit den Sätzen des B.G.B. in Widerspruch stehen. So ist in den Statuten der juristischen Gesellschaft und des Juristentags bestimmt, daß das Statut durch einfachen Mehrheitsbeschluß geändert werden kann. Im Widerspruche hiermit erfordert § 33 des B.G.B. zu einer Änderung der Statuten eine Mehrheit von $^2/_3$ der erschienenen Mitglieder.

Dagegen treten die allgemeinen privatrechtlichen Verfassungsvorschriften auch für konzessionierte Vereine außer Kraft und werden durch die Vorschriften des B.G.B. abgelöst. Wenn im § 55 II 6 des Pr. A.L.R. bestimmt ist, daß auch ohne vorherige Bekanntmachung des Beratungsgegenstandes bei Anwesenheit von $^2/_3$ aller Mitglieder ein Beschluß gefaßt werden kann, dann wird diese Bestimmung, weil sie eben keine besondere, sondern eine allgemeine ist, durch § 32 Abs. 1

des B.G.B. ersetzt, wonach zur Gültigkeit eines Beschlusses der Mitgliederversammlung schlechterdings Bezeichnung des Gegenstandes bei Berufung der Mitglieder erfordert wird. Ebenso treten die Bestimmungen des B.G.B. in Kraft in bezug auf den Sitz eines Vereins, in bezug auf seine Haftung für Beschädigungen und Verluste, in bezug auf die Entziehung der Rechtsfähigkeit u. s. w. Art. 82 erklärt ja, daß nur die Vorschriften der Landesgesetze über die Verfassung solcher Vereine unberührt bleiben.

Wir haben fünf Gruppen von Vereinen kennen gelernt, von denen jede unter einem besonderen Ausnahmerecht steht. Hiernach unterliegen der wirklichen Anwendung des Art. 163 nur die übrigen, am 1. Januar 1900 bestehenden Vereine. Das sind solche, die nicht öffentlichrechtlicher Natur sind, nicht einem Gebiet angehören, das den Landesrechten vorbehalten ist, die nicht im E.G. besonders eximiert sind und auch nicht durch staatliche Verleihung rechtsfähig geworden sind, im Gebiet des Pr. A.L.R. also gar keine; denn da beruht ja die Rechtsfähigkeit der juristischen Personen einstweilen immer auf staatlicher Verleihung.

So scheint sich die Aussicht auf ein gleichmäßiges Vereinsrecht ganz und gar aufzulösen. Indessen ist doch zum Trost zu sagen, daß dem neuen Vereinsrecht nicht bloß die nach dem 1. Januar 1900 neu entstehenden Vereine notwendig unterliegen werden, sondern auch die dann schon bestehenden idealen Vereine gute Gründe haben können, sich dem neuen Rechte anzupassen, besonders wenn sie die Rechtsfähigkeit vorher nur durch staatliche Verleihung erlangt haben. Denn gerade in diesem Falle bedürfen sie zu jeder Änderung ihrer Statuten der staatlichen Genehmigung. Z. B. bedarf die hiesige „Juristische Gesellschaft“ je nachdem bald der Genehmigung des Oberpräsidenten, bald der Genehmigung des Landesherrn, wie in dem Statute steht: Abänderungen des Statuts, welche Sitz, Zweck oder die äußere Vertretung der Gesellschaft betreffen, bedürfen der landesherrlichen Genehmigung. Als kürzlich in der Juristischen Gesellschaft das Amt eines neuen stellvertretenden Vorsitzenden geschaffen werden sollte, mußte eine königliche Kabinettsorder eingeholt werden. Sonstige Statutenänderungen sind von der Zustimmung des Oberpräsidenten abhängig. Diese Gebundenheit haftet an der staatlichen Verleihung der Rechtsfähigkeit.

Wenn dagegen ein solcher Verein sich nach dem B.G.B. hat eintragen lassen, so kann eine Änderung der Satzungen einfach durch Dreiviertelmajorität beschlossen werden und von der Verwaltungsbehörde höchstens durch Einspruch aus einigen wenigen Gründen angefochten werden. So ist zu hoffen, daß man das neue Recht allmählich auch ohne Zwang aus Zweckmäßigkeitsgründen annehmen wird. Aber so weit das nicht durch eigene Tätigkeit der Vereine geschieht, tritt es durch die Macht des Gesetzes zunächst in Preußen für die bestehenden Vereine gar nicht in Geltung.

Danach schwindet, bei Licht besehen, Art. 163 auf ein Minimum von Tragweite zusammen.

Über die schon bestehenden Stiftungen enthält das B.G.B. keine weiteren Bestimmungen als in Art. 163, der die §§ 85—89 auch auf die bestehenden Stiftungen für anwendbar erklärt. Da aber diese Paragraphen über die Stiftungen sehr lückenhaft sind, der § 85 des B.G.B. selber in bezug auf die Verfassung der Stiftungen nächst den Reichsgesetzen die Landesgesetze für maßgebend erklärt, so ergibt sich daraus von selber, daß diese Landesgesetze sowohl für bestehende, als auch für künftige Stiftungen nächst den Reichsgesetzen Geltung behalten.

In bezug auf die Rechtsgeschäfte ist im E.G. beinahe gar keine Übergangsbestimmung enthalten. In den Motiven Anm S. 255 ist gesagt, man hätte bei der Formulierung zu leicht fehlgreifen können. Es wird wohl ein Rechtsgeschäft nach allgemeinen Prinzipien nach der Zeit seines Abschlusses zu beurteilen sein in bezug auf die Geschäftsfähigkeit der Kontrahenten, in bezug auf Willensmängel, in bezug auf die Form und auch in bezug auf die Wirkung. Z. B. selbst Nichtigkeit und Anfechtung eines noch vor dem 1. Januar 1900 geschlossenen Geschäftes werden unter der Herrschaft des neuen Rechtes nach den Grundsätzen des alten geltend zu machen sein, weil der Zeitpunkt des Abschlusses des Geschäftes maßgebend bleibe. Nur ein Punkt aus der Lehre von den Rechtsgeschäften ist berührt in Art. 168.[1]) Nämlich eine bereits am 1. Januar 1900 bestehende Verfügungsbeschränkung bleibt auch nach dem 1. Januar wirksam, nur unbeschadet des Schutzes eines redlichen Erwerbers. Das ist auch für das preußische Recht äußerst wichtig, denn nach diesem haben ja auch die bloß vertragsmäßigen und bloß letztwilligen Verfügungsbeschränkungen, welche nach dem B.G.B. höchstens obligatorisch wirken (§ 137), selbst gegen dritte Personen Wirkung, wenn sie nur diesen dritten Personen bekannt oder aber in das Grundbuch eingetragen waren. Solche Veräußerungsbeschränkungen geben dem Berechtigten ein ius ad rem, und wenn der dritte Erwerber das kannte, muß er es gegen sich gelten lassen. Wenn z. B. ein Vater noch im laufenden Jahre seinem einzigen Sohn in rechtsgiltiger Form versprochen hat, gewisse Familienerbstücke nicht

[1]) Ein Beispiel Entsch. des R.G. Bd. 52 Nr. 48 S. 177.

zu veräußern, so daß sie der Sohn einmal erben soll, und er diese Familienerbstücke dennoch nach dem 1. Januar 1900 an irgend einen Dritten verkauft, der jenes Veräußerungsverbot kannte, so kann der Sohn, nachdem er Erbe des Vaters geworden ist, diese Gegenstände aus den Händen des Dritten zurückfordern; denn Art. 168 bestimmt, daß eine bestehende Verfügungsbeschränkung wirksam bleibt. Wenn dagegen der Dritte gutgläubiger Erwerber war, so wird allerdings der Sohn ihm die Gegenstände nicht wieder entziehen können.

Endlich ist die Lehre von der Verjährung im Ganzen so normiert, wie sie auch in der bisherigen Theorie aus allgemeinen Prinzipien gestaltet wurde. Die Verjährungen, die am 1. Januar 1900 noch unvollendet sind, von solchen Ansprüchen, die vor dem Inkrafttreten des B.G.B. entstanden sind, müssen folgerichtig unter das neue Recht fallen, weil sie eben wegen Mangels ihrer Vollendung noch kein perfektes Rechtsverhältnis erzeugt haben. Jedoch bestimmt sich nach Art. 169 der Beginn der Verjährung, der noch in die Zeit des alten Rechtes fällt, und weiter ihre Hemmung und Unterbrechung für die Zeit, die vor dem Inkrafttreten des B.G.B. verstrichen ist, auch nach dem früheren Recht.[1])

Weiter ist auch die Dauer der Frist konsequent normiert. Verlängert das B.G.B. eine Frist, dann muß die Frist vom Beginne der Verjährung ab ganz abgelaufen sein. Es wird also vom Beginn der Verjährung der längere, durch das B.G.B. fixierte Zeitraum berechnet. Wenn das B.G.B. die Verjährung ganz ausschließt, so ist auch die bei seinem Inkrafttreten laufende Verjährung nicht mehr vollendbar. Wenn aber umgekehrt das B.G.B. eine Verjährung einführt, die das bisherige Recht nicht hatte, z. B. die Verjährung der Einrede[2]) wegen Mangelhaftigkeit der gekauften Sache, die dem preußischen Recht fremd war, so beginnt in solchen Fällen mit dem ersten Januar 1900 diese Verjährung zu laufen. Hat jemand im Oktober d. J. ein Pferd gekauft und entdeckt bald nachher Mondblindheit an demselben, aber teilt das dem Verkäufer nicht mit, sondern wartet, bis dieser den Preis fordert, um sich dann mit der Mangelhaftigkeit des Kaufgegenstandes zu verteidigen, dann fängt mit dem 1. Januar 1900 eine Verjährung an zu laufen. Die Einrede kann nur perpetuiert werden durch rechtzeitige

---

[1]) Vgl. hierauf bezügliche Entsch. des R.G. oben S. 266 Anm. 1. Ist unter dem alten Rechte eine Verjährungsfrist durch Prozeßbeginn gewahrt worden, so braucht eine an ihre Stelle getretene Ausschlußfrist des neuen Rechts nicht noch besonders gewahrt zu werden. Entsch Bd. 46 Nr. 41 S 157.

[2]) Vgl. oben Bd. I S. 212 Anm. 3.

Anzeige, die der Käufer an den Verkäufer macht. Versäumt er das, etwa weil ein Rechtsverständiger ihm gesagt hat, seine Einrede sei unverjährbar, so wird er sechs Wochen nach dem 1. Januar 1900 seine Einrede durch Verjährung verloren haben.

Ist die neue Frist, die das B.G.B. schafft, kürzer als die alte, dann wird diese neue Frist erst vom Inkrafttreten des B.G.B. an berechnet und in Lauf gesetzt, ausgenommen den Fall, wo die alte Frist, obwohl sie an sich länger war, doch früher ablaufen würde als die neue kürzere, weil eben der Rest der zum größeren Teil verstrichenen alten Verjährung kürzer ist, als die vom B.G.B. geschaffene neue (Art. 169 Abs. 2). Dann bleibt es also bei der alten Frist.[1])

Nach dem preußischen Verjährungsgesetz verjähren bekanntlich Forderungen der Rechtsanwälte und Medizinalpersonen nach 4 Jahren, nach dem neuen Verjährungsgesetz schon nach 2 Jahren. Wenn z. B. ein Rechtsanwalt seine Forderung am 1. Dezember 1899 ein volles Jahr hat stehen lassen und nun das neue Recht in Kraft tritt, dann wird diese neue Verjährungsfrist von 2 Jahren mit dem 1. Januar 1900 zu laufen beginnen. Hätte dagegen derselbe Rechtsanwalt schon 3 Jahre verstreichen lassen, ohne seine Forderung einzuziehen, so daß nur noch 1 Jahr übrig ist, dann wird, weil dieser Rest kürzer ist als die neue 2jährige Verjährungsfrist, der Rest nach dem alten Recht weiterlaufen, also die Verjährung bereits nach einem Jahre vollendet sein.

Es kann auch eine unter dem alten Recht vollendete Verjährung schließlich doch noch durch das neue Recht berührt werden, wenn das neue Recht die Wirkung einer Verjährung verändert, z. B. das alte Recht eine in Unkenntnis der Verjährung geleistete Erfüllung mit einer condictio indebiti zurückzufordern gestattet wie das preußische Recht, während das B.G.B. das nicht gestattet. Hat die Erfüllung in Unkenntnis der vollendeten Verjährung noch unter dem alten Recht stattgefunden, so ist damit eine condictio indebiti erworben und diese Klage kann auch unter dem neuen Recht nicht aufgehoben werden. Hat aber die Erfüllung erst unter dem neuen Recht stattgefunden, so könnte keine condictio mehr begründet werden. Hiernach konnte ein Gläubiger unter Umständen schlechter stehen, wenn er auf seinen verjährten Anspruch die Zahlung früher eintrieb, als vor dem 1. Januar 1900, als wenn er es später getan hätte. Gleich

[1]) § 169 ist auf Ausschlußfristen nicht in entsprechender Weise auszudehnen, Entsch. Bd. 48 Nr. 37 S. 157 ff., auch nicht auf die zeitlichen Schranken des Anfechtungsrechts eines Konkursverwalters, Entsch. Bd. 54 Nr. 108 S. 425.

nach Weihnachten 1899 hatte der Schuldner vielleicht Geld und wollte willig zahlen, wenn ihn der Gläubiger mahnte. Aber der Gläubiger mußte sich sagen: Wenn ich jetzt mein Geld bekomme, unterliege ich der condictio indebiti, dagegen nach Neujahr ist die Gefahr der condictio indebiti weggefallen. Freilich konnte inzwischen auch das Geld weggefallen sein. Der Gläubiger mußte also prüfen, was seinen Interessen mehr entsprach.

Analog der Verjährung ist im Artikel 185 die Ersitzung behandelt.

Die Schuldverhältnisse betreffen Art. 170—179. An der Spitze steht der Satz des Art. 170: „Für ein Schuldverhältnis, das vor dem Inkrafttreten des B.G.B. entstanden ist, bleiben die bisherigen Gesetze maßgebend". Schuldverhältnisse streben einer raschen Erledigung zu. Darum wird, wenn man das alte Recht fortdauern läßt, keine übermäßige Fortdauer des letzteren herbeigeführt, während beim Sachen- und Familienrecht gerade der umgekehrte Gedanke obwaltet. Weil das Familien- und Sachenrecht stabiler ist, konnte man gar nicht in demselben Maße das alte Recht fortdauern lassen, sonst wäre auf unabsehbare Zeit die Geltung des neuen hinausgeschoben worden.[1])

Art. 170 sagt, sobald man ihn schärfer ins Auge faßt, mehr als er sagen soll und als der Gesetzgeber sagen wollte.[2]) Nach dem Wortlaut

[1]) Deshalb hätte man für den Inhalt solcher dauernden Rechte den Grundsatz der Rückwirkung nicht bestreiten sollen.

[2]) Beispiele zu § 170 finden sich in den Entsch. des R.G. Bd. 42 Nr. 24 S. 99, Bd. 49 Nr. 49 S. 206, Bd. 52 Nr. 12 S. 45, Bd. 52 Nr. 100 S. 392, Bd. 53 Nr. 49 S. 199, Bd. 55 Nr. 5 S. 17, Bd. 55 Nr. 29 S. 117. Erbrechtliche Ansprüche gehören nicht hierher (Entsch. Bd. 50 Nr. 38 S. 187), wohl aber Ansprüche aus der Scheidung (Bd. 50 Nr. 69 S. 305), nicht aber Alimentationsansprüche bei stehender Ehe, die aus dieser ihre Kraft herleiten. In ähnlicher Weise beurteilt die Ansprüche aus der Scheidung im Gegensatze zu den Alimentationsansprüchen der Geschwister die Entsch. Bd. 48 Nr. 2 S. 5 u 6. — Auf die Pfandrechte des Vermieters und Verpächters wendet das R.G. grundsätzlich dasselbe Recht an, wie auf die Miet- und Pachtverträge, Entsch. Bd. 49 Nr. 16 S. 58 (vgl. oben Bd. 1 S. 490 Anm. 1). — Bei der Anwendung des alten Rechts nach Art. 170 auf Zurückbehaltungsrechte unterscheidet das R.G. (Entsch. Bd 49 Nr. 22 S 83) konnexe und nicht konnexe Gegenforderungen. Es ist aber nicht recht einzusehen, warum bei letzteren „die Beziehung" unter den beiden Forderungen erst mit der Geltendmachung des Zurückbehaltungsrechtes zur Entstehung gelangen soll. — Art. 170 betrifft auch solche Ansprüche aus dem Eigentum, welche keinen dinglichen, sondern nur einen persönlichen Charakter haben (Entsch. Bd. 46 Nr. 36 S. 145). Zu ihnen gehört nicht der Anspruch aus dem Überbau (Literatur S. 146). — Die Einrede aus dem persönlichen Schuldverhältnisse geht auch gegen die Hypothekenklage nach altem Rechte. Bd. 47 Nr. 50 S. 229.

scheint das Schuldverhältnis in allen Beziehungen dem alten Recht noch unterworfen zu sein. Gewollt ist das aber in der Tat nur in bezug auf Entstehung, Inhalt und Umfang der Schuld.

Es kann einen großen Unterschied machen, ob der Grund der zu prästierenden Sorgfalt nach dem neuen oder alten Recht bestimmt ist. Unter Umständen haftet man künftig für diligentiam quam suis rebus, bisher nur für culpa lata. Weiter haftet man für Hilfspersonen nach dem B.G.B. viel schärfer als nach dem bisherigen Recht. Die Beweispflicht ist häufig neu gestaltet, ebenso die Klagbarkeit. In allen diesen Punkten bleibt es beim alten Recht. Nicht bloß bleibt ein Wettvertrag, der vor dem 1. Januar 1900 klagbar geworden ist, klagbar, sondern auch, wenn jemand sich zur Erfüllung einer Schuld einer Hilfsperson bedient hat und diese in culpa ist, würde zwar nach dem B.G.B. Haftung eintreten, nicht aber nach dem bisherigen Recht.[1])

Fraglich ist, ob es ebenso auch mit der Aufhebung der Schuld, mit der Tilgung steht. Zwar der Gegenstand, der geleistet werden muß, und Zeit und Ort der Leistung gehören zum Inhalt und werden also dem alten Recht unterliegen. Aber die Form der Erfüllung und die Wirkung wird doch nach dem neuen Recht zu bestimmen sein. Darüber war zwar in der Kommission Streit,[2]) aber man wird sich dafür entscheiden müssen, obwohl nach dem Wortlaut des Artikels schließlich auch die Tilgungsgeschäfte unter den Artikel fallen und somit dem alten Recht unterliegen müßten.

Es hat sich z. B. jemand unter dem alten Recht als Verkäufer verpflichtet, ein Grundstück zu übertragen oder ein Servitut zu bestellen.

---

[1]) Der Inhalt des bisherigen Rechts war übrigens bekanntlich in diesem Punkte sehr bestritten. — Die Motive S. 256 zu Art. 170 (vgl. Entsch. Bd. 52 Nr. 71 S. 263) unterscheiden bei den späteren Tatsachen, die zu einem Schuldverhältnisse rechtswirksam hinzutreten solche, die sich aus dem Innern des Verhältnisses entwickeln, von solchen, die nur von außen hinzukommen. Dies ist ein Bild, das der Erklärung bedarf, nicht aber selbst aufklären kann. M. E. handelt es sich bei zukünftigen Tatsachen, die unter dem alten Rechte bleiben, um solche, an die bei der Herstellung des Schuldverhältnisses gedacht und deren Abhängigkeit von dem bei der Herstellung geltenden Rechte gewünscht wurde. Dies ist, wie die Motive a. a. O. ergeben, das Merkmal der sog. „inneren Entwicklung". Dahin gehören auch im allgemeinen nach den Motiven die Folgen des Verzugs (sehr zweifelhaft), nicht aber die Verzugszinsen, weil diese mit jeder neuen Zeiteinheit auf's neue geschuldet werden. So Entsch. RG. Bd. 52 Nr. 71 S. 265. Die Verzugszinsen betragen hiernach vom 1. Januar 1900 ab nur 4 %. Entsch. Bd. 46 Nr. 21 S. 74, Nr. 22 S. 82.

[2]) Anm. Prot. Bd. VI S. 398, vgl. hierzu Habicht a. a. O. 3. Aufl. S. 188 ff., Fischer-Henle 6. Aufl. Anm. 3 zu Art. 170.

Nach gemeinem Recht braucht er an dem Grundstück nicht das Eigentum zu übertragen, sondern nur das habere licere zu präſtieren, und bei der Servitut braucht er keine Eintragung vorzunehmen, auch nach preußiſchem Recht nicht. Aber nach dem 1. Januar 1900 wird er die Erfüllung ſeines Verſprechens auch durch Auflaſſung bezw. Eintragung der Servitut bewirken müſſen.

Ferner: Es hat ſich jemand verpflichtet, unter einer Bedingung zu cedieren. Schon vor dem 1. Januar 1900 tritt die Bedingung ein. Kann nun der Ceſſionar auch die Ausſtellung der öffentlich beglaubigten Ceſſionsurkunde verlangen, wie das B.G.B. beſtimmt? Oder kann der Cedent ſagen: „Unſer Geſchäft ſteht noch unter dem alten Recht und das Pr. A.L.R. weiß von ſolcher Verpflichtung nichts"?

Da es ſich hier um die Form des Erfüllungsgeſchäftes handelt, ſo wird das neue Recht eingreifen und der Cedent die Urkunde liefern müſſen.[1])

Am ſtärkſten treten die Unterſchiede hervor, wenn man an Hinterlegungen denkt oder an Selbſthilfeverkauf und an Kompenſationen von Schulden, die unter dem alten Rechte entſtanden waren. Namentlich iſt der Selbſthilfeverkauf nach dem B.G.B. leichter zuläſſig als bisher bei allen nicht hinterlegbaren Sachen (§ 383). Durch dieſe Vorſchrift wird auch nicht der Inhalt der alten Schuld geändert, ſondern es wird nur das Geſchäft, durch welches die Leiſtung erſetzt werden kann, erweitert. Darum wird man das neue Recht anwenden müſſen.

Ebenſo ſteht es mit der Aufrechnung. Die Aufrechnung iſt nach dem neuen Recht bald zuläſſig geworden, wo ſie es früher nicht war, z. B. gegenüber der actio depositi war ſie nach gemeinem Recht nicht zuläſſig, bald iſt die Aufrechnung unzuläſſig geworden, wo ſie es früher nicht war. Nach preußiſchem Recht iſt ſie zuläſſig gegen eine Forderung, die jemand aus einem Delikt hat oder gegen eine unpfändbare Forderung; nach dem B.G.B. nicht mehr (§ 393). Auch da wird man das neue Recht zur Anwendung bringen müſſen, obwohl Art. 170 E.G. ganz und gar keine Handhabe dafür gibt. Hier wird

[1]) Zweifelhaft. Eck geht mit Recht davon aus, daß jeder, der zur Vornahme eines Rechtsgeſchäftes verpflichtet iſt, ein vollwirkſames Geſchäft herſtellen muß. Daß die Erfüllungsgeſchäfte der Schuldverhältniſſe aus älterer Zeit dem neuen Recht unterſtehen ſollen, läßt ſich daher wohl ſchon aus dem Parteiwillen folgern, vgl. Entſch. Bd. 52 Nr. 71 S. 263. Zu ihnen rechnet das R.G. auch die Aufrechnung Bd. 50 Nr. 10 S. 38 (ebenſo wie Eck), doch wird man dem nicht beiſtimmen, wenn man nach älterem Rechte ihr den Rechtsgeſchäftscharakter abſpricht. Den Erfüllungsgeſchäften werden übrigens auch andere Tilgungsgründe (§§ 1164, 1165) gleichgeſtellt, vgl. Entſch. Bd. 53 Nr. 94 S. 379 ff. und Habicht 3. Aufl. S. 192 ff.

eben nicht der Inhalt der Schuld bestimmt, sondern eine Art und Weise der Tilgung.

Aber von diesen Regeln gelten nur Ausnahmen, besonders bei einem Miet- und Pachtverhältnis (Art. 171 u. 172). Diese Verhältnisse sind von längerer Dauer. Wenn man hier das alte Recht unbeschränkt fortgelten ließe, könnte es sehr lange währen, bis das neue Recht endlich Platz griffe. Darum läßt Art. 171 von einem gewissen Zeitpunkt an das Miet- und Pachtverhältnis aus dem Gebiet des alten Rechts in das des neuen übertreten, wenn nicht die Kündigung nach dem Inkrafttreten des B.G.B. für den ersten Termin erfolgt, für den sie nach dem bisherigen Recht zulässig ist. Z. B. in bezug auf die Aftervermietung, die bisherigen Kündigungsfristen, die Rücktrittsgründe und auch die gesetzlichen Pfandrechte des Vermieters[1]) werden dann die alten Regeln maßgebend bleiben. Der Mieter behält auch über den 1. Januar 1900 hinaus sein bisheriges dingliches Recht, und umgekehrt im gemeinen Recht bekommt er auch nach diesem Zeitpunkte kein stärkeres Recht als bloße Detention und bleibt dem Satz unterworfen: Kauf bricht Miete.

Nur § 544 (über gesundheitsschädliche Wohnungen) halte ich für unbedingt zwingend und deshalb auf bestehende Rechtsverhältnisse anzuwenden.[2])

Man hat behauptet, daß länger als auf 30 Jahre ein Mietvertrag schlechterdings nicht wirksam sein könne. Aber wenn z. B. eine Pferdebahngesellschaft ein Grundstück für den Betrieb ihres Geschäftes auf 50 Jahre mietet, so kann m. E. die Dauer des Vertrags nicht mit dem 1. Januar 1900 auf 30 Jahre zusammenschrumpfen, weil das B.G.B. keine längere Bindung will. Es tritt also das Mietverhältnis aus dem alten Rechte heraus, wenn die Kündigung für den ersten Termin, für den er nach dem bisherigen Recht hätte erfolgen können, unterbleibt.

Fränkel in seiner Schrift über die Miete[3]) deutet diese Worte des Art. 171 so: Das alte Recht dauert so lange fort, bis die durch

[1]) Vgl. oben Bd. 1 S. 490 Anm. 1.

[2]) In der Frage, ob zwingende Rechtssätze ohne weiteres Rückwirkung haben, hat das Reichsgericht widersprechende Anschauungen. Dagegen Entsch. Bd. 42 Nr. 24 S. 99 ff. (daselbst Literatur S. 102), Bd. 54 Nr. 44 S 154. (Nach Entsch. Bd. 46 Nr. 39 S. 152 ff. sind die neuen Vorschriften über Ehemäklerlohn nicht auf ältere Geschäfte anzuwenden.) Für die Rückwirkung der zwingenden Rechtssätze m. E. mit Unrecht Entsch. Bd. 47 Nr. 23 S. 103, Bd. 49 Nr. 12 S. 49.

[3]) Das Miet- und Pachtrecht nach dem B.G.B. 1897. S. 105 Anm. 6. „Nicht die vertragsmäßig, sondern die gesetzlich zulässige Kündigung ist für die

die bisherigen Landesgesetze bestimmte Kündigungsfrist verstrichen ist, m. a. W. das alte Recht gilt nur auf die Länge der nach den Landesgesetzen bestehenden Kündigungsfristen. Da wir in Preußen bei Grundstückspacht 6 Monate gesetzliche Kündigungsfrist haben und bei Wohnungsmiete regelmäßig 3 Monate, im gemeinen Recht aber gar keine gesetzliche Kündigungsfrist besteht, so würde immer mit Ablauf dieser Fristen und nach gemeinem Recht sofort das neue Recht auch auf bestehende Mietverhältnisse Anwendung finden. Fränkel sagt ausdrücklich, es sei dabei ganz gleichgiltig, ob etwa durch Vertrag eine Kündigung auf längere Frist als bis zum 1. Januar 1900 ausgeschlossen war.

Aber diese Deutung ist unannehmbar. Vielmehr soll jede Partei von dem Zeitpunkt ab dem neuen Recht unterworfen sein, wo sie sich von dem Mietverhältnis hätte frei machen können, wenn sie gekündigt hätte. Die Ansicht Fränkels würde dahin führen, daß das Rechtsverhältnis zwischen Mieter und Vermieter seinen Inhalt ganz und gar ändert, während beide noch an dasselbe gebunden sind und vielleicht längere Zeit kraft Vertrages bleiben. Wenn dies der Gesetzgeber hätte bestimmen wollen, so konnte er einfach sagen, daß für alle Mietverhältnisse mit dem 1. Januar 1900 das neue Recht in Kraft tritt. Außerdem vermeidet ja Art. 171 den Ausdruck „gesetzliche Kündigungsfrist" ganz und gar, während er doch hätte gebraucht werden müssen, wenn Fränkels Gedanke richtig wäre. Darum ist die richtige Deutung, die auch die herrschende ist, die: Der erste Termin ist gemeint, für welchen die Kündigung nach den bisherigen Gesetzen zulässig ist. Das ist derjenige, an welchem jede Partei abgesehen von dem neuen Recht das Mietverhältnis lösen konnte, sei es nun zu Folge der nach dem alten Recht getroffenen Vertragsbestimmungen, sei es in Ermangelung einer solchen nach den Regeln des alten Gesetzes. Also nicht bloß auf die gesetzliche Kündigungsfrist kommt es an, sondern auch auf die überhaupt unter den Parteien bestehende.[1])

Wer unter dem alten Recht gemietet hat mit 6 monatlicher Kündigungsfrist, die Kündigung aber frühestens am 1. Januar 1901 erfolgen

---

Fortwirkung der bisherigen Gesetze auf das Vertragsrecht maßgebend." Vgl. dagegen Entsch. des R.G. Bd. 52 Nr. 32 S. 123, nach der Mietverhältnisse auf bestimmte Zeit während dieser dem alten Rechte unterliegen.

[1]) Vgl. zu § 171 Literatur in den Entsch. des R.G. Bd. 53 Nr. 42 S. 170, Prot. Bd. VI S. 499 ff. — Das Reichsgericht Entsch. Bd. 55 Nr. 58 S. 259 will Art. 171 auf die bei Zwangsversteigerungen fortdauernden älteren Mietverträge nicht beziehen. (Anders Niedner.) Eine Analogie dürfte doch am Platze sein.

durfte, der tritt, wenn er nicht 6 Monate vorher, am 1. Juli 1900 kündigt, am 1. Januar 1901 unter das neue Recht, weil er sich nicht rechtzeitig losgemacht hat. Ebenso ist zu entscheiden, wenn auf einen festen Zeitpunkt gemietet war, etwa bis zum 1. Januar 1901, und nach diesem Zeitpunkt stillschweigend das Mietverhältnis fortgesetzt wird.

Wenn ein Teil kündigen konnte und der andere nicht, so ist unmöglich zu denken, daß der eine Kontrahent, der kündigen konnte, nach dem neuen Recht beurteilt werde, und der andere, der nicht kündigen konnte, nach dem alten Recht. Vielmehr tritt das neue Recht erst dann ein, wenn jeder der beiden durch Kündigung Auflösung des Mietverhältnisses hätte herbeiführen können, es aber nicht getan hat.[1])

Der gleiche Übertritt des Vertragsverhältnisses aus dem alten in das neue Recht wird auch für einen Dienstvertrag statuiert (Art. 171).

Bei der Sachmiete ist noch eine zweite Besonderheit durch Art. 172 hinzugefügt.[2]) Wenn eine Sache am 1. Januar 1900 vermietet oder verpachtet war und dann nach dem 1. Januar 1900 veräußert oder belastet wird, so hat der Mieter gegen den Erwerber die dem Mieter durch das B.G.B. gegebenen Rechte. Es gilt also zu seinen Gunsten der Satz: Kauf bricht Miete nicht. Freilich wird man hinzudenken müssen, daß auch die gesetzlichen Bedingungen dieser Rechte gegen den Erwerber erfüllt sein müssen, also namentlich Überlassung der Sache an den Mieter. Art. 172 wird dem Mieter nicht zu gute kommen, wenn er im Dezember 1899 gemietet hat, aber erst am 1. Februar 1900 einziehen wollte, und das Wohnhaus inzwischen schon am 1. Januar 1900 veräußert wird. Wohl aber kann natürlich in diesem Falle der Mieter möglicherweise kraft des alten Rechts einen Schutz genießen. Wenn der Erwerber Kenntnis von dem Mietvertrag hatte, ist er nach preußischem Recht wegen des ius quasitum, das der Mieter hatte, gebunden.

Art. 173 betrifft die Gemeinschaft nach Bruchteilen. Freilich ist das ein obligatorisches Verhältnis. Aber Art. 173 unterwirft sie abweichend von der Regel sofort dem neuen Recht. In dieser Gemeinschaft nach Bruchteilen sah man wohl nicht ein reines Schuldver-

---

[1]) Ebenso Entsch. des R.G. Bd. 53 Nr. 42 S. 171.

[2]) Art. 172 bezieht sich auf Fälle der Zwangsversteigerung nicht, Entsch. Bd. 48 Nr. 13 S. 39; vgl. zu Art. 172 Bd. 53 Nr. 63 S. 250 und daselbst weitere Literatur.

hältnis mit schneller Abwicklung, sondern ein an ein Sachenrecht geknüpftes Verhältnis. Deswegen wird Art. 173 nicht bloß bei einer communio incidens gelten müssen, sondern auch wenn eine Gemeinschaft durch Vertrag oder Erbgang begründet ist; denn auch dann haben wir die Gemeinschaft nach Bruchteilen.

Auch die Auseinandersetzung unter Miterben würde in Zukunft nicht mehr durch Teilungsurteil mit konstitutiver Kraft, sondern nach den Regeln des B.G.B. und des Gesetzes betreffend die freiwillige Gerichtsbarkeit sich abwickeln müssen.

Das Recht der Inhaberpapiere ist besonderen Übergangsbestimmungen unterworfen. Nach juristischen Prinzipien würde bei Inhaberpapieren für die Anwendung des alten oder neuen Rechts alles auf den Tag der Emission ankommen; denn damit wird doch erst ein Schuldverhältnis begründet, m. a. W. die vor dem 1. Januar 1900 ausgegebenen Inhaberpapiere müßten nach den allgemeinen Regeln unter das alte Recht fallen, die nach dem 1. Januar 1900 ausgegebenen unter das neue Recht. Aber nach Art. 174 ist vielmehr der Tag der Ausstellung maßgebend. Nur der Tag der Ausstellung ist sicher erkennbar, der Tag der Emission dagegen dem Papier nicht anzusehen.

Für die vor dem 1. Januar 1900 ausgestellten Inhaberpapiere gilt übrigens das alte Recht nur mit Ausnahmen, nämlich sechs neue Paragraphen, die Art. 174 nennt, werden auch auf diese vor dem 1. Januar 1900 ausgestellten Papiere angewendet. Doch sind diese 6 Paragraphen keineswegs die wichtigsten, sodaß man nicht sagen kann, die Regel würde durchweg in ihr Gegenteil verkehrt. Danach ist z. B. nicht nach dem neuen Recht zu entscheiden die Frage, ob aus einem vor dem 1. Januar 1900 ausgestellten Inhaberpapier, wenn es nach dem 1. Januar 1900 wider den Willen des Ausstellers in den Verkehr gebracht wird, ihm gestohlen wird u. dgl. m., der Aussteller hafte. Das neue Recht bestimmt dies, im bisherigen Recht war die Frage streitig und wurde vielfach verneint. Die Frage wird auch in Zukunft nach bisherigem Recht zu entscheiden sein, denn § 794 ist in Art. 174 nicht mit allegiert.

Aber sofort in Kraft tritt für die am 1. Januar 1900 ausgestellten Inhaberpapiere der äußerst wichtige § 806 Abs. 1, wonach die Umschreibung eines Inhaberpapiers in ein Namenpapier nur noch durch den Aussteller möglich ist. Also eine Außerkurssetzung durch den Eigentümer des Papiers oder durch eine Vormundschaftsbehörde u. dgl. m. werden ausgeschlossen. Zum Überfluß ist das in Art. 176 noch ausdrücklich bestimmt. Nun fügt aber Satz 2 des Art. 176 einen gewaltigen Eingriff in wohlerworbene Rechte hinzu. Nämlich auch die schon vor dem 1. Januar 1900 bewirkte Außerkurssetzung verliert ihre Wirkung mit dem Inkrafttreten des B.G.B. Also wird das Papier von selber wieder Inhaberpapier. Wer es noch im laufenden Jahre außer Kurs gesetzt hatte und wenn es dann gestohlen worden ist, der hat es nur bis Ende Dezember als Namenpapier in seinem Eigentum. Das ist von großem Wert namentlich für unredliche Erwerber von solchen außer Kurs gesetzten Papieren. Diese können vom 1. Januar 1900 ab durch Veräußerung an einen redlichen Dritten solche gestohlene außer Kurs gesetzte Papiere sofort in das Eigentum oder Pfandrecht des Dritten bringen.

Über ausländische Papiere kann man streiten, da das E.G. nach seiner Gewohnheit die ausländischen Verhältnisse grundsätzlich unberührt läßt. Ich glaube, daß Art. 176 auch auf ausländische Papiere Anwendung finden muß. Habicht[1]) freilich ist anderer Meinung.

Für qualifizierte Inhaberpapiere oder hinkende Inhaberpapiere, insbesondere für Sparkassenbücher entscheidet Art. 177, falls sie schon vor dem 1. Januar 1900 ausgegeben sind, im ganzen zu Gunsten des alten Rechtes. Insbesondere tritt das neue Recht nicht in Geltung für die schon vor dem 1. Januar ausgestellten Sparkassenbücher, denn § 808 Abs. 1 ist nicht als in Kraft tretend mit angeführt.

§ 808 betrifft die Frage, ob die Zahlung auf eine solche Urkunde, z. B. auf ein Sparkassenbuch, die an einen Nichtberechtigten geleistet wird, den zahlenden Schuldner auch dann befreit, wenn er die Nichtberechtigung kannte oder kennen mußte. Nach dem B.G.B. ist dies der Fall. Nach bisherigem Recht ist das aber keineswegs angenommen und besonders nach preußischem Recht gewiß nicht anzunehmen. Es ist daher von größter Wichtigkeit, daß die vor dem 1. Januar 1900 ausgegebenen Sparkassenbücher dieser strengen Bestimmung des B.G.B. nicht unterliegen. Wenn solch ein Sparkassenbuch auf Einzahlungen lautet, die teils unter dem alten und teils unter dem neuen Recht gemacht sind, und die Sparkasse später, z. B. im Februar oder Mai 1900, an einen Präsentanten gezahlt hat, dessen Nichtberechtigung sie kannte oder kennen mußte, so wird wohl das Sparkassenbuch als Einheit behandelt werden

---

[1]) 3. Aufl. S. 332 Anm. 1 mit Bezugnahme auf Dernburg, Bürg. R. Bd. II § 154 Note 8. Ecks Ansicht ist wegen der aus ihr folgenden Entwertung ausländischer Vermögensstücke nicht unbedenklich.

müssen, die Beträge können nicht gesondert werden, außer wenn Rückzahlungen stattgefunden haben.[1]) Daher wird auch für die nach dem 1. Januar 1900 gemachten Einzahlungen das alte Recht maßgebend bleiben, mit der geringen Ausnahme, die Art. 177 am Schlusse hinzufügt, daß die Vorschriften des § 808 Abs. 2, wonach solche Papiere durch Aufgebot für kraftlos erklärt werden können, Geltung erlangen sollen.

Beim Sachenrecht gilt gerade die umgekehrte Regel wie beim Schuldrecht. Auch die bestehenden Sachenrechte bekommen den Inhalt, der dem B.G.B. entspricht (Art. 180 u. 181).[2])

Freilich scheint Art. 184 für dingliche Rechte an fremden Sachen das Gegenteil zu bestimmen. Nun ergibt sich aber aus der Mehrzahl der dort als Ausnahmen aufgeführten Artikel das Gegenteil dieser Regel. Zunächst ist für das Erbbaurecht in demselben Art. 184 bestimmt, daß hier die Vorschriften des § 1017 Anwendung finden, also das neue Recht hier in Kraft tritt. Auch bei Grunddienstbarkeiten finden die Vorschriften der §§ 1020—1028 B.G.B. Anwendung, also die wichtigsten Paragraphen von den Grunddienstbarkeiten. Und nach den Art. 192—195 treten auch Hypotheken und Grundschulden überwiegend unter das neue Recht. Also beginnt der Artikel wieder einmal mit einer Regel, die nachher in ihr Gegenteil verkehrt wird.

Freilich gehört bei Rechten an Grundstücken zum Erwerb und Verlust, zur Änderung ihres Inhalts und Ranges die Eintragung in ein Grundbuch. Deswegen kann, solange ein solches Grundbuch für irgend einen Bezirk nicht angelegt ist, auch für alle jene eben skizzierten Rechtsgeschäfte selbst nach dem 1. Januar 1900 noch nicht das neue, sondern nur das alte Recht Anwendung finden (Art. 189 Abs. 1). Von der Anlegung des Grundbuchs ab dagegen können natürlich jene Rechtsgeschäfte nur nach neuem Recht erfolgen, was nicht erst ausgesprochen ist. Indessen soll die Aufhebung eines Rechtes, das auf einem Grundstück zu der Zeit, wo das Grundbuch als angelegt anzusehen ist, lastet, doch auch nach dieser Zeit noch nach bisherigem Recht erfolgen können, so lange das Recht nicht eingetragen worden ist. Der Gedanke ist dabei, zu verhüten, daß Rechte nicht bloß zu dem Zwecke eingetragen werden müßten, um nachher wieder gelöscht werden zu können.

---

[1]) Eck denkt hier wohl an solche Rückzahlungen, die den Betrag des vor dem Jahre 1900 Eingezahlten erschöpfen. Übrigens ist seine Einheitstheorie nicht unanfechtbar.

[2]) Vgl. oben S. 281 Anm. 1.

Wann nun aber das Grundbuch für einen Bezirk als angelegt anzusehen ist, das soll nach Art. 186 für jeden Bundesstaat durch landesherrliche Verordnung bestimmt werden.[1]) Dann kann das neue Recht eingeführt werden.

Es fragt sich nun, ob dingliche Rechte, die zu dieser Zeit, wo das Grundbuch fertiggestellt ist, bereits bestehen, noch nachträglich eingetragen werden müssen. Darauf werden eine Anzahl positiver Antworten im einzelnen gegeben. Zunächst bedürfen Grunddienstbarkeiten nach Art. 187 der Eintragungen nicht, aber es kann jeder der Beteiligten, der Berechtigte wie der Belastete, Eintragung verlangen, und ein Landesgesetz kann sie sogar vorschreiben.

Gesetzliche Pfandrechte, die in dem Augenblick, wo das Grundbuch als angelegt zu erachten ist, bestehen, genießen keinen solchen Dispens von der Eintragung, wie die Grunddienstbarkeiten, aber es ist der Landesgesetzgebung für die Dauer von 10 Jahren vorbehalten, einen solchen Dispens auszusprechen (Art. 188). Sie sind im gemeinen Recht oft sehr schwer zu ermitteln, und deswegen würde es sehr unbequem sein, wenn sie eingetragen werden müßten.

Bis zur Anlegung des Grundbuchs behalten die Regeln über den Schutz im Besitz von Grunddienstbarkeiten ihre Geltung (Art. 191). Von da ab würden nun freilich nach der im Servitutenrecht ausgesprochenen Regel Besitzesschutz nur noch eingetragene Grunddienstbarkeiten genießen (§ 1029), indessen gewährt Art. 191 auch denen, die der Eintragung nicht bedürfen, in gewissen Grenzen noch fortdauernden Besitzesschutz.

Pfandrechte, die bei der Anlegung des Grundbuchs an Grundstücken bestehen, verwandeln sich nach Art. 192 von selber in Buchhypotheken, oder, wenn der Betrag der versicherten Forderung nicht bestimmt ist, in eine Sicherungshypothek.[2]) Also wird vermöge dieser Verwandlung das bisherige Pfandrecht auch vielfach einen ganz andern Inhalt bekommen, denn die Hypothek erstreckt sich ja auf eine Menge

[1]) Für Sachsen galt z. B. das Grundbuch am 1. Januar 1900 als angelegt, Entsch. Bd. 55 Nr. 51 S. 219.

[2]) Die Entsch. des R.G. Bd. 47 Nr. 36 S. 160 bemerkt, daß die Abänderung der bisherigen Pfandrechte durch Art. 192 zweifellos einen Eingriff in bestehende Rechte enthält. Die Umwandlungen der Kautionshypotheken in Maximalhypotheken schädigen die Lage der Gläubiger (Entsch. Bd. 49 Nr. 39 S. 164), weil nur die ersteren bloß bedingte Rechte waren, vgl. hierzu oben Bd. II S. 562 (Nachtrag). Über die zweifelhafte Anwendung des Art. 192 auf Arrestvormerkungen bestehen Meinungsverschiedenheiten, Entsch. Bd. 49 Nr. 28 S. 108.

von neuen Gegenständen, die das bisherige Pfandrecht nicht mitumfaßte.[1])

In Art. 195 ist auch für Grundschulden bestimmt, daß sie sich in Grundschulden im Sinne des B.G.B. verwandeln.

Die Landesgesetze können aber auch die bestehenden Pfandrechte in eine Briefhypothek verwandeln und die Pfandurkunden für Hypothekenbriefe im Sinne des B.G.B. erklären (Art. 195). Andererseits kann nach Art. 194 die Landesgesetzgebung auch dem Nachhypothekar sein jetzt geltendes Aufrückungsrecht wahren, also eine Eigentümerhypothek ausschließen, wenn die Vorhypothek sich mit dem Eigentum in einer Hand vereinigt.[2])

Für das Familienrecht sind die Übergangsbestimmungen ebenso wie für das Sachenrecht von dem Grundgedanken beherrscht, daß die bestehenden Verhältnisse möglichst schnell dem neuen Recht unterworfen werden sollen, damit das Inkrafttreten des B.G.B. praktisch nicht zu weit hinausgeschoben werde.

1. Dies zeigt sich zunächst bei der Ehe (Art. 198 Abs. 2). Eine nach bisherigem Recht nichtige oder ungültige Ehe wird von selber zu einer gültigen umgewandelt, wenn die Gatten noch zusammenleben und der Grund der Nichtigkeit oder Ungültigkeit nach dem B.G.B. die Wirkung der Nichtigkeit oder Anfechtbarkeit nicht oder nicht mehr haben würde. Hier haben wir eine Art Rückwirkung in affirmativem Sinne.[3]) Wenn z. B. ein unzuständiger Standesbeamter die Ehe geschlossen hat, ist sie jetzt nichtig, nach B.G.B. nicht mehr, denn da ist die Zuständigkeit des Standesbeamten bloß eine Sollvorschrift. Die

[1]) Beispiele zu Art. 192 Entsch. Bd. 51 Nr. 56 S. 233, Bd. 54 Nr. 25 S. 84, Nr. 95 S. 362 ff. Nicht valutierte Hypotheken verwandeln sich in Eigentümergrundschulden (Entsch. des R.G. Bd. 48 Nr. 15 S. 48 ff., Bd. 51 Nr. 90 S. 399). Diese Umwandlung der nicht valutierten Hypotheken bezieht sich aber nicht auf Kautionshypotheken, die vielmehr zu löschen sind, sofern der zu sichernde erwartete Hauptanspruch nicht zur Entstehung gelangt ist und auch nicht mehr zur Entstehung gelangen kann (Entsch. Bd. 52 Nr. 16 S. 60 ff., Nr. 30 S. 116, Nr. 104 S. 414). Zu den Rechten, die sich nicht in eine Hypothek verwandeln konnten, gehört auch die Vormerkung, die nach preuß. Recht im Zwangsvollstreckungswege eingetragen war (Entsch. des R.G. Bd. 52 Nr. 12 S. 40 ff.).

[2]) Art. 194 ist von der preußischen Gesetzgebung nicht benutzt worden (Entsch. Bd. 48 Nr. 15 S. 55). (Dies würde dem bisherigen Rechtszustande nicht entsprochen haben.) Vgl. aber auch oben S. 275 Z. 7 ff.

[3]) Daß Art. 198 Abs. 2, um Ehen möglichst aufrecht zu erhalten, eine nicht unbedenkliche Rückwirkung ausübt, dessen war man sich bei seinem Erlasse bewußt. (Entsch. des R.G. Bd. 48 Nr. 37 S. 165.) Jedenfalls darf die Vorschrift nicht etwa im Sinne des § 17 Einl. A.L.R. verallgemeinert werden, Entsch. Bd. 55 Nr. 9 S. 39.

Ehe wird ebenfalls gültig, wenn an der bloßen Form etwas versäumt ist oder die Eintragung in das Register unterblieben ist. Kurz, die Milderung der Formvorschriften des B.G.B. hat hier eine sehr starke rückwirkende Kraft.

2. Nach Art. 199 sind die persönlichen Rechtsbeziehungen der Gatten zueinander auch für eine bestehende Ehe dem neuen Recht unterworfen.[1] Die hausherrlichen Rechte des Mannes oder die Nichtigkeit gewisser Abreden unter den Ehegatten, z. B. daß die Frau das Domizil des Mannes zu bestimmen habe u. s. w. treten auch für bestehende Ehen in Kraft.[2]

3. Nun scheint zwar für den Güterstand und damit für den Hauptpunkt nach Art. 200 das bisherige Landesrecht maßgebend zu bleiben. Diese Bestimmung wird namentlich in der Mark praktisch für das Wahlrecht des überlebenden Ehegatten. Allein der Schlußartikel des E.G. Art. 218 gestattet eine Änderung des Landrechts, und da Art. 200 den nach Landesrecht bestehenden Güterstand erhalten wissen will, so kann das Landesrecht den Güterstand abändern. Das ist auch in den Ausführungsgesetzen überall unternommen worden, so ist besonders im preußischen Recht wohl die stärkste Überführung des bisherigen Güterrechts in das neue angeordnet worden.[3] So haben wir das Resultat, daß ungeachtet des Art. 200 praktisch auch für den Güterstand überwiegend das neue Recht maßgebend wird, wenn auch nicht durch das E.G. selber, so doch durch Landesrecht.

4. In derselben Richtung ist Art. 201 über Scheidung und Aufhebung der ehelichen Gemeinschaft erlassen. Auch diese unterliegen dem neuen Recht, sogar für anhängige Prozesse. Letzteres ist zwar nicht ausgesprochen, folgt aber schon aus dem Gedanken des Gesetzes.

---

[1]) Zur Umwandlung des persönlichen Verhältnisses der Ehegatten am 1. Januar 1901 gehört, daß die Unterhaltspflichten während der Ehe vom 1. Januar 1900 ab dem neuen Rechte unterliegen (Entsch. Bd. 50 Nr. 69 S. 307), ferner, daß ein Ehebruch, der nach dem 1. Januar 1900 geschehen ist, nicht die Kompensationskraft hat, die das ältere Recht ihm gab (Entsch. Bd. 52 Nr. 60 S. 226). Dagegen wirkt die Ehebruchskompensation nach älterem Rechte nach (Entsch. Bd. 46 Nr. 25 S. 90 ff., Bd. 47 Nr. 2 S. 6). Auch kann bei Scheidungen, die vor der Geltung des neuen Rechts ergangen sind, im Falle der Berufung der Schuldfrage nicht nach neuem Recht beurteilt werden. Beides gehört unter ein und dieselbe Rechtsordnung, Entsch Bd. 46 Nr. 37 S. 149.

[2]) Auch Anträge auf Gestattung der Trennung während eines Scheidungsprozesses unterliegen nach Art. 169 dem neuen Rechte, Entsch. Bd. 46 Nr. 108 S. 385.

[3]) Vgl. oben Bd. II S. 409 Anm. 3. Diese Anpassung des älteren Güterrechts an das B.G.B. ist namentlich auch in Bayern geschehen, Entsch. des R.G. Bd. 54 Nr. 75 S. 283.

Wenn ein Scheidungsprozeß auch in zweiter Instanz schwebt und inzwischen der 1. Januar 1900 herankommt, so kann die Scheidung nur nach dem neuen Recht ausgesprochen werden. Wenn eine Verfehlung, die einen Scheidungsgrund bildet, vor dem 1. Januar 1900 begangen ist, so bleibt diese Verfehlung ein Scheidungsgrund nur dann, wenn sie es auch nach neuem Recht ist (Art. 201 Abs. 2).[1])

Eine Bestimmung für die Wirkung einer beständigen oder zeitweiligen Trennung von Tisch und Bett trifft Art. 202.

Nach Pr. A.L.R. hatte, wenn eine Ehe geschieden ist und der Mann z. B. für den allein schuldigen Teil erklärt ist, die Frau bekanntlich ein Wahlrecht, sie konnte Alimente oder eine Kapitalabfindung begehren. Hat sie nun Alimente gewählt und bezieht diese, dann erlischt ihre Alimentenforderung nach preußischem Recht nicht einmal, wenn sie zu einer neuen Ehe schreitet.[2]) Anders nach dem B.G.B. § 1581 Abs. 1. Hier erlischt der unter der Herrschaft des preußischen Rechts erworbene Anspruch m. E. auch dann nicht, wenn sie nach dem 1. Januar 1900 zu einer neuen Ehe schreitet. Denn die Frau hat dadurch, daß sie die Wahl traf, ein ius quaesitum erlangt, sie hat den Kapitalsanspruch verloren, und es wäre äußerst unbillig, wenn sie auch den Alimentenanspruch verlieren sollte, den sie mit der Befugnis, eine neue Ehe einzugehen, erworben hatte. Es ist ein Vertragsverhältnis zwischen ihr und dem Mann zu stande gekommen, dessen Wirkung durch das neue Gesetz nicht aufgehoben werden kann.

5. Auch das Verhältnis zwischen Eltern und Kindern bestimmt sich nach dem neuen Recht, wenn auch diese Kinder vor dem 1. Januar 1900 geboren sind (Art. 203).[3])

Das Wort „Eltern", das der Artikel gebraucht, ist aber nicht so zu verstehen, daß beide Eltern noch vorhanden sein müssen, sondern das gilt auch für jeden einzelnen parens. Daraus ergibt sich, daß, wenn die Mutter etwa Vormünderin ihrer Kinder ist, sie am 1. Januar 1900 aufhört, es zu sein und nach dem neuen Recht elterliche Gewalt bekommt.

---

[1]) Nach Entsch. Bd. 47 Nr. 10 S. 32 genügt ein bloßer Trennungsgrund des alten Rechts, um als Scheidungsgrund nach neuem Rechte verwertet zu werden. Gegen ein Mißverständnis des Art. 201 kehrt sich die Entsch. Bd. 46 Nr. 41 S. 157. Ein Beispiel für Art. 201 Abs. 2 gibt die Entsch. des R.G. Bd. 46 Nr. 42 S. 160.

[2]) A.L.R. II, 1 § 508.

[3]) Die Konkursgläubiger müssen darunter leiden, daß die väterliche Nutznießung nicht mehr pfändbar ist, auch nicht in einem Verfahren, das am 1. Januar 1900 bereits schwebte, Entsch. Bd. 48 Nr. 42 S. 192 ff. — Art. 207 enthält für Kinder geschiedener Eltern eine Ausnahme von Art. 203, Entsch. Bd. 52 Nr. 65 S. 247.

Nach Art. 204 ff.[1]) bleibt das bisherige Recht in Kraft, wenn ein parens durch obrigkeitliche Anordnung in der Vormundschaft beschränkt war, z. B. wenn der Mutter vom Vater ein Beistand zugeordnet war oder infolge einer Scheidung die Sorge der Eltern für ihre Kinder besonders geregelt war. Das ist eine Ausnahme von der grundsätzlichen Geltung des neuen Rechts für familienrechtliche Verhältnisse.

6. Dagegen ist für uneheliche Kinder, die vor dem 1. Januar 1900 geboren sind, die Rechtsstellung im allgemeinen nach dem neuen Recht bestimmt (Art. 208).[2]) Das gilt also nicht bloß gegenüber der Mutter, sondern auch gegenüber dem Vater und dessen Verwandten. Dadurch verschlechtern sich in manchen Beziehungen die Rechte der unehelichen Kinder sehr. Sie verlieren z. B. das ihnen nach gemeinem und preußischem Recht zustehende Erbrecht, sie haben ferner keinen subsidiären Anspruch gegen den väterlichen Großvater u. dgl. m. Freilich bekommen sie dafür die mancherlei stärkeren Ansprüche, die das B.G.B. den unehelichen Kindern gegen den Vater gibt. Nur in ein paar Punkten soll es beim bisherigen Recht verbleiben, nämlich für die Erforschung der Vaterschaft, für die Rechte der Kinder auf Führung des väterlichen Familiennamens und für die Unterhaltspflicht des unehelichen Vaters.

7. Auch die Vormundschaften und Pflegschaften, die bereits am 1. Januar 1900 bestehen, unterliegen dem neuen Recht (Art. 210). Aber es bleiben die bisherigen Vormünder, Pfleger und Familienratsmitglieder im Amt.[3]) Dagegen sind Gegenvormünder, wenn solche nach dem B.G.B. nicht zu bestellen sein würden, zu entlassen. Dem bisherigen Gesetze schlechtweg unterworfen bleiben eigentlich nur die Legitimation und Adoption (Art. 204) und scheinbar das Recht der Mündelsicherheit von Wertpapieren (Art. 212). Da aber diese Mündelsicherheit ja nur landesgesetzlich geregelt ist und durch neue Gesetze das geltende Recht geändert werden kann, und tatsächlich auch geändert wird, wie in Preußen durch das A.G. zum B.G.B. (Art. 73 ff.), so verliert das bisherige Recht meist auch hier seine Geltung.

---

[1]) Zur Erläuterung des Art. 206 vgl. Entsch. des R.G. Bd. 46 Nr. 45 S. 168 ff.

[2]) Durch Art. 208 wurde es möglich, daß die Brautkinder sächsischer Staatsangehöriger ihre Rechte im Gebiete des französischen Rechtsgebietes verfolgen, Entsch. Bd. 48 Nr. 38 S. 168 ff.

[3]) Dies betrifft auch gesetzliche Vormünder. Den Einfluß dieser Vorschrift auf die badische Mutter unehelicher Kinder behandelt die in der Entsch. des R.G. Bd. 48 Nr. 76 S. 357 Anm. 1 angeführte Literatur.

Das Erbrecht ist in den Art. 213—217 kurz abgemacht. Wenn ein Erblasser vor dem 1. Januar 1900 stirbt, dann bleiben gerade wie im Schuldrecht die bisherigen Gesetze maßgebend (Art. 213).[1] Hier ist wieder der Gedanke maßgebend, daß ein Erbverhältnis sich rasch abwickelt. Daher ist es nicht notwendig, das neue Recht einzuführen. Also sowohl die gesetzliche, wie die testamentarische Erbfolge, die Rechtsstellung des Erben, auch der Erwerb der Erbschaft, der nach gemeinem Recht erst durch Antretung erfolgt, das Recht einer Transmission, ferner die Erbunwürdigkeit, die Haftung des Erben gegen Gläubiger und Legatare regeln sich nach dem bisherigen Recht. Obwohl ein Konflikt aufzutauchen scheint, wird man das auch für die Teilung unter Miterben annehmen müssen. Man wird einwenden, daß sich dies mit dem Art. 173 nicht vereine, wonach für die Gemeinschaft nach Bruchteilen das neue Recht in Geltung tritt. Man wird annehmen müssen, daß Art. 173 die Regel enthält und nur, soweit beim Erbrecht besondere Regeln über die Erbgemeinschaft bestehen, diese maßgebend bleiben. Also wird die Kollationslehre nach bisherigem Recht zu erledigen sein. Freilich kommt sie bei der Gemeinschaft nach Bruchteilen zum Vorschein; aber es ist eine erbrechtliche Besonderheit, und darum kann auch für sie nur das alte Recht gelten, immer vorausgesetzt, daß der Erblasser vor dem 1. Januar 1900 gestorben ist. Wenn er nach dem 1. Januar 1900 stirbt, so gilt ebenso allgemein das neue Recht.

Dieses harte Aneinanderstoßen der Rechte kann zu eigentümlichen Verwicklungen führen, da das gemeine Recht von dem B.G.B. gerade in Hauptpunkten abweicht. Wenn z. B. eine Mutter Ende Dezember 1899 verstorben war und ihr einziger Sohn, der berufen war, ohne erworben zu haben, schon im Januar 1900 ebenfalls stirbt, so bekommen dessen Kinder nach gemeinem Recht zwar beide Erbschaften, nämlich die großmütterliche Erbschaft durch Transmission und die väterliche Erbschaft unmittelbar. Aber die letztere bekommen sie nach neuem Recht, weil der Vater nach dem 1. Januar 1900 gestorben ist, die großmütterliche Erbschaft nach altem Recht, weil die Großmutter schon im Dezember 1899 gestorben ist. Es müssen daher beide Erbschaften getrennt reguliert werden, obwohl eigentlich beide den Kindern durch den Tod des Vaters zufallen.

---

[1]) Vgl. hierzu die Entsch. des Reichsgerichts Bd. 46 Nr. 20 S. 70 ff., Bd. 54 Nr. 67 S. 242, Bd. 54 Nr. 102 S. 399. Nach Bd. 46 Nr. 42 S. 73 zählt das R.G. zu dem Begriffe der erbrechtlichen Verhältnisse alle Verhältnisse, die mit dem Anfalle und dem Erwerbe einer Erbschaft in Zusammenhang stehen. Nach Entsch. Bd. 48 Nr. 25 S. 101 bezieht sich Art. 214 nicht auf Testamentseröffnungen.

Nur in ein paar Punkten bleibt das alte Recht maßgebend auch für denjenigen, der nach dem 1. Januar 1900 gestorben ist:

1. Für eine Verfügung von Todes wegen, die der Erblasser vor dem 1. Januar 1900 errichtet oder aufgehoben hat und auch für die Bindung des Erblassers durch einen Erbvertrag oder gemeinsames Testament aus der Zeit des alten Rechts (Art. 214).

2. Auch die Testierfähigkeit, die ein Erblasser vor dem 1. Januar 1900 erlangt und bereits zur Errichtung einer Verfügung benutzt hatte (Art. 215) gilt merkwürdigerweise weiter.[1])

Wenn z. B. ein 14jähriger junger Mann seine nach preußischem Recht erlangte Testierfähigkeit benutzte und noch im Dezember 1899 testierte, so konnte er nach dem 1. Januar 1900 das Testament wieder vernichten und behielt doch die Testierfähigkeit, während er sie nach dem B.G.B. erst mit dem 16. Jahr erlangt haben würde.

3. Auch für die Befreiung gewisser ritterschaftlicher Familien, namentlich im Rheinland, von der Berücksichtigung des Pflichtteils-rechts bleiben die Landesgesetze maßgebend (Art. 216).

In Preußen sind durch zwei Verordnungen von 1816 und 1837 diesen rheinischen adligen Familien Dispensation vom Pflichtteilsrecht erteilt worden.[2])

4. Für einen vor dem 1. Januar 1900 geschlossenen Erbverzicht bleibt ebenfalls das alte Recht maßgebend (Art. 917). Das ist ja eigentlich ganz selbstverständlich. Wenn ein Erbverzicht durch Vertrag vor dem 1. Januar 1900 errichtet ist, muß er seine Wirkung auch über den 1. Januar hinaus behalten. Trotzdem ist dieser Artikel aufgenommen worden, weil in dem Entwurf I der Erbverzicht wie ein Testament konstruiert war, das mit Zustimmung des Verzichtenden vom Erblasser errichtet worden ist. Bei dieser Auffassung hätte man sagen können, daß die Regeln über die Aufhebung eines Testaments auch auf den Erbverzichtvertrag Anwendung finden sollen.[3]) Allein die Auffassung des ersten Entwurfs ist beseitigt, und darum ist Art. 217 eigentlich überflüssig geworden.

---

[1]) Merkwürdig ist namentlich das Gewicht, das auf die tatsächliche Benutzung der Testierfähigkeit gelegt wird. Man wollte nur verhindern, daß der Testator an die alte Verfügung fest gebunden werde, nicht aber den Rechtsvorteil der Testierfähigkeit unbedingt einem wohlerworbenen Rechte gleichstellen.

[2]) Kabinetsordre v. 16. Januar 1836 und Kgl. Verordn. v. 21. Januar 1837, vgl. Habicht a. a. O. S. 736, insbesondere Anm. 1 gegen die Anwendbarkeit des Art. 216 in Baden.

[3]) M. E. wäre dies keine unbedenkliche Schlußfolgerung gewesen.

Art. 218 enthält die Vorschrift, daß somit nach den Vorschriften des E.G. die Landesgesetze auch fernerhin maßgebend sind, sie durch neue Landesgesetze geändert werden können.

Wegen der ungezählten Zweifel, die das E.G. bei allen seinen Vorzügen übrig läßt, ist auf das Buch von Habicht zu verweisen, das in der Tat mit ausgezeichneter Gründlichkeit und großem Scharfsinn gearbeitet ist und auch diese Fragen meist gerecht und befriedigend entscheidet.

So kann man denn von dem B.G.B. scheiden mit dem wohltuenden Eindruck, daß gerade die Schlußpartien des E.G. zum besten gehören und sich namentlich vorteilhaft gegen das internationale Privatrecht abheben.

Sachregister

bearbeitet von

Referendar Hugo Eylau aus Merseburg.

(2, 541 = Band II Seite 541.)

A.

E.

F.

G.

H.

J.

K.

M.

N.

O.

P.

Q.

R.

T.

U.

V.

W.

Z.

Druck von Otto Walter, Berlin S. 14.

FSC
www.fsc.org
MIX
Papier | Fördert
gute Waldnutzung
FSC® C083411

Kolibri 360 GmbH
Ferdinand-Jühlke-Straße 7
99095 Erfurt, Deutschland
produktsicherheit@kolibri360.de